Yearbook

2017

中国茶业年鉴

China Tea Yearbook

中国茶叶学会　中国国际茶文化研究会　主编

中国农业出版社

北京

图书在版编目（CIP）数据

中国茶业年鉴．2017 / 中国茶叶学会，中国国际茶文化研究会主编．— 北京 ：中国农业出版社，2018.6
ISBN 978-7-109-24059-9

Ⅰ．①中… Ⅱ．①中… ②中… Ⅲ．①茶业-中国-2017-年鉴 Ⅳ．①F326.12-54

中国版本图书馆CIP数据核字(2018)第089090号

中国农业出版社出版
（北京市朝阳区麦子店街18号楼）
（邮政编码 100125）
责任编辑 陈 瑨

中国农业出版社印刷厂印刷 新华书店北京发行所发行
2018年6月第1版 2018年6月北京第1次印刷

开本：889mm×1194mm 1/16 印张：19.75 插页：8
字数：600 千字
定价：300.00 元

编 者 说 明

一、《中国茶业年鉴》是一部全面、系统反映我国茶业建设成就、经验及其发展动态的大型资料工具书。

二、《中国茶业年鉴》的基本任务是：面向市场、面向基层、面向未来，为茶业行政机关、茶业广大生产经营单位、国内外茶业投资者、茶业研究人员和茶文化爱好者提供茶叶主要县产销信息、国家和地方有关政策法规、各省份茶叶进出口贸易等资料。

三、《中国茶业年鉴（2017）》，主要收录2016年资料，全卷约60万字。

四、《中国茶业年鉴(2017)》统计数据来源于国家统计局、海关总署。所录资料，除特别说明外均不含台湾省及香港、澳门特别行政区。国际统计资料数据来源于联合国粮食及农业组织（FAO）、联合国商品贸易统计数据库（COMTRADE）。

五、年鉴文字部分，按条目编辑。全卷编排按内容分类。

六、年鉴文稿编撰，由农业部种植业管理司、中国国际茶文化研究会、中国茶叶学会，以及各地茶叶行政管理部门、茶叶学会、茶文化学会承担。

七、年鉴计量单位、文字撰稿、资料选用均执行国家现行法规。

八、条目、文章，一律署名，文责自负。

中国茶业年鉴编辑部

《中国茶业年鉴》编辑委员会

主　　编　江用文　程启坤

副 主 编　姚国坤　陈永昊　周智修　蔡　军

执行主编　徐　晖　封槐松

特邀编辑　项宗周（中国国际茶文化研究会）

薛　晨（中国茶叶学会）

冷　杨（全国农业技术推广服务中心）

杨珍伟（国家茶叶产业技术体系）

孙　蔚（中华茶人联谊会）

林海霞（中国食品土畜进出口商会）

陈　龙（中国茶书网）

李　岩（江苏）　罗列万（浙江）　孙　晨（安徽）

王　昕（福建）　王　晨（江西）　李玉胜（山东）

张香萍（河南）　宗庆波（湖北）　包小村（湖南）

操君喜（广东）　祝英武（海南）　贺　鼎（重庆）

张冬川（四川）　徐嘉民（贵州）　吕才有（云南）

梁军青（陕西）　张金明（甘肃）

编辑人员　陈　瑨　贾　彬

路在
何方？
四川茶盐道文化传媒有限公司
咨询热线：028-87039871　13701275361

国家地理标志保护产品
公告号：2012年第40号
巴马丽琅®
BAMA LIFELONG
Spring
生命之水 长寿秘诀
臻稀天然小分子泡茶专用矿泉水
Orogினted from bama a town of longevity in the world
源自世界长寿之乡巴马
直饮
泡茶
煮饭
煲汤
泡茶专用矿泉水
4.6L
五大天然特性 造就尊贵品质
均衡的矿物微量元素
微量元素是人体维持生命不可少的营养物质，而在矿泉水中矿物质的种类和含量讲究均衡，均衡营养均衡养生。
低氧化还原电位水
巴马丽琅天然活性矿泉水氧化还原电位为负值(ORP为100~160)，氧化性低还原力强，延缓细胞衰老，是巴马健康长寿的秘诀之一。
高能态活性水
水的能态是水的活性基础，长绿山的特殊环境造就神仙泉以独特的天然活性，有效促进细胞活化，成就巴马不老奇迹。
稳定的天然弱碱性
巴马丽琅源于地下深处，自巴马长绿山半山腰自然涌出，pH 稳定在 7.3~8.2 的弱碱性范围内，属于天然弱碱性矿泉水。
天然小分子团水
水的分子团越小水的活性越高，越易于细胞吸收与活化，巴马丽琅呈六环小分子团结构，与人体细胞内水分子相近，给人体带来更多健康活力。
400-150-1518
四川优品益生贸易有限公司 地址 > 成都市天府三街福年广场T1-2202

云放
雲放茶園
峨眉仙山
原生茶園
中国高端私人茶园
构建诚信价值圈层
打造品质生活标杆
10万元40年的茶园全托管
茶园管家热线
400-967-1881

四川省农业科学院茶叶研究所

四川省农业科学院茶叶研究所原建于1951年2月，是四川省专门从事茶学科研、新技术和新产品开发、生产技术指导的唯一省级研究所，主要从事茶树育种、栽培、植保、茶叶加工、生理生化、新产品开发及茶叶经济等方面研究，以茶叶应用和开发研究为主，同时有重点地开展茶学基础理论研究。

15年来，四川省农业科学院茶叶研究所获四川省科技进步一、二、三等奖16项，获国家发明专利3项，获国家实用新型专利2项，选育国家级、省级茶树新品种14个，其中国家级审定品种2个、省级审定良种12个。在省级以上学术刊物和学术会议上共发表科技论文100余篇，出版专著10余部，制定或参与制定农业部和四川省茶叶有关标准20余部。在人才培养上，10年来共培养博士研究生3名、硕士研究生10余名、省学术技术带头人2名，享受国务院政府特殊津贴专家2名，省突出贡献的优秀专家2名，国家级茶叶学会、协会副会长、副理事长各1人，以及全国优秀科技工作者1人、中国茶叶优秀科技工作者2人、全国茶叶青年优秀科技奖获得者2人、四川省决策咨询委员会委员1人等。

全国农牧渔业丰收奖

证　书

为表彰2011-2013年度全国农牧渔业丰收奖获得者，特颁发此证书。

奖项类别：农业技术推广成果奖

项目名称：茶树新品种引选育及应用推广

奖励等级：一等奖

获奖单位：四川省农业科学院茶叶研究所

（第1完成单位）

编号：FCG-2013-1-003-01D

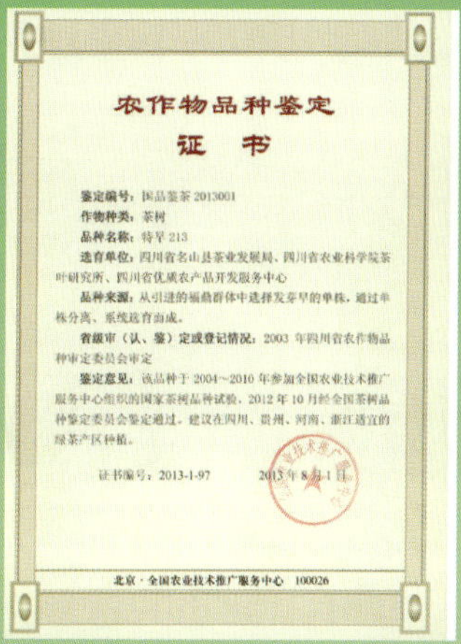
农作物品种鉴定

证　书

鉴定编号：国品鉴茶2013001

作物种类：茶树

品种名称：特早213

选育单位：四川省名山县茶业发展局、四川省农业科学院茶叶研究所、四川省优质农产品开发服务中心

品种来源：从引进的福鼎群体中选择发芽早的单株，通过单株分离、系统选育而成。

省级审（认、鉴）定或登记情况：2003年四川省农作物品种审定委员会审定

鉴定意见：该品种于2004~2010年参加全国农业技术推广服务中心组织的国家茶树品种试验，2012年10月经全国茶树品种鉴定委员会鉴定通过。建议在四川、贵州、河南、浙江适宜的绿茶产区种植。

证书编号：2013-1-97　　2013年8月1日

北京·全国农业技术推广服务中心　100026

四川省农业科学院茶叶研究所在科研的同时，十分注重科技成果的应用和转化，长期为全省茶区和企业培养各类技术人才，开展各种技术咨询、技术服务、成果转化、新产品开发和技术示范等工作，为各级政府及有关部门提建议、当参谋，积极促进全省茶叶经济的发展。近些年来，通过成果的转化和示范推广、茶叶系列实用技术在生产实践中的应用等所产生的经济效益约为50亿元，其技术应用在全省茶叶生产中的覆盖率为67.0%以上，为全省茶叶经济的发展和茶叶科技的进步做出了重大贡献。

百年龍鳳 百年老號
質在心 韵自成
純手工古法制作
品茗热线：18922818388 钟林
www.pertea.cn

[目录]

茶叶生产与加工

茶叶贸易与市场

茶业品牌

茶叶标准

茶叶质量

法律法规与规范性文件

领导、专家讲话

茶文化

各地茶业

茶叶之乡

茶人介绍

茶业博物馆

茶业统计资料

附 录

2016年全国茶叶生产概况

农业部种植业管理司经济作物处
全国农业技术推广服务中心经济作物处

农业部种植业管理司对2016年茶叶生产进行了调度分析，总体来看，茶叶种植规模扩大、产品结构优化、质量效益提升，保持了稳定发展的势头。各地围绕茶叶供给侧结构性改革，加快推进茶产业结构调整，推动转型升级绿色发展。

一、全国茶叶生产情况

1. 面积增速放缓 2016年，全国18个产茶省份茶园面积2 902.1千公顷，比上年增加110.7千公顷，增幅3.97%。其中，湖北、四川两省茶园面积增加较多，均超过15千公顷。2016年，全国开采茶园面积2 204.1千公顷，比上年增加88.3千公顷，增幅4.17%。

2. 产量稳定增加 2016年，干毛茶产量240.49万吨，比上年增加15.59万吨，增幅6.93%。分省份来看，贵州干毛茶产量增加2.3万吨、四川增加1.9万吨、云南增加1.9万吨、湖南增加1.0万吨。其中，名优茶产量110万吨，比上年增加8万吨。六大茶类全面增产，黑茶、黄茶均增产10%以上。

3. 产值持续提高 2016年，干毛茶产值1 680多亿元，比上年增加160多亿元，增幅10.5%。分省份来看，贵州干毛茶产值增加45亿元，四川增加33亿元，陕西、河南和湖北均增加10多亿元。其中，名优茶产值1 170亿元，比上年增加130多亿元。

4. 品种结构优化 茶园结构优化，无性系良种茶园面积比例达58.6%，比上年提高2个百分点；有机茶园面积比例7.2%，比上年提高1个百分点。茶类结构优化，绿茶、乌龙茶占总产量的比重持续下调，分别达到63%、11%；红茶、黑茶、白茶、黄茶占比上升；六大茶类比例更加均衡。

二、全国茶叶生产发展面临的问题

1. 存在越区种植现象 近几年，一些非优势区域盲目扩大种植，茶叶产量不高，质量不优，特色不突出，效益也不佳。

2. 质量安全风险仍然存在 一家一户的传统种植模式还未彻底改变，茶园生产标准化程度偏低，绿色防控技术普及率不高，主要靠化学农药防病治虫，茶叶农药残留超标风险仍然较大。

3. 成本上涨销售压力加大 茶叶采摘用工贵、用工难现象普遍存在，农资价格持续上涨，生产成本进一步增加，影响产量及效益的提升。部分茶企反映，收购价格上涨，销售价格走低，产品库存增加，回收货款困难，利润率降低。

4. 产业创新能力不强 龙头企业数量少、带动能力弱和知名品牌缺乏仍是制约产业发展的突出问题。80%的茶企品牌是区域内品牌，带动力不够强。25年以上的老茶园面积占1/4，品种老化，产量较低，品质较差。总体机械化水平较低，特别是茶叶机采问题未取得突破。

三、促进全国茶叶发展的主要措施

种植业管理司以发展新理念为统领，以供给侧结构性改革为主线，认真贯彻落实《农业部关于抓住机遇做强茶产业的意见》，按照全国果茶绿色发展经验交流会的总体部署，抓住实施“一带一路”倡议的机遇，聚焦绿色发展，坚持市场导向，实施创新驱动，强化政策引导，走产出高效、产品安全、资源节约、环境友好的现代茶业发展之路。

1. 发挥资源优势，建设茶叶生产最宜区 根据自然条件和发展现状，制定新一轮茶叶优势区域布局规划，进一步划定优质绿茶、红茶、乌龙茶、黑茶等生产最宜区，做到适区适种、适区适制，引导非优势区域逐步退出茶叶规模种植。

2. 实施创新驱动，提升茶业科技水平 贯彻新修订的《中华人民共和国种子法》，加快实施茶树品种登记制度，加强茶树资源和新品种保护。促进企业与科研院校合作、科研单位与推广机构协作攻关，共建技术创新平台，开展茶叶生产关键技术集成示范和机具研发，集中攻克名优茶机采技术瓶颈，促进农机农艺融合，提高茶叶质量和资源利用率。

3. 加强指导服务，提升茶叶质量效益 推进茶叶标准化生产，完善茶叶标准体系框架，制定茶叶产品和生产技术标准。在茶叶优势区，深入开展化肥、农药使用量零增长行动和有机肥替代化肥试点。开展培训和技术指导，培育新型经营主体和社会化服务组织，提高生产组织化程度。

4. 培育大型企业集团，提高茶产业竞争力 鼓励有实力的企业跨区域整合资源，组建产销集团，加快组建中国茶产业联盟，推进信息共享、标准统一、策略同向和行业自律。引导企业在优势区建设标准化茶园、高标准茶叶加工基地，构建“龙头企业＋合作社（种植大户）”的原料供应机制，实现清洁化、连续化、自动化、标准化加工，稳定原料供应，保障质量安全。

5. 打造和提升茶叶知名品牌，扩大市场影响力 支持茶叶生产最宜区申报农产品地理标志登记保护，采取多种形式，打造地域特色突出、产品特性鲜明的区域公用品牌。鼓励企业打造公用品牌下的企业品牌，塑造品牌核心价值。通过举办博览会、展销会、推介会等多种形式的推广，加大营销力度，提升品牌知名度。

6. 强化市场营销，构建茶叶大流通格局 结合实施“互联网＋”现代农业行动，建立茶产业大数据，构建信息资源共享平台，主动适应茶叶消费业态转变。健全市场体系，依托国家级茶叶市场，打造茶叶交易平台，促进传统经营方式向现代营销模式转变。挖掘中国茶文化内涵，结合实施“一带一路”倡议，巩固绿茶出口市场，扩大红茶等发酵茶消费市场，提升茶叶国际市场份额。

2016年中国红茶产业发展状况

中国农业科学院茶叶研究所　江用文　袁海波　滑金杰

一、红茶产销情况

1. 红茶生产现状　2005年以来，我国红茶产业走出低谷，进入振兴发展的新阶段"十二五"以来，我国红茶生产保持持续增长的态势。2016年红茶产量达到21.8万吨，比2011年增长91.82%，如图1所示；红茶产量占茶叶总产量的比重也逐年增加，由2011年的7.02%提高到2016年的9.06%，如图2所示。

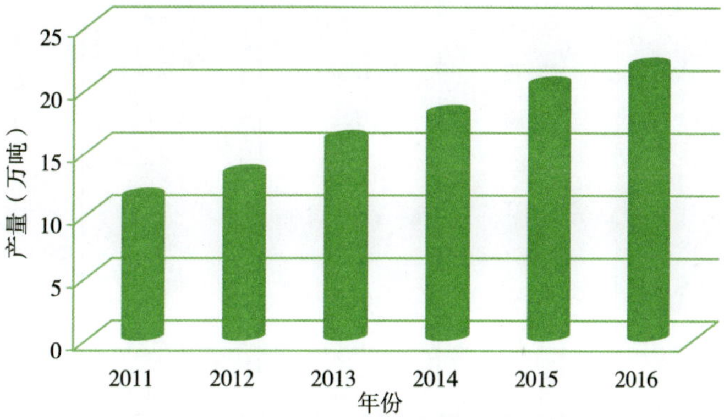

图1　2011—2016年我国红茶产量

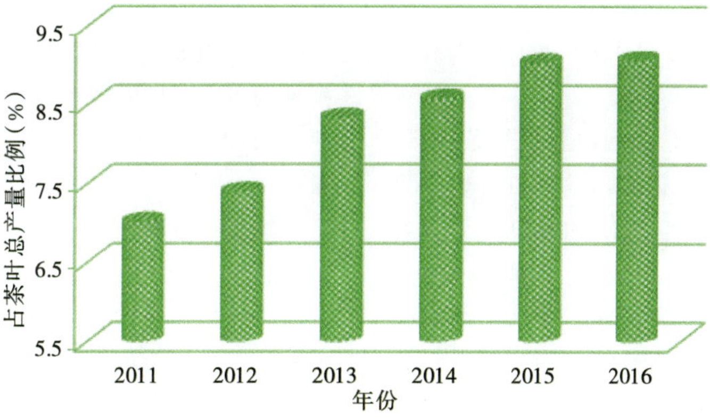

图2　2011—2016年我国红茶占比变化

近年来，国内茶叶市场对红茶的需求量持续增长，刺激全国各产茶省份纷纷发展红茶红茶，生产区域不断扩大。2013年以来红茶产量超过1 000吨的有14个省份；红茶产量超过5 000吨的省份不断增加，2012年有7个省份，2014年有8个省份，2015年有9个省份，2016年有10个省份；红茶产量超过1万吨的地区，2013—2016年有5个省份，如表1所示。

传统红茶产区积极恢复和振兴，仍占红茶产业主体地位。长期以来，茶叶产区根据资源禀赋的差异、市场需求的变化进行茶类结构的调整演变，形成了一批知名红茶产区，如滇红、祁红、闽红、宜红、川红、宁红、桂红等。20世纪90年代，我国红茶在国际市场上竞争力减弱，加之鼓励出口的扶持政策取消，我国红茶出口严重萎缩，上述红茶主产区纷纷改制绿茶。2006年以来，国内市场对红茶

表1　2011—2016年各省份红茶产量

单位：万吨

省份	2011年	2012年	2013年	2014年	2015年	2016年
全国总计	11.37	13.24	16.00	18.02	20.32	21.84
江苏	0.24	0.25	0.19	0.23	0.24	0.25
浙江	0.13	0.14	0.13	0.13	0.14	0.14
安徽	0.42	0.44	0.52	0.57	0.64	0.60
福建	2.27	2.74	3.69	4.34	4.74	4.99
江西	0.45	0.51	0.49	0.57	0.55	0.58
河南	0.51	0.59	0.68	0.72	0.58	0.50
湖北	1.94	2.17	2.38	2.75	3.09	3.12
湖南	1.54	1.59	1.68	1.73	1.97	2.13
广东	0.13	0.13	0.2	0.34	0.47	0.57
广西	0.56	0.87	1.13	1.21	1.38	1.65
海南	0.01	0.01	0.04	0.06	0.04	0.04
重庆	0.29	0.31	0.31	0.37	0.37	0.37
四川	0.26	0.32	0.37	0.38	0.42	0.44
贵州	0.09	0.10	0.15	0.49	0.50	0.71
云南	2.54	3.07	4.03	4.14	5.21	5.43

的需求逐步兴起，促使这些地区又恢复红茶生产。从红茶生产规模看，滇红、闽红、宜红排名前3位，云南、福建和湖北3省的红茶产量占全国红茶总产量50%以上。

随着红茶市场的兴旺，涌现出新兴红茶产区。河南于2009年发展红茶，创制出信阳红。贵州发展红茶的时间相对更晚，通过近几年的大力宣传和促销，贵州茶叶发展快速，从2011年的900吨增加到2016年的7 100吨，年均增长率达137.8%；特别是2014年，较2013年增长230.4%，2016年贵州红茶产量名列全国第6位。

从全国红茶产区的增长速度看，2012—2016年，福建、云南、广西、贵州、湖北等省份的红茶产量大幅增加。其中，增速最大的是贵州，2010年较少生产红茶，2011年开始红茶产量逐步增长，至2016年红茶产量达到7 100吨，较2011年增长6.89倍；第二是广西，2016年红茶产量比2011年增长1.95倍；第三是福建，2016年红茶产量比2011年增长1.20倍；云南长期以来是我国最大的红茶产区，近3年红茶产量也呈现较快增长，特别是2015年比2014年增加近1.1万吨。

2. 红茶国内外市场现状　2011—2016年，我国红茶产销继续呈现增长的发展态势。红茶生产需要面向国内和国外两个市场，自产红茶的内销量逐年较快增加，2016年达到18.49万吨，占红茶产量比例达到84.8%，较2011年增长136.7%，有力地填补了红茶出口量的萎缩，如表2所示。红茶的出口量至2014年呈现逐年下降的趋势，后逐步回升，这说明我国新一轮红茶产业的蓬勃发展，主要来自于国内市场需求的拉动，且拉动作用将更加显著，彻底改变长期依赖外销的局面。

国内市场对红茶的需求逐年增加，主要有以下几个因素发挥作用：一是中老年人肠胃功能退化，更容易接受红茶，近几年中老年人饮用红茶的人群不断增加；二是欧美市场以消费红茶为主，国内白领阶层和部分年轻人受欧美茶叶消费习惯的影响，感到喝红茶具有一种时尚感；三是茶叶功效和性能不断开发，消费者在不同的季节逐渐选择不同的茶类饮用，科学饮茶、有益健康且红茶温和性暖，适合在冬天饮用。

表 2　2011—2016 年我国红茶产量、出口量和内销量

单位：万吨

年份	红茶产量	出口量	内销量
2011	11.37	3.56	7.81
2012	13.24	3.58	9.66
2013	16.00	3.30	12.70
2014	18.02	2.78	15.24
2015	20.32	2.81	17.51
2016	21.80	3.31	18.49

注：内销量指我国自产红茶的内销量，不包含进口红茶。

3. 红茶企业现状　随着红茶产业的兴起，2012—2016 年以生产红茶为主导的企业亦快速成长。不同品类的红茶，均有红茶龙头企业。例如，滇红以云南滇红集团股份有限公司为代表，祁红以安徽国润茶业有限公司、安徽祁门红茶发展有限公司为代表，闽红以福建正山堂茶业有限责任公司、福建新坦洋茶业（集团）股份有限公司为代表，川红以四川川红茶业集团有限公司为代表，宜红以湖北宜红茶业有限公司为代表，宁红以江西省宁红集团有限公司为代表，桂红以广西凌云浪伏茶业有限公司为代表，上述企业均发展成为省级以上农业产业化龙头企业。同时，越来越多的国家级、省级农业产业化茶叶龙头企业涉入红茶加工，红茶成为其提高资源利用率、拓展市场的一个新增长点，如云南双江勐库茶叶公司、浙江茶叶股份公司、湖北萧氏茶业公司等均新增了红茶系列产品。另外，领域外越来越多的资本开始关注并投资红茶产业，如云南白药集团股份有限公司、云南龙润茶业集团有限公司、祥源控股集团有限责任公司等，其中云南龙润茶业集团有限公司已成为国家级农业产业化龙头企业。

此外，红茶品牌建设取得较快发展。在红茶品牌建设中，公用品牌和企业品牌共同发力。公用品牌主要是申请地理标志保护，我国有 3 个部门开展农产品的地理标志保护工作，一是国家工商行政管理总局的地理标志商标注册，二是国家质量监督检验检疫总局的地理标志产品保护，三是农业部的农产品地理标志登记。到 2016 年年底，申请国家工商行政管理总局的地理标志商标注册有 27 件，分别为祁门红茶、凤庆滇红茶、福鼎白琳工夫、筠连红茶、坦洋工夫、政和工夫、川红工夫、福洋工夫、信阳红、宜昌红茶、宜红工夫茶、英德红茶、正山小种、遵义红、松溪红茶、牡丹红、昌宁红茶、尤溪红、利川功夫红茶、楚红红茶、霍山红茶、安化红茶、日照红茶、仙岩工夫、恩红工夫、浙红工夫、猴坑红茶等；申请国家质量监督检验检疫总局的地理标志产品保护有 5 件，分别为英德红茶、坦洋工夫、武夷红茶、筠连红茶、昌宁红茶；申请农业部的农产品地理标志登记有 11 件，分别为修水宁红茶、铅山河红茶、五峰宜红茶、宜都宜红茶、金寨红茶、金秀红茶、筠连红茶、五指山红茶、鹤山红茶、百色红茶、桃园红茶。其中，筠连红茶在 3 个系统中均申请并获批准，坦洋工夫、宜红工夫茶、英德红茶、昌宁红茶在 2 个系统中申请并获批准。从驰名商标培育来看，与红茶密切相关的有 4 件，其中有 2 家红茶生产企业获得驰名商标，分别是安徽国润茶业有限公司的“润思”、云南滇红集团股份有限公司的“凤”牌；红茶用共品牌有 2 件获得驰名商标，分别是福建省福安市茶业协会持有的“坦洋工夫”、福建省政和县茶叶技术推广总站持有的“政和工夫”。

二、红茶加工技术进展

近年来，红茶加工技术水平取得了长足的提升，我国红茶加工研究重点集中于加工设施条件的提升，新技术和新设备的应用，以及新型红茶产品的研发等方面。

1. 加工设施条件的提升 红茶加工设施条件全面提升，萎凋、发酵等新设备研制成功，设备可控性和精准性有所提高。设施复式萎凋同时解决了参数不可控性和劳动强度大的问题，通过温湿度调控、自动化翻拌基本实现了萎凋作业的连续化与自动化。基于可编程逻辑控制器控制的自动化茶叶揉捻机组的研制成功，实现了多台揉捻机的协作联动，且可自动控制揉捻压力、转速和时间等参数，真正达到了揉捻工序的连续化、自动化作业。增氧控温控湿发酵机和阶梯式连续化发酵机等实现了对发酵环境参数温度、相对湿度通气状况等的调控，基本实现了发酵的机械化和连续化。然而新型加工设备处于研制成功初级阶段，距实际生产和推广应用仍有很大一段距离。

2. 新技术和新设备的应用 红茶加工基础研究不断加深，新技术逐步应用。红茶经过萎凋、揉捻、发酵、干燥等工序制成。鲜叶通过萎凋均匀地失水，叶质变柔软，便于揉捻成条，同时鲜叶发生一系列化学变化，萎凋叶的青草气逐渐散发。萎凋过程中鲜叶呼吸特性及理化特性的变化规律得到明确，同时根据不同品种原料的特点，研究获得对应适宜的萎凋条件和程度，此外新型萎凋技术如人工控光萎凋技术、冷冻萎凋技术等得到了深入研究。

揉捻是红茶塑形和形成内质的重要工序，萎凋叶在揉捻机械力的作用下茶汁溢出成条，为发酵提供条件。揉捻过程中制品的物理特性和生化成分变化规律得到明确，空调揉捻技术日趋成熟。发酵是红茶特色品质形成的关键工序，发酵叶中多酚类在氧化酶的作用下发生酶促氧化反应，形成红茶特征成分和品质。近年来，发酵研究主要表现在发酵机理研究、发酵最佳参数优化、新型发酵适度技术应用等方面。现有研究已基本探明发酵过程中品质生化成分的变化规律，以及香气成分的形成规律，得出高湿度和适当翻拌通氧有利于优质品质红茶的形成，此外开展电子鼻技术、色泽检测技术等新技术在红茶发酵适度快速判断的研究。干燥是红茶加工的最后一道工序，除了去除水分达到足干便于贮藏以外，还对茶叶色香味的形成起重要作用，近些年开展了微波技术、远红外技术、低温真空技术等在茶叶干燥提香中的应用研究。

3. 新型红茶产品的研发 随着红茶市场的迅速发展，红茶产品也呈现出百花齐放的发展态势。不少产区开发出具有不同区域特色的红茶产品，“金骏眉”红茶以武夷山桐木关高海拔地带生长的武夷变种单芽为原料，经过严格的自然萎凋、揉捻、发酵、过红锅和手工焙笼干燥工艺制作而成；“信阳红”是采用小叶种原料加工成与信阳毛尖“细圆紧直”外形相类似的红茶产品；“八仙红茶”是采用乌龙茶品种引入晒青、摇青工艺生产出具有花香型的红茶，以高香品质著称。此外，还有炭焙红茶、崂山红茶、松针保健红茶、锌硒红茶等，均各有特色。

从总体上来看，近年来我国红茶的加工研究和新型红茶的研制已取得了很大的进步，不断有高新技术应用到红茶加工中，其机械化、自动化水平较21世纪初已有显著提升，一批可实现自动化、省力化作业的红茶加工新设备研制成功，制茶新技术、新工艺不断涌现，红茶新产品更加丰富。

三、红茶产业存在的问题及发展对策

1. 红茶产业存在的问题

（1）部分红茶企业的质量意识不强。国内红茶市场的兴起，让各地茶企看到了红茶具有良好的市场发展前景，部分茶企盲目跟风，红茶市场出现投机炒作的现象，加上消费者对红茶质量的甄别水平不高，导致低质高价红茶进入市场，从而影响消费者对红茶市场的信任度。

（2）缺少适制红茶的原料基地。部分绿茶主产区只是简单地红改绿，没有种植适制红茶的良种，建立红茶专用原料基地，一些绿茶品种不适合制作红茶。绿茶主产区加工红茶所用的鲜叶原料，虽然嫩度高，但普遍利用夏秋茶原料，实际上采用春季鲜叶加工的红茶，其质量更优。

（3）红茶加工仍面临劳动力紧缺、生产成本持续增加、特色新产品开发相对滞后、质量安全水平不稳定、产业集中度低等诸多问题。我国加工技术的智能化、定向化调控尚较欠缺，在连续化与自动化方面仍与印度、肯尼亚等红茶生产国存在一定的差距，品质形成机理的研究仍需进一步深入；一些新技术、新设备和新产品等虽已开发成功，但还处于小实验阶段，离大规模产业化应用还有一定的距离。一些企业厂房、设备陈旧老化，卫生条件简陋，不符合清洁化、标准化生产要求，产品质量安全稳定性差，茶叶成本居高不下，严重制约着红茶产业的发展。

（4）存在有品类品牌、缺乏知名企业品牌的问题。我国有众多较高知名度的红茶品类，如祁红、滇红、金骏眉、坦洋工夫、川红、宜红、宁红等，但缺少有实力的红茶龙头企业和知名企业品牌。没有知名企业品牌作支撑，品类品牌的影响力难以提升，更难以持久。

2. 红茶产业发展对策 未来我国红茶产业发展的方向为红茶产品趋向优质化、多样化、方便化，利用工艺创新生产色、香、味、形等方面有特色的新产品，如甜香红茶、花香红茶、轻发酵红茶等。加工主体根据自身特色呈现不同发展模式，大众红茶产品加工将向规模化、机械化、品控化方向发展，保证红茶产品质量的稳定性和优质性，更为突出以量和稳定取胜；小众红茶产品向多元化、特色化方向发展。红茶生产趋向标准化、省力化、低碳化，茶叶加工方式由全程机械化、连续化，逐渐向定向化、信息化和自动化作业发展。根据红茶产业的发展趋势提出以下对策：

（1）建立中国红茶质量评价标准。我国红茶要突出中国特色，品质风格有别于国外红茶，中国人饮茶喜欢清饮，而国外偏爱调饮。因此，不能采用国外红碎茶的“浓、强、鲜”标准来评价中国红茶，要建立优质红茶评价的中国标准，突出“醇、鲜、香”，积极将中国红茶文化传播于世界。

（2）建立中国红茶优势生产区。根据生态环境、自然资源比较优势，划定云南、广西、广东、海南等区域作为红茶主产区，形成优质、特色红茶产区；在长江流域，选择历史上红茶有声誉、红茶产业有基础的地区发展特色红茶。引导和支持发展红茶生产专用原料基地，建设标准化茶园，推广优质红茶品种。

（3）利用国内和国外两种资源、两个市场。红茶主要生产国有印度、斯里兰卡、肯尼亚等国，其红茶产量均高于中国、价格低于中国。红茶龙头企业积极抓住“一带一路”的机遇，主动走出去，善于利用国内、国外两种资源，取长补短，拓展国内、国外两个市场。

（4）调整优化红茶产品结构。对红茶主产区而言，要根据市场需求变化、资源禀赋和产业基础，确定本地区生产的品类和拳头产品；根据拳头产品的品质特征，选择合适的良种、种植模式、栽培技术和加工技术，形成本地特色鲜明、风格稳定的红茶。对于茶企来说，根据自身条件和定位，优化茶叶产品的垂直结构：一是面向大众需求，踏踏实实做好产品，重视提高生产技术和管理水平，有效控制成本，生产出高性价比红茶；二是面对高端需求，依托本地独特的自然资源和文化优势打造出有文化内涵、品质超群、稀缺的小众产品。

（5）加强地理标志产品的保护。自然资源独特或文化底蕴深厚的红茶产区，要加强红茶地理标志的保护，让规模大、品质优、知名度高的特色红茶如滇红、祁红等得到保护，成为红茶优势产区的核心。加强地理标志产品的政策支持力度，扩大宣传，提高市场影响力，使其成为有生命力的公用品牌。

（6）扶植红茶龙头企业和品牌。扶植红茶龙头企业、培育知名的红茶企业品牌是国内红茶持续发展的必经途径。扶植龙头企业，关键是培养企业家的诚信意识、战略眼光、创新精神和社会责任，带头践行“清、静、和、美”茶文化核心理念。真品牌是企业的核心竞争力，企业培育品牌离不开产品，而产品是品牌塑造的基础。产品质量不好，无法打造品牌；品牌的定位要与产品功能、档次相吻合。

（7）加强科技创新。研究绿色精确化生产技术，提高红茶质量；开发红茶新产品，拓展红茶的功能；研制自动化生产设备，提高劳动生产率。同时，加强茶叶流通模式创新、技术创新，提高流通效率；积极应用“互联网＋”，线上线下融合，创新现代茶叶营销模式。

我国主要茶产品加工技术进展

中国农业科学院茶叶研究所　尹军峰

进入21世纪后，随着经济社会的发展和人们生活理念的转变，我国茶叶产销形势显著改变，包括六大传统茶、深加工茶制品等在内的主要茶产品结构经历了巨大的调整，传统六大茶类产品的结构不断调整和优化，有资源比较优势和市场竞争力的产品发展迅速，深加工茶产品得到了快速的增长。伴随着茶产品结构与市场需求的深度变化，我国主要茶产品加工技术得到了长足的发展，许多方面实现了技术突破。

一、初精制茶加工技术与装备进展

（一）初制茶加工技术与装备进展

我国传统茶叶主要包括绿茶、红茶、乌龙茶、黄茶、白茶和黑茶等六大类。2000年以来，随着经济社会的快速发展和消费市场对安全、稳定品质追求的不断提高，从生产和消费两个方面都对传统茶叶加工技术及装备提出了更高的要求，有力地促进了我国传统茶叶加工技术的快速发展。

1. 初制茶加工技术进展　21世纪以来，我国涉茶大专院校和科研院所不断强化茶叶加工基础理论研究，传统茶加工机理及特性逐步得以揭示，一大批食品加工新技术开始在茶叶加工上应用，我国传统初制茶加工技术得到全方位的提升和突破。

（1）人工微域调控技术。我国传统茶叶加工中，萎凋（摊放）、发酵、渥堆、做青等工序极易受到环境温度、湿度、氧气、光线等条件的影响，导致茶叶产品品质稳定性较差。为此，近些年来国内开展了大量的相关技术研究工作，提出并开始应用一大批可实现精准调控环境温湿度和空气流通的人工微域调控技术，实现了产品的稳定控制或定向调控，产品质量显著提高。例如，绿茶设施摊青技术、乌龙茶空调做青技术、茯砖茶温湿度调控发花技术、红茶增氧内热发酵和光补偿萎凋等人工微域新技术陆续取得突破及应用。

（2）高效节能加工新技术。煤、柴等非清洁能源仍是我国茶叶加工的主要形式，不仅耗能高、环境影响大，对产品品质和卫生安全指标也影响极大。近年来，通过茶叶科研机构、涉茶大专院校和茶叶茶机企业的共同努力，电磁内热、远红外辐射、微波等新型加热技术和空气脉动等新技术开始应用于茶叶加工作业，不仅明显提高了产品质量及其稳定性，而且节能效果显著，特别是电磁内热杀青技术较传统电热管发热技术节能40%～50%。

（3）微生物调控技术。近些年来，黑茶产销量得到快速增长，相应的加工技术也得到改进。在探明了黑毛茶渥堆、茯砖发花等工序优势微生物种类并进行分离鉴定的基础上，研究并提出了接种优势微生物、添加外源物等技术，实现了黑毛茶渥堆、茯砖发花等工序初步调控，明显提高了产品的质量和产品的稳定性。

（4）风味品质提升新技术。近些年来，超高温热风、高温汽热、微波加热、远红外加热、低温真空变频加热等一批新技术陆续开始应用于茶叶的杀青和干燥作业中，对茶叶的色、香、味品质及其均匀性都起到了较好的提升效果。

（5）快速无损检测与控制技术。采用近红外光谱技术、电子鼻和电子舌技术、CTC红碎茶物理特性机器识别技术、CCD色泽测定，以及各类传感器等新技术实现茶叶水分、加工进程控制等参数的在线快速无损检测，为茶叶连续化、自动化加工奠定基础。

2. 初制茶加工装备开发进展　随着我国经济社会的发展和人们生活理念的巨大转变，作为典型劳动密集型产业的传统茶加工方式，由手工和单机制作向全程机械化、连续化和自动化加工成为发展的必然。通过茶叶科研机构、涉茶大专院校和茶叶茶机企业的努力，采取设备模块化设计、创新和合理组装搭建的方式，较好地适应了我国茶叶产品及其加工技术的多样性和复杂性，我国茶叶加工的机械化水平得到了极大的提高。

(1) 模块化加工设备开发进展。模块化加工设备主要包括鲜叶品质提升设备模块、新型杀青设备模块、做形设备模块、干燥设备模块和衔接模块等。

1) 鲜叶品质提升设备模块。绿茶摊放、红茶萎凋和发酵、乌龙茶做青等工序都有一个鲜叶品质的管理过程，传统技术大多靠天吃饭或简单处理，品质及其稳定性较差。随着人工微域调控技术的发展，绿茶鲜叶摊放机、红茶和乌龙茶萎凋机、红茶发酵机及乌龙茶做青机等一批鲜叶处理设备模块被研制出来，并开始大量应用于茶叶加工中，显著提升了茶叶的风味品质。另外，为适应机采叶加工名优茶的需要，多种滚筒式、抛抖式机采鲜叶分级设备被开发出来，并成功应用于大生产。

2) 新型杀青设备模块。长期以来，滚筒杀青机是我国的主要杀青设备，但存在能耗高、非清洁能源多、不同茶叶的适应性差等缺陷。随着一些新技术的应用，电磁杀青机、远红外杀青机、微波杀青机、超高温热风杀青机、高温汽热杀青机等一批新型杀青设备成功研发并应用于茶叶加工中，较好地适应了不同产品的需求。

3) 做形设备模块。我国大多数名优茶对外观有较高的要求，做形设备也成为实现茶叶加工机械化、连续化和自动化的难点问题。通过茶叶科研机构、涉茶大专院校及茶叶茶机企业的持续努力，连续理条机、扁茶炒制机、自动曲毫机和各种自动加压揉捻系统等一批针对针芽形、扁形、卷曲型（颗粒）、条形名优茶的成形设备被开发和应用，显著提高了我国茶叶加工的机械化水平。

4) 干燥设备模块。我国传统干燥设备主要为烘干机和各类的炒干机，大多存在使用非清洁能源、能耗高、温控效果差等问题。随着新型干燥技术的应用，高效节能的远红外燃油式烘干机、燃气式烘干机等装备开始得到大量的应用，茶叶质量及其稳定性显著提高。另外，电磁烘干机、空气脉动式烘干机等新装备也已研发成功。

(2) 初制加工生产线开发进展。通过各类模块化新装备与传统设备的有机组合，积极引入快速无损检测与控制技术，集成开发出扁形、针芽形、毛峰形、条形、曲毫形、颗粒形等多种类型的名优绿茶连续化、自动化加工生产线，以及工夫红茶和乌龙茶连续化、自动化加工生产线。同时，黑茶渥堆工序的自动检测与控制系统已研制成功，连续化生产线正在积极研究当中。我国多数名优茶可实现连续化、自动化加工，使得我国茶叶加工技术水平得到显著提高，明显提升了茶叶加工环境和安全卫生质量。

（二）精制茶加工技术与装备进展

茶叶初加工产品往往会出现风味品质不佳或者大小、轻重、色泽等外观差异，以及茎梗、老叶等的存在，常常需要通过茶叶精制作业来提高产品品质。近些年来，我国茶叶产销组织形式发生了重大的变革，正由千家万户加工生产逐渐转向中小企业生产初制茶，大型品牌企业通过对初制茶的整理、拼配等处理技术加工成精制茶的产业发展模式。为此，传统茶叶精制技术被广泛应用于传统内销茶的精制作业中，一批茶叶精制新技术、新装备得到开发及广泛应用。

1. 茶叶提香技术与装备 为提高初制茶风味品质特别是香气不足或欠匀等问题，微波加热、远红外加热等提香新技术陆续开始应用于茶叶精制过程中，通过与传统装备的组装集成，研制出一批可提高茶叶香气的设备。例如，各种箱式、滚筒式、隧道式远红外提香设备开始得到大量的应用，产品的质量及其稳定性显著提高。

2. 茶叶外观整形技术与装备 因为鲜叶原料、生产企业加工水平及装备的不同，同一品类的初制茶往往会导致较大的外观差异，产品往往需要进行后期的精制处理。传统精制主要采用筛选和风选技术，可以较好地解决茶叶的大小、粗细和轻重问题。近些年，各种色选机、扁形绿茶脱毫整形机等外观整形装备得到开发及广泛应用，较好地解决了茶叶的色差、紧结度、光洁度等传统精制技术无法处理的茶叶外观问题。

3. 茶叶去杂拣梗技术与装备 传统精制主要采用人工拣剔、机械拣梗和静电拣梗等机械筛选方法解决去杂拣梗问题，不仅劳动强度大、作业复杂，而且机械拣梗尚无法解决一些外形复杂的名优茶去杂拣梗工作。通过多年的研究，色选机、乌龙茶拣梗机等装备被开发出来，并广泛应用在茶叶去杂拣梗工序中。特别是可自动分离不同光学特性茶叶的光电色选技术在茶叶后段精制工艺中的应用，可大幅提高产品质量，显著减轻劳动强度。

我国茶叶加工技术已将传统初制工艺与精制工艺有机结合，实现了全程连续化、自动化加工。先后研发出了一批连续化衔接设备和各种自动化控制装置或设备模块，并通过与单机的有机衔接，建立了一批可适应不同需求的和初精制相结合的名优绿茶连续化加工生产线、全自动连续红茶生产线、乌龙茶自动生产线等。

二、再加工茶与新型茶产品加工技术进展

（一）再加工茶加工技术进展

我国的再加工茶一般指六大初制茶或精制茶经过再次加工而成的茶叶产品，主要包括花茶、紧压茶、袋泡茶等产品。

1. 花茶　花茶是选用香花和茶叶窨制而成的香型茶，是我国最重要的再加工茶产品，也是消费者尤其是北方消费者所喜爱的茶叶品种，已销往40多个国家或地区。其中，茉莉花茶最为有名，近些年我国茉莉花茶总产量一直维持在8万～9万吨。通过多年的发展与积累，我国传统茉莉花茶加工主要形成了干坯多次窨制或湿坯连窨这两大窨制技术，窨制过程一般采取茶坯和茉莉花直接混合后进行囤窨、箱窨等方法，劳动强度高，香气损失大。近些年，新型隔离窨花等窨制新技术逐步得到应用，生产上也开始使用新型数控隔离窨花机等装备。新型的隔离窨花技术采用负压固香，无需通花散热，一次窨制成茶，具有窨制速度快、花香释放吸附充分、花茶质量好、劳动强度低、茶坯完整等特点，适用于高端花茶的标准化生产，同时还可以部分解决花茶农药残留安全的问题。

2. 袋泡茶　袋泡茶具有“定量、卫生、方便、快速”的特点，是国际上重要的茶叶品类，年销售量占茶叶销售总量的1/4。我国袋泡茶销售量不到茶叶总量的4%，具有较大的发展潜力。我国袋泡茶加工可追溯到20世纪60年代，主要靠进口袋泡茶包装机、滤纸，生产少量袋泡茶用于出口；70年代，开发出颗粒绿茶（袋泡绿茶的原料）及其配套设备；80年代，通过引进、消化、吸收国外技术，航天工业部南峰机械厂试制成功袋泡茶包装机，杭州新华造纸厂试制成功袋泡茶专用滤纸，为我国袋泡茶的发展奠定了基础。近些年来，国内茶叶袋泡茶机械及包装得到了长足的发展，从原来的低速单袋滤纸全自动包装机发展到中高速全自动包装机，尼龙三角包等立体全自动包装机械也已成功开发，并应用于袋泡茶生产。

（二）新型茶产品加工技术进展

为适应茶叶消费多样化的发展趋势，一批有别于传统茶的新型茶叶产品面世，有些已得到大规模的生产，不仅有效地拓展了茶叶资源的利用途径，提高了茶资源的经济效益，而且为市场提供了更多的产品选择。

（1）低咖啡因茶。低咖啡因茶是一种适合于神经衰弱者、孕妇、老人、儿童等对咖啡因敏感特定人群饮用的新型茶叶产品，主要在欧美和日本市场上较为流行，国内也有部分加工，主要向国外进行销售。低咖啡因茶可选用低咖啡因茶树原料，如大坝大树茶（咖啡因含量约0.07%）、金厂大树茶（咖啡因含量约0.06%）等实现，主要通过特定的技术手段如超临界萃取、热水浸渍等方法，将茶叶中80%以上的咖啡因脱除，同时尽可能保留茶叶原有的有效成分和风味。

（2）γ-氨基丁酸茶。γ-氨基丁酸茶是一种具有降血压、抗焦虑功能的新型茶叶产品，1987年由日本农林水产省蔬菜茶叶试验场首次开发成功，近些年国内也有一定量的加工生产。γ-氨基丁酸茶通常要求γ-氨基丁酸含量在1.5毫克/克以上，是普通茶叶的20～30倍。γ-氨基丁酸茶主要采用厌氧处理、厌氧/好气交替处理等方法加工而成。通过国内科研院所和企业多年的研究，已提出了一套高含量、品质优的γ-氨基丁酸茶加工技术，并实现规模化生产。

（3）超微茶粉。超微茶粉是一种以茶树鲜叶为原料，经过特殊工艺加工而成的可以直接食用的纯天然超细粉体茶产品，其颗粒度一般细于200目。超微茶粉多应用于茶冰淇淋、茶糖果、茶月饼、茶汤圆、茶豆腐、茶面包等含茶食品，细于1 000目的亚微米超微茶粉还可直接冲泡饮用。近年来，我国超微茶粉产品发展迅速，据不完全统计，年产销量已超过3 000吨。超微茶粉主要采用球磨粉碎、冲击式粉碎、气流粉碎、振动磨粉碎等超微技术得以实现，其中超微绿茶粉一般需要配套遮阴等农艺技术和保绿等加工技术。随着我国超微粉碎技术和

装备的快速发展，细度达到2 000目的亚微米超微茶粉及其制造技术已实现工业化生产。

三、深加工产品加工技术进展

（一）茶饮料类产品加工技术

茶饮料产品主要包括瓶装或罐装的液态，即饮茶、固体速溶茶和茶浓缩汁等产品类型，是20世纪中叶以来在国际上逐渐发展起来的饮料类产品。我国茶饮料类产品的年产值达到900多亿元，消耗中低档茶叶15万吨左右，较好地支撑了茶产业的发展。

1. 液态即饮茶饮料加工技术 液态即饮茶饮料指以茶叶萃取液、浓缩液、速溶茶粉等为主要原料加工而成的瓶装、罐装或盒装的即开即饮型饮料产品。20世纪60年代中后期率先在欧美面世，已成为全球增长最快的饮料品类之一。中国大陆茶饮料起步于20世纪80年代末，90年代中后期达到规模化生产，21世纪后进入快速发展期。我国茶饮料产销量已达到1 400万吨左右，产值近800亿元。

我国早期的液态茶饮料主要采用传统饮料加工技术，如单罐静态提取、高速离心、高温高压灭菌包装等技术，产品风味品质不高，多为调味型产品。进入21世纪后，针对产品易色变、味劣变和沉淀等三大问题，膜分离、酶工程、非热杀菌、无菌罐装等高新技术陆续进入茶饮料制造中，在茶饮料的护色、防沉淀、保质保香等方面取得了突破。特别是动态连续逆流提取技术、膜分离澄清技术、超高温瞬时灭菌、热罐装、无菌冷罐装等一批新技术和新装备得到广泛应用，乃至膜除菌等冷除菌技术也开始得到探索，已初步建立形成了一整套茶饮料加工技术体系。另外，饮料专用原料加工技术、茶汤脱苦降涩技术、综合保鲜技术等一批新技术和新工艺也逐渐开始应用于我国茶饮料制造业，产品结构和质量得到明显的改进和提高。

2. 固体速溶茶加工技术 固体速溶茶是采用茶叶为主要原料，经过提取、分离澄清、浓缩、干燥等工序加工而成的产品。固体速溶茶源于20世纪40年代的英国，经过多年的试制和开发生产，已成为市场上重要的茶饮料类产品。中国大陆固体速溶茶生产始于20世纪60年代后期，直到90年代中期，随着液态茶饮料的迅速崛起，产销量才得到快速发展。

2000年以前，我国速溶茶的加工技术水平较低，多采用单罐多次静态提取、高速离心、蒸发浓缩、喷雾干燥等技术，产品风味品质较差，主要用于调味型液态茶饮料、奶茶和果味茶等固体茶产品的配料使用。21世纪后，各种连续逆流提取技术、膜分离浓缩技术、酶工程技术、低温真空浓缩技术、冷冻干燥技术等现代高新技术逐渐应用在速溶茶产品制造上，产品的风味品质显著提升。另外，旋转锥蒸馏塔香气回收技术、微胶囊包埋技术、中空造粒技术、酶转溶技术等一批新技术和新装备也开始得到应用，有效解决了速溶茶的流动性、溶解性和抗潮性等问题。例如，中国农业科学院茶叶研究所集成最新技术生产的高香冷溶速溶茶可基本还原原茶风味，可速溶于4℃冰水，真正实现了速溶茶终端直接冲泡消费的目标。

3. 茶浓缩汁加工技术 茶浓缩汁是一种以茶叶为主要原料，经过提取、澄清、浓缩、调配、灭菌、包装等工序加工而成的一种液态茶产品。与速溶茶相比，茶浓缩汁具有品质相对较高、能耗较低等优点，但对贮藏运输和包装的要求较高。21世纪后，在中国农业科学院茶叶研究所等科研院所的联合攻关下，逐渐建立起了我国茶浓缩汁加工技术体系。

茶浓缩汁主要采用两种方法：一是低端产品主要采用单罐静态提取、高速离心、真空浓缩、超高温瞬时灭菌等技术，产品的浓度可以达到40～50波美度。二是高端产品主要采用连续逆流动态提取、高速离心/膜分离、膜浓缩（或膜浓缩＋真空浓缩）、超高温瞬时灭菌等技术，产品的浓度一般为10～20波美度。另外，茶汤脱苦降涩技术、旋转锥蒸馏塔香气回收技术和酶转溶技术等新技术也开始应用于茶浓缩汁产品的生产上。

（二）茶叶功能成分终端产品开发及其制造技术进展

茶叶中富含茶多酚（儿茶素）、茶氨酸、茶色素（茶黄素）、咖啡因、茶多糖、茶皂素等各种天然功能成分。自20世纪70年代开启茶多酚的提取研究以来，我国茶叶功能成分提制技术及终端应用取得了显著进展，特别是21世纪以来，茶多酚、茶色素、茶氨酸等产品的产销量得到了快速的增长，儿茶素、茶黄素、茶氨酸、茶多糖等功能成分已广泛应用于保健食品、日化、医药、化工、食品保鲜等领域，显示出较大的开发利用潜力。

1. 茶叶主要功能成分制造技术进展 茶多酚（儿茶素）、茶氨酸、茶黄素、茶皂素是我国实现工业化制备的主要茶叶功能成分。其中，茶多酚年生产量已达到 2 000 多吨，天然茶氨酸和茶黄素年产量 30～50 吨，茶皂素 3 000 吨，产值超过 5 亿元。传统提取主要采用有机溶剂萃取分离技术，存在有机试剂残留多、产品品质不高等问题。2 000 年以来，随着膜工程、超临界流体二氧化碳萃取、逆流色谱、柱色谱、冷冻干燥等制造技术的研究与应用，茶叶提取物品种及品质、安全性等都得到了丰富和提升。

（1）茶多酚（儿茶素）提取制备技术。茶多酚（儿茶素）是茶叶特征性成分和优势功能成分，具有抗氧化、抗动脉粥样硬化、防辐射、抗病毒、抗肿瘤等多种保健功效；主要采用逆流、微波辅助、水解酶辅助、超声波辅助等提取和溶剂萃取法、金属离子沉淀法、柱层析法等分离技术，纯度可达 98%以上。近些年来，为提高产品的应用面，大孔吸附树脂、木质纤维素等绿色分离制备技术开始逐步得到应用，较好地提高了茶多酚（儿茶素）产品的安全性。此外，采用分子修饰、化学改性等技术手段，研发出脂溶性茶多酚、茶多酚脂质体、乙酰化儿茶素、甲基化儿茶素等多种新型提取物，较好地解决了脂溶性较差的问题。

（2）茶黄素制备分离技术。茶黄素是近年来茶叶深加工领域兴起的又一研究热点，茶黄素提取制备技术主要有溶剂浸提、酶促氧化制备、大孔吸附树脂、高速逆流色谱、膜富集法等方法。在大规模工业化制备茶黄素方面，中国农业科学院茶叶研究所率先获得了突破，通过采用吸附特性和解吸附特性良好的填料，有效分离制备出高纯度（>98%）的 4 种茶黄素类功能成分。

（3）天然茶氨酸制备分离技术。茶氨酸作为茶叶中的特殊氨基酸，具有缓解紧张、改善记忆、降血压等诸多功能，一直为人们所重视。天然茶氨酸主要采用传统预处理和各种树脂吸附分离相结合的方法。例如，中国农业科学院茶叶研究所采用超滤、脱色等预处理法，结合离子交换树脂吸附分离技术，提出了基于茶多酚制备废液的天然茶氨酸制备技术，茶氨酸纯度可达到 95%以上。

2. 茶叶功能成分终端产品开发现状 经过多年来的实践应用，我国在茶多酚（儿茶素）、茶色素（茶黄素）、茶氨酸和咖啡因等茶叶功能成分应用开发方面也取得了显著进展，已在普通食品、保健食品、日化、天然药物、含茶纺织品等领域中得到广泛应用。

（1）各种含茶食品和保健品。已先后成功开发出了富含茶多酚（儿茶素）或茶黄素的片剂、胶囊、口含片、糕点、油脂、口香糖等保健食品或膳食补充剂产品，如中国农业科学院茶叶研究所开发出以高含量茶多酚、茶氨酸等为主要功能成分的茶多酚片和茶氨酸片等产品。

（2）含茶日化产品。近些年来，国内先后开发出一批以茶多酚（儿茶素）、茶皂素等为主要原料的含茶日用化妆品，如防晒、美白、保湿、祛痘等美肤产品，以及外用软膏、牙膏、护唇膏、漱口水、发用染料、乳液、香皂、洗发水等多款日用产品。

（3）含茶纺织品。茶多酚（儿茶素）对伤寒杆菌、金黄色链球菌、黄色溶血性葡萄球菌和痢疾等病原细菌都具有明显的抑制作用。近些年，国内许多企业也开始研制和开发出了茶叶内衣、内裤、毛巾、衣服、鞋垫等一大批不同的含茶纺织品。

2016年我国茶叶消费与贸易

中国农业科学院茶叶研究所
国家茶叶产业技术体系产业经济研究室
胡林英　陈富桥　姜爱芹　姜仁华

2010年以来，我国一直是全球最大的茶叶生产国和消费国。我国的茶叶消费与贸易在全球茶叶市场发展中举足轻重，以下是基于国家茶叶产业技术体系产业经济研究室（以下简称经济研究室）掌握的数据对我国2016年茶叶消费与贸易的概述。

一、国内茶叶消费

1. 直接消费

（1）消费规模。国际茶叶委员会统计数据显示，2016年我国茶叶表观消费量[①]为192.4万吨，同比上涨7.13%；2014—2016年，这3年平均表观消费总量为179.13万吨，人均表观消费量为1.31千克/年。根据经济研究室调研数据推测，2016年我国茶叶直接消费量约为158万吨（图1），全国有饮茶习惯的约为5亿人。

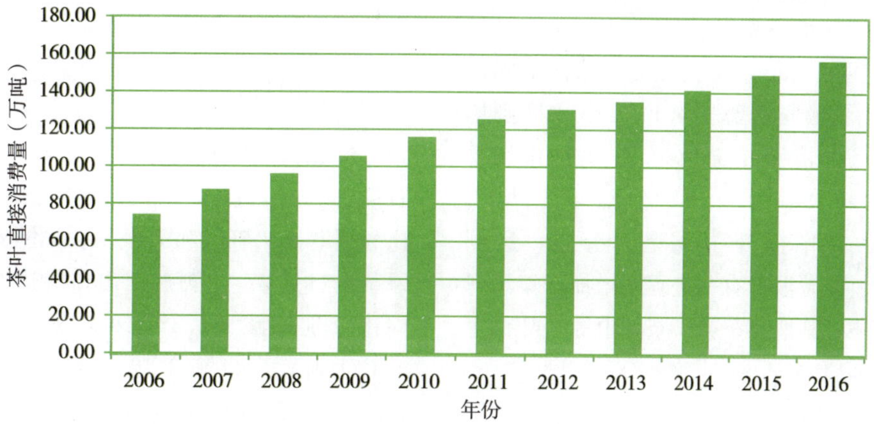

图1　2006—2016年我国茶叶直接消费量变化情况

（2）消费结构。我国茶叶消费一直以绿茶为主，近些年绿茶消费总量虽不断上升但消费占比有所下降，2016年绿茶消费约93.6万吨，占比不足60%；乌龙茶消费占比居第二位，约为14%；红茶消费涨势较好，占比已超过10%；普洱茶、黑茶在持续的营销宣传下，内销市场不断升温，占比分别约为7%；白茶约为1%，如图2所示。在具体品类方面，经济研究室调研数据显示，对于全国有饮茶习惯的中高收入人群，喝得最多的是（西湖）龙井，其次为碧螺春，排名第三的为铁观音。

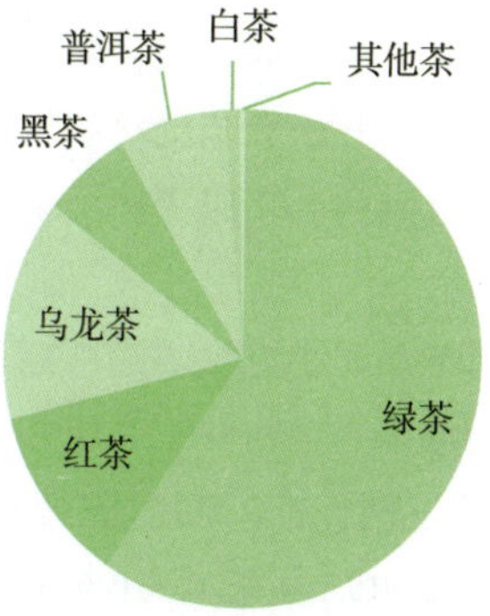

图2　2016年我国各茶类直接消费结构情况

（3）消费价格。从经济研究室的调研数据来

① 表观消费量是理论值，不代表实际消费量。

看，城市消费者购茶价位在100～300元/千克的人群占比最高，农村地区购茶价位大多不超过100元/千克，如图3所示。对于中高收入人群，购茶价位在1 000～2 000元/千克的人群占比最高，达到了43%，中高价位茶品是他们的主选。波士顿咨询公司的报告指出，未来消费市场的增长点主要在新生世代、富裕阶层和网络购物，这也成为茶叶消费市场的主攻点。

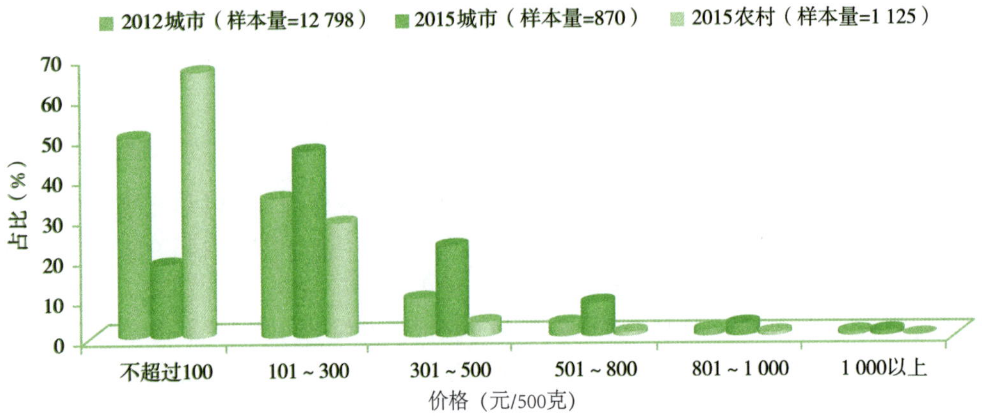

图3　购茶价格人群分布情况

数据来源：国家茶叶产业技术体系产业经济研究室调研数据。

2. 间接消费　我国茶叶深加工消耗茶叶原料约15万吨/年，其增长相对较缓。尼尔森数据显示，2016年中国饮料行业增长缓慢，销售量同比增长2.7%，销售额同比增长4.1%；其中康师傅即饮茶（含奶茶）销售市场占53.2%，居市场首位；统一茶饮料收益为59.14亿元，同比增长1.5%，市场占有率提升了3个百分点，达到27.8%；市场上抹茶消费有一定程度增加，年消费量可达0.2万吨，其他如茶袜、茶围巾等茶叶衍生品的消费也逐渐增多。

3. 年度消费热点

（1）调饮茶。2016年，喜茶、一点点等个性化调饮茶开始爆发式增长。喜茶自称芝士奶盖茶的始祖，除了产品上的独创，在营销上喜茶也不遗余力，获得融资后，开始大范围投放软文广告。通过新媒体营销，喜茶的名字频繁地出现在大众的朋友圈和微博里。

（2）创新茶品。小青柑唱响市场，它使普洱熟茶圆润饱满的堆味与青柑的果香味相融合，口感醇和，有一定的药理性能，同时方便携带。紧随其后，小红柑（青柑加红茶）、小金柑（金橘加茶）等产品也在市场上涌现。

（3）小罐茶。对于中国原叶茶这个较为传统、分散、混乱的行业，小罐茶想以一种“局外人”的角度去考量，把原叶茶真正当作消费品，打造出一个全品类、定位高端的新品牌。

二、出口贸易

1. 出口规模与结构　2016年，我国茶叶出口总量为32.87万吨，出口总额为14.85亿美元，同比分别增长1.15%和7.48%，如图4所示。其中，绿茶出口量27.09万吨，出口额达10.65亿美元，同比分别增减－0.47%和5.91%；红茶出口量3.31万吨，出口额2.56亿美元，同比分别增长17.87%和24.19；乌龙茶出口量1.60万吨，出口额达0.90亿美元，比上年分别增长3.82%和6.29%；普洱茶出口量0.29万吨，出口额0.26亿美元，同比分别下降10.56%、23.22%；花茶出口0.58万吨，出口金额为0.48亿美元，同比分别下降3.99%和6.73%。各茶类出口量占总量的比例分别为绿茶82.41%、红茶10.08%、乌龙茶4.85%、花茶1.77%、普洱茶0.89%。

2016年，我国茶叶出口中绿茶占据绝对的主导地位，但出口的绿茶价格低廉，每千克出口价格仅为3.93美元；红茶出口涨幅较大，红茶出口均价相对绿茶高，每千克出口价格达到7.73美元；花茶、普洱茶出口下滑，特种茶的国际市场有待进一步拓宽销路。

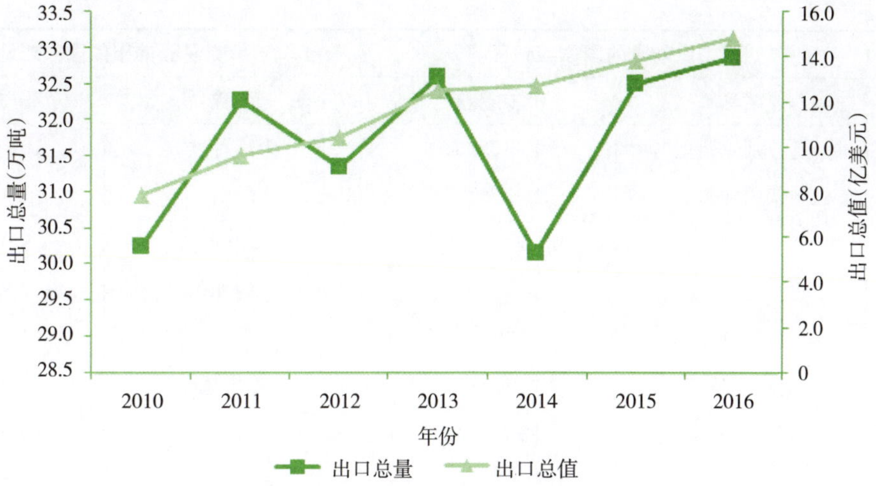

图4　2010—2016 年我国茶叶出口情况

数据来源：海关信息网。

2. 出口来源地与目标市场分布　2016 年，我国茶叶出口额排名前五的省份依次为浙江、安徽、福建、湖北和湖南，出口量排名前五的亦为这五大省份，如表 1 所示。浙江的茶叶出口在所有茶叶出口省份中，占据绝对的领先地位，出口量和出口额分别达到 16.25 万吨和 4.85 亿美元，占整体的份额分别为 49.44%和 32.66%。但在出口均价方面，福建与湖北稍高，分别达到 10.74 美元/千克和 8.86 美元/千克。

表 1　2016 年我国茶叶出口额排名前五的省份

单位：吨、万美元

序号	省份	数量	金额
1	浙江	162 484.915	48 454.758
2	安徽	60 350.295	25 594.360
3	福建	20 132.442	21 630.038
4	湖北	13 387.118	11 854.415
5	湖南	29 363.699	8 107.988

数据来源：海关信息网。

我国茶叶主要出口目的地为非洲、美国、俄罗斯、东南亚、日本和中国香港等。在出口交易量排名前十的国家中，非洲国家占据 6 席，交易量最大的国家一直为摩洛哥，达 6.73 万吨，约占总体的 21%，如表 2 所示。我国出口到东南亚国家如越南、马来西亚的茶叶均价相对较高，分别为 31.53 美元/千克和 19.56 美元/千克。

表 2　2016 年我国茶叶主要出口的国家或地区

单位：吨、万美元、%

序号	交易量前十的国家或地区		交易额前十的国家或地区	
	名称	交易量	名称	交易额
1	摩洛哥	67 284.612	摩洛哥	22 668.458 3

（续）

序号	交易量前十的国家或地区		交易额前十的国家或地区	
	名称	交易量	名称	交易额
2	乌兹别克斯坦	19 159.349	中国香港	162 914.236 0
3	塞内加尔	18 228.159	越南	11 034.415 8
4	加纳	16 939.921	美国	9 061.644 5
5	美国	16 702.783	塞内加尔	7 832.132 7
6	俄罗斯	14301.188	加纳	7 455.816 6
7	毛里塔尼亚	13 821.285	毛里塔尼亚	5 991.411 1
8	阿尔及利亚	12 755.187	日本	5 093.875 6
9	中国香港	12 633.415	马来西亚	4 695.416 8
10	日本	11 998.672	阿尔及利亚	4 684.959 8
合计		203 824.571	合计	241 432.367 2
占总体的比例		62.01	占总体的比例	55.85

数据来源：海关信息网。

三、总结

2016 年，我国茶叶产量约为 240 万吨，同比增长 6.93%；而我国茶叶国内消费加上出口贸易总量尚不足 210 万吨；我国茶叶库存已超过 30 万吨，茶产业开始面对供大于求的局面，刺激消费、扩大出口成为茶产业发展的重要任务。当然，消费升级、供求矛盾等是茶产业发展中面临的难题，也是茶产业突破的机遇。外来资本、共享经济、绿色旅游等行业变革要素不断加入；喜茶、小罐茶等成为现象级模式，得到行业的普遍关注；有试图为优质茶叶供应商与经销商搭建桥梁的平台在探索中发展；茶叶交易所借助互联网等现代交易手段交易规模快速扩大，批发市场在时代潮流中积极探索转型路径。在新零售时代，便利化、功能化、品牌化、社群化、个性化、优质化是整体消费趋势，茶产业需从中寻求突破。

2016年全球茶叶市场概况及我国茶叶生产贸易形势分析

中国食品土畜进出口商会茶饮园艺部　蔡军　林海霞

茶起源于中国，经由丝绸之路、茶马古道和万里茶道等路径传遍全球。世界上有50多个国家或地区种植茶树，全球茶园面积达400多万公顷，茶叶年产量500多万吨，茶叶消费国超过150个，全球逾20亿人口饮茶。茶已经成为全球性天然饮料之一和国际贸易的友好使者，茶行业正在向安全、营养、智能、便捷、时尚的方向发展。

一、2016年全球茶叶市场概况

1. 生产总量再创新高　根据国际茶叶委员会的统计，2016年全球茶叶产量546.3万吨，比上年增加18.2万吨，同比上升3.4%，如表1所示。从地区看，亚洲茶叶产量占世界总产量85.5%，非洲占12.5%。从国家看，中国茶叶产量235.0万吨，同比上升4.5%；中国是全球最大的茶叶生产国，占全球茶叶总产量43.0%。印度茶叶产量123.9万吨，同比上升2.5%，位居第二，占全球茶叶总产量22.7%。肯尼亚茶叶产量47.5万吨，创历史最高水平，同比上升18.9%，位居第三，占全球茶叶总产量8.7%。茶叶产量位居前十位的其他国家是斯里兰卡（29.2万吨）、越南（16.5万吨）、印度尼西亚（12.6万吨）、土耳其（11.9万吨）、阿根廷（8.4万吨）、孟加拉国（8.3万吨）、日本（7.7万吨）。

2. 出口总量略有减少　2016年，全球茶叶出口总量177.4万吨，比上年减少2.2万吨，同比下降1.2%，如表2所示。肯尼亚是世界最大茶叶出口国，2016年出口48.0万吨，同比上升8.3%。中国出口32.8万吨，位居第二。斯里兰卡出口28.1万吨，位居第三。其他重要茶叶出口国分别是印度（21.4万吨）、越南（12.7万吨）、阿根廷（7.9万吨）、乌干达（5.0万吨）、印度尼西亚（5.0万吨）、马拉维（2.9万吨）、坦桑尼亚（2.6万吨）。近年来，印度尼西亚茶叶出口量持续减少，从2010年出口8.7万吨位居全球第六，降至2016年出口5.0万吨位居第八。

3. 进口总量同比下降　2016年，全球茶叶进口总量166.0万吨，比上年减少2.9万吨，同比下降1.7%，如表3所示。巴基斯坦进口茶叶17.1万吨，同比上升12.5%，超过俄罗斯成为全球进口茶叶最多的国家。俄罗斯进口茶叶15.0万吨，同比下降3.3%，位居第二。美国进口茶叶13.1万吨，同比上升1.1%，位居第三。其他主要进口市场分别是英国（10.7万吨）、除俄罗斯的其他独联体国家（8.7万吨）、埃及（8.4万吨）、伊朗（6.4万吨）、摩洛哥（6.2万吨）、阿拉伯联合酋长国（迪拜）（6.1万吨）、阿富汗（4.5万吨）。

表1　2016年全球茶叶总产量

单位：吨、%

序号	国家	产量	同比增减
1	中国	2 350 000	4.5
2	印度	1 239 190	2.5
3	肯尼亚	474 808	18.9
4	斯里兰卡	292 362	−11.1
5	越南	165 000	−2.9
6	印度尼西亚	125 500	−2.9

（续）

序号	国家	产量	同比增减
7	土耳其	119 249	−10.2
8	阿根廷	84 000	1.2
9	孟加拉国	82 721	24.7
10	日本	77 000	−2.7
全球总产量		5 462 718	3.4

数据来源：国际茶叶委员会统计数据，下同。

表 2　2016 年全球茶叶总出口量

单位：吨、%

序号	国家	出口量	同比增减
1	肯尼亚	480 330	8.3
2	中国	328 692	1.2
3	斯里兰卡	280 874	−6.8
4	印度	213 500	−5.2
5	越南	127 000	−4.9
6	阿根廷	79 000	1.2
7	乌干达	50 368	−8.1
8	印度尼西亚	50 000	−19.2
9	马拉维	29 000	−6.1
10	坦桑尼亚	26 030	−21.5
全球总出口量		1 774 283	−1.2

表 3　2016 全球茶叶总进口量

单位：吨、%

序号	国家	进口量	同比增减
1	巴基斯坦	170 869	12.5
2	俄罗斯	150 000	−3.3
3	美国	131 112	1.1
4	英国	107 233	−6.7
5	独联体（除俄罗斯）	86 700	−6.3
6	埃及	84 000	−2.3
7	伊朗	64 300	8.1
8	摩洛哥	62 000	4.6

（续）

序号	国家	进口量	同比增减
9	迪拜	61 000	－10.3
10	阿富汗	44 700	－18.0
全球总进口量		1 660 300	－1.7

二、2016年我国茶叶生产贸易现状

1. 茶叶生产快速发展 近年来，中国茶产业发展迅速，中国是世界上最大的茶叶生产国和消费国，茶叶种植面积约占全球茶叶种植面积的63%，茶叶产量约占全球茶叶总产量的43%。经过多年的努力，中国茶企逐步走向现代化、规模化、标准化和智能化，茶园管理更加规范和科学，产品种类更加丰富。以四川宜宾的茶园为例，采用了现代化智能喷雾设备，增加空气湿度，模拟高山茶园的生态，一方面有利于茶叶生产，另一方面也形成了云雾缥缈的美丽景观。

2. 茶叶出口稳定增长 在茶叶出口贸易方面，中国也一直位居世界前列，源源不断地向世界输送不同种类的茶叶。自2007—2016年的10年间，中国茶叶出口稳步增长，其中，出口量的年均复合增长率为1.4%，出口额的年均复合增长率为10.4%。据中国海关统计，2016年中国茶叶出口量为32.9万吨，约占全球茶叶出口量的17%；出口额为14.8亿美元，同比小幅增长。主要表现为以下3个方面：

一是红茶出口增势喜人，绿茶和乌龙茶出口平稳，花茶和普洱茶呈下降态势。2016年，红茶出口量占茶叶出口总量10%，达3.3万吨，同比上升17.9%；绿茶出口量占茶叶出口总量82.4%，达27.1万吨，同比小幅下降0.5%；乌龙茶出口同比上升3.8%；花茶和普洱茶出口同比分别下降4.0%、10.6%。

二是出口市场相对集中，非洲增长显著，欧洲和美洲有所下降。2016年，中国茶叶出口至130个国家或地区，茶叶出口超过万吨的国家或地区共有11个，占中国茶叶出口总量的65.1%。非洲是中国传统茶叶出口市场，呈不断增长态势，2016年占中国出口份额53.75%，比2010年增长7个百分点。摩洛哥是中国第一大茶叶出口市场，2016年出口摩洛哥的茶叶总量6.7万吨，占中国茶叶出口总量的20%。由于饮茶习惯和技术壁垒等原因，中国对欧美出口呈下降态势，所占份额由2010年的24.12%降至2016年的18.36%。

三是中国中西部地区茶叶出口增势强劲。其中，湖北、云南和四川增长明显，出口量同比分别增长22.0%、23.4%和63.0%。中国中西部地区成本优势明显，出口潜力大，东部沿海地区茶产业正逐渐向中西部地区转移。

3. 茶叶进口快速增长 近年来，中国茶叶进口稳步增长。2012—2016年，茶叶进口量的年均复合增长率为5%，进口额的年均复合增长率为12%。据中国海关统计，2016年中国茶叶进口2.3万吨，与上年同比基本持平；进口额1.1亿美元，同比增长5%。主要表现为以下2个方面：

一是红茶为主要进口茶类。2016年，红茶进口量占茶叶进口总量的83%，达1.9万吨，同比上升3%。进口来源国主要是斯里兰卡、印度和印度尼西亚；绿茶进口量为1 606吨，主要来源国或地区是印度尼西亚、中国台湾、印度；乌龙茶进口量为1 522吨，主要来源地区是中国台湾；花茶进口量为211吨，主要来源国是德国。

二是斯里兰卡红茶进口占绝对优势。2016年，中国自斯里兰卡进口茶叶8 526吨，占进口总量37%。其中，红茶进口量8 464吨，占红茶进口总量42%；进口额4 236万美元，占红茶进口总额52%。

4. 面临的机遇与挑战

（1）新时期的国家经济合作开放战略，将为消除贸易壁垒、提升通关便利化等带来利好，更为复兴中华茶文化、提振茶产业带来难得的历史机遇和发展希望。“一带一路”经济区内国家经贸合作战略在拉动茶叶出口方面已经取得了一定的

突破；2016年10月，农业部发布了《农业部关于抓住机遇做强茶产业的意见》，加大力度推动优势特色农业提质增效，推广标准化生产示范，推进茶叶品牌建设。中国茶企要抓紧苦练内功，搭乘上国家战略的“动车”，加速转型升级的步伐。

（2）饮茶习惯的差异从根本上影响出口。欧美及中东地区是国际上最主要的茶叶消费地区，红茶为主流茶品，绿茶消费方面尽管呈上涨趋势，但仍以袋泡绿茶、绿茶饮料为主导。中国出口的绿茶绝大部分还是散装的原料茶。国外市场技术壁垒愈加严苛，检测项目多变，风险加剧，严重阻碍出口。中国茶叶出口若要提高效益、实现质的突破，在推广茶文化、主导茶叶消费和应对技术壁垒等方面，仍需发力。

（3）茶叶进出口行业组织积极开展协调工作，推动行业健康发展。中国食品土畜进出口商会茶叶分会作为茶叶进出口行业组织，为了稳定并促进茶叶出口，分会围绕“提质量、拓市场、争权益、促交流”开展了大量工作。例如，召开全国珠茶、眉茶出口协调工作会，强化企业质量意识和行业监督；积极组织企业参加各类国际茶叶展会，宣传中国优质茶叶和品牌产品；在国际市场上加大茶健康、茶文化的推广力度，以文化促进贸易发展；在发生输欧茶叶蒽醌事件时，及时向商务部、国家质量监督检验检疫总局报告企业受损情况和行业建议，经过政府对外的交涉，欧盟委员会重新修订了蒽醌限量标准，降低了中方企业损失；举办国际茶业大会和国际茶业年会等大型活动，推动中国与国际茶界的对接合作。

2016中国茶叶区域公用品牌价值评估报告

浙江大学CARD中国农业品牌研究中心　中国茶叶品牌价值评估课题组[①]
胡晓云　魏春丽　张琪菲

一、前言

2016年年初，中央1号文件再次锁定“三农”，提出“创建优质农产品和食品品牌”，体现了国家对农产品从质量到品牌、从品牌到优质品牌不断深化的发展要求，强调了品牌建设在现代农业发展和社会经济转型中的重要作用。由此，农业部对全国茶叶品牌建设情况展开了深入调研，在农业供给侧结构性改革背景下，提出“加快打造国际知名的茶叶强势品牌”。依托现阶段区域公用品牌的建设基础，借助国家“一带一路”倡议的东风，中国茶产业的品牌化迎来了新的春天。

在过去的6年里，浙江大学CARD中国农业品牌研究中心联合中国农业科学院茶叶研究所《中国茶叶》杂志、中国茶叶网等权威机构，连续开展公益性课题——“中国茶叶区域公用品牌价值评估”专项研究。每年的茶叶品牌价值评估活动及结果，已经成为各地检阅品牌建设成效的重要参考，也已成为中国茶业发展的风向标。

本年度，中心依然联合中国农业科学院茶叶研究所《中国茶叶》杂志、中国茶叶网，并联合了浙江大学茶叶研究所等权威机构，一起携手进入了2016中国茶叶区域公用品牌价值评估程序。自2015年12月起，课题组采用科学、系统、量化的方法，对品牌持有单位、消费者、专家等众多对象进行了多方调查研究；并根据材料的真实性、完整性等标准，从中国内地的茶叶区域公用品牌中征集、筛选了108个品牌，通过文献研究、品牌主体调查、专家调查、消费者调查等多重调查之后，对获取数据进行科学分析，最终完成了对92个区域公用品牌的价值评估。

二、解析品牌成长

依据浙江大学“中国农产品区域公用品牌价值评估模型”（以下简称“CARD模型”），品牌价值＝品牌收益×品牌强度乘数×忠诚度因子的构成要素，本节对本次品牌价值评估中有关数据展开分析，并结合2014—2016年的数据变化，更为全面地呈现中国茶叶区域公用品牌的成长脉络。

（一）品牌价值出现群体性提升

本次评估的数据显示，92个有效评估品牌的总价值已超过1 338亿元，相较2015年，增长了50亿元，其中品牌价值最高的是安溪铁观音，为60.04亿元；最低的是三清山白茶，为0.59亿元。比较近3年评估的平均品牌价值，2014年有效评估品牌的平均品牌价值为12.15亿元，2015年平均品牌价值为13.50亿元，到2016年该平均值已上升到了14.54亿元，整体涨幅高达19.67%。如图1所示，2014—2016年平均品牌价值在持续增长，但增长幅度有所放慢，表现为我国茶叶区域公用品牌的平均品牌价值增长渐趋稳健。

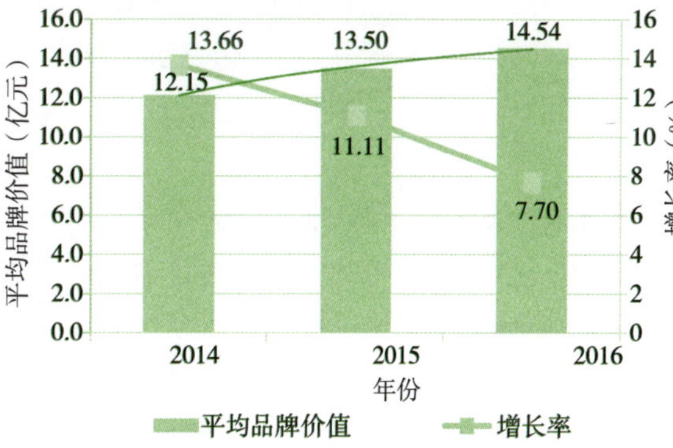

图1　2014—2016年有效评估品牌的平均品牌价值比较

本次有效评估品牌的价值区间分布如图2所

① 课题顾问：鲁成银、阮浩耕、梁国彪、王建荣；专家组成员：鲁成银、梁国彪、王建荣、王岳飞、吴晓力、孙状云；课题负责人：胡晓云，课题组成员：魏春丽、张琪菲、庄庆超、贺梦晗、于露霞、李磊、江函彧、唐一静。

示，品牌价值超过 50 亿元的品牌 3 个，占整体有效评估品牌数量的 3.26%；品牌价值在 20 亿～50 亿元的品牌数量占总体的 14.13%；占比最多的是处于 10 亿～20 亿元的品牌，共 42 个，其次是处于 5 亿～10 亿元的品牌，共 24 个，分别占到了总数的 45.65%和 26.09%；处于 1 亿～5 亿元的品牌 9 个；少于 1 亿元的品牌为 1 个。

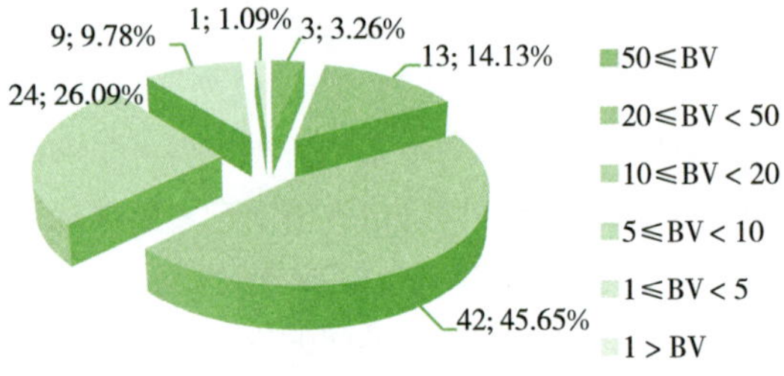

图 2　2016 年中国茶叶区域公用品牌的价值区间分布

注：图中的 BV 为品牌价值的缩写。

由以上数据可见，品牌价值在 5 亿～20 亿元的品牌仍是我国茶叶区域公用品牌的主体，多数品牌相对弱小，但也说明，在未来可能还有较大的提升空间；品牌价值处在 10 亿～50 亿元的品牌，相较 2015 年，占总体比例的增幅超过了 5 个百分点，中、高价值水平的品牌数量增多，意味着被评茶叶区域公用品牌的价值发展出现了群体性提升的态势。

（二）品牌收益增长速度放缓

根据 CARD 模型，农产品区域公用品牌的品牌收益＝年销量×（品牌零售均价－原料收购价）×（1－产品经营费率），品牌收益是在剔除生产环节的劳动收益，结合市场交换完成的最终零售价格，并充分考虑农产品再生产环节中的诸多不可控因素后，以连续 3 年的数据统计得出由品牌本身带来的收益部分。

本次有效评估品牌的平均品牌收益为 8 639.37 万元，相比 2014 年的 7 861.75 万元高出了 777.62 万元，整体增长率为 9.89%。如图 3 所示，2014—2016 年品牌收益的增长速度在波动中呈放缓趋势，且品牌收益增长率远低于品牌价值增长率。这表明，中国大陆茶叶区域公用品牌的品牌收益增长对品牌价值增长的贡献需要进一步增强，品牌收益有待进一步提升。

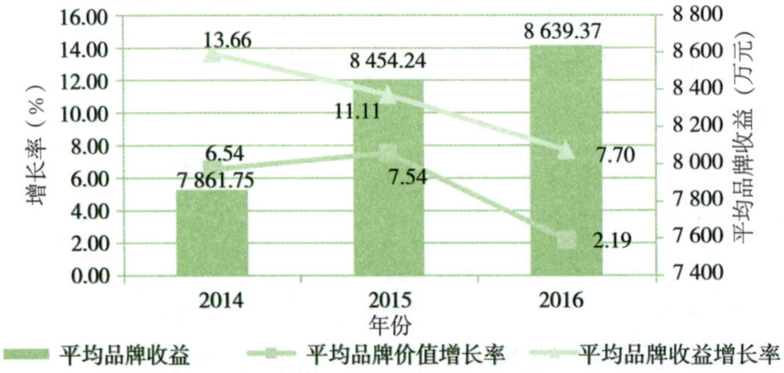

图 3　2014—2016 年有效评估品牌的平均品牌收益、平均品牌价值变化比较

以上数据显示，中国茶叶四大产区的平均品牌收益情况如图 4 所示。华南产区茶叶区域公用品牌的平均品牌收益最高，达到 12 043.87 万元；其次为江北和西南产区，分别为 10 724.37 万元、8 909.85 万元；江南产区的平均品牌收益最低，为 7 183.40 万元。比较单位销量的品牌收益和单位面积的品牌收益，如图 5 所示，江南产区茶叶区域公用品牌单位销量的品牌收益最高，为 87.10 元/千克（即每销售 1 千克茶叶，其品牌收益为 87.10 元），其次分别为江北、华南、西南产区，其单位销量品牌收益分别为 26.49 元/千克、24.89 元/千克和 17.33 元/千克；华南产区茶叶区域公用品牌单位面积的品牌收益最高，为 1 193.17 元/亩[①]（即每亩茶叶产品，其品牌收益为 1 193.17 元），其次分别为江南、江北、西南产区，其单位面积品牌收益分别为 869.28 元/亩、334.13 元/亩和 270.30 元/亩。

由此可见，江南产区茶产业虽然规模和产量不大，且大多只采摘春茶，但每千克茶叶的品牌溢价能力居于四大茶产区之首，其中品牌溢价能力最高的缙云黄茶，其单位销量品牌收益高达 1 649.47 元/千克；而华南产区则因为亩产量高，其单位面积品牌收益位列四大茶产区之首。

① 亩：为非法定计量单位，1 亩≈666.7 米^2。

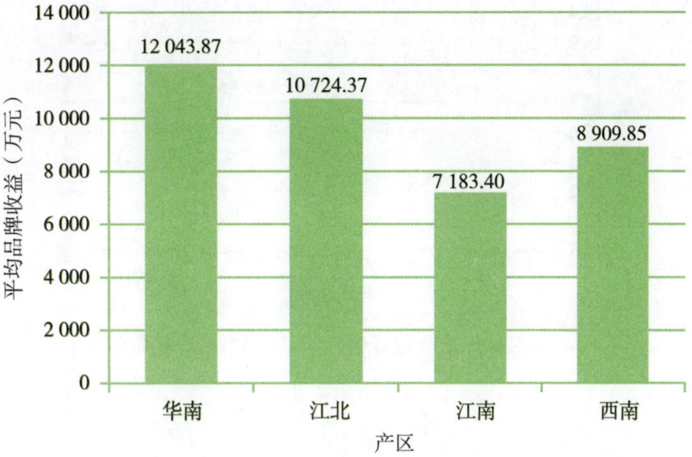

图4　2016年有效评估品牌四大茶产区的平均品牌收益比较

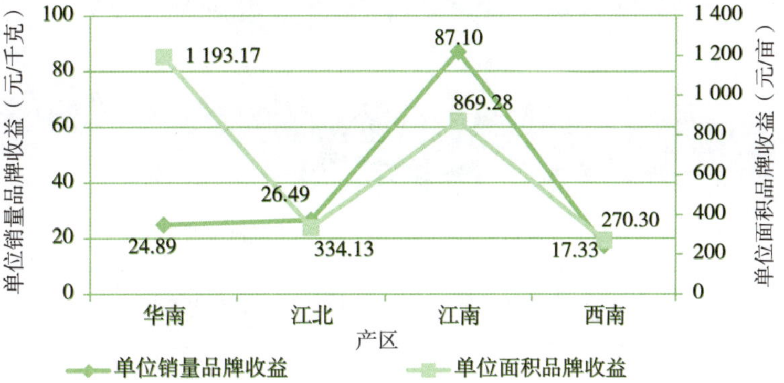

图5　2016年有效评估品牌四大茶产区的单位销量品牌收益与单位面积品牌收益比较

（三）未来收益能力将持续提升

品牌强度是品牌所带来的未来持续收益的能力，而品牌强度乘数则与品牌收益的持续性和稳定性成正比。在CARD模型中，品牌强度乘数的最大值为20，该数值的设置主要考量了产品生命周期的合理年限，基于农产品及农产品区域公用品牌的特性，其品牌合理寿命远不止20年。本次评估中，品牌强度乘数的数据表现，首度打破了20年的限制。

本次有效评估品牌的平均品牌强度得分为84.23分，其中，普洱茶的品牌强度得分高达99.00分，最低的三清山白茶则为69.22分。如图6所示，2014—2016年平均品牌强度乘数在持续增长，2014年有效评估品牌的平均品牌强度乘数为17.29，2015年该平均值为17.95，比上一年度上升了3.82%；到2016年，该平均数首次突破18，达到了18.24，比2015年上升了1.62%，这预示着被评品牌的未来收益能力将持续提升。

具体从品牌带动力、品牌资源力、品牌经营力、品牌传播力、品牌发展力五项指标，比较2014—2016年有效评估品牌的品牌强度提升情况，如图7所示。2014年，有效评估品牌的平均品牌“五力”分别为：品牌带动力75.23分、品牌资源力78.52分、品牌经营力73.49分、品牌传播力79.13分、品牌发展力75.41分。发展到2016年，有效评估品牌的平均品牌“五力”分别达到了78.71、88.76、84.30、81.69、81.07分。除品牌带动力外，其余“四力”均呈现出连年增长的态势。其中，品牌资源力和品牌经营力的增长幅度较大，较2014年增长超过10分，品牌传播力和品牌发展力的增长相对微小，尤其是品牌传播力，2014年有效评估品牌的平均品牌传播力为79.13分，到了2016年，该平均值为81.69分，仅提升了2.56分，远低于其他“四力”的增长值。

以上数据表明，中国茶叶区域公用品牌在区域带动、文脉传承、产业经营、品牌传播、发展趋势等多方面的能力不断攀升；但对区域带动的重视程

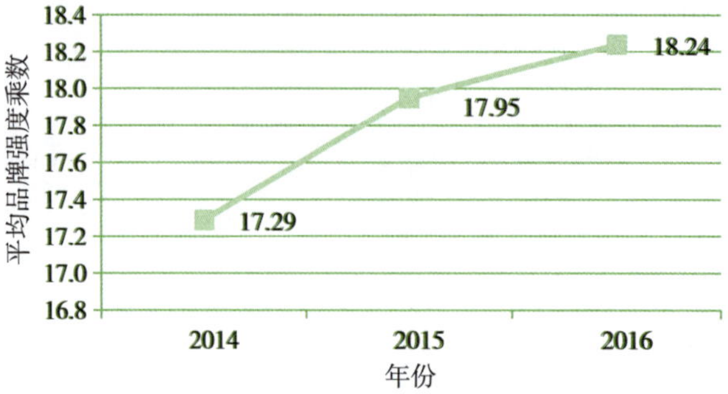

图6　2014—2016年有效评估品牌的平均品牌强度乘数比较

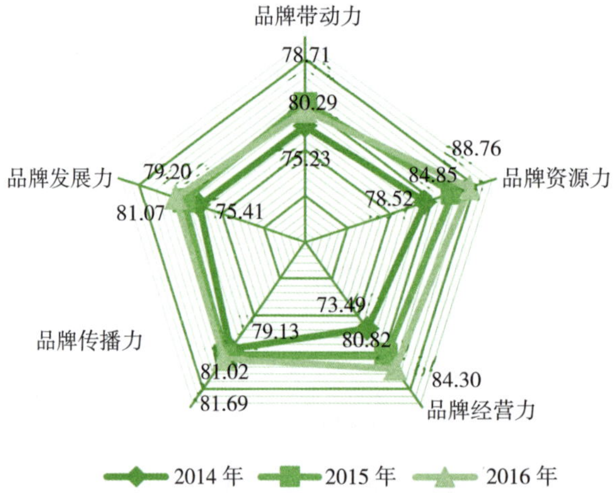

图7　2014—2016年有效评估品牌的平均品牌“五力”得分比较

度，在品牌保护及生产与营销方面的建设，尤其是对品牌传播的投入力度需要进一步加强。

（四）品牌忠诚度稳定增长

品牌忠诚度因子测度的是消费者的品牌忠诚度，侧重于品牌能否在长时间内维持稳定的销售及其价格。在公式表达中，品牌忠诚度因子=(过去3年平均售价−销售价格标准差)÷过去3年平均售价。

根据CARD模型，品牌忠诚度因子的大小与近3年市场零售价稳定与否有直接关系，市场价格表现越平稳，其品牌忠诚度因子就越高。如图8所示，2014年有效评估品牌的平均品牌忠诚度因子为0.88；到了2015年，该平均值为0.89；2016年有效评估品牌的平均品牌忠诚度因子为0.91，首度突破了0.90，出现了连续7年评估以来的最高水平。由此可见，2014—2016年中国茶叶区域公用品牌市场价格的波动幅度逐渐减小，不同品牌之间的忠诚度差异也有所减小，数据佐证了我国茶叶销售价格与消费的理性回归。

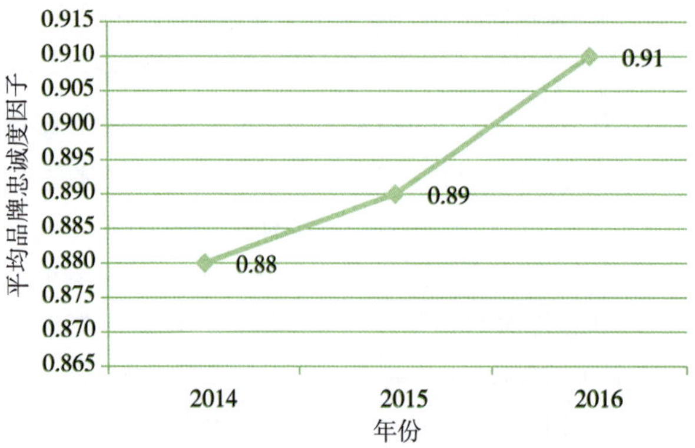

图8　2014—2016年有效评估品牌的平均品牌忠诚度因子比较

三、洞察品牌万象

（一）母强子弱，区域公用品牌强而企业品牌弱

整合区域资源，打造公用品牌，已成为近年来各地茶产业崛起与发展的战略选择。以安吉白茶、大佛龙井等为代表的区域公用品牌的成功，进一步激发了各地创建茶叶区域公用品牌的热情和动力。然而，大多数茶叶区域公用品牌在发展过程中，以区域公用品牌为背书，以企业自有品牌为主力的“母子”品牌模式的优势并未得到充分发挥。区域公用品牌的价值和影响力较高，但茶叶企业的影响力相对较弱，成为了现阶段各地茶产业的一个普遍而显著的特征。

以本次评估的品牌价值前十的区域公用品牌为例，如表1所示，安溪铁观音在母子品牌合力发展方面表现较好。其母品牌以60.04亿元的品牌价值位居第一，在108家授权使用“安溪铁观音”区域公用品牌的企业中，有9家是国家级龙头企业、25家为省级龙头企业、40家获得了市级龙头企业，各级龙头企业总量占总体企业数量的68.52%，相较于其他几个品牌，表现出了母强子也强的特点。品牌价值排在第三位的普洱茶，拥有大益等10家国家级龙头企业，以及197家省级、市级龙头企业，龙头企业的绝对数量在有效评估品牌中最高。此外，除了信阳毛尖、福州茉莉花茶和武夷山大红袍3个区域公用品牌，其余5个品牌均没有国家级龙头企业，与授权使用企业总数相比，龙头企业数量偏少。

表1　2016有效评估品牌的品牌价值前十位品牌的龙头企业数量汇总

区域公用品牌	企业总数	国家级龙头企业	省级龙头企业	市级龙头企业
安溪铁观音	108	9	25	40
信阳毛尖	1 300	1	13	71
普洱茶	1 000	10	56	141
福鼎白茶	146	0	6	66
大佛龙井	613	0	3	5
安吉白茶	391	0	1	5
福州茉莉花茶	59	2	9	18
祁门红茶	50	0	3	5
武夷山大红袍	1 895	1	5	15
坦洋工夫	106	0	6	40

由本次有效评估品牌的整体情况比较可见，92个茶叶区域公用品牌拥有近25 000家茶叶企业，国家、省、市级龙头共计也有2 511家，但仅占到总数的一成。其中，只有33个茶叶区域公用品牌有国家级龙头企业，拥有省级龙头企业的茶叶区域公用品牌有79个。

这表明，我国茶产业在品牌化发展过程中，区域公用品牌与企业产品品牌之间存在不平衡发展的状况。大多数茶叶区域公用品牌的价值相对较高，而企业品牌数量多但实力弱。企业品牌作为“母子”品牌模式中的发展主力，应当依托母品牌，充分有效利用母品牌大平台，提升自身实力，才能为区域公用品牌的持续发展提供强有力的支撑。

（二）六大茶类优势各异

白茶、黑茶、红茶、黄茶、绿茶和乌龙茶作为中国传统的六大茶类，不仅在产品特性方面各不相同，在品牌发展方面也存在差异。本次有效评估的92个品牌中，白茶类品牌2个，黑茶类品牌5个，红茶类品牌9个，黄茶类品牌3个，绿茶类品牌62个，乌龙茶类品牌5个。为方便分析，将花茶、苦丁茶、多类别茶等归为“其他”类。

1. 乌龙茶、黑茶类品牌的品牌价值较高　比较各大茶类的平均品牌价值，如图9所示。乌龙茶

类的平均品牌价值最高为 27.72 亿元，其次是黑茶为 24.81 亿元，白茶为 20.34 亿元，黄茶的平均品牌价值最低仅 9.69 亿元，是六大茶类中唯一一个平均品牌价值低于 10 亿元的品类。其中，六大茶类的品牌价值最高的品牌，分别为福鼎白茶 33.80 亿元、普洱茶 57.09 亿元、祁门红茶 26.55 亿元、霍山黄芽 15.45 亿元、信阳毛尖 57.33 亿元和安溪铁观音 60.04 亿元。

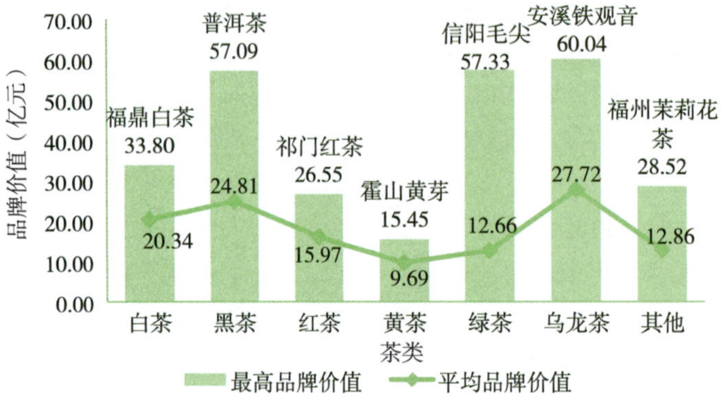

图 9　各大茶类的平均品牌价值比较

2. 黑茶类品牌的品牌强度表现出色　比较各大茶类中有效评估品牌的平均品牌强度及品牌“五力”，如图 10 所示。以普洱茶为首的黑茶类品牌，其平均品牌强度乘数最高，为 19.29；其余品类的品牌强度乘数均低于 19.00。其中，绿茶类品牌的平均品牌强度乘数最低，为 18.06。进一步分析六大茶类品牌的品牌“五力”，黑茶类品牌在品牌带动力上比白茶类品牌低了 0.28 分，而在其余“四力”上均有不俗表现。其中，品牌资源力 97.93 分、品牌经营力 92.43 分、品牌传播力 92.28 分、品牌发展力 87.29 分，相较其他五大茶类，具有明显的优势。

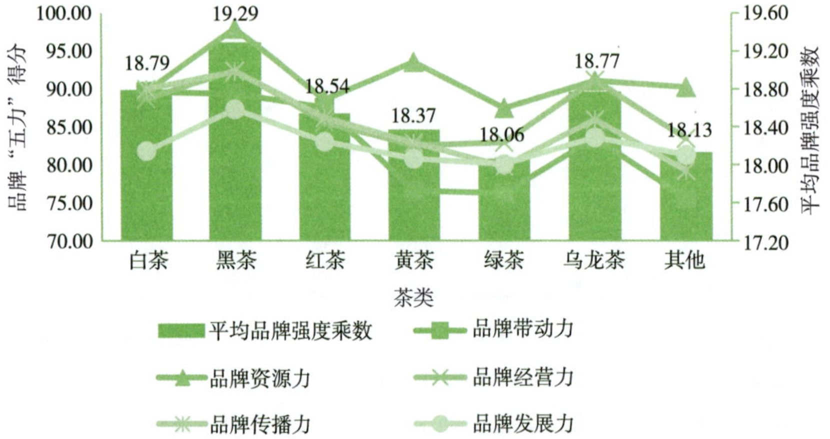

图 10　各大茶类中有效评估品牌的平均品牌强度乘数及品牌“五力”得分比较

3. 白茶、绿茶类品牌的消费者忠诚度较高　比较各大茶类中有效评估品牌的平均品牌忠诚度因子，如图 11 所示。白茶类品牌的平均品牌忠诚度因子最高，为 0.97，比 2015 年同比增长了 19.75%；其次是红茶、绿茶和其他茶类均为 0.92，红茶类平均品牌忠诚度因子同比 2015 年增长了 1.09%，绿茶类与 2015 年持平；黄茶、黑茶则相对较低，分别为 0.82 和 0.83，同比增长 10.81%和 13.70%。

品牌忠诚度因子的高低，受市场价格波动幅度大小的影响。评估数据表明，在过去的 3 年间，白茶和绿茶类品牌的市场价格相对稳定，而黄茶、黑茶类品牌的市场价格波动相对减小，但依然较为明显。品牌忠诚度因子能反映消费者对品牌的认可和忠诚程度，影响其消费选择。因此，黄茶、黑茶类品牌的忠诚度因子虽有较大提升，但仍须注意价格波动的控制问题。

4. 绿茶类品牌的溢价能力较强 比较各大茶类中有效评估品牌的平均品牌收益、单位销量品牌收益，如图12所示。平均品牌收益最高的是乌龙茶类品牌，为16 898.57万元；其次是黑茶类品牌，为15 730.71万元；白茶类品牌以10 939.31万元的平均品牌收益排位第三，其余几类茶叶品牌的平均品牌收益均在亿元以下。其中，黄茶、绿茶类品牌较低，分别为6 454.32万元和7 451.68万元。虽然绿茶类品牌的平均品牌收益不高，但其单位销量品牌收益达74.21元/千克，远超其他几类品牌，排在第二位的黄茶类品牌，平均单位销量品牌收益为27.21元/千克。平均品牌收益最高的乌龙茶类品牌，其单位销量品牌收益为22.14元/千克，排在第四位，黑茶类品牌的平均单位销量品牌收益最低，为11.53元/千克。

可见，在剔除规模、销售量等因素后，绿茶类品牌的溢价能力较强。尤其是缙云黄茶（黄化品种实为绿茶），其单位销量品牌收益高达1 649.47元/千克，是本次有效评估品牌中，溢价能力最高的品牌。

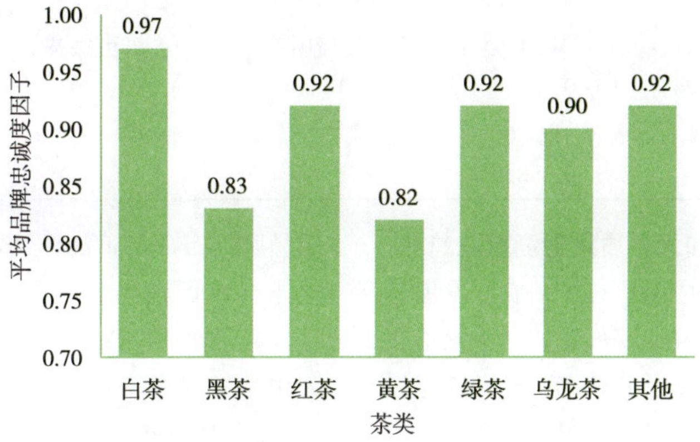

图11 各大茶类中有效评估品牌的平均品牌忠诚度因子比较

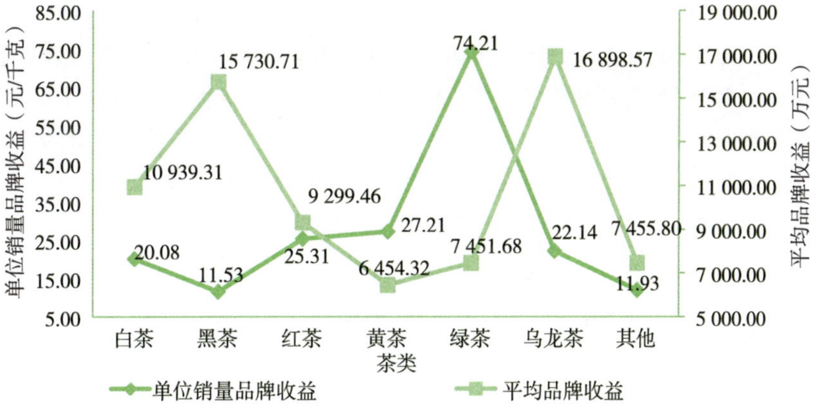

图12 各大茶类中有效评估品牌的平均品牌收益及单位销量品牌收益比较

5. 同品类品牌群雄逐鹿，雌雄未分 上文分别从品牌价值、品牌收益、品牌强度乘数、品牌忠诚度、单位销量品牌收益等5个方面，对六大茶类的有效评估品牌进行了数据比较，结果如表2所示。福鼎白茶在各项指标中均列第一，但由于白茶类有效评估品牌只有2个，品牌数量受限的影响较大。除白茶之外，黑茶、红茶、黄茶、绿茶和乌龙茶类中，均未出现同一品牌占据该品类所有品牌指标第一位的情况。以绿茶为例，品牌价值和品牌收益最高的品牌为信阳毛尖；品牌强度乘数最高的是蒙顶山茶，在区域带动、文脉传承、产业经营、品牌传播、发展趋势等多方面均有较强的表现；品牌忠诚度因子最高的是天山绿茶，体现极为稳定的市场价格体系；而品牌溢价能力最强的则是缙云黄茶。

由此可见，同一茶类中，品牌之间的竞争激烈，各有千秋，但尚未形成一家独大的垄断性局面。

表 2　六大茶类有效评估品牌的各项指标排名第一的区域公用品牌

茶类	品牌价值（亿元）	品牌收益（万元）	品牌强度乘数	品牌忠诚度因子（≤1）	单位销量品牌收益（元/千克）
白茶	福鼎白茶（33.80）	福鼎白茶（18 030.00）	福鼎白茶（19.10）	福鼎白茶（0.98）	福鼎白茶（28.13）
黑茶	普洱茶（57.09）	普洱茶（36 476.91）	普洱茶（19.90）	雅安藏茶（0.91）	六堡茶（24.64）
红茶	祁门红茶（26.55）	祁门红茶（14 404.64）	正山小种（19.19）	祁门红茶（0.98）	正山小种（77.95）
黄茶	霍山黄芽（15.45）	霍山黄芽（10 723.25）	霍山黄芽（18.99）	岳阳黄茶（0.92）	霍山黄芽（39.10）
绿茶	信阳毛尖（57.33）	信阳毛尖（30 365.85）	蒙顶山茶（19.46）	天山绿茶（1.00）	缙云黄茶（1 649.47）
乌龙茶	安溪铁观音（60.04）	安溪铁观音（39 753.83）	武夷山大红袍（19.48）	武夷山大红袍（0.99）	安溪黄金桂（30.52）

（三）品牌建设力度加大，质量追溯渐成趋势

实施品牌战略，已经成为地方推动农业发展转方式、调结构，加快推进农业现代化的一项紧迫任务。作为较早运用区域公用品牌理念、走品牌化发展之路的茶产业，对品牌建设的重视程度和投入力度在不断加大，并在产品质量和品牌塑造、传播、管理等方面进行深度探索。

质量安全是农产品培育品牌的基础工程。近年来，随着使用禁药、农药残留超标等茶叶“质量门”问题成为媒体报道的热点，大众对茶叶质量安全的质疑迭起，茶叶企业不得不重视起产品的质量监管。本次有效评估品牌中，有 76 个茶叶区域公用品牌拥有质量追溯体系，含 3 个正在建设中，占整体有效评估品牌数量的 82.61%，相较于 2015 年，提升了 13.22%。可见，质量追溯在茶叶区域公用品牌建设中已渐成趋势，通过产品质量的追溯、品牌信誉的培育，有助于提升消费者对茶叶产品质量的信心。

品牌塑造方面，茶叶区域公用品牌的形象进一步规范，如图 13 所示。本次有效评估品牌中，89 个品牌拥有统一的品牌标识，81 个品牌拥有统一的包装应用，分别占整体被评估品牌的 96.74%和 88.04%，相较于 2014 年的 93.68%和 81.05%，茶叶区域公用品牌在包装应用的统一和规范方面有较大的提升。

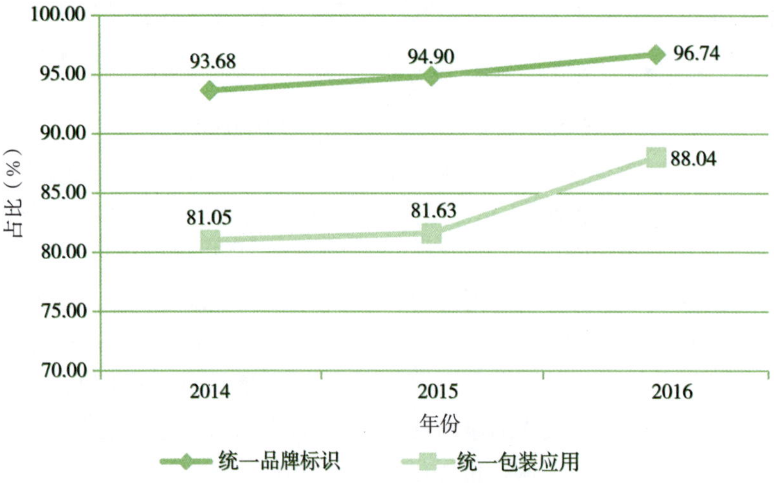

图 13　2014—2016 年有效评估品牌的标识和包装应用的统一性比较

品牌传播方面，茶叶区域公用品牌的宣传投入力度加大，宣传方式也日益多元，如图14所示。本次有效评估品牌中，2015年度平均宣传推广投入为4 185.89万元，相较于2013年的2 166.47万元，几乎翻了一番。宣传方式上，借助品牌网站、电商网站、微信公众号等新媒体的网络广告受到重视。

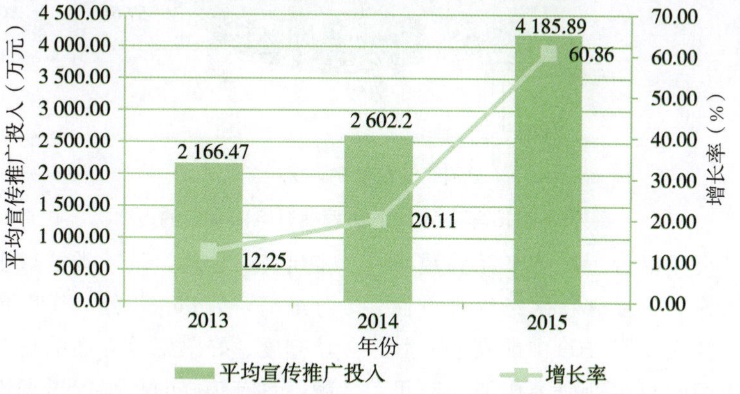

图14　2014—2016年有效评估品牌的平均品牌传播推广投入及变化比较

品牌管理方面，茶叶区域公用品牌的管理机制逐步完善，品牌保护进一步加强，如图15所示。本次有效评估品牌中，89个品牌设立了品牌建设专项资金，92个品牌均有专人管理品牌、制定专门的品牌管理制度及品牌培训机制（含1个正在形成品牌培训机制的品牌），相较2014、2015年的评估数据，有较大幅度的提升。茶叶区域公用品牌是地方茶产业的共有资源，保护区域公用品牌就是保障集体利益。例如，英山云雾茶历经10年的商标保卫战，终于于2016年2月成功夺回商标权益，这也再次警示了品牌保护的重要性。

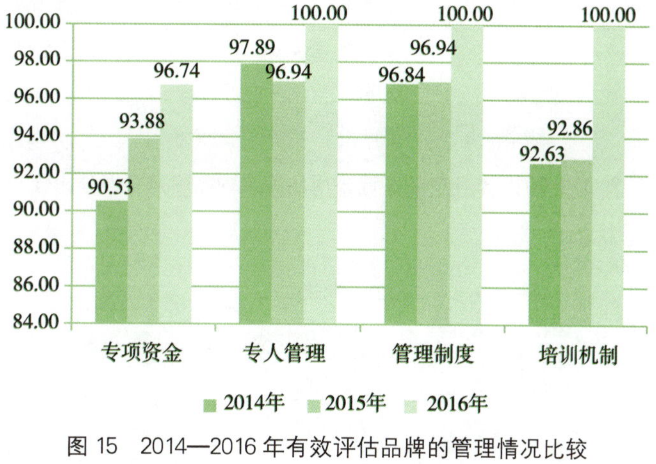

图15　2014—2016年有效评估品牌的管理情况比较

（四）品牌数字化营销的潜力有待挖掘

阿里研究院《2015茶叶电商微报告》显示，2015年阿里零售平台的茶叶销售量达88亿元，同比增长27.5%，相比2013年，增长超过一倍；天猫平台上，纯电商品牌的茶叶商家占比由2012年的80%下降到2015年的50%。传统茶叶品牌纷纷触网，电子商务已成为茶叶品牌数字化生存的重要渠道之一。

本次评估数据显示，在92个有效评估品牌中，53个品牌已经开拓了电商渠道，其中34个品牌拥有统一的电子商务平台，另有2个在建，占整体有效评估品牌的59.78%，相较于2014年的43.16%，提升了16个百分点，具体如图16所示。但我们也看到，在传统行业纷纷加快互联网化转型升级的大环境下，仍有40.22%的茶叶区域公用品牌尚未建立网络销售渠道，品牌数字化发展的进程相对较慢。

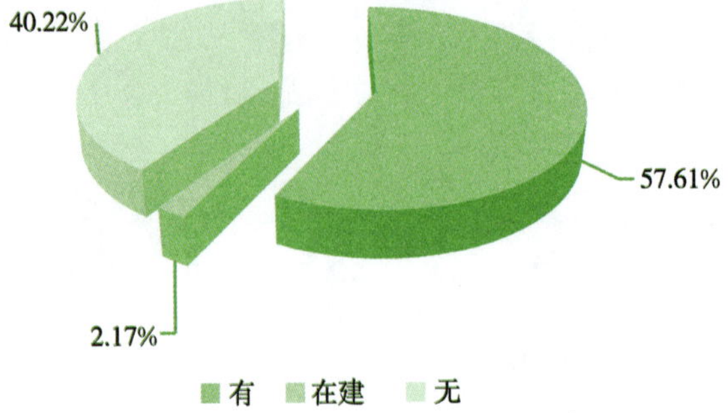

图 16　2016 年有效评估品牌拥有电商平台的占比

虽然，茶叶区域公用品牌近 3 年来品牌数字化的发展速度相对缓和，但品牌在网络声誉方面具有一定优势。由浙江大学 CARD 中国农业品牌研究中心、CARD 中国农村电商研究中心、阿里研究院联合发布的《2015 中国农产品品牌网络声誉研究》显示，茶叶类区域公用品牌网络声誉得分最高，为 86.33 分，茶叶类品牌在平均知名度、认知度、好感度等方面的得分均高于其他品类品牌，具有较好的品牌传播表现，具体如图 17、图 18 所示。

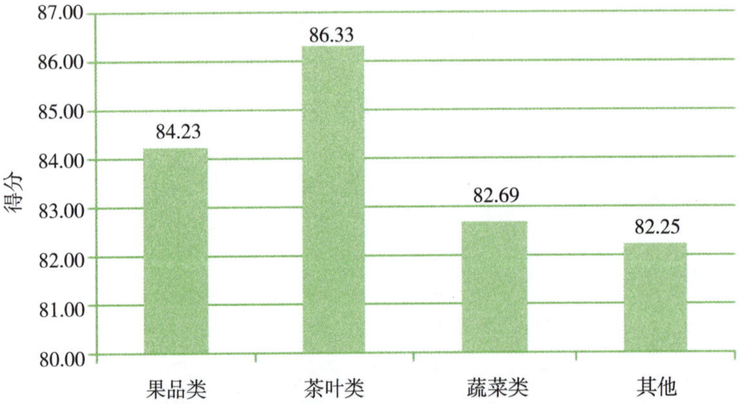

图 17　2015 年农产品区域公用品牌平均品牌声誉得分比较

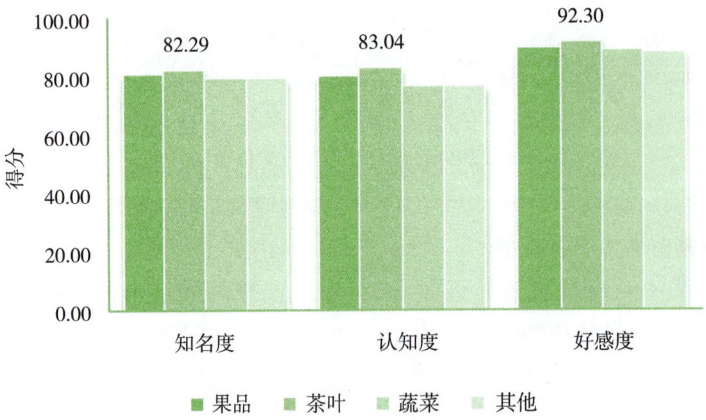

图 18　2015 年农产品区域公用品牌的平均知名度、认知度、好感度得分比较

2016 年春茶季，本应是茶行业最繁忙的时节，却不断曝出各地茶叶市场迎来关店潮的新闻。在互联网和物流业的冲击下，茶叶行业和企业必须重新审视传统的产品形态、流通模式和盈利模式，思考如何在已有的网络声誉优势基础上，进一步实现“茶品牌＋互联网”的升级与突破。

品牌数字化绝不是单纯的渠道电商化，需要战略性、系统化地形成互联网思维，把握用户需求、突显用户价值，真正做到站在消费者的立场去思考品牌的创建，借助消费者的力量塑造品牌的调性与品位。目前，不少茶叶区域公用品牌在品牌创建过程中存在着一个通病，品牌持有者大多站在产品的立场进行品牌宣传，向消费者介绍茶的历史、资源、产品等。在茶叶消费者更趋年轻化，中青年消费者在茶叶网络消费群体中占比超过六成的结构下，每一个茶叶区域公用品牌都应该去思考：在去中心化的个性消费趋势中，你的忠实消费者是谁？他们为什么购买你的茶叶，你的茶叶能够满足他们哪些需求？而他们又能够为你的品牌做些什么？

四、把握品牌未来

7年来，茶叶区域公用品牌价值专项评估见证了中国大陆茶产业品牌化的转型与发展，从各企业品牌的孤军奋战，到区域公用品牌的整合传播，茶产业在品牌化的道路上不断探索前行。星巴克旗下茶品牌Teavana进驻中国，昭示着国际竞争已经从外围来到了自家门口，中国茶叶品牌如何从“内忧外患”中扭转乾坤，成为当下及未来很长一段时间内的重要命题。而这，也已经上升到了国家品牌战略层面，目前，我国正在探索集政府、企业、专家等各方的智慧与力量，形成和落实“中国茶”国家品牌的顶层设计之路。

在“中国茶”国家品牌及品牌生态体系之下，茶叶区域公用品牌需根据自身发展的特征与现状，进一步调整品牌发展战略，确保品牌的系统规划与科学运行。在这里，结合目前品牌发展新象与未来产业发展动向，我们试图提出我国茶叶区域公用品牌发展模式的三大探索方向。

（一）茶旅产业转型升级

2016年4月份，新成立的世界茶旅联盟，将四川峨眉山、福建武夷山、西湖风景区等优秀景区和知名茶品牌联结一起，围绕“以农促旅、以旅强农”的发展思路，茶产业凭借与旅游业极强的关联性，积极推进“茶旅融合”，让茶产业赋予旅游业新内涵，借旅游业助推茶产业转型升级，实现茶业资源和旅游资源的融合发展。

浙江淳安拥有优良的产茶环境、悠久产茶历史，当地的“鸠坑种”是龙井茶鼻祖，为了更好地依托千岛湖的好山好水，自2015年下半年起，由当地政府主导对其“千岛玉叶”茶叶区域公用品牌进行升级，并于2016年春茶上市前推出了“千岛湖茶”区域公用品牌，形成了以千岛湖龙井为主、多品类共同发展的产业格局。“茶旅融合”作为淳安县茶叶品牌再造的一大突破口，每年千万人次的游客量将对“千岛湖茶”区域公用品牌的传播起到重要作用。

当“旅游＋茶”遇上“互联网＋”，年轻化的消费力量、个性化的消费需求、互动化的消费体验和多平台的消费路径，为产业转型升级注入了更多活力因子。新常态、新机遇，茶叶区域公用品牌在进一步挖掘自身品牌资源的同时，也要注重融合域内旅游资源，加快培育茶旅产业新业态，促进茶旅产业转型升级，提升茶叶品牌在消费者中的知名度、认知度和好感度。

（二）企业联盟与政企联动

茶叶区域公用品牌的创建，旨在通过联合各路资源，提高区域内外消费者的品牌评价，实现茶叶品牌与区域形象的共同发展。然而，一些茶叶产区在整合资源、挖掘优势时，往往会遇到区域内茶叶品类多、品牌小，整合难度大、名牌效应弱等困境；还有些产区在建立区域公用品牌之后，由于区域内企业品牌实力弱、影响力小，缺乏推进品牌系统规划的主导力量，导致区域公用品牌核心价值不明确，品牌传播缺乏针对性。

针对以上发展问题，四川“天府龙芽”、安吉白茶“极白”、英山云雾茶的“大别茶访”的突破性探索，也许可以为我们提供一些启发。在产业发展速度与品牌建设不相协调之际，四川省内多家茶叶企业联合组成企业联盟——川茶集团，并以川茶集团为主力，推动建立省级区域公用品牌“天府龙芽”，打造统一的川茶名片。安吉白茶则通过国有控股企业收购当地龙头企业和互联网品牌，联合创建安吉白茶第一品牌“极白”氨基酸安吉白茶；英山县则集聚8家企业，组建“大别茶访”企业品牌，以期带动英山云雾茶区域公用品牌的整体突破。这种政企联动的模式，由政府推动实现企业化运作，并利用金融工具整合生产主体，能在较短的时间内提高行业集中度，壮大龙头企业，打响领衔品牌。

无论是企业联盟模式，还是政企联动模式，川茶、安吉白茶、英山云雾茶的品牌建设探索都实现了从单兵出击、群雄竞争到抱团发展、合作共赢的转变。当然，在这过程中，需要重视公共资源的公平性原则，要以切实保护茶农利益和茶产业健康发展为前提。未来茶叶区域公用品牌的发展，无疑需要强有力的核心力量，整合产业优势资源、推进品牌战略规划、应对行业转型变革。

（三）"子母品牌"突出重围

虽然"母子品牌"模式在过去的发展中得到了各茶产区的实践肯定，但在现实中，"母子品牌"存在着亚健康的隐患。现阶段，我国茶叶品牌呈现出较为明显的母强子弱，消费者往往记住了西湖龙井，却不知还有"狮、龙、云、虎、梅"的存在，这在一定程度上抑制了当地茶产业品牌的良性循环发展。

在区域公用品牌发展到一定程度，已经进入可放手让企业去竞争、搏杀市场的形势下，各地茶产业的品牌化发展可逐步实现由"母子品牌"向"子母品牌"的模式转变，真正形成"母品牌驱动、子品牌支撑"的良性品牌生态。为此，茶叶企业品牌要在"子母品牌"体系下做到继承与突破，继承母品牌的区域文脉，改变"品牌即包装"的片面观念，从品牌的定位、价值、符号、文化等多方面进行系统整合与科学规划，从而实现子品牌的突破性成长。作为强势企业品牌，有能力也有必要打响子品牌的突围之战。如安溪铁观音中的华祥苑、八马，普洱茶中的大益、龙生等，是当地茶叶企业品牌的领头羊，更是肩负着带领同区域公用品牌下的其他更多企业品牌冲向国际市场的重任。未来，中国茶产业的品牌化发展，依然需要政府、协会、企业、农户、第三方服务组织等多方合力，共同建设"中国茶"国家品牌的生态体系，把握互联网环境下的消费新趋势，探索茶叶区域公用品牌的发展新模式，才能培育出真正具有国际影响力的茶叶强势品牌。

2016 中国茶叶区域公用品牌价值排行

单位：亿元

排名	品牌名称	品牌价值	排名	品牌名称	品牌价值
1	安溪铁观音	60.04	22	正山小种	18.75
2	信阳毛尖	57.33	23	庐山云雾茶	17.86
3	普洱茶	57.09	24	径山茶	17.31
4	福鼎白茶	33.80	25	紫阳富硒茶	16.75
5	大佛龙井	31.77	26	湄潭翠芽	16.38
6	安吉白茶	31.74	27	滇红工夫茶	15.91
7	福州茉莉花茶	28.52	28	六堡茶	15.79
8	祁门红茶	26.55	29	武阳春雨	15.54
9	武夷山大红袍	25.75	30	霍山黄芽	15.45
10	坦洋工夫	24.38	31	永春佛手	14.84
11	蒙顶山茶	23.68	32	安溪黄金桂	14.63
12	都匀毛尖	23.54	33	英山云雾茶	14.62
13	白芽奇兰	23.34	34	浮梁茶	14.56
14	越乡龙井	23.33	35	英德红茶	14.54
15	太平猴魁	21.74	36	婺源绿茶	14.45
16	武当道茶	20.07	37	嵊州珠茶	14.35
17	松阳银猴	19.52	38	千岛湖茶	13.82
18	勐海茶	19.25	39	岳西翠兰	13.76
19	安化黑茶	19.13	40	政和工夫	13.70
20	汉中仙毫	18.99	41	梵净山茶	13.57
21	开化龙顶	18.95	42	狗牯脑茶	13.44

（续）

排名	品牌名称	品牌价值	排名	品牌名称	品牌价值
43	恩施玉露	13.28	68	犍为茉莉花茶	8.42
44	宜宾早茶	13.21	69	万源富硒茶	8.29
45	长兴紫笋茶	13.14	70	余姚瀑布仙茗	8.07
46	磐安云峰	12.93	71	望海茶	7.91
47	雅安藏茶	12.81	72	仪征绿杨春茶	7.89
48	马边绿茶	12.10	73	沂蒙绿茶	7.81
49	金奖惠明茶	12.09	74	石门银峰	7.79
50	日照绿茶	11.87	75	修水双井绿	7.47
51	凤冈锌硒茶	11.86	76	仙都笋峰茶	7.43
52	福鼎白琳工夫	11.39	77	筠连红茶	7.29
53	恩施富硒茶	11.32	78	桃源野茶王	7.03
54	宁红工夫茶	11.18	79	政和白茶	6.88
55	天山绿茶	11.17	80	天台山云雾茶	6.81
56	泰顺三杯香	10.94	81	舒城小兰花	6.02
57	龙谷丽人茶	10.93	82	江山绿牡丹茶	5.82
58	南江大叶茶	10.28	83	余庆苦丁茶	4.12
59	岳阳黄茶	9.91	84	霍山黄大茶	3.72
60	桃源大叶茶	9.46	85	平阳早香茶	3.53
61	七佛贡茶	9.38	86	苍南翠龙茶	3.31
62	梵净山翠峰茶	9.13	87	筠连苦丁茶	2.82
63	金山翠芽	9.05	88	资溪白茶	2.81
64	桐庐雪水云绿茶	9.00	89	霄坑绿茶	2.47
65	石阡苔茶	8.98	90	烟台绿茶	1.42
66	茅山长青	8.94	91	缙云黄茶	1.02
67	松溪绿茶	8.51	92	三清山白茶	0.59

声明：本研究中所估算之品牌价值，均基于茶叶品牌持有单位提供相关数据及其他公开可得信息，且运用浙江大学 CARD 中国农业品牌研究中心茶叶区域公用品牌专用评估方法对采集的数据处理的结果。本评估所涉及的品牌只包括在中国内地注册的茶叶区域公用品牌。

2016 中国茶叶企业产品品牌价值评估报告

浙江大学 CARD 中国农业品牌研究中心　中国茶叶品牌价值评估课题组①
胡晓云　魏春丽　蒋艳婷　叶南希

一、前言

自 1951 年 12 月，“中茶”获得中华人民共和国第一枚茶叶商标之后，茶叶企业如雨后春笋般涌现。发展至今，中国大陆现已有 6.7 万家茶叶企业，成为我国茶产业发展的中流砥柱。然而，中国茶叶企业虽然数量众多，但大多局限于区域，真正在国内外具有重要影响力的企业和品牌极少。具有半个多世纪的商标发展历史的“中茶”牌，也在 2015 年改换品牌名称为“中粮茶业”，其品牌的消费影响力还得假以时日。中国“七万茶企不敌一家‘立顿’”的说法，似乎成为中国茶叶企业发展史上的魔咒。尽管如此，中国茶叶企业仍在不断努力，通过多方探索，寻找适合自己的道路，创建或重塑茶叶企业产品品牌，以期共同顶起中国茶的一片天。

2011 年至今，历时 5 年，浙江大学 CARD 中国农业品牌研究中心联合中国农业科学院茶叶研究所《中国茶叶》杂志、中国茶叶网等权威机构，连续开展公益性课题——“中国茶叶企业产品品牌价值评估”专项研究。通过价值评估研究，试图了解我国茶叶企业品牌发展的路径与现状，发现优势，洞悉短板，为中国茶叶企业未来的品牌经营提供专业参考。

2016 年，中心依然联合中国农业科学院茶叶研究所《中国茶叶》杂志、中国茶叶网，并联合了浙江大学茶叶研究所等权威机构，共同开展 2016 中国茶叶企业产品品牌价值评估活动。在前 5 轮的评估基础上，课题组继续开展相关研究，历时 4 个月，通过对品牌持有单位、消费者、网誉、专家等对象进行的多方调查，从中国大陆上千个茶叶企业产品品牌中，根据材料的真实性、完整性等标准，最终完成了对 177 个中国大陆茶叶企业产品品牌价值的有效评估。

二、数据解读：总体价值上升，趋势良好

本次评估依然沿用 CARD 模型，该模型的一级指标为：品牌价值＝品牌收益×品牌强度乘数×品牌忠诚度因子。评估显示，177 个有效评估的茶叶企业产品品牌，其总价值达到了 368.84 亿元。下面是有关评估数据的系统分析：

（一）整体比较：稳步增长，均衡发展

同往年评估数据相比，中国茶叶企业产品品牌的品牌价值、品牌收益稳步增长，均衡发展，整体趋势良好，且出现了小高峰；品牌强度、品牌忠诚度稳步上升，茶叶消费逐步回归理性。

1. 品牌价值：总体稳步增长，小品牌仍占多数　本次有效评估的 177 个茶叶企业产品品牌，其平均品牌价值首次突破了 2 亿元，达到了 2.08 亿元，比 2015 年 1.66 亿元的平均品牌价值，提升了 0.42 亿元；2016 年有效评估的品牌价值最高值为 12.77 亿元，比 2015 年的品牌价值最高值高出了 1.07 亿元，具体数据如图 1 所示。

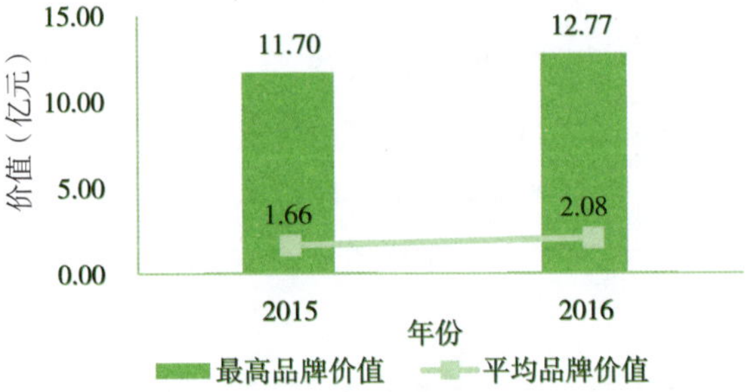

图 1　2015、2016 年有效评估品牌的品牌价值比较

比较 2012—2016 年评估中平均品牌价值的增长幅度，如图 2 所示，相比 2015 年，2016 年有效评估品牌的平均品牌价值，提升了 25.30%，比 2015 年的年增长率提高了 22.83 个百分点，达到

① 课题顾问：鲁成银、阮浩耕、梁国彪、王建荣；专家组成员：鲁成银、梁国彪、王建荣、王岳飞、吴晓力、孙状云；课题负责人：胡晓云，课题组成员：魏春丽、刘进、庄庆超、蒋艳婷、叶南希、贺梦晗、王琴、乔梦佳、陈亚晴、李志露、张玲。

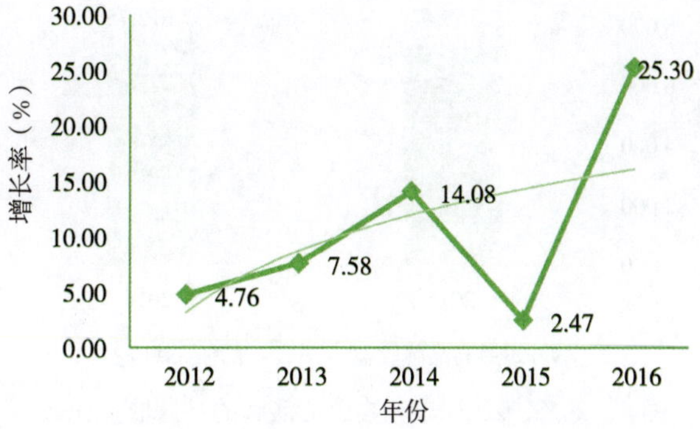

图 2　2012—2016 年有效评估品牌的平均品牌价值增长率比较

了历年评估中年增长率的最高水平。2015—2016 年，出现了品牌价值增长的小高峰，体现了中国茶叶企业产品品牌的整体品牌建设成果。

进一步比较 2015、2016 年两年有效评估品牌的品牌价值区间分布，如图 3 所示。2015、2016 年的评估数据中，品牌价值在 10 亿元以上的均有且仅有一个品牌，即“吴裕泰”；2016 年，品牌价值位于 5 亿～10 亿元的有效评估品牌有 13 个，比 2015 年多出了 3 个；2016 年，品牌价值在 1 亿～5 亿元的有效评估品牌达到 98 个，占整体评估品牌的 55.37%，2015 年是 84 个，占整体评估品牌的 47.19%；2016 年，品牌价值在 1 亿元以下的有效评估品牌有 65 个，比 2015 年减少了 18 个，占整体有效评估品牌的 36.72%。上述数据表明，2016 年有效评估的品牌中，亿元以下的小品牌数量有所减少，但 5 亿元以下的品牌仍然占据茶叶企业产品品牌的多数席位，10 亿元及以上品牌价值的品牌少之又少。

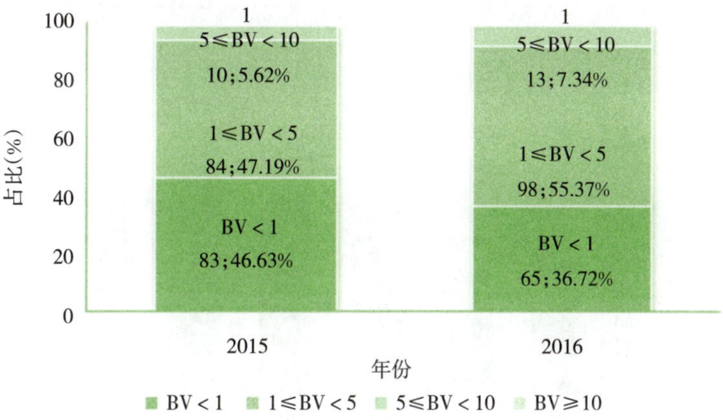

图 3　2015、2016 年有效评估品牌的品牌价值区间分布比较

2. 品牌收益：整体呈现上升趋势　比较 2015、2016 年有效评估品牌的收益变化，如图 4 所示。2016 年，有效评估品牌的平均品牌收益为 1 311.33万元，比较 2015 年，增加了 232.48 万元；2016 年，有效评估品牌的品牌收益最高值为 7 612.75万元，比 2015 年的最高值高出 247.28 万元。从这两组数据可知，本次获得有效评估的品牌，其平均品牌收益均有较大程度的提升，表现出了较强的品牌收益上升势头。

进一步比较 2012—2016 年评估中平均品牌收益的增长幅度，如图 5 所示，历年评估中，平均品牌收益均有不同程度的增长。其中，2016 年有效评估品牌的平均品牌收益的年增长率为 21.55%，相比 2015 年，增加了 20.80 个百分点，表现了强势跳跃式提升。

依据单位销量品牌收益的大小，即每销售 1 千克茶叶由品牌所带来的收益，来比较茶叶的品牌溢价能力，如图 6 所示。2011 年，有效评估品牌的平均单位销量品牌收益为 59.97 元/千克；到 2015 年，该平均值为 153.94 元/千克，达到了历年评估的最高水平；2016 年，有效评估品牌的平均单位销量品牌收益有所回落，为 140.16 元/千克，相较

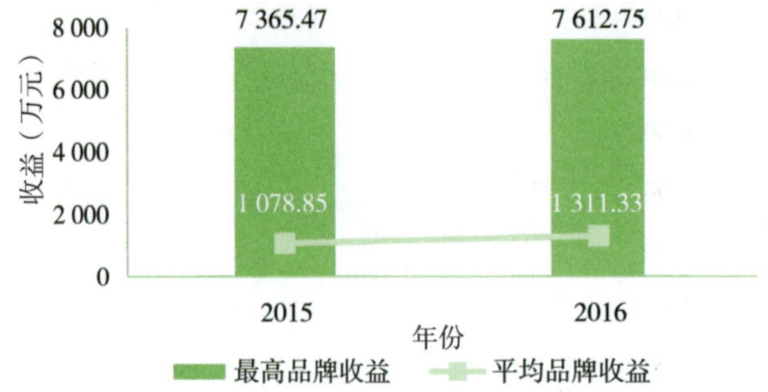

图4　2015、2016 年有效评估品牌的品牌收益比较

图5　2012—2016 年有效评估品牌的平均品牌收益增长率比较

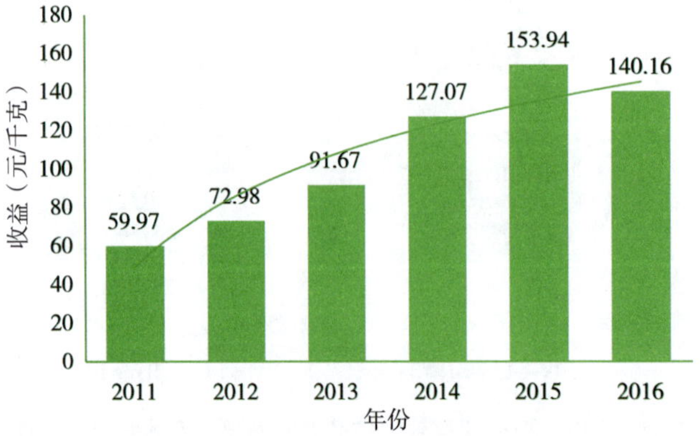

图6　2011—2016 年有效评估品牌的平均单位销量品牌收益比较

2011 年，整体水平翻了一番。这表明，经过 6 年的品牌化推进，我国茶叶企业产品品牌的品牌溢价能力得到了成倍的增长，表现出良好的品牌溢价能力。

3. 品牌强度：总体稳步提升，传播有待加强　品牌强度乘数由一组表征品牌强度程度的因子加权综合得出，衡量的是一个茶叶企业产品品牌的品牌领导力、品牌资源力、品牌经营力、品牌传播力和品牌发展力等指标的水平。

比较 2015、2016 两年的评估数据可见，2015 年有效评估品牌的平均品牌强度得分为 70.72 分，2016 年评估，该数值上升至 74.77 分，如图 7 所示。

进一步比较 2015、2016 年有效评估品牌的平均品牌“五力”，如图 8 所示。2016 年有效评估品牌平均的品牌领导力、品牌资源力、品牌经营力、品牌传播力和品牌发展力得分分别为 75.49、79.89、75.83、75.62 和 69.10 分。与 2015 年相比，除品牌传播力（75.62 分）外，品牌领导力、品牌资源力、品牌经营力、品牌发展力等“四力”均有不同程度的提升。其中，品牌资源力提升了 13.77 分，增长幅度高达 20.83%，品牌领导力、品牌经营力和品牌发展力分别提升了 6.19、6.69 和 4.93 分。从这组数据可知，经过一年的品牌建设工作，本次有效评估品牌的品牌领导力、品牌资源力、品牌经营力和品牌发展力方面均得到了不同程度的提升，表明各企业在 2015 年加大了对行业领导、文脉传承、经营管理和市场拓展等方面的投入，但减少了对品牌传播方面的投入。因此，2016 年评估的品牌传播力数据出现了下降。酒香还怕巷子深，茶叶企业产品品牌在注重产品品质等基础工作上，还需要重视在品牌传播方面的投入。

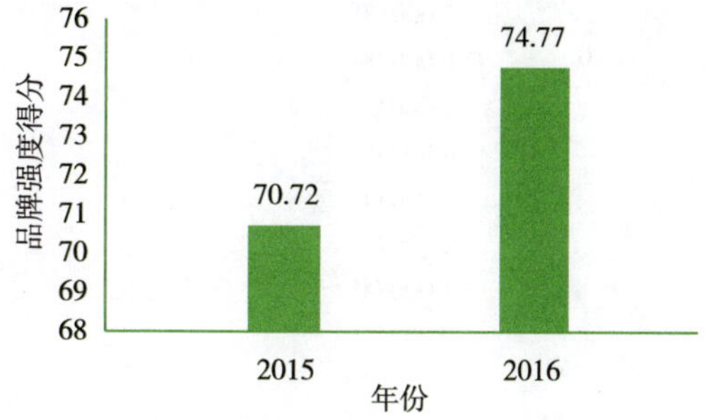

图 7　2015、2016 年有效评估品牌的平均品牌强度得分比较

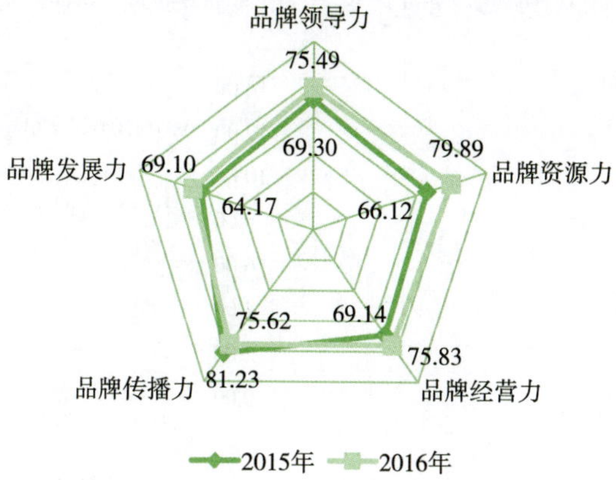

图 8　2015、2016 年有效评估品牌的平均品牌“五力”得分比较

4. 品牌忠诚度：理性消费逐步回归　品牌忠诚度因子反映消费者对品牌的忠诚程度。根据“浙江大学 CARD 农产品品牌价值评估模型”，品牌忠诚度因子的大小受市场价格波动幅度大小的影响，主要表现在市场价格波动情况下，消费者购买该品牌茶叶的意愿。

图 9 是近 2011—2016 年有效评估品牌的平均品牌忠诚度因子的比较，由图可见 2011 年评估品牌的平均品牌忠诚度因子较高，为 0.913；2012 年评估品牌平均忠诚度因子下降到了 0.865；之后的 2013—2016 年平均品牌忠诚度因子在逐步回升；2016 年有效评估品牌的平均品牌忠诚度因子已回升到 0.910，基本与 2011 年水平持平。这表明，2012—2016 年，茶叶的市场价格波动在逐渐走向稳健，茶叶消费趋于理性，正在逐步回归。

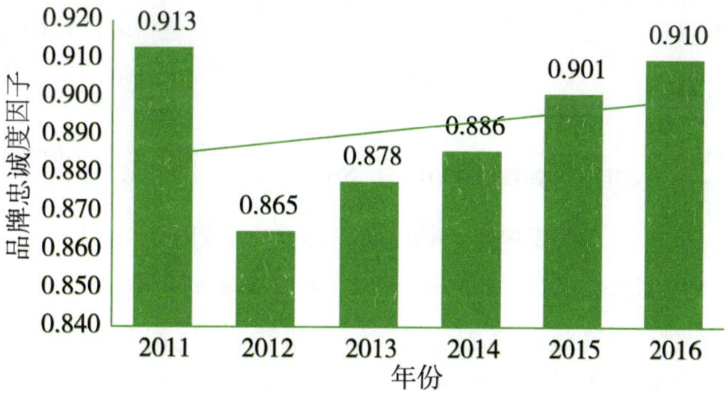

图 9　2011—2016 年有效评估品牌的平均品牌忠诚度因子比较

（二）典型分析：多数品牌在波动中发展

提取本次有效评估品牌中品牌价值前十位的品牌可见，有 8 个品牌持续参与了历次评估。为更好地呈现数据的连续性，展现品牌价值的成长路径，该部分就 8 个品牌的品牌价值、品牌收益、品牌强度乘数、品牌忠诚度因子等 4 个维度展开相关数据的具体分析，希望从中窥见具有品牌优势的企业近年来的发展态势。

1. 吴裕泰：品牌价值保持高位　“吴裕泰”是北京吴裕泰茶业股份有限公司所属品牌，本次评估中，“吴裕泰”品牌的价值位列第一。历年评估数据也显示，其品牌价值一直保持在高位。

比较“吴裕泰”品牌在历年评估中的品牌收益指标可见，2011 年该品牌收益为 6 316.10 万元，之后几年，品牌收益持续提升，到了 2016 年品牌收益已达 7 612.75 万元，2011—2016 年品牌收益总体增长了 20.53%。比较“吴裕泰”品牌的价值变化可见，2011 年其品牌价值为 10.45 亿元，2012 年有所下降，为 9.81 亿元，之后持续提升，到 2016 年其品牌价值已达到了 12.77 亿元。2011—2016 年，品牌价值总体上升了 22.20%，比品牌收益的增长幅度高出了 1.67 个百分点，具体如图 10 所示。

图 10　2011—2016 年“吴裕泰”品牌评估的品牌收益、品牌价值比较

从图 11 可知，“吴裕泰”的品牌强度乘数变化较大，相比 2011 年，2012—2016 年其品牌强度乘数均在 18 以下，尤其是 2015 年仅为 16.95，表现出在品牌“五力”方面一定程度的下降。从品牌忠诚度的曲线变化来看，2011—2013 年呈现下降趋势，2013—2016 年又有所回升，2016 年达到了历年评估的最高水平。这充分表明，“吴裕泰”品牌的价格体系稳定增长，消费者的忠诚度日趋增高。

图 11　2011—2016 年“吴裕泰”品牌评估的品牌强度乘数、品牌忠诚度因子比较

品牌好感度和品牌知名度、品牌认知度 3 个指标构成了品牌传播力指标，是衡量消费者与品牌之间的关系及偏好程度的指标，也是消费者对产品产生忠诚度的前提。

比较“吴裕泰”品牌在历年评估中的好感度指标，如图 12 所示。2011 年吴裕泰的品牌好感度为 96.10 分，在之后的评估中，该指标的得分呈现明显的上下波动，尤其是 2013 年下降到了 68.00 分，2016 年回升至 87.00 分。从品牌好感度的变化曲线来看，“吴裕泰”品牌好感度呈现略微下降的趋势，需要注意在品牌传播上增加与消费者之间的有效沟通。

图 13 是“吴裕泰”品牌近 3 年的电子商务销售情况比较，2013 年产品通过电商销售了 495.17 万元，2014 年为 611.88 万元，2015 年达到了 1 200 万元，涨幅分别达到了 23.57% 和 96.12%。这表明，2015 年开始，在电子商务上发展较为迅速，呈现了跳跃式发展。

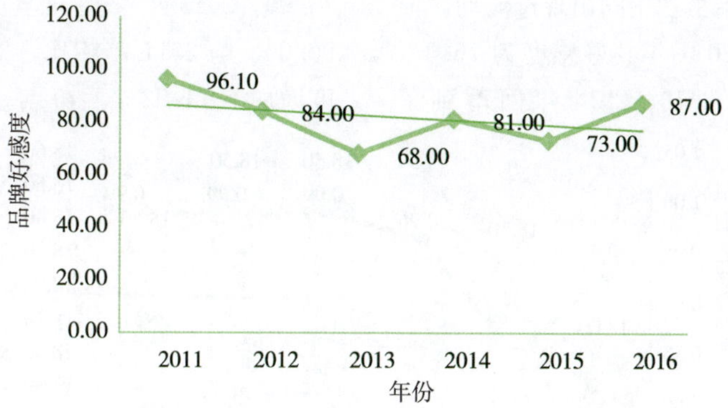

图 12　2011—2016 年“吴裕泰”品牌的评估品牌好感度比较

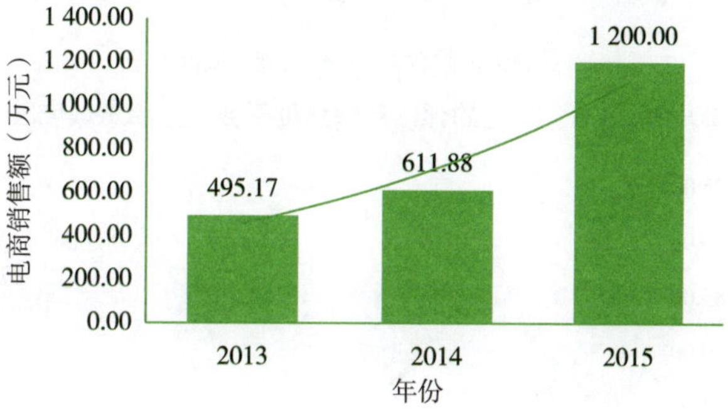

图 13　2013—2015 年“吴裕泰”品牌的电商销售额比较

2. 采花：品牌价值提升显著　采花是湖北采花茶业有限公司所属品牌，该品牌在 2016 年的中国茶叶企业产品品牌价值评估中位列品牌价值排名第 3 位。

比较采花品牌历年评估中的品牌收益表现，如图 14 所示，2011 年采花的品牌收益为 3 483.48 万元，2012—2015 年品牌收益维持在 4 000 万元，到 2016 年评估时，其品牌收益增长为 5 080.00 万元，比 2011 年高出了 1 596.52 万元，整体涨幅高达 45.83%。从历年的品牌价值的增长来看，采花从 2011 年的 5.82 亿元一路上升至 9.23 亿元，尤其是 2016 年的评估中，以 9.23 亿元跃居排行榜第三位，比上一年度提升了 1.31 亿元。

图 14　2011—2016 年采花的评估品牌收益、品牌价值比较

如图 15 所示，采花的品牌强度乘数在历年评估中均较高，平均值达到了 18.31，最低的是 2011 年的 18.00，最高的是 2014、2015 年的 18.50。采花的品牌忠诚度因子除 2012 年为 0.85 之外，其余各年的评估数据均在 0.90 以上。其中，2014—2016 年这 3 年评估的数据显示，其品牌忠诚度因子均为 0.99，表现出极强的价格稳定性。

比较采花历年的品牌好感度，如图 16 所示。

采花品牌与消费者的关系虽然中间出现过波动，但整体呈现出上升趋势。2011 年其好感度为 76.30，2012 年上升到 86.00，2013、2014 年回落到了 75.00，2015 年又提升至历年最高水平，达到了 90.00。与 2011 年相比，2016 年采花的品牌好感度增加了 14.02 个百分点。

图 15　2011—2016 年采花的评估品牌强度乘数、品牌忠诚度因子比较

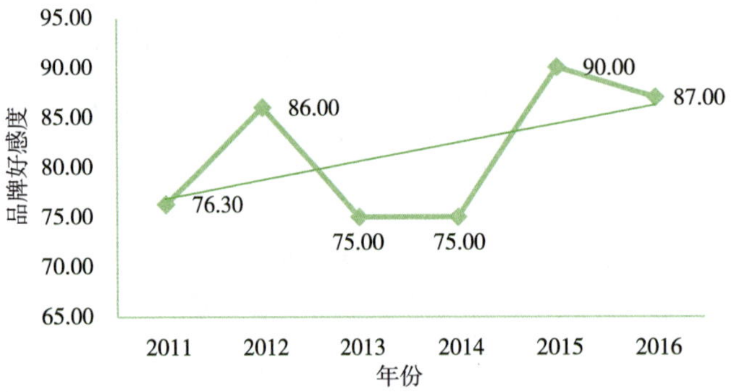

图 16　2011—2016 年采花的评估数据中品牌好感度比较

比较采花在 2013—2015 年的电子商务销售状况，如图 17 所示。2013 年采花的电商销售达到了 1 000 万元，2014、2015 年分别达到了 1 200 万元和 1 500 万元。相对吴裕泰，采花的电商销售额略高，但从电商销售额增长速度来看，采花相对较为平稳，平均年增长率为 22.5%。

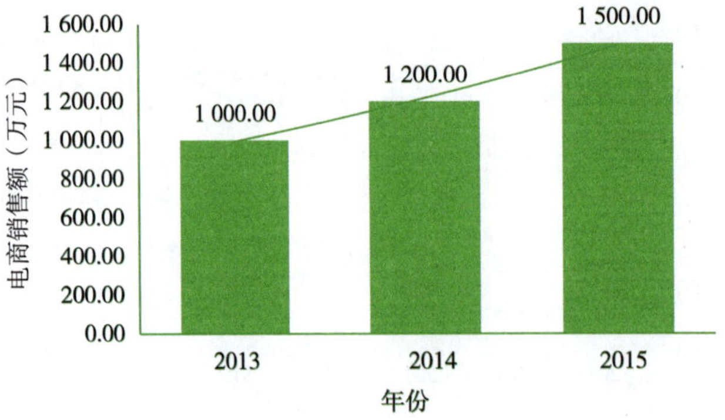

图 17　2013—2015 年采花电商销售额比较

3. 吉祥鸟：品牌价值稳步提升　吉祥鸟是安徽茶叶进出口有限公司所属品牌，1997 年注册商标，发展至今已有近 20 年的历史。在 2016 中国茶叶企业产品品牌价值评估中，该品牌位列品牌价值排名第 4 位。

如图 18 所示，吉祥鸟 2011 年品牌价值为 7.67 亿元，后逐年提升，发展到 2016 年达 8.87 亿元。2011—2014 年，吉祥鸟的品牌价值相对稳定，提升不明显；到 2015、2016 年，品牌价值分别提升了 2.80%、9.91%。从品牌收益来看，2011 年，吉祥鸟的品牌收益为 4 730.28 万元；到 2014 年，品牌收益达到历年评估最高水平，为 5 382.60 万元；2015 年，下降至 4 659.55 万元，是历年评估最低；2016 年，回升至 5 175.67 万元，与 2011 年相比，总体品牌收益提升了 445.39 万元，上升幅度不大。

图 18　2011—2016 年吉祥鸟的评估品牌收益、品牌价值比较

比较 2011—2016 年吉祥鸟评估中品牌强度乘数和品牌忠诚度因子，如图 19 所示，品牌强度乘数相对其他几个典型品牌而言并不高，平均仅有 17.02。在 2015 年的评估中，品牌强度乘数为历年最高，达到了 17.62，之后 2016 年又下降至 17.23，比 2011 年的 16.56 上升了 4.05%，但整体上升不明显。在品牌忠诚度因子变化上，2011 年品牌忠诚度因子为 0.98，之后持续下降，到 2014 年评估时仅为 0.84，2015、2016 年，该因子持续上升，分别达到了 0.98 和 0.99。这表明，吉祥鸟的产品价格在经过几年的市场大波动之后，又逐渐地回归平稳。

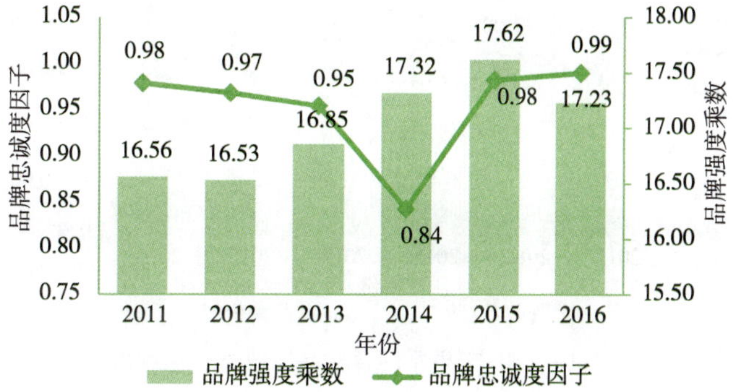

图 19　2011—2016 年吉祥鸟的评估品牌强度乘数、品牌忠诚度因子比较

图 20 是在 2011—2016 年吉祥鸟评估中的品牌好感度指标得分比较，从数据曲线可知，吉祥鸟的品牌好感度整体不高，但表现出了平稳上升的趋势。从 2011 年的 59.90，持续上升到了 2015 年的 79.00，2016 年回落至 77.00，但比较 2011 年，仍然提升了 28.55%。

图 20　2011—2016 年吉祥鸟的评估品牌好感度比较

从2013—2015年的电子商务销售额来看，如图21所示，吉祥鸟的年电商销售总额均为5 000万元，该品牌在电商销售上的表现极为稳定。

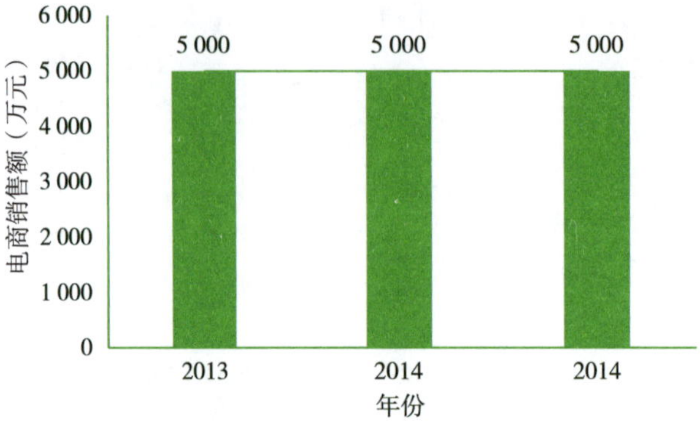

图21　2013—2015年吉祥鸟的电商销售额比较

4. 更香：品牌发展稳健　更香是北京更香茶叶有限责任公司所属品牌。本次评估中，更香位列品牌价值排名第5位。

如图22所示，2011—2016年评估中，更香的品牌价值在逐年稳步提升，从2011年的5.99亿元，持续上升到2016年的8.55亿元，年平均增长率为7.40%；从品牌收益变化来看，除2013年度品牌收益比2012年度略有下降外，其他几个年度均有所提升。2016年，其品牌收益为4 782.50万元，比2011年增加了1 381.94万元。

图22　2011—2016年更香的评估品牌收益、品牌价值比较

进一步比较品牌强度乘数及品牌忠诚度因子，如图23所示。更香在2011—2016年评估中的平均品牌强度乘数为18.25，其中，2011年的品牌强度乘数为历年最高，2012、2013年的品牌强度乘数分别为17.80和17.70，相对较低。从品牌忠诚度因子的变化曲线来看，更香平均保持在0.94以上。其中，从2013、2014、2016年数据可见，品牌忠诚度因子达到了0.98及以上，表现出较为稳定的市场价格体系。

图23　2011—2016年更香的评估品牌强度乘数、品牌忠诚度因子比较

比较更香在2011—2016年评估中的品牌好感度得分，如图24所示。2011—2016年，更香的平均品牌好感度为86.43，其中，2011年得分最高为99.10，2015年下降至72.50，从整体变化的曲线来看，更香的品牌好感度呈现下降趋势，折射出在消费者关系维护上存在一定问题，需要多加注意。

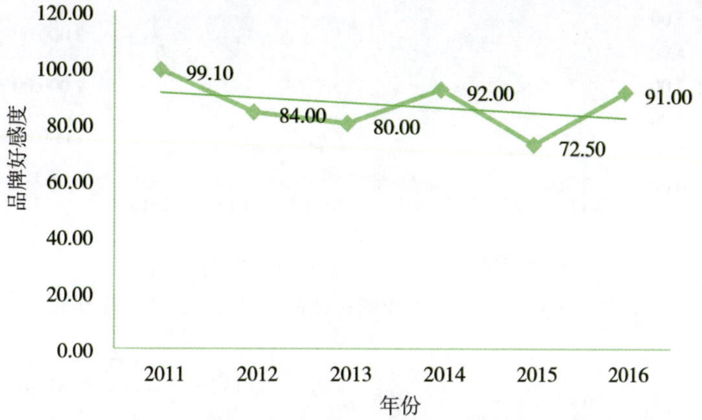

图24 2011—2016年更香的评估品牌好感度比较

图25是更香在2013—2015年的电子商务销售额的比较数据。由数据可知，更香通过电商平台销售的量并不大，2014年仅有300万元的销售额，销售额最高的2015年也仅有850万元，相比吉祥鸟5 000万元的电商年度销售额，更香在电商平台上的销售量较小。

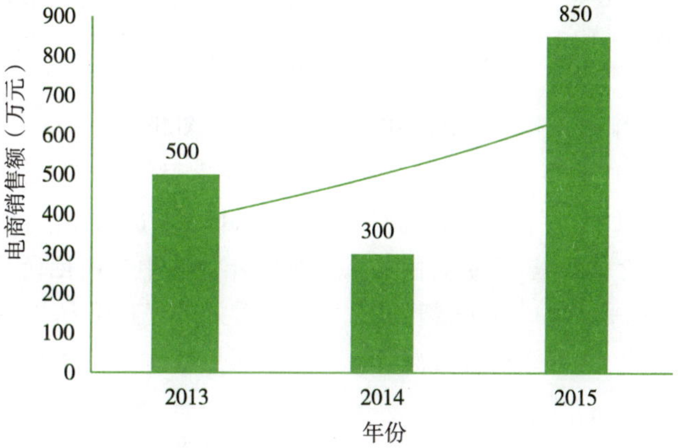

图25 2013—2015年更香的电商销售额比较

5. 春伦：波动中曲线发展 春伦是福建春伦茶业集团有限公司所属品牌，以福州茉莉花茶为区域公用品牌背书，主营福州茉莉花茶。2016中国茶叶企业产品品牌价值评估中，位列品牌价值排名第6位。

比较春伦在2011—2016年评估中的品牌价值可见，2012年品牌价值为6.95亿元，相对2011年下降了0.55亿元，之后的2013—2016年品牌价值逐渐回升，2016年达到了8.40亿元，整体提升了近亿元。进一步比较春伦的品牌收益，如图26所示，春伦的品牌收益波动较大，2011、2013、2015年的品牌收益均在5 000万元以下，但从整体发展趋势来看，2016年品牌收益为5 492.19万元，比2011年的4 449.47万元增加了1 042.72万元，表现出春伦的品牌收益在波动中曲线上升的态势。

从图27春伦在2011—2016年评估中的品牌强度乘数变化可知，2011年品牌强度乘数为17.34，2012年上升至18.05，2013年又回落到17.83，之后持续上升，到2016年已达18.43。数据可以说明，从2013年起，其品牌“五力”持续得到了加强。比较品牌忠诚度因子可知，春伦的品牌忠诚度因子波动较大，同品牌收益一样，表现出一高一低的情况，六轮评估中，春伦的平均品牌忠诚度因子为0.89。

图 26　2011—2016 年春伦的评估品牌收益、品牌价值比较

图 27　2011—2016 年春伦的评估品牌强度乘数、品牌忠诚度因子比较

图 28 是春伦在 2011—2016 年评估中的品牌好感度得分比较，2011 年春伦的品牌好感度仅为 49.40 分，在评估中最低的水平；2012 年好感度得分上升到了 83.50，将近翻了一番；2014 年好感度得分 90.50，达到评估最高水平；之后，在 2015、2016 年评估中有所回落。从整体曲线来看，春伦的品牌好感度表现为连年处于上升趋势。

图 28　2011—2016 年春伦的评估品牌好感度比较

比较 2013—2015 年的电子商务情况，如图 29 所示。2013 年通过电商平台销售了 225.00 万元，2014 年为 318.00 万元，到 2015 年为 460.00 万元，相比 2013 年翻了一番。从电商销售额的绝对数上看，春伦的电商销售份额不大，2013—2015 年平均年销售额达 7 亿元，电商仅占 0.48%，所占比例微乎其微。

6. 新坦洋：处于品牌快速成长期　新坦洋是福建新坦洋集团股份有限公司所属品牌，2016 中国茶叶企业产品品牌价值评估中，该品牌位列品牌价值排名第 7 位。

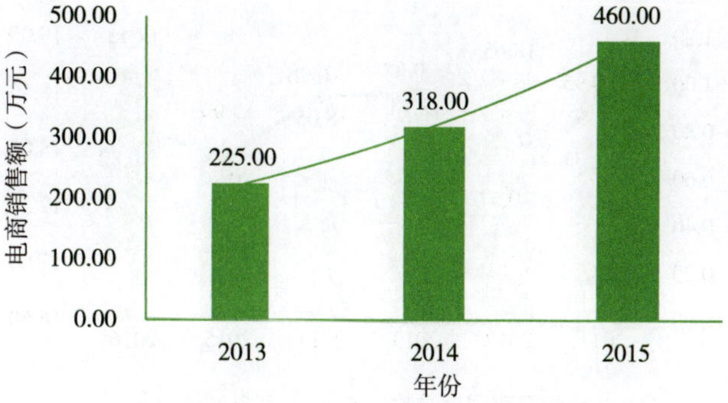

图 29　2013—2015 年春伦的电商销售额比较

比较新坦洋 2011—2016 年品牌收益，如图 30 所示。2011 年其品牌收益为 1 607.99 万元；2012 年品牌收益提升了近 2 倍，为 4 189.61 万元；2013、2014 年品牌收益略有下降；2015 年品牌收益又回升到 5 033.95 万元；2016 年达到 5 351.56 元。与 2011 年相比，2016 年整体涨幅达到了 232.81%。比较 2011—2016 年品牌价值可见，新坦洋在 2011 年仅为 2.68 亿元，之后一路高歌，到 2016 年，其品牌价值已达到 8.26 亿元，整体涨幅高达 208.21%，成为所有有效评估品牌中的一匹黑马。这两组数据，反映了新坦洋正处在一个快速上升期，体现了惊人的发展速度。

图 30　2011—2016 年新坦洋的评估品牌收益、品牌价值比较

如图 31 所示，从品牌强度乘数指标来看，新坦洋在 2011 年评估时，其品牌强度乘数为 17.55；2012 年上升到了 18.65；在之后的 2013—2015 年，出现过下降；2016 年，再度提升到了 18.74，表现出强劲的品牌“五力”。比较新坦洋 2011—2016 年的品牌忠诚度因子指标表现情况可知，2012 年品牌忠诚度因子仅为 0.57，表明其在 2009—2011 年的市场价格波动幅度较大；2013、2014 年，新坦洋的品牌忠诚度因子回归到 0.95 以上，市场价格逐渐回归平稳；2015、2016 年，品牌忠诚度因子分别为 0.70、0.82，说明其价格又出现了较大幅度的波动。这也说明，处在快速上升期的新坦洋，其成长伴随着不断波动的市场价格体系。

如图 32 所示，2011 年新坦洋的品牌好感度为 62. 30 分，2012 年该指标得分上升至 82. 00 分，到 2013、2014 年又连续回落至 77. 50 分，随后 2 年，新坦洋的品牌好感度又获得了连续提升，并达到了历史最高值为 91.00 分，表现出 2011－2016 年新坦洋的品牌好感度在波动中上升。

比较新坦洋在 2013—2015 年的电商销售情况，如图 33 所示，新坦洋的电商销售额相对较大，从 2013 年的 3 757.00 万元到 2014 年的 5 500.00 万元，增加了 46.39%，2015 年电商平台销售总额达到了 5 860 万元，比 2014 年提升了 6.55 个百分点，发展速度趋向平稳。

7. 品品香：品牌价值骐骥一跃，电商呈现跨越发展　品品香是福建品品香茶业有限公司所属品牌，依托于福鼎白茶区域公用品牌，在 2016 中国

图 31　2011—2016 年新坦洋的评估品牌强度乘数、品牌忠诚度因子比较

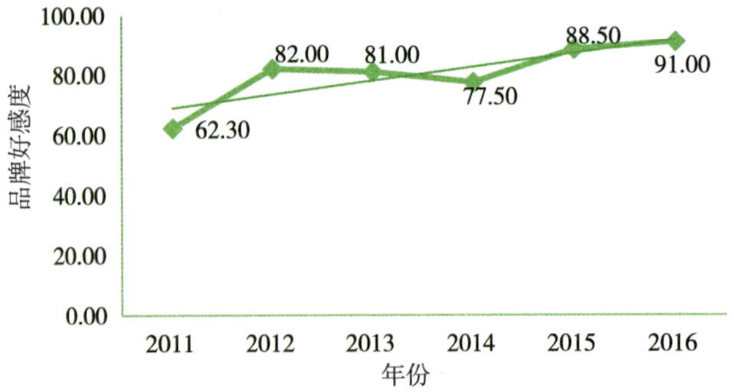

图 32　2011—2016 年新坦洋的评估品牌好感度比较

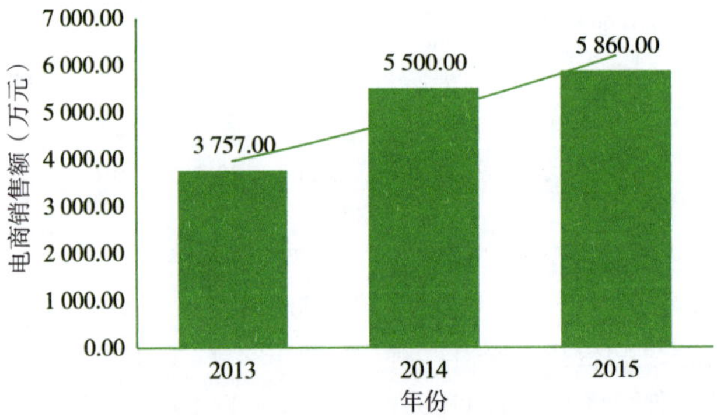

图 33　2013—2015 年新坦洋的电商销售额比较

茶叶企业产品品牌价值评估中，位列第 9 位。

如图 34 所示，品品香在 2011—2016 年评估中的品牌收益和品牌价值的数据比较可见，品品香在 2011—2015 年基本处于一个稳定上升的时期，而到了 2016 年，其品牌收益和品牌价值均得到了较大提升，品牌收益由 3 014.80 万元上升到了 4 109.10 万元，品牌价值从 5.16 亿元提升至 7.26 亿元，涨幅分别达到了 36.30%和 40.70%。这两组数据表明，品品香在前些年稳定发展的基础上，于 2015—2016 年出现了骐骥一跃，品牌价值提升显著。

比较 2011—2016 年评估中的品牌强度乘数和品牌忠诚度因子，如图 35 所示，品品香的品牌强度乘数逐年提升，从 2011 年的 17.48 持续上升到 2016 年的 18.74。这表明，品品香自 2011 年以来，在行业领导、品牌经营、传播推广及市场拓展等方面不断推进，其品牌“五力”得到了较大的提升。2009—2015 年，品品香的品牌忠诚度因子均保持在 0.90 以上，最高的是 2011、2014 年，均为 0.98；2015 年最低，但也有 0.92；平均水平达到了 0.95，表现出了极为稳定的市场价格体系。

图 34 2011—2016 年品品香的评估品牌收益、品牌价值比较

图 35 2011—2016 年品品香的评估品牌强度乘数、品牌忠诚度因子比较

图 36 是品品香在 2011—2016 年评估中的品牌好感度比较。从该图可见，品品香的品牌好感度整体呈现出平缓向上的趋势。2011 年，品牌好感度为 70.40；2014 年，达到历年最高水平，为 97.00；之后，又略微下降至 87.00。单相比 2011 年，其品牌好感度整体上升了 23.58%。

图 36 2011—2016 年品品香的评估品牌好感度比较

如图 37 所示，2013 年品品香的电商销售额仅 215 万元，2014 年上升到了 1 855 万元，2015 年又提高至 2 745 万元，呈现出快速激增式上升。作为传统茶叶企业产品品牌，品品香在电商平台上短时间里爆发出了较强的发展力。

8. 汉家刘氏：品牌价值稳健持续上升 汉家刘氏是湖北汉家刘氏茶业股份有限公司所属品牌，在 2016 中国茶叶企业产品品牌价值评估中，位列品牌价值排名第 10 位。

比较汉家刘氏品牌在 2011—2016 年评估中的品牌收益及品牌价值，如图 38 所示，2011 年品牌收益为 2 901.80 万元，至 2016 年上升为 5 038.75 万元，虽然在 2013—2015 年其品牌收益有所下降，但比较 2011 年的评估数据可见，2016

年整体仍然提升了 2 136.95 万元，涨幅高达 73.64%。品牌价值的数值显示，与品牌收益波动式上升不同，汉家刘氏呈现出了连年持续性的增长，从 2011 年的 4.64 亿元，持续增长至 2016 年的 7.14 亿元，平均年增长幅度为 7.57%，且上升过程较为稳健。

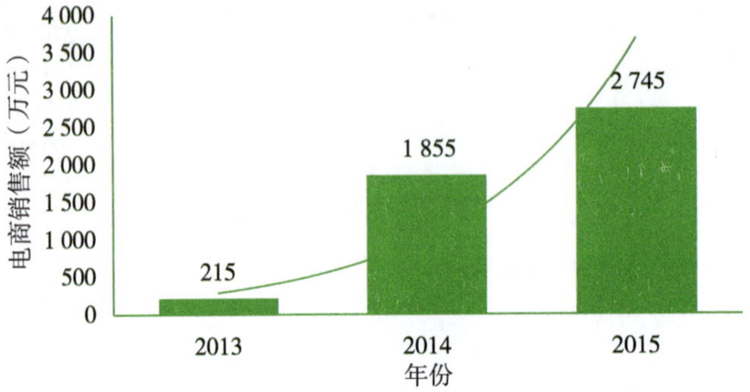

图 37　2013—2015 年品品香的电商销售额比较

图 38　2011—2016 年汉家刘氏的评估品牌收益、品牌价值比较

进一步比较汉家刘氏在 2011—2016 年评估中的品牌强度乘数和品牌忠诚度因子，如图 39 所示，与其他位于前十的品牌比较，汉家刘氏的品牌强度乘数不高，平均为 17.71，且波动较明显。从品牌忠诚度因子的比较可见，2012 年评估时，汉家刘氏在 2009—2011 年的市场价格波动较为明显，品牌忠诚度因子仅为 0.65，在之后的 2013—2015 年评估期间，该因子逐渐回升至 0.91，但在 2016 年，该数值又下降至 0.82。波动的数据表明，汉家刘氏在 2013—2015 年，其产品的市场价格存在着一定的波动。

图 39　2011—2016 年汉家刘氏的评估品牌强度乘数、品牌忠诚度因子比较

比较2011—2016年评估中品牌好感度可知，2011年汉家刘氏的品牌好感度仅为59.10，表现较低；之后，在波动中上升至2014年的98.00，达到历年评估最高水平；2015、2016年，该数值又回落至87.00，数值呈现曲折上行的整体状况，如图40所示。

从图41可知，汉家刘氏的电子商务销售从2013年的2 764万元，发展至2015年的5 626万元，网络销售数值起点高，且整体翻了一番，表现出高起点，稳健、强劲的发展势头。

图40 2011—2016年汉家刘氏的评估品牌好感度比较

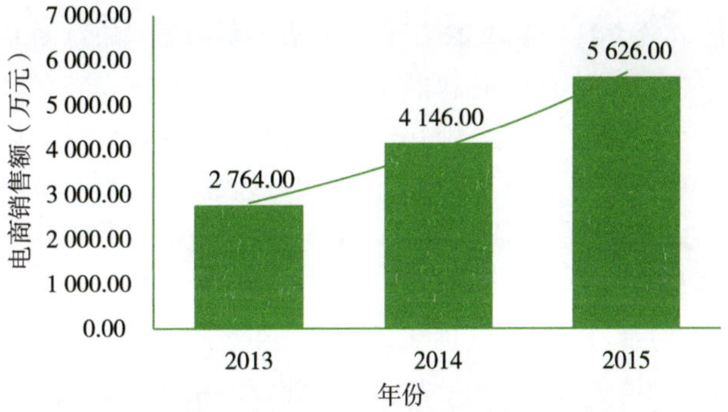

图41 2013—2015年汉家刘氏的电商销售额比较

三、现象洞察：力量整合，业态创新

2016年是中国茶产业企业产品品牌力量整合、业态创新的一年。具有“地缘”的茶产业企业整合企业之间、企业与政府之间的资源力量，促进“地缘”茶叶品牌发展；“地缘”茶叶品牌与“非地缘”茶叶品牌借助互联网渠道资源，整合地缘与非地缘优势，扩大品牌影响力；茶叶企业整合旅游业资源，实现跨界融合，产业超越；顶级“小而美”茶叶品牌出现、针对年轻消费群体的茶叶品牌出现……因此，力量整合成为新常态，业态创新成为新趋势。

（一）力量整合成为新常态

茶叶企业整合，企业与企业之间、企业与政府之间的资源力量，扩大品牌优势，提升品牌竞争力。同时，茶叶企业将旅游与茶产业相融合，创新茶叶企业发展方式，实现产业超越。

1. 资源整合，抱团发展 2016年，“极白·氨基酸安吉白茶”品牌的出现，是“安吉白茶”区域公用品牌寻求突破的政企联盟整合资源，集聚力量发展区域公用品牌，探索茶产业集团化发展的方式。2013年，在四川省委、省政府的支持下，20家川内知名茶企组成产业联盟——川茶集团，并将“叙府龙芽”更名为“天府龙芽”，由一个企业品牌发展成为公用品牌。2016年，湖北省英山县在县委、县政府的支持下，8家龙头茶叶企业抱团发展，组建“大别茶访”企业新品牌，试图以此带动英山云雾茶区域公用品牌及其茶产业、旅游业的整体发展。可见，中国茶叶企业正在整合企业之间、企业与政府之间的力量，探索不同性质资源之间的协同关系，在各种资源的相互协同、有效配置中抱团发展、共享大成。这一趋势，已经成为中国茶产业的新常态。

2. 跨界发展，产业融合 茶叶企业不仅整合产业内资源，同时也将茶叶与旅游业融合，创新茶行业的发展模式，延伸茶产业的利益发展空间，拓展茶品牌的跨界发展空间。茶旅已经成为各地各区域旅游的新亮点，游客可以在茶园感受到采茶、制茶、品茶、购茶等休闲体验。2016 年，径山茶区正在建造“大径山乡村国家公园”，打造大径山休闲旅游带；武夷山大红袍、安吉白茶、大佛龙井、英山云雾茶等区域公用品牌背书的相关茶叶企业品牌，都在运筹茶旅融合的跨界新发展。

3. 拓展新渠道，线下线上联动 数据显示，2011—2015 年有效评估品牌中，拥有网络销售渠道的品牌占比分别为 58%、59%、75%、89% 和 90%。根据阿里零售平台数据，2015 年仅淘宝的茶叶销量就达到了 88 亿，较 2014 年增长了 27.5%。同时，在电商平台上，传统茶叶品牌的销售正在逐渐壮大。可见，茶叶企业产品品牌在电子商务领域中正在不断发展，茶叶企业正通过线下与线上两大渠道，联动提升销量。

（二）业态创新成为新趋势

近年来，茶行业不仅整合力量，同时也在创新中前行。顶级小而美及针对年轻消费人群的茶叶品牌的出现，优化了中国茶叶企业的品牌结构，实现茶行业的业态创新。

1. 非地缘小众品牌陆续浮现 先前中国茶叶品牌的小而美主要表现为地缘性强、产量小、品质优、品牌特色强，但规模化发展的空间小。“小罐茶”“初印”“九袋长老”等小而美新品牌的出现，试图通过品牌打造增加茶叶的文化附加值，提升茶叶溢价空间，以小众却高溢价的可能，实现业态创新的新探索。

2. 跨国界理念品牌诞生 2016 年，茶叶市场出现了“Try”（尝）这一针对年轻消费人群的茶叶品牌。其品牌命名体现了中英文的协同表达特征，其品牌含义“尝试”也体现了品牌对青年人的主流意识和行为方式的趋同认识与品牌理念应对。

可见，中国茶界正在逐步探索、完善中国茶叶品牌的消费者结构，并试图借助互联网，更直接、更深层次的进入国际和国内年轻消费者的生活空间，占领未来消费市场。

四、未来趋势：政企联动，新品牌生态初现

（一）环境趋势：国家政策与行业动态

国家政策和行业动态是企业发展的风向标。国家政策牵一发动全身，行业动态随之会发生大变化。而行业的新变化，会给企业发展带来新的机遇、新的方向。

1. 农业部牵头，倡导整合出拳 2015 年 3 月，农业部首次启动全国百个农产品品牌公益宣传活动，决定从全国农民合作社中选出 100 个农产品品牌进行公益宣传。通过层层推选和公平评判，于 2016 年 1 月 7 日公布了从全国 140 多万家合作社中选出的百个品牌。这意味着，农民合作社农产品品牌从此有了官方颁发的“金字招牌”。

全国百家合作社百个农产品品牌甄选的背后，实质上是国家对农产品品牌建设的重视。农业部部长韩长赋在出席发布会时强调，各级农业部门要高度重视农业品牌建设，在抓好农业生产的同时，着力打造农产品知名品牌，培育品牌主体，积极指导营销，强化服务监管，为优质农产品品牌健康发展营造良好的环境氛围。

在茶叶行业，中国茶叶流通协会贯彻农业部品牌建设的精神，立足“十二五”时期的成果与问题，在《中国茶叶产业“十三五”发展规划》中提出，要加强品牌建设，提升产业效益，构建以政府和行业组织为支撑，规模企业为主导，认证机构做补充的区域茶叶品牌孵化单元，合力打造以区域公用品牌为基础结构、企业自主品牌进行有效填充的产业品牌综合体系。

2016 年 3 月，由农业部牵头，国家有关部委、相关行业组织，国内 6 家重点龙头企业共同聚首农业部，达成共识——我国将合力打造茶叶国际大品牌，缔造大型茶叶集团，培育优秀民族品牌，打造具有国际竞争力的知名茶叶大品牌。

综上可见，品牌化、打造具有国际竞争力的茶叶品牌，是国家政策和行业动态，也已成为国家以及行业机构的共识。这给中国茶叶企业带来了新的机遇，新的发展可能。

2. 社会力量介入，金融投资趋旺 最近几年，中国大陆各地的茶叶企业纷纷引入外部资本，谋求

上市，借助外力推动自己发展。迄今为止，已先后有谢裕大、恒福茶业、雅安茶厂、白茶股份、湖南黑美人、八马茶业等企业选择在新三板上市，另有天福、龙润、坪山等企业在香港上市；有陕西大唐午子等茶叶企业品牌在上海股权中心挂牌，福建昭德茶业在天津股权交易所挂牌。

中国茶叶企业长期处于小而散的状态，又因地缘性强的关系，规模化程度不高，借助资本市场，拓展品牌知名度、实现品牌与资本联姻，可以借助资本整合资源、加大投入、实现品牌延伸、跨界发展。

（二）产业趋势：品牌建设翻开新篇章

我国实行“一带一路”倡议，构建我国对外开放新格局；农业部领导批示，茶叶品牌要做大做强；金融投资介入茶叶市场；等等。在上述背景下，可以预计中国茶产业的品牌建设将翻开新篇章。

1. 品牌化与金融化的深度结合 未来，中国茶叶企业将在传统的融资渠道、融资模式的基础上，广泛采取上市、大宗交易、信托、企业联合、政企联合等手段，加快做大做强的步伐。

中国茶叶学会副理事长刘仲华预计：“资本市场是下一个5年茶企追求的对象。未来具备相当规模和良好运行的茶叶企业都会借助资本的力量来发展，行业的集中度有望进一步提高。”

与金融化深度结合，借助资本，插上翅膀，实现茶叶企业品牌的稳定发展与腾飞，是未来中国茶业企业品牌创建与发展的重要特征。

2. 品牌化与互联网化的加速融合 互联网时代，网络不仅是销售渠道，更是一种生活方式、一种场景营造、一种面向全球跨国营销的平台体系。未来的中国茶叶企业，将更重视与互联网化的融合。一方面，忆江南、艺福堂、清承堂等持续发力；另一方面，传统茶叶企业将加快触电，实现互联网淘宝、京东等平台及其微商、微店的品牌营销与传播，取得线上线下的互动营销经验，多箭齐发，带动茶叶品牌加速互联网化进程。

3. 品牌化与年轻化的互动融合 老一代茶叶企业掌门人陆续让出企业经营第一线，第二代掌门人陆续上岗；年轻的新农人进入茶产业创业；茶品牌的核心消费者从老茶客逐步向年轻消费者转型；茶旅融合跨界发展引发茶旅游风潮；年轻人对中国文化、国学的日渐热衷……上述变化，都将导致茶产业、茶企业、茶产品与年轻人的互动融合。可以预见，第二代掌门人将更注重年轻人市场的突破，一批传统茶叶企业的产品品牌将注入新的生命；一批具有新农人的朝气与新的茶理念、茶文化的青年人茶品牌将陆续崛起。

4. “中国茶”新品牌生态初现 随着力量整合、业态创新趋势的形成，中国茶产业将迎来高潮迭起的金融化、互联网化、年轻化浪潮，推动中国茶产业新的品牌生态成型。新的品牌生态体系，将凸显大者越大、小者更美的品牌结构，在“中国茶”这一国家茶品牌的背书下，形成大型茶品牌集团超越区域限制、引领中国茶产业发展，各地区域公用品牌与各地中型传统茶叶企业品牌中流砥柱，规模小但消费者消费力强的小型品牌个性纷呈的格局。

这一发展趋势，验证了2015中国茶叶企业产品品牌价值评估报告中的未来发展预言。针对中国茶产业企业规模小、单个企业的市场占有率低、单个品牌的价值不高等常态特征，2015的评估报告建议中国茶产业构建一个适合中国茶产业的历史与现实、消费与生产、竞争与发展的品牌新生态。该品牌新生态中，基于地缘优势的产地品牌与企业（产品）品牌之间形成“中国茶”整体的产业品牌与各个不同区域的茶叶区域公用品牌、各个不同的区域公用品牌与区域内企业（产品）品牌的多重母子品牌关系；“非地缘”品牌包括以渠道资源为优势的互联网茶叶品牌、商超茶叶品牌、自营连锁加盟品牌等，以资源整合文创附加价值的茶叶文创品牌，同时不论是“地缘”还是“非地缘”品牌，都要整合地缘与非地缘优势，打造兼具整合优势的整合品牌。

可以预见，随着多种力量的有效集聚，中国茶产业各类品牌万花竞放、品牌集聚发力的春天，即将来临。值得注意的是，中国传统茶企应当透过现象看趋势，抓住金融化、互联网化、年轻化、品牌新生态格局的环境趋势与产业趋势，实现品牌的有效转型，才能立于不败之地，迎来真正的春天。

2016 中国茶叶企业产品品牌价值排行榜（前 100 位）

单位：亿元

排名	企业名称	品牌名称	品牌价值
1	北京吴裕泰茶业股份有限公司	吴裕泰	12.77
2	四川省茶业集团股份有限公司	叙府	9.73
3	湖北采花茶业有限公司	采花	9.23
4	安徽茶叶进出口有限公司	LUCKYBIRD 吉祥鸟	8.87
5	北京更香茶叶有限责任公司	更香	8.55
6	福建春伦茶业集团有限公司	春伦	8.40
7	福建新坦洋集团股份有限公司	新坦洋	8.26
8	闽榕茶业有限公司	崟露	7.47
9	福建品品香茶业有限公司	品品香	7.26
10	湖北汉家刘氏茶业股份有限公司	汉家刘氏	7.14
11	湖南洞庭山科技发展有限公司	巴陵春	6.52
12	浙江省诸暨绿剑茶业有限公司	绿剑	6.49
13	信阳市文新茶叶有限责任公司	文新	5.33
14	福建鼎白茶业有限公司	鼎白	5.26
15	安徽茶叶进出口有限公司	迎客松 GREETINGPINE	4.65
16	江苏吟春碧芽股份有限公司	吟春碧芽	4.64
17	浙江安吉宋茗白茶有限公司	宋茗	4.43
18	福建省天湖茶业有限公司	绿雪芽	4.25
19	安徽天方茶业（集团）有限公司	雾里青	4.09
19	安徽省六安瓜片茶业股份有限公司	徽六	4.09
21	安徽省华国茗人农业有限公司	华国茗人	3.97
22	河南九华山茶业有限公司	九华山	3.83
23	四川蒙顶山跃华茶业集团有限公司	跃华	3.76
24	湖北龙王垭茶业有限公司	龙王垭	3.52
24	江西省宁红集团有限公司	宁红	3.52
26	浙江益龙芳茶业有限公司	益龙芳	3.44
27	福建誉达茶业有限公司	誉达	3.42
27	湖北宜红茶业有限公司	宜	3.42
29	陕西省午子绿茶有限责任公司	午子	3.39
30	福建省永春县魁斗莉芳茶厂	绿芳	3.38
31	贵州贵天下茶业有限责任公司	贵天下	3.34
32	成都市碧涛茶业有限公司	碧涛	3.31

（续）

排名	企业名称	品牌名称	品牌价值
33	武夷星茶业有限公司	武夷星	3.17
34	紫金县黄花茶业有限公司	黄花	3.15
34	福州东升茶厂	东来	3.15
36	湖南古洞春农业集团有限公司	古洞春	3.13
37	湖北悟道茶业有限公司	悟道	2.99
38	四川蒙顶山味独珍茶业有限公司	味独珍	2.98
39	六安市黄府茶业有限公司	黄府茶行	2.87
40	广西壮族自治区梧州茶厂	三鹤	2.80
41	四川省蒙顶山皇茗园茶业集团有限公司	皇茗园	2.74
42	黄山市丰瑶泉绿色食品有限公司	洪通	2.73
43	安徽大业茗丰茶叶有限公司	大业茗丰	2.59
44	六安市黄府茶业有限公司	黄之江	2.54
45	婺源县鄣公山茶叶实业有限公司	鄣公山	2.53
46	福建隽永天香茶业有限公司	隽永天香	2.52
47	祥源茶业股份有限公司	祥源茶	2.51
47	福建瑞达茶业有限公司	瑞达	2.51
49	福建隽永天香茶业有限公司	隽永	2.50
50	江西省修水神茶实业有限公司	青钱神茶	2.47
51	安吉县大山坞茶场	大山坞	2.45
52	镇江雨泰茶业有限公司	雨泰茗茶	2.43
52	正安天赐生态科技有限公司	正安天赐	2.43
54	常州市御庭春茶业有限公司	天壶	2.41
54	福鼎市张元记茶业有限公司	张元记	2.41
56	安溪县桃源有机茶场有限公司	品雅	2.40
57	安吉县千道湾白茶有限公司	千道湾	2.38
58	苏州市吴中区西山碧螺春茶厂	咏萌	2.37
59	浙江省武义茶业有限公司	九龙山	2.32
60	浮梁县浮瑶仙芝茶业有限公司	浮瑶仙芝	2.30
61	安徽舒绿茶业有限公司	舒绿园	2.28
62	广西梧州茂圣茶业有限公司	茂圣	2.25
63	广东省大埔县西岩茶叶集团有限公司	西竺	2.23
64	广西农垦茶业集团有限公司	大明山	2.21
65	苏州三万昌茶叶有限公司	三万昌	2.20
66	广东省大埔县西岩茶叶集团有限公司	岩中玉兔	2.12

（续）

排名	企业名称	品牌名称	品牌价值
66	福建向荣大芹山茶业发展有限公司	名峰山	2.12
68	杭州西湖龙井茶叶有限公司	贡牌	2.09
69	紫阳县盘龙天然富硒绿茶有限公司	盘龙茶业	2.07
70	临海市羊岩茶厂	羊岩山	2.05
71	福建省裕荣香茶业有限公司	裕荣香	2.03
72	腾冲县高黎贡山生态茶业有限责任公司	高黎贡山	2.02
73	重庆茶业（集团）有限公司	定心	1.97
74	福建福百祥茶文化传播有限公司	福百祥	1.95
75	桂东县玲珑王茶叶开发有限公司	玲珑	1.94
76	浙江碧云天农业发展有限公司	碧云天	1.92
77	黄山王光熙松萝茶业股份公司	王光熙	1.91
77	安徽省祁门红茶发展有限公司	天之红	1.91
79	浮梁县浮瑶仙芝茶业有限公司	浮红	1.89
80	福鼎市芳茗茶业有限公司	福茗芳	1.85
81	四川省蒙顶皇茶茶业有限责任公司	蒙顶	1.83
82	四川川黄茶业集团有限公司	植茶始祖	1.82
83	雅安市山雅茶业有限公司	雨城	1.78
84	四川嘉竹茶业有限公司	嘉竹	1.77
85	四川嘉竹茶业有限公司	嘉竹·绿茶园	1.73
86	池州市九华山肖坑有机茶有限责任公司	肖坑	1.69
87	河南仰天雪绿茶叶有限公司	仰天雪绿	1.67
88	常州市御庭春茶业有限公司	秦汉相府	1.66
88	杭州艺福堂茶业有限公司	艺福堂	1.66
90	安徽省抱儿钟秀茶业股份有限公司	抱儿钟秀	1.61
91	临沂市沂蒙春茶叶有限公司	沂蒙春	1.58
91	安徽天方茶业（集团）有限公司	天方	1.58
93	临沭县春山茶场	袁春山	1.55
93	勐海陈升茶业有限公司	陈升号	1.55
95	重庆茶业（集团）有限公司	巴南银针	1.50
96	紫阳县盘龙天然富硒绿茶有限公司	春独早	1.45
97	安徽省池州市安池茶叶有限公司	安池	1.41
98	贵州省湄潭县栗香茶业有限公司	妙品栗香	1.38
98	河南蓝天茶业有限公司	蓝天茗茶	1.38
100	英德市上茗轩茶叶有限责任公司	上茗轩	1.37

声明：本研究中所估算之品牌价值，均基于茶叶品牌持有单位提供相关数据及其他公开可得信息，且运用浙江大学CARD中国农业品牌研究中心的茶叶企业产品品牌专用评估方法对采集的数据处理的结果。本评估所涉及的品牌只包括在中国内地注册的茶叶企业产品品牌。

2016年茶叶（含茶制品和茶代用品）现行国家标准①

标准	标准名称
GB/T 18526.1—2001	速溶茶辐照杀菌工艺
GB/T 18625—2002	茶中有机磷及氨基甲酸酯农药残留量的简易检验方法　酶抑制法
GB 11767— 2003	茶树种苗
GB 19296—2003	茶饮料卫生标准
GB 19965—2005	砖茶含氟量
GB/T 18745—2006	地理标志产品　武夷岩茶
GB/T 19598—2006	地理标志产品　安溪铁观音
GB/T 20354—2006	地理标志产品　安吉白茶
GB/T 20360—2006	地理标志产品　乌牛早茶
GB/T 20605—2006	地理标志产品　雨花茶
GB/T 21003—2007	地理标志产品　庐山云雾茶
GB/T 8313—2008	茶叶中茶多酚和儿茶素类含量的检测方法
GB/T 18650—2008	地理标志产品　龙井茶
GB/T 18665—2008	地理标志产品　蒙山茶
GB/T 18798.3—2008	固态速溶茶　第3部分：水分测定
GB/T 18957—2008	地理标志产品　洞庭（山）碧螺春茶
GB/T 19460—2008	地理标志产品　黄山毛峰茶
GB/T 19691—2008	地理标志产品　狗牯脑茶
GB/T 19698—2008	地理标志产品　太平猴魁茶
GB/T 20014.12—2008	良好农业规范　第12部分：茶叶控制点与符合性规范
GB/Z 21722—2008	出口茶叶质量安全控制规范
GB/T 21727—2008	固态速溶茶　儿茶素类含量的检测方法
GB/T 21728—2008	砖茶含氟量的检测方法
GB/T 21729—2008	茶叶中硒含量的检测方法
GB/T 21733—2008	茶饮料
GB/T 21824—2008	地理标志产品　永春佛手
GB/T 22109—2008	地理标志产品　政和白茶
GB/T 22111—2008	地理标志产品　普洱茶

① 资料采集于全国茶叶标准化技术委员会官方网站。

（续）

标准	标准名称
GB/T 22737—2008	地理标志产品　信阳毛尖茶
GB/T 23204—2008	茶叶中 519 种农药及相关化学品残留量的测定　气相色谱—质谱法
GB/T 23205—2008	茶叶中 448 种农药及相关化学品残留量的测定　液相色谱—串联质谱法
GB/T 23376—2009	茶叶中农药多残留测定　气相色谱/质谱法
GB/T 23379—2009	水果、蔬菜及茶叶中吡虫啉残留的测定　高效液相色谱法
GB/T 24614—2009	紧压茶原料要求
GB/T 24615—2009	紧压茶生产加工技术规范
GB/T 24710—2009	地理标志产品　坦洋工夫
GB 7718—2011	食品安全国家标准　预包装食品标签通则
GB/T 26530—2011	地理标志产品　崂山绿茶
GB 2762—2012	食品安全国家标准　食品中污染物限量
GB 2763—2012	食品安全国家标准　食品中农药最大残留限量
GB/T 13738.3—2012	红茶　第 3 部分：小种红茶
GB/T 18795—2012	茶叶标准样品制备技术条件
GB/T 18797—2012	茶叶感官审评室基本条件
GB/T 8302—2013	茶　取样
GB/T 8303—2013	茶　磨碎试样的制备及其干物质含量测定
GB/T 8304—2013	茶　水分测定
GB/T 8305—2013	茶　水浸出物测定
GB/T 8306—2013	茶　总灰分测定
GB/T 8307—2013	茶　水溶性灰分和水不溶性灰分测定
GB/T 8308—2013	茶　酸不溶性灰分测定
GB/T 8309—2013	茶　水溶性灰分碱度测定
GB/T 8310—2013	茶　粗纤维测定
GB/T 8311—2013	茶　粉末和碎茶含量测定
GB/T 8312—2013	茶　咖啡碱测定
GB/T 8314—2013	茶　游离氨基酸总量测定
GB/T 9833.1—2013	紧压茶第 1 部分：花砖茶
GB/T 9833.2—2013	紧压茶第 2 部分：黑砖茶
GB/T 9833.3—2013	紧压茶第 3 部分：茯砖茶
GB/T 9833.4—2013	紧压茶第 4 部分：康砖茶
GB/T 9833.5—2013	紧压茶第 5 部分：沱茶
GB/T 9833.6—2013	紧压茶第 6 部分：紧茶
GB/T 9833.7—2013	紧压茶第 7 部分：金尖茶

（续）

标准	标准名称
GB/T 9833.8—2013	紧压茶第 8 部分：米砖茶
GB/T 9833.9—2013	紧压茶第 9 部分：青砖茶
GB/T 18798.4—2013	固态速溶茶　第 4 部分：规格
GB/T 18798.5—2013	固态速溶茶　第 5 部分：自由流动和紧密堆积密度测定
GB/T 30357.1—2013	乌龙茶　第 1 部分：基本要求
GB/T 30357.2—2013	乌龙茶　第 2 部分：铁观音
GB/T 30375—2013	茶叶贮存
GB/T 30376—2013	茶叶中铁、锰、铜、锌、镍、磷、硫、钾、钙、镁的测定—电感耦合等离子体发射光谱法
GB/T 30377—2013	紧压茶茶树种植良好规范
GB/T 30378—2013	紧压茶企业良好生产规范
GB/T 30483—2013	茶叶中茶黄素的测定　高效液相色谱法
GB/T 30766—2014	茶叶分类
GB/T 30357.3—2015	乌龙茶　第 3 部分：黄金桂
GB/T 30357.4—2015	乌龙茶　第 4 部分：水仙
GB/T 30357.5—2015	乌龙茶　第 5 部分：肉桂
GB/T 31740.1—2015	茶制品第 1 部分：固态速溶茶
GB/T 31740.2—2015	茶制品第 2 部分：茶多酚
GB/T 31740.3—2015	茶制品第 3 部分：茶黄素
GB/T 31748—2015	茶鲜叶处理要求
GB/T 31751—2015	紧压白茶
GB/T 14456.3—2016	绿茶　第 3 部分：中小叶种绿茶
GB/T 14456.4—2016	绿茶　第 4 部分：珠茶
GB/T 14456.5—2016	绿茶　第 5 部分：眉茶
GB/T 14456.6—2016	绿茶　第 6 部分：蒸青茶
GB/T 32719.1—2016	黑茶　第 1 部分：基本要求
GB/T 32719.2—2016	黑茶　第 2 部分：花卷茶
GB/T 32719.3—2016	黑茶　第 3 部分：湘尖茶
GB/T 32719.4—2016	黑茶　第 4 部分：六堡茶
GB/T 32742—2016	眉茶生产加工技术规范
GB/T 32743—2016	白茶加工技术规范
GB/T 32744—2016	茶叶加工良好规范

2016年茶叶（含茶制品和茶代用品）现行供销合作行业标准①

标准	标准名称
GH/T 1070—2011	茶叶包装通则
GH/T 1071—2011	茶叶贮存通则
GH/T 1076—2011	茶叶生产技术规程
GH/T 1077—2011	茶叶加工技术规程
GH/T 1090—2014	富硒茶
GH/T 1091—2014	代用茶
GH/T 1115—2015	西湖龙井茶
GH/T 1116—2015	九曲红梅茶
GH/T 1117—2015	桂花茶
GH/T 1118—2015	金骏眉茶
GH/T 1119—2015	茶叶标准体系表
GH/T 1120—2015	雅安藏茶
GH/T 1124—2016	茶叶加工术语
GH/T 1125—2016	茶叶稀土含量控制技术规程
GH/T 1126—2016	茶叶氟含量控制技术规程
GH/T 1127—2016	径山茶
GH/T 1128—2016	天目青顶茶

① 资料采集于全国茶叶标准化技术委员会官方网站。

茶叶（含茶制品和茶代用品）国家标准、行业标准和地方标准2016年度变化汇总[①]

中国农业科学院茶叶研究所　汪秋红　傅尚文

按照国务院《深化标准化工作改革方案》（国发〔2015〕13号）深化标准化工作改革、加强技术标准体系建设的有关要求，国家标准化管理委员会、地方和行业标准主管部门都在整合精简强制性标准、优化完善推荐性标准，一些地区还在继续整合清理标准，2016年标准变化仍然较大。为方便茶叶从业者了解标准变化情况，按照法律法规和标准的要求组织生产（加工）经营活动，现将国家标准化管理委员会网站、中国农业质量标准网、各省（直辖市、自治区）质量技术监督局网站和食品伙伴网等收集到的2016年度茶叶（含茶制品和茶代用品）的国家标准、行业标准和地方标准变化情况汇总如下（因标准备案原因，截至2017年6月30日）：

2016年度制修订标准汇总

标准编号	标准名称	发布日期	实施日期	被代替标准号
GB 2763—2016	食品安全国家标准　食品中农药最大残留限量（涉茶指标48项）	2016年12月18日	2017年6月18日	GB 2763—2014
GB/T 14456.3—2016	绿茶　第3部分：中小叶种绿茶	2016年6月14日	2017年1月1日	
GB/T 14456.4—2016	绿茶　第4部分：珠茶	2016年6月14日	2017年1月1日	
GB/T 14456.5—2016	绿茶　第5部分：眉茶	2016年6月14日	2017年1月1日	
GB/T 14456.6—2016	绿茶　第6部分：蒸青茶	2016年6月14日	2017年1月1日	
GB 23200.13—2016	食品安全国家标准　茶叶中448种农药及相关化学品残留量的测定 液相色谱—质谱法	2016年12月18日	2017年6月18日	GB/T 23205—2008
GB 23200.26—2016	食品安全国家标准　茶叶中9种有机杂环类农药残留量的检测方法	2016年12月18日	2017年6月18日	SN/T 1591—2005
GB/T 32719.1—2016	黑茶　第1部分：基本要求	2016年6月14日	2017年1月1日	
GB/T 32719.2—2016	黑茶　第2部分：花卷茶	2016年6月14日	2017年1月1日	
GB/T 32719.3—2016	黑茶　第3部分：湘尖茶	2016年6月14日	2017年1月1日	

① 本文曾发表于《中国茶叶》2017年第8期。

（续）

标准编号	标准名称	发布日期	实施日期	被代替标准号
GB/T 32719.4—2016	黑茶　第4部分：六堡茶	2016年6月14日	2017年1月1日	
GB/T 32742—2016	眉茶生产加工技术规范	2016年6月14日	2017年1月1日	
GB/T 32743—2016	白茶加工技术规范	2016年6月14日	2017年1月1日	
GB/T 32744—2016	茶叶加工良好规范	2016年6月14日	2017年1月1日	
GH/T 1124—2016	茶叶加工术语	2016年9月30日	2016年11月1日	
GH/T 1125—2016	茶叶稀土含量控制技术规程	2016年9月30日	2016年11月1日	
GH/T 1126—2016	茶叶氟含量控制技术规程	2016年9月30日	2016年11月1日	
GH/T 1127—2016	径山茶	2016年9月30日	2016年11月1日	
GH/T 1128—2016	天目青顶茶	2016年9月30日	2016年11月1日	
JB/T 5676—2016	茶叶抖筛机	2016年4月5日	2016年9月1日	JB/T 5676—2007
JB/T 6674—2016	茶叶烘干机	2016年4月5日	2016年9月1日	JB/T 6674—2007
JB/T 7863—2016	茶叶机械　术语	2016年4月5日	2016年9月1日	JB/T 7863—2007
JB/T 8575—2016	茶叶炒干机	2016年4月5日	2016年9月1日	JB/T8575—2007
JB/T 9812—2016	茶叶滚筒杀青机	2016年4月5日	2016年9月1日	JB/T 9812—2007
JB/T 10748—2016	扁形茶炒制机	2016年4月5日	2016年9月1日	JB/T 10748—2007
JB/T 10808—2016	扁形茶加工成套设备	2016年4月5日	2016年9月1日	JB/T 10808—2007
JB/T 12833—2016	茶叶理条机	2016年4月5日	2016年9月1日	
JB/T 12834—2016	茶叶色选机	2016年4月5日	2016年9月1日	
JB/T 12835—2016	茶叶鲜叶分级机	2016年4月5日	2016年9月1日	
NY/T 5010—2016	无公害农产品　种植业产地环境条件	2016年5月23日	2016年10月1日	NY 5020—2001等
SN/T 0147—2016	出口茶叶中六六六、滴滴涕残留量的检测方法	2016年8月23日	2017年3月1日	SN 0147—1992
SN/T 0797—2016	出口保健茶检验通则	2016年8月23日	2017年3月1日	SN/T 0797—1999
SN/T 4456—2016	进出口袋泡茶检验规程	2016年3月9日	2016年10月1日	
SN/T 4581—2016	茶叶替代品（花草类）检验检疫规程	2016年8月23日	2017年3月1日	
SN/T 4582—2016	出口茶叶中10种吡唑、吡咯类农药残留量的测定方法　气相色谱—质谱/质谱法	2016年8月23日	2017年3月1日	
SN/T 4594—2016	出口珠茶、眉茶检验审评方法	2016年8月23日	2017年3月1日	
DB32/T 2874—2016	茶树穴盘扦插工厂化育苗技术规程	2016年1月15日	2016年3月15日	
DB32/T2892—2016	生态茶园建设技术规范	2016年3月10日	2016年4月10日	

（续）

标准编号	标准名称	发布日期	实施日期	被代替标准号
DB33/T2013—2016	针（芽）形绿茶加工技术规范	2016年6月7日	2016年7月7日	
DB33/T2020—2016	卷曲形绿茶加工技术规范	2016年12月31日	2017年1月31日	
DBS34/ 2607—2016	食品安全地方标准　代用茶	2016年3月3日	2016年6月3日	
DB34/T 2619—2016	数控茶叶压扁机技术条件	2016年6月15日	2016年7月15日	
DB34/T 2669—2016	茶叶输送机	2016年6月15日	2016年7月15日	
DB34/T 2670—2016	茶叶烘培机	2016年6月15日	2016年7月15日	
DB34/T 2671—2016	茶叶连续化生产线程控装置	2016年6月15日	2016年7月15日	
DB34/T 2681—2016	高香桑叶茶加工技术规程	2016年6月15日	2016年7月15日	
DB35/T 820—2016	白芽奇兰茶栽培技术规范	2016年12月30日	2017年3月1日	DB35/T 818—2008、DB35/T 819—2008、DB35/T 820—2008、DB35/T 821—2008
DB35/T 1623—2016	铁观音冲泡与品鉴方法	2016年12月30日	2017年3月1日	
DB35/T 1633—2016	白茶冲泡与品鉴方法	2016年12月30日	2017年3月1日	
DB35/T 1634—2016	茉莉花茶冲泡与品鉴方法	2016年12月30日	2017年3月1日	
DB37/T 2709—2015	地理标志产品　日照绿茶	2015年12月22日	2016年1月22日	
DBS41/010—2016	食品安全地方标准　代用茶	2016年12月30日	2017年3月1日	
DB41/T 1160—2016	茶主要病虫害绿色防控技术规程	2015年12月30日	2016年3月1日	
DB41/T 1304—2016	茶小绿叶蝉综合防治技术规程	2016年10月26日	2017年1月27日	
DB43/T 1078—2015	沩山毛尖	2015年8月17日	2015年10月17日	2016年完成备案
DB43/T 1136.1—2015	禅茶　第1部分：产品要求	2015年11月24日	2016年1月24日	2016年完成备案
DB43/T 1136.2—2015	禅茶　第2部分：栽培技术	2015年11月24日	2016年1月24日	2016年完成备案
DB43/T 1136.3—2015	禅茶　第3部分：加工技术	2015年11月24日	2016年1月24日	2016年完成备案
DB43/T 1136.4—2015	禅茶　第4部分：禅茶馆	2015年11月24日	2016年1月24日	2016年完成备案
DB43/T 1136.5—2015	禅茶　第5部分：禅茶具	2015年11月24日	2016年1月24日	2016年完成备案
DB43/T 1136.6—2015	禅茶　第6部分：茶禅	2015年11月24日	2016年1月24日	2016年完成备案
DB44/T 1841—2016	有机乌龙茶生产技术规程	2016年5月17日	2016年8月17日	
DBS45/ 033—2016	食品安全地方标准　金花茶叶茶	2016年1月25日	2016年5月1日	
DB45/T 909—2016	地理标志产品　防城金花茶	2016年9月30日	2016年10月30日	
DB45/T 1291—2016	六堡茶加工与感官审评术语	2016年4月1日	2016年5月1日	
DB45/T 1387—2016	山地茶园顺坡栽培技术规程	2016年9月30日	2016年10月30日	

（续）

标准编号	标准名称	发布日期	实施日期	被代替标准号
DB45/T 1388—2016	仿原生态茶栽培技术规程	2016年9月30日	2016年10月30日	
DB45/T 1389—2016	富硒茶栽培技术规程	2016年9月30日	2016年10月30日	
DB45/T 1390—2016	野生茶树资源保护与开发规范	2016年9月30日	2016年10月30日	
DB45/T 1405—2016	有机绿茶加工技术规程	2016年11月25日	2016年12月25日	
DB45/T 1406—2016	代用茶　金花茶干茶加工技术规程	2016年11月25日	2016年12月25日	
DB45/T 1407—2016	代用茶　茶树花加工技术规程	2016年11月25日	2016年12月25日	
DB45/T 1408—2016	代用茶　茶树果壳加工技术规程	2016年11月25日	2016年12月25日	
DB45/T 1415—2016	桂林毛尖茶栽培技术规程	2016年11月25日	2016年12月25日	
DB45/T 1416—2016	桂林桂花茶加工技术规程	2016年11月25日	2016年12月25日	
DB45/T 1417—2016	石崖茶栽培技术规程	2016年11月25日	2016年12月25日	
DB45/T 1431—2016	有机工夫红茶加工技术规程	2016年12月15日	2017年1月15日	
DB45/T 1438—2016	茶树长侧枝扦插繁育技术规程	2016年12月15日	2017年1月15日	
DB50/T 705—2016	富硒农产品	2016年11月1日	2017年1月1日	
DB51/T 2135—2016	茶楼茶馆服务规范	2016年2月2日	2016年3月1日	
DB52/T 943—2014	固体饮料　姜茶	2014年10月30日	2014年11月30日	2016年完成备案
DB53/T 753—2016	高原特色农产品　回龙茶	2016年3月10日	2016年6月1日	
DBS61/0015—2016	陕西工夫红茶	2016年8月30日	2016年9月1日	

2016年废止标准一览

标准编号	标准名称	发布日期	发布单位
DB51/151—1992	方包茶	2016年3月2日	四川省质量技术监督局
DB44/T 299—2006	大叶种绿茶	2016年10月31日	广东省质量技术监督局

国家食品药品监督管理总局通报
天猫1批次茶叶违规添加色素

2016年9月6日，国家食品药品监督管理总局在官网（www.sda.gov.cn）发布2016年第126号，其中茶叶及相关制品49批次，不合格样品1批次。不合格产品情况如下：

宏源馨旗舰店在天猫（网站）销售的标称福建省安溪县淘鲜茶叶有限公司生产的H05金骏眉，柠檬黄、日落黄检出值分别为0.034克/千克和0.024克/千克。标准规定为不得使用。

柠檬黄和日落黄是水溶性偶氮类人工着色剂，主要用于食品、饮料、药品及化妆品的着色。《食品安全国家标准　食品添加剂使用标准》（GB 2760—2014）规定，茶叶中不允许使用任何食品添加剂。红茶中添加柠檬黄和日落黄可能是生产企业为改善茶叶泡饮过程的汤色品质，提高产品感官等级，超范围使用食品添加剂。茶叶中含有少量的柠檬黄和日落黄，对人体健康造成实质性损害的风险相对较低。

国家食品药品监督管理总局通报
1批次茶叶检出柠檬黄

2016年12月13日，国家食品药品监督管理总局在官网（www.sda.gov.cn）发布2016年第165号，其中茶叶及相关制品82批次，不合格样品1批次。不合格产品情况如下：

羊楼洞茶业股份有限公司咸宁分公司销售的标称羊楼洞茶业股份有限公司生产的赤壁红—红茶，柠檬黄检出值为0.092克/千克。标准规定为不得使用。检验机构为广州质量监督检测研究院。

柠檬黄是一种人工合成的食用着色剂。《食品安全国家标准　食品添加剂使用标准》（GB 2760—2014）规定柠檬黄不得在茶叶中使用。茶叶中检出柠檬黄，可能是企业在生产加工过程中为了改善茶叶感官品质，超范围使用了该食品添加剂。合成着色剂本身没有营养价值，但长期过量食用可能对人体健康产生一定影响。

安徽省食品药品监督管理局通报抽检出 4 批次不合格茶叶及其相关制品

2016 年 3 月 23 日，安徽省食品药品监督管理局在官网（www.ada.gov.cn）发布 2016 年第 11 期食品安全监督抽检信息，其中茶叶及其相关制品 47 批次，不合格 4 批次。不合格样品所涉及的标称生产经营单位、产品和不合格指标具体信息如下：

马鞍山市新安上工医药科技有限公司生产的茯苓（生产日期/批号：2014/5/29）水分不合格；宁国中科生物科技有限公司生产的百清饮（生产日期/批号：2015/9/25）总灰分不合格；宁国中科生物科技有限公司生产的桑叶茶（生产日期/批号：2015/9/25）总灰分、水分不合格；北京福永源（亳州）保健品有限公司生产的洛神花玫瑰饮（代用茶）（生产日期/批号：2015/6/2）水分不合格。

本次抽检的茶叶及其相关制品主要是茶叶、代用茶。抽检依据是《食品安全国家标准　食品添加剂使用标准》（GB 2760—2014）、《食品安全国家标准　食品中污染物限量》（GB 2762—2012）、《食品安全国家标准　食品中农药最大残留限量》（GB 2763—2014）、中华人民共和国农业部公告（第 199 号）等相关法律法规及产品明示标准和指标的要求。抽检项目包括重金属、农药残留、食品添加剂、微生物等指标。

茶叶及其相关制品监督抽检产品不合格信息

序号	标称生产企业名称	标称生产企业地址	被抽样单位名称	被抽样单位地址	食品名称	规格型号	商标	生产日期/批号	不合格项目‖检验结果‖标准值	分类
1	马鞍山市新安上工医药科技有限公司	安徽省马鞍山市澄湖路中段	马鞍山市新安上工医药科技有限公司	安徽省马鞍山市澄湖路中段	茯苓	200 克/罐	/	2014-05-29	水分‖14.4%‖≤13.0%	茶叶及其相关制品
2	宁国中科生物科技有限公司	安徽省宣城市宁国经济技术开发区河沥园区宜黄线东侧	宁国中科生物科技有限公司	安徽省宣城市宁国经济技术开发区河沥园区宜黄线东侧	百清饮	3 克/袋	/	2015-09-25	总灰分‖13.4 克/100 克‖≤8.0 克/100 克	茶叶及其相关制品
3	宁国中科生物科技有限公司	安徽省宣城市宁国经济技术开发区河沥园区宜黄线东侧	宁国中科生物科技有限公司	安徽省宣城市宁国经济技术开发区河沥园区宜黄线东侧	桑叶茶	3 克/袋	/	2015-09-25	1. 总灰分‖12.6 克/100 克‖≤8.0 克/100 克；2. 水分‖8.9 克/100 克‖≤8.5 克/100 克	茶叶及其相关制品

（续）

序号	标称生产企业名称	标称生产企业地址	被抽样单位名称	被抽样单位地址	食品名称	规格型号	商标	生产日期/批号	不合格项目‖检验结果‖标准值	分类
4	北京福永源（亳州）保健品有限公司	安徽省亳州市谯城区	北京福永源（亳州）保健品有限公司	安徽省亳州市谯城区	洛神花玫瑰饮（代用茶）	30克/盒×15袋	沫纤语	2015-06-02	水分‖14.2%‖≤13.0%	茶叶及其相关制品

上海2016年4月抽检共发现2批次不合格茶叶及相关制品①

本次抽检的茶叶及相关制品主要包括茶叶、含茶制品、代用茶等。抽检依据是《食品安全国家标准　食品添加剂使用标准》（GB 2760—2014）、《食品安全国家标准　食品中污染物限量》（GB 2762—2012）、《食品安全国家标准　食品中农药最大残留限量》（GB 2763—2014）、中华人民共和国农业部公告（第199号）等的要求。抽检项目包括微生物、重金属、农药残留、咖啡因等17个指标。共抽检茶叶及相关制品样品91批次，涉及6个生产省份，发现不合格样品2批次，样品不合格率为2.20%。其中：

（1）抽检茶叶76批次，不合格样品数为2批次，样品不合格率为2.63%，检出不合格的检测项目为氰戊菊酯、铅（以Pb计）。

（2）抽检含茶制品12批次、代用茶3批次，均未发现不合格样品。

氰戊菊酯是一种杀虫剂，对眼睛有中度刺激，没有致突变、致畸和致癌作用。2002年6月5日发布的农业部公告第199号规定，氰戊菊酯不得用于茶树上。茶叶中被检出“氰戊菊酯”的可能原因有很多，如农药的迁移性污染或种植环境中的施用残留。长期饮用农药超标的茶叶，虽然不会导致急性中毒，但对人体健康有一定的潜在性风险。

铅（以Pb计）属于重金属污染物指标，主要是环境污染带入原料的，说明生产企业对原料把关不严，使用了铅含量超标的原料，也不排除从生产设备迁移入食品的可能。

茶叶及相关制品监督抽检不合格产品信息

序号	标称生产企业名称	标称生产企业地址	被抽样单位名称	被抽样单位地址	食品名称	规格型号	商标	生产日期/批号	不合格项目‖检验结果‖标准值
1	上海天绿茶业有限公司	澄建路178号4号楼2楼	上海农工商川沙超市有限公司	川沙镇城南路318号	龙井茶	200克/罐	嘉然绿	2016-1-18	氰戊菊酯‖0.15毫克/千克‖≤不得检出
2	上海农工商黄山经销有限公司浦东分公司	杨高南路6196号1幢402室	锦江麦德龙现购自运有限公司上海浦东商场	白杨路383号	龙井茶	200克/袋	/	2015—11—12	铅（以Pb计）‖6毫克/千克‖≤5.0毫克/千克

① 摘自上海市食品药品监督管理局官网2016年7月6日公布。

福建2016年抽检共发现100批次不合格茶叶及相关制品

12月6日，记者从福建省食品药品监督管理局获悉，该局2016年先后对茶叶及相关制品进行9次抽检，覆盖省内外2 000多家企业生产的3 527批次产品，共发现100批次不合格产品，大部分茶叶及相关制品质量稳定。

据介绍，该局自2016年年初开始先后开展了10期食品安全监督抽检，其中涉及茶叶及相关制品的抽检有9次。抽检严格依据《食品安全国家标准　食品添加剂使用标准》（GB 2760—2014）、《食品安全国家标准　食品中真菌毒素限量》（GB 2761—2011）、《食品安全国家标准　食品中污染物限量》（GB 2762—2012）、《食品安全国家标准　食品中致病菌限量》（GB 29921—2013）等标准及产品明示标准和指标的要求进行。抽检项目包括重金属、生物毒素、食品添加剂、微生物指标等指标。

抽检共发现不合格样品合计100批次，不合格项目涉及农药残留（联苯菊酯等）、禁用农药（氰戊菊酯、草甘膦、三氯杀螨醇等）、食品添加剂（柠檬黄、日落黄、胭脂红等）、微生物指标（菌落总数、大肠菌群等）。

记者在12月5日公布的福建省第10期食品安全监督抽检公示信息中发现，此次共抽检127批次茶叶及相关制品，125批次产品合格，2批次产品因检出禁用农药氰戊菊酯被判定为不合格，分别是：标示为建阳市麻沙镇光照岩茶厂2016年3月8日生产的高山小种；标示为武夷山古峪茶业有限公司2016年5月18日生产的正山小种。

此前，第9期食品安全监督抽检共发现2批次不合格茶叶，分别是：标示为厦门市两岸情生物科技有限公司2016年3月8日生产的铁观音（纯雅韵香），检出滴滴涕不合格；标示为福建省武夷山市玉维正岩茶厂2016年2月18日生产的老枞水仙，检出氰戊菊酯不合格。

第8期食品安全监督抽检共抽检159款茶叶及相关制品产品，1批次样品农药残留超标，即：标示为南安历山茶叶有限公司2016年2月15日生产的规格为250克/盒的醇香铁观音（茶叶），检出联苯菊酯不合格。

第6期食品安全监督抽检中，1批次茶叶检出禁用农药，即：标示为福州越岭茶叶有限公司2016年1月12日分装的碧螺春，检出三氯杀螨醇不合格。

除第3期食品安全监督抽检未抽检茶叶外，第2、4、5期食品安全监督抽检中均未发现不合格茶叶及相关制品。

而年初第1期食品安全监督抽检中，共抽检茶叶及相关制品3 053批次，共发现94批次不合格样品。

① 摘自《中国消费者报》，记者张文章报导。

农业部关于抓住机遇做强茶产业的意见

农农发〔2016〕7号

茶叶是重要的经济作物，也是传统优势产业。近年来，我国茶叶生产快速发展，面积不断扩大，产量不断增加，成为世界第一大产茶国。但是，我国茶产业大而不强、大而不精、大而不彰，质量效益和竞争力差距明显，影响了茶产业的持续健康发展。当前，我国农业发展进入新阶段，“一带一路”倡议加快实施，发展方式加快转变，消费结构加快升级，脱贫攻坚加快推进，茶产业发展迎来难得的机遇。必须顺势而为、乘势而上，聚焦重点、突破难点，做强茶产业，提高质量效益和竞争力，助力农业转型升级和脱贫攻坚，大力弘扬中国茶文化，为实现中华民族伟大复兴的“中国梦”做出贡献。现提出如下意见：

一、做强茶产业的思路原则和目标任务

（一）总体思路。深入贯彻党的十八大和十八届三中、四中、五中全会及习近平总书记系列重要讲话精神，以发展新理念为统领，以构建现代茶产业体系、生产体系和经营体系为目标，以布局优化、品质提升、产业融合为重点，统筹国际国内两个市场，坚持市场导向，实施创新驱动，强化政策引导，稳定面积、提高单产、提高品质、提高效益，加快建设一批标准化的茶叶生产基地，培育一批国际化的茶叶集团，创响一批有全球竞争力的茶叶品牌，走产出高效、产品安全、资源节约、环境友好的现代茶产业发展之路。

（二）基本原则。

一是坚持政府引导，市场主导推进。发挥政府作用，加强规划引导，划定优势区、确定最宜区，引导资金、技术、人才等要素向优势产区集中。发挥市场配置资源的决定性作用，支持企业与农民联合建设原料生产、加工基地和营销体系，推进产加销衔接，促进一二三产业融合发展。

二是坚持绿色发展，促进生态保护。强化尊重自然、顺应自然、保护自然的理念，综合运用安全投入、物理技术、信息技术、绿色防控等措施，节约资源，保护环境，促进生产与生态协调发展。

三是坚持创新驱动，注重质量效益。加快茶叶科技创新，强化科技基础条件和装备保障能力建设。推进机制创新，培育新型经营主体和新型社会化服务组织，推进标准化生产，提升组织化程度，提高产品质量效益。

四是坚持品牌带动，培育企业集团。实施品牌战略，创响区域公用品牌、企业品牌和产品品牌，扩大中国茶的知名度。坚持扶优扶强，支持企业通过兼并收购、联合重组、合资合作等方式，打造一批国际知名、国内领先的茶业集团。

五是坚持着眼全球，拓展国际市场。抓住农业深度融入国际的契机，借力“一带一路”倡议实施，弘扬中华茶文化，拓展茶叶国际市场，提升我国茶叶的国际影响力和竞争力。

（三）发展目标。一稳定，稳定茶园面积。划定优势区、发展最宜区，到2020年茶园面积稳定在4 200万亩左右。两翻番，实现茶叶总产值和出口额翻番。到2020年，干毛茶产值达到3 000亿元、比2015年翻一番，茶叶出口额达到30亿美元、比2015年翻一番。三提高，提高茶叶质量效益、提高茶产业竞争力、提高茶产业持续发展能力。提高茶叶质量效益，加快品种改良，推进标准化生产，推广绿色防控技术，提升茶叶机械化水平，以质增效。到2020年，无性系良种茶园面积占比达70%以上，比2015年提高15个百分点以上。提高茶产业竞争力，发展茶叶精深加工，创建茶叶知名品牌，培育大型茶叶集团。到2020年，培育5个销售额超50亿元的茶叶集团、20个销售额超20亿元的茶叶集团，通过10多年的努力，培育1～2个具有国际影响力和品牌知名度的超大茶叶集团。同时，打造一批国内外有影响力的茶叶知

名品牌。提高茶产业持续发展能力，实施茶林间作，培育健康茶园土壤，开展有机肥替代化肥，推广绿色防控，保护茶园生态环境。

二、发挥资源优势，建设茶叶生产最宜区

（四）坚持适区适种。根据自然条件和适制茶类，确定好主栽品种，做到适区适种、适区适制，充分发挥品种特性，实现产量和品质提升。在维护农民利益的前提下，引导非优势区域适时适度退出茶叶种植。

（五）划定最宜区。根据资源禀赋、生态条件和产业基础，进一步优化茶叶生产区域布局，划定优质绿茶、红茶、乌龙茶、黑茶等茶叶的生产最宜区。巩固长江流域茶区，以生产优质绿茶、红茶和黑茶为重点，优先发展南岭以北、长江以南最宜区。提升东南沿海茶区，以生产优质乌龙茶和名优红茶为重点，优先发展闽南、闽北及粤东最宜区。振兴西南茶区，以生产优质绿茶、红茶、黑茶为重点，优先发展滇西滇南、黔中黔东南及桂西南等最宜区。

三、实施创新驱动，提升茶业科技水平

（六）加快育种创新。贯彻新修订的《种子法》，加快实施茶树品种登记制度，加强茶树资源和新品种保护，鼓励科研机构和企业开展资源引进、品种选育。建设国家级原原种培育基地、省级原种保存及扩繁基地、良种苗木生产基地等三级茶树良种苗木繁育基地。“十三五”期间，通过现代种业提升工程，建设一批区域性茶树无性系良种苗木繁育基地，在贫困地区建设一批茶树无性系良种苗木繁育基地。

（七）推进集成创新。促进企业与科研院校合作，共建技术创新平台。支持科研单位和茶叶龙头企业开展茶叶基础研究及优质高效栽培、名优茶机械化采摘、茶叶精深加工等技术研发，支持利用茶叶开展营养功能性食品创制，力争在核心技术上实现重大突破。组织科研单位与推广机构协作攻关，集成组装并推广一批区域性、可复制的优质高效、生态环保的技术模式。结合新型职业农民培训，重点培训茶叶种植大户、农民合作社和龙头企业的技术骨干，示范带动大范围增产增效。

（八）推进机制创新。培育新型经营主体，在最宜区扶持一批茶叶种植大户、农民合作社和龙头企业，推进规模化经营，引领标准化生产。培育新型社会化服务组织，开展种苗统繁统供、病虫统防统治、肥料统配统施、市场营销等服务，提高生产的组织化程度。

四、推进标准化生产，提升茶叶质量效益

（九）加快标准制定。完善茶叶标准体系框架，制定茶叶产品和生产技术标准。总结茶叶标准园创建经验，完善茶园生产设施标准、栽培技术标准和质量管理标准。加快制定一批农药残留国家标准，推动一批国家标准转化为国际标准。

（十）推进化肥农药减量。深入开展化肥、农药使用量零增长行动。在茶叶优势区和最宜区，选择一批重点县开展有机肥替代化肥试点，推广应用茶—沼—畜模式及配方施肥、高效新型肥料、肥水一体化等关键技术，减少化肥用量。建设一批统防统治与绿色防控融合示范区，推广生物防治、物理防治等绿色防控技术，减少化学农药用量。加强茶园土壤治理，用健康的土壤生产优质茶叶。

（十一）促进农机农艺融合。开展茶叶生产机具研发，重点攻克名优茶机采技术瓶颈。促进农机农艺深度融合，大力推广茶园整地、茶树修剪、病虫防治、大宗茶机采等关键环节的实用机具及配套技术，提升茶叶生产机械化水平。

（十二）提高茶园资源利用率。进一步挖掘春茶生产潜力，巩固和提高全球高端绿茶市场占有率。推广生态栽培和机采技术，增采夏秋茶，增加单产，提高茶叶质量和资源利用率。加强老茶园改造，提高管理水平和产出能力。研发和应用高效率的夏秋茶加工技术，生产优质、安全的系列产品，满足国内大众消费需求。

五、培育大型企业集团，提高茶产业竞争力

（十三）建设原料基地。引导企业在优势区、最宜区建设标准化茶园、推广标准化技术、推行绿色防控，发挥示范带动作用。支持企业构建“龙头企业＋合作社（种植大户）”的原料供应机制，为农户统一提供苗木、肥料、病虫防控、机械作业等服务，保障茶叶质量安全和稳定的原料供应。

（十四）建设加工基地。支持企业建设高标准茶叶加工基地，配套现代化加工装备，实现清洁化、连续化、自动化、标准化加工，提升茶叶加工水平。推进分级包装，减少散装和贴牌等低附加值产品销售，积极发展发酵茶，开发国际市场。鼓励科研单位和企业联合开展协作攻关，开发药物、保健品、功能食品、化妆品等精深加工新产品，延伸产业链，提升附加值，满足消费多样化需求。

（十五）培育大企业集团。支持优势企业通过兼并收购、联合重组及合资合作等方式，整合中小企业。鼓励有实力的企业跨区域整合资源，组建产销集团，形成资源集中、生产集群、营销集约的格局。引导大型茶叶集团、相关科研单位和社会组织，组建茶产业联盟，推进信息共享、标准统一、策略同向和行业自律。

六、创响茶叶知名品牌，扩大市场影响力

（十六）打造区域公用品牌。茶叶主产区要采取多种形式，加大投入、加强引导，创建地域特色突出、产品特性鲜明的区域公用品牌。依托大型茶叶集团或区域茶产业联盟，制定生产规程、加工工艺、品牌使用规则等，维护区域品牌形象，扩大市场影响力。支持茶叶生产最宜区申报农产品地理标志登记保护，制定地理标志产品生产的地理位置、产地环境、生产规程及加工工艺流程等标准，严格规范，保证质量。

（十七）壮大茶叶企业品牌。鼓励企业作为品牌经营主体，打造公用品牌下的企业品牌。支持茶叶生产经营企业加快商标注册，制定企业标准，推动技术创新，改良生产工艺，优化包装设计，提升产品档次，塑造品牌核心价值。鼓励企业加强品牌宣传推介力度，培育企业文化，提升市场知名度和社会公信力，增强竞争力。

（十八）强力推介茶叶品牌。支持产品品牌主体通过电视、报刊和新型媒体，大力宣传茶叶品牌。通过举办博览会、展销会、推介会等多种形式，加大营销力度，提升品牌知名度。结合实施“一带一路”倡议，组织品牌茶产品“走出去”，弘扬中国茶文化，创响中国茶品牌。每年春季、秋季举办中国茶业博览会，展示茶产业发展的成就，交流茶产业发展的经验，并发布中国茶叶品牌。

七、加强市场建设，构建茶叶流通格局

（十九）健全市场体系。依托国家级茶叶市场，打造茶叶物流集散、价格形成、产业信息、科技交流、会展贸易等平台，促进传统经营方式向现代营销模式转变。在茶叶优势区，建设有特色的区域性产品批发市场和产地原料市场，完善冷藏、电子结算、信息平台等设施，推进茶叶现货与期货交易同步发展。

（二十）发展新型业态。结合实施“互联网+”现代农业行动，建立茶产业大数据，构建信息资源共享平台。适应排浪式大众消费向个性化特色消费转变，传统实体消费向跨区跨境、线上线下、体验分享等多种消费业态转变的新趋势，支持电商、物流、商贸、金融等企业参与茶叶电子商务发展，在时间和空间上创新流通新业态，满足不同群体不断升级的消费需求。引导茶产业与休闲、旅游、文化、科普教育、养生养老深度融合，积极发展直供直销、个性定制、加工体验等新业态和新模式。

（二十一）开拓国际市场。适应国际茶叶消费的特点和变化趋势，巩固绿茶出口市场，扩大红茶等发酵茶消费市场。支持企业提升出口绿茶档次和出口发酵茶的竞争力，降低成本、提高质量、扩大市场。引导茶叶企业联合开展国际贸易，落实好各项扶持政策，保持茶叶进出口有序推进，提升茶叶国际市场份额。

（二十二）弘扬中华茶文化。深入挖掘中国茶文化的丰富内涵和深刻精髓，讲好中国优秀文化故事，展示中国茶文化的独特魅力，让世界人民更好触摸中华文化脉搏、感知当代中国发展活力。结合实施“一带一路”倡议，发挥孔子学院的桥头堡作用，展示中国茶艺，传播中国茶文化。

八、加强指导服务，促进茶产业健康发展

（二十三）加强统筹协调。做强茶产业是一项系统工程，要聚合力量、合力推进。要把做强茶产业纳入“十三五”规划之中，作为推进农业供给侧结构性改革和实施“一带一路”倡议的重要内容。加强顶层设计，统筹各方资源，构建政府引导、市场主体、上下联动、多方配合的协同推进机制。

（二十四）加强政策扶持。利用现有的种子工程、标准园创建、农业综合开发、现代农业发展、耕地质量保护与提升、有机肥替代化肥等项目资金，加强高标准茶园建设，推进茶叶科技创新，推广绿色高效关键技术，提升茶叶综合生产能力。发挥财政投入的杠杆作用，通过补贴、贴息等方式，撬动金融资本、社会资本进入茶产业，形成多方投入的机制。依托农业信贷担保体系，解决新型经营主体融资难问题。鼓励地方争取发改、财政等部门的支持，增加茶产业投入，支持茶叶育种创新、老茶园改造、质量追溯体系建设等。

（二十五）加强指导服务。加强茶叶生产、加工、贸易和管理等方面的人才队伍建设，提高基层农技推广机构指导和服务茶叶生产的能力水平。组织专家制定分区域、分品种的优质高效、资源集约、生态环保等技术模式，制定茶叶生产技术规程、产地环境和产品质量标准，推进标准化生产，提升茶叶质量效益。指导农民落实好科学用药、绿色防控等关键技术，保障茶叶的质量安全。

农业部

2016 年 10 月 14 日

浙江省人民政府办公厅关于促进茶产业传承发展的指导意见

浙政办发〔2016〕11号

各市、县（市、区）人民政府，省政府直属各单位：

为促进茶业提质增效、茶农持续增收，进一步弘扬茶文化，根据省政府加快发展历史经典产业的有关决策部署，经省政府同意，现就促进浙江茶产业传承发展提出如下指导意见：

一、总体要求

以“高效生态、特色精品”为目标，发挥我省茶产业资源与传统优势，顺应市场需求，强化政策引导、科技支撑、主体培育、品牌引领和文化促进，深入实施良种化、标准化、品牌化战略，着力推进“机器换人”“电商换市”、精深加工和全产业链建设，加快构建茶产业、茶生态、茶经济、茶旅游和茶文化有机融合、协调发展的现代茶产业体系。到2020年，全省茶园面积稳定在300万亩左右，建成生态化标准茶园50万亩、标准化名茶厂500家，推广机采茶园100万亩以上；整合做强3～5个茶叶区域公共品牌，其中龙井茶产值占比提高到40%；全面推行标准化生产和产品质量安全可追溯制度；基本实现加工清洁化和病虫害绿色防控；建设10个茶叶全产业链发展示范县和一批茶业强镇；培育形成年销售额亿元以上茶叶龙头企业50家；引导建设一批创意独特的茶馆、茶庄、茶博园与茶主题公园，茶产业一二三产产值分别达到200亿元、300亿元和500亿元，全力打造世界绿茶生产、贸易、文化交流、教育科研、休闲养生中心，推动我省由传统茶业大省向现代茶业强省转变。

二、主要任务

（一）着力培育茶叶主导品牌。按照政府引导、市场主导的原则和“一个公共品牌、一套管理制度、一套标准体系、多个经营主体和产品”的思路，大力推进山川地理相近、人文历史相通的茶品牌整合和塑造，加快建立健全品牌运行管理制度，做大做强龙井茶等若干个规模较大的公共品牌。进一步提升龙井茶加工机械化、产业规模化、产品标准化水平，夯实龙井茶产业基础；建立龙井茶产区统一产品标准应用和管控机制，开展龙井茶感官质量与证明商标使用专项监测，建立浙江省龙井茶证明商标使用管理网络服务平台，提升龙井茶品牌管理能力；推进龙井茶证明商标规范使用，依法有序拓展龙井茶地理标志保护区域，加大打假维权力度，强化执法检查，重点查处生产经营假冒龙井茶、恶意侵犯龙井茶证明商标专用权的行为；引导支持资本型重点企业参与打造龙井茶品牌。力争到2020年，龙井茶品牌形象大幅提升，龙井茶产值达到80亿元。同时，积极引导丽水香茶、安吉白茶、温州早茶、浙西龙顶等区域性品牌整合或建立品牌联盟。通过继续举办茶博会、在全国性主流媒体开展公益宣传等途径，加大品牌推广力度，扩大品牌影响力。

（二）加快推进茶叶全产业链建设。支持茶叶产业化龙头企业通过兼并收购、联合重组及合资合作等方式整合中小茶叶企业，扩大规模，增强竞争力，并引导其与茶叶规模种植大户、家庭农场、农民专业合作社等联合，加快推进产业整合集聚，完善产业链。支持龙头企业应用现代加工技术，提取茶叶功能成分并加工成饮料、食品、保健品、食品添加剂、饲料添加剂、日化用品等终端产品，发展茶叶精深加工，着力占据产业链制高点，提高茶叶资源利用效率。推进茶产业与文化、旅游等产业的融合，构建主体功能互补、利益联结紧密、产业链条贯通的现代新型产业体系。到2020年，全省培育10家产值上亿元的茶叶精深加工龙头企业，年综合利用原料茶10万吨，夏秋茶资源利用率比2015年提高20%以上。

（三）加快建设茶业强镇。按照建设“茶叶生产示范区、文创艺术集聚区、养生健身度假区、茶园风光观赏区、茶叶交易集散区、茶文化体验区、茶乡民俗体验区、户外运动休闲区”的目标，积极推进西湖龙坞茶镇建设。大力推进茶产业与现代物流、电子商务、总部经济与品牌会展融合发展，通过集聚名茶产业、人文历史、休闲度假、观光体验、健康养生、文化宣传、美丽乡村建设等资源，在全省茶叶主产区，引导建设一批茶庄园、茶博园、茶主题公园。到2020年，全省建成20个左右茶业特色强镇。

（四）加大茶叶科研开发力度。完善茶叶全产业链科研开发体系，加强茶树种质资源收集、保护和发掘利用工作，选育和推广高抗、优质、特色茶树新品种，研发推广先进适用、节本高效、绿色环保的茶叶生产技术，加快茶叶精深加工技术研发和精深加工终端产品市场化推广，提高茶叶附加值。加强对茶产业的信息化改造，主动对接国家“互联网+”战略。

（五）推进茶叶生产“机器换人”和质量建设。加强茶园基础设施及集雨喷灌、防霜冻、防病虫害等设施建设，增强茶产业抗灾减灾能力。围绕全程机械化的目标，以茶叶机采机制为重点，研究推广先进适用茶机，开展茶园耕作、培管机械、采摘等农机与农艺结合模式融合试验示范推广。按照现代化、规模化、清洁化、连续化的要求，支持省级标准化名茶厂创建，推进茶叶加工现代化改造，提升名优茶加工水平和生产能力。按照国家标准茶园建设规范，支持标准茶园建设。全面推行茶叶标准化生产和产品质量安全可追溯制度，强化质量安全监管。

（六）积极实施文化兴茶。深入发掘和传承浙江茶文化，加强茶文化和茶知识的宣传普及，深入推进茶和茶文化进机关、进学校、进企业、进社区等，支持开展公益性茶事活动，大力倡导“茶为国饮、科学饮茶、健康消费”理念。加强茶艺技能类学校与师资人才队伍建设，支持国际茶艺交流与技能竞赛。加强国际交流与合作，积极参与国际茶文化活动，充分借助海外浙商、孔子学院等渠道优势，推动浙江绿茶与茶文化走向世界。

（七）着力构建茶叶现代营销体系。提升发展区域性茶叶市场，加强中国茶叶拍卖交易服务中心平台建设，推进茶叶拍卖交易，积极构建全国绿茶价格指数体系，增强市场话语权。加快组建浙江绿茶出口联盟，扶持茶叶出口龙头企业抱团实施优势名牌走出去战略，支持出口企业到境外开展品牌推介活动，主动融入国家“一带一路”战略，提高浙江茶业市场覆盖面与占有率。重点鼓励新型茶业商业模式创新与设计，实施线上线下结合，促进茶叶电子商务规范发展，加快实现实体店功能转型。支持开设品牌专卖店、连锁营销、电子商务和现代茶馆茶楼等经营网点，提升营销设施设备，加强品牌推广，逐步构建浙江茶叶现代营销体系。

三、保障措施

（一）加强组织领导和协同推进。各地、各有关单位要将促进茶产业传承发展摆上重要议事日程，加强组织领导，加大工作推进力度。有关单位要按照职责，加强协同配合，形成工作合力。省农业厅要牵头做好茶产业传承发展工作；省政策性农业保险工作协调小组办公室要积极推进茶叶政策性保险；省财政厅要在整合专项资金的基础上加大扶持力度；省食品药品监管局要对茶产品进入食品药品领域给予支持；省科技厅要加大茶产业科研开发力度；省质监局要推动龙井茶地理标志产品的保护、管理；省工商局要加大龙井茶等优势品牌保护、管理；省供销社要依托市场流通优势，积极参与茶叶全产业链建设；浙江检验检疫局要加强茶叶出口预警、出口茶生产基地备案、出口茶质量管控及浙江绿茶品牌国际推广等支持力度；省经信委与省商务厅要加大浙江绿茶国际推广与国际窗口建设支持力度；省国土资源厅要对茶产业设施用地给予支持；省发改委、省文化厅、省教育厅、省旅游局等单位根据相应职能积极配合，出台支持政策措施，协同推进茶产业做大做强。各地要结合实际，配套落实各项政策措施，制定提升计划，落实目标责任，强化督促检查、指导服务，精心组织实施。

（二）强化专业人才培养和科技支撑。支持高等院校加强茶叶相关学科专业建设，完善继续教育和职业教育体系，鼓励建立校企联合办学、合作培训、教育实习实训基地等长效机制，培养一批茶叶专业人才。加强茶产业管理与科技推广队伍建设，充分发挥省茶产业技术创新与推广服务团队、“三农六方”产学研合作等平台作用，推进茶产业技术的自主创新和成果产业化，强化科技支撑。

（三）加大政策扶持。省财政将符合现行政策框架的茶产业提升和全产业链建设的有关环节和内容纳入扶持范围，予以积极支持；引入市场机制，积极引导省农业发展投资基金支持茶产业发展。有关市、县（市、区）要积极筹集资金，加大扶持力度，全力促进茶产业传承发展。

浙江省人民政府办公厅

2016年1月28日

山东省茶叶产业提质增效转型升级实施方案（2016—2020年）

鲁政字〔2016〕182号

为巩固提升我省茶叶产业发展优势，促进产业转型升级，提高市场综合竞争力，特制定本实施方案。

一、发展现状

茶叶是我省农业新兴特色高效产业。2015年，全省茶园面积38.30万亩，采摘面积28.50万亩，产量1.89万吨，分别比2010年增长39.5%、57.5%和58.9%，茶叶产值达到31.5亿元。我省茶叶产业发展主要有以下特点：

1. 产业布局不断优化。目前，全省有11个市40个县（市、区）种植茶叶，初步形成了鲁东南沿海、鲁中南泰沂山区和胶东半岛三大茶叶优势产区，优势产区茶叶栽培面积、产量均占全省的90%以上。

2. 质量安全水平显著提高。全省通过“三品一标”① 认证的茶叶产品93个，其中无公害认证48个、绿色食品认证22个、有机认证11个、地理标志认证12个，认证面积达到17.9万亩，占全省茶园的46.7%；全省拥有清洁化生产线104条；全省216家茶叶企业通过SC（QS）② 认证。

3. 产业化水平明显提升。全省现有茶叶加工企业1 177家，年销售额过千万的企业有37家；有947家茶叶企业拥有注册商标，“日照绿茶”等5个茶叶品牌荣获中国驰名商标，“泰山女儿”等16个茶叶品牌荣获山东省著名商标；各类茶叶合作社508个，家庭农（茶）场210个；全省现有各级茶叶专业市场52个，经营业户6 000多家，年交易量接近10万吨。

4. 促进农民增收作用显著。在茶叶主产区，茶叶产业已成为当地政府促进农业产业结构调整、推动农村经济发展和增加农民收入的重要途径。目前，全省茶园平均亩产值8 226元，高出全国平均水平83.4%，其中采摘茶园鲜叶亩收入达到10 571元，最高30 000元以上。

当前，茶叶产业正在向种植模式的良种化、规模化和生态化，加工方式的清洁化、机械化和标准化，茶叶消费的大众化、多元化和品牌化发展。适应上述发展趋势，我省茶叶产业还需解决以下几个方面的问题：

一是茶园基础设施建设落后。茶园水电路渠、越冬防护等配套设施建设普遍落后，防御自然灾害能力差，茶园持续丰产优质增效的保障能力不强。

二是无性系良种比例偏低。全省无性系茶园面积比例仅为11.8%，远低于全国56.5%的平均水平，较大程度制约了茶园单产和茶叶质量的提升。

三是低产低效茶园面积过大。老龄茶园面积逐年增多，缺垄断行现象较重。目前，全省低产低效老龄茶园占20%以上，亩产值低于5 000元的占15%以上。

四是茶叶加工设备落后。大部分茶叶加工企业炒茶设备陈旧、加工厂房简陋、自动化清洁生产线比例低，全省通过SC（QS）认证的茶叶加工企业不足20%。

五是茶叶加工规模化程度低。茶叶加工企业规模普遍较小，年销售额过千万的企业仅占3.1%；省级农业产业化重点龙头企业仅有7家，不足全省茶叶加工企业的1%。

二、发展目标

按照茶叶产业提质增效和转型升级的总体要求，主要实现以下发展目标：

1. 面积产量效益稳步增长。至2017年，全省茶园面积发展到40万亩，其中采摘面积30万亩，茶叶产量2.3万吨，每亩节本增效300元以上，茶叶产值达到40亿元；至2020年，全省茶园面积发展到50万亩，其中采摘面积40万亩，茶叶产量3万吨，每亩节本增效500元以上，茶叶产值达到

① “三品一标”为无公害农产品、绿色食品、有机农产品和农产品地理标志。

② SC为食品生产许可证，QS为企业食品生产许可证。

50亿元。

2. 无性系茶园比例显著提高。至2017年，全省无性系茶园面积达到8万亩，占总面积20%；至2020年，全省无性系茶园面积达到15万亩，占总面积30%。

3. 质量安全水平全面提升。至2020年，全省“三品一标”认证茶园达到60%以上，全省拥有清洁化生产线达到200条以上；通过SC（QS）认证企业比例达到30%以上。

4. 品牌知名度显著提高。通过优化整合，至2017年，重点打造2个国内知名品牌，新培育5个省内知名品牌；至2020年，打造5个国内知名品牌，新培育10个省内知名品牌，进一步提升山东茶叶品牌影响力。

三、重点任务

1. 完善茶树良种繁育体系。实施农业良种工程，推进茶树良种苗木繁育，重点加强种质资源保存、良种选育和无性系茶树良种繁育基地建设，提高自身优质苗木生产能力，形成功能完备、技术先进的良种繁育体系。

加强种质资源保存和良种选育。依托有关科研、教学单位，在日照市建设1处省级茶树种质资源保存圃，在烟台、泰安各建设1处市级茶树种质资源保存圃。加强当地茶树抗寒良种的筛选、收集和保存，适当引进外地优良茶树品种，加强试验示范，为我省茶树良种繁育及推广奠定基础。

建设无性系良种繁育基地。在日照市建设1处省级茶树良种苗木繁育基地，在烟台、临沂、泰安等地各建1处市级茶树良种苗木繁育基地。实施工厂化育苗工程，创新苗木繁育技术，完善母本园及苗圃基础设施建设，配套苗木分级、包装、储运等设施设备。至2020年形成年产6 000万株优质苗木的生产规模。

2. 建设标准化示范园。结合现代农业生产发展项目和果菜茶标准化创建项目实施，加强茶园基础设施建设，打造茶叶标准化示范园，带动全省茶业发展。

创建优质高效示范园。新建一批集中连片50亩以上生态示范茶园，100%应用无性系良种，100%配套肥水一体化、设施越冬防护和绿色防控等先进技术，示范带动全省无性系茶树良种的推广；建设一批连片面积100亩以上的低产低效老龄茶园改造示范园，推广改换良种、肥水一体化、土壤改良等技术措施，配套越冬防护设施，推动全省茶园改造升级。

大力推广现代绿色生态栽培模式。在全省10个重点产茶县建立10～20个绿色生态栽培示范园，重点推广茶园病虫害绿色防控、生物调控技术，示范园内实施“双减”措施，至2020年园内化学农药使用用量减少50%以上，化肥施用量减少20%以上，节本增收15%以上。

创新茶园经营管理模式。鼓励企业与合作社合作，形成以茶叶加工企业为龙头、合作社为依托、农户建园为主体的茶叶产业化经营模式。引导品牌企业与集中产区、规模茶场、茶叶合作社合作建设专属茶园、种植庄园。支持农户流转茶园，建成茶园50亩以上的茶叶专业大户、家庭农场1 000户。创建茶叶示范合作社50家，推动茶叶合作社成为茶园标准化生产、科技推广、质量安全控制的重要主体。

3. 加快推动茶叶加工升级。以清洁化和标准化为发展方向，加强技术改造和设备升级，提高生产效率和产品质量，降低生产成本，增强竞争力。

大力推广清洁化生产。组织开展茶叶清洁化生产示范项目，鼓励引进连续化、清洁化生产流水线，加大技术改造力度，在全省打造10家大型茶叶加工龙头企业，扶持30～40家地域性、带动性强和具有发展潜力的中小型茶叶加工企业（合作社、家庭农场），支持他们引进先进设备，淘汰和改造陈旧落后的加工设备，示范带动我省茶叶加工企业的科技含量、生产能力、生产规模和加工水平提高。

积极推进茶叶加工标准化。加大对我省茶叶加工地方标准的宣传推广和实施，指导企业进行技术改造和设备升级，引导茶叶生产企业开展质量认证，建立健全企业标准体系，规范茶叶加工环节，提高茶叶加工品质。

着力延伸茶叶产业链。根据市场需求，形成以绿茶为主、红绿搭配、名优茶和大宗茶并举、春夏秋茶并重的产品结构。支持有关企业和科研单位开展茶类新产品、山东特色茶食品、茶饮品和茶旅游产品等开发，推进茶叶深加工，延伸茶叶产业链，增加附加值。

4. 提高产品质量安全水平。加强茶叶质量安全管理，强化茶叶标准化建设、安全质量认证、监督检验检测和产品质量可追溯等环节，建立最严格的质量安全监管制度，确保茶叶产业生态安全、质量安全。

完善茶叶标准化体系建设。加强省级及地方茶叶标准的制定和修订工作，健全完善各项标准，建立健全全省自上而下涵盖苗木繁育、生产、加工、包装、储运等环节的技术标准体系，为全省茶叶标准化发展提供依据。

鼓励支持企业和地方积极开展“三品一标”“SC（QS）”和“HACCP①”等认证，提升企业质量管理水平和产品安全水平。

加强茶叶质量检验检测机构建设。依托现有机构和条件，在全省茶叶主产市建设6～8处茶叶质量检验检测机构，加大检测力度，实现全省茶叶产品质量安全监管全覆盖。

5. 加强茶叶品牌培育和推介。实行“地方区域品牌＋企业品牌”双轮驱动，地方品牌引领，企业品牌跟进，进一步整合地方区域品牌，放大优势企业品牌效应，带动全省茶叶销售。

加强品牌建设。按照“统一地方区域品牌、统一产品标准体系、统一管理制度、统一防伪标识”的思路，大力实施“地方区域品牌＋茶叶名称＋商标”三统一、三位一体的品牌战略，支持各重点产茶市按照特点突出、以点带面的原则，打造1～2个地域品牌，加强资源整合和品牌保护，形成发展合力。

加强品牌推介。鼓励地方政府开展各种茶事活动，支持龙头企业、行业协会和农民专业合作社参与省级以上的茶叶评比、展会展销等活动，对参评和获奖单位进行一定程度的补贴和奖励；加大对重点企业品牌的宣传推介力度；实行线上线下结合，推动茶叶电子商务的发展，提高山东茶叶品牌知名度和市场份额。到2020年，打造5个国内知名企业品牌、10个省内知名企业品牌，放大品牌效应，带动全省茶叶生产和销售。

6. 加强齐鲁茶文化宣传与推广。发挥我省丰富的茶文化历史资源和人文资源优势，不断提升齐鲁茶文化的影响力。持续办好济南、青岛、日照茶博会，充分利用这些平台，宣传山东茶叶品牌和优势。加强从业人员技能培训，开展茶叶技能竞赛与交流。积极开发茶叶观光休闲旅游项目，大力推进一二三产业融合。

四、保障措施

1. 加强组织领导和协同推进。主产区各级政府要把茶叶产业提质增效、转型升级作为引领现代农业发展和促进农民增收的重要突破口，结合当地实际，制定发展规划和具体实施方案，并列入政府绩效考核的范畴。建立政府分管领导负责，相关部门参加的茶叶产业转型升级联席会议制度，统筹谋划，及时研究解决茶叶产业转型升级的重大问题。各相关部门要加强合作，密切配合，形成合力，确保茶叶产业提质增效转型升级的各项政策措施落到实处。

2. 切实加大扶持力度。扩大现代农业生产发展资金茶叶产业项目及省财政支持农业技术推广项目等重点项目的实施规模，重点推动茶树良种苗木繁育、标准化示范园建设、加工升级、品牌提升、行业关键技术培训等重点工程。有关市、县（市、区）要积极整合资金，加大扶持力度。

3. 推进科技创新与推广体系建设。推进科技创新和成果转化，省良种工程、精准农业科技示范工程、农业重大应用技术创新项目等适当向茶叶产业倾斜，创新研发一批新技术、新品种、新机械、新设备，集成完善一批标准化生产、加工等系列综合配套技术。强化基层推广体系和社会化服务组织建设，加强茶叶实用人才和乡土人才的培养，增强技术指导和生产服务功能，加快新品种、新技术、新成果的推广应用。

4. 切实改善茶园基础设施条件。积极争取国家种子工程、新一轮菜篮子工程等项目资金，充分利用农业综合开发、农田水利建设、农业科技园区建设等项目资金加大对茶叶产业的投入，重点支持茶园水电路渠、越冬防护设施、生态系统等基础设施建设，改善生产条件，夯实产业发展基础。各地要加大茶园基础设施投入力度，提升可持续发展能力，推动茶叶产业转型升级。

山东省人民政府

2016年8月19日

① HACCP为危害分析和关键控制点。

余欣荣副部长在全国果茶绿色发展经验交流会上的讲话[①]

全国果茶绿色发展经验交流会的主要任务是，以五大发展理念为引领，以农业供给侧结构性改革精神为指导，总结交流各地果茶绿色发展的经验，分析当前面临的新形势，部署安排果茶绿色发展工作。下面，我讲三点意见：

一、善观大势，增强推进果茶绿色发展的责任感和紧迫性

中共中央提出了“创新、协调、绿色、开放、共享”的发展新理念，体现了中央对经济社会发展规律认识的深化、对现实国情的深刻把握，将指引我们更好地实现人民富裕、国家富强和中华民族的永续发展。绿色发展作为一项重大战略，正成为全社会的实际行动，引领我国包括农业在内的经济社会的深刻变革。从种植业看，粮棉油糖等大田作物需要加快绿色发展，果茶等园艺作物同样需要加快绿色发展。推进绿色发展，农业是重中之重，果茶领域应更有责任，更有作为。

1. 促进果茶绿色发展，是适应消费结构升级的迫切需要　随着经济发展和城镇化的快速推进，特别是全面建成小康社会目标的实现，消费结构加快升级，城乡居民对农产品的消费需求正由过去的吃得饱向吃得好、吃得安全、吃得营养健康转变，多元化、个性化的需求显著增多。像水果、茶叶这类产品，过去在普通居民家里都是待客用的，现在已成为日常生活的必需品。像水果这类产品，消费者很注重品质，更会选择一些品牌水果、稀有的特色品种。适应这种新的形势，加快果茶绿色发展，全面提升果茶质量，更好地满足市场的需求。

2. 促进果茶绿色发展，是转变农业发展方式的迫切需要　在人多地少的国情下，过去保障粮食等重要农产品的有效供给，主要靠资源高强度开发、要素的大量投入。农业资源长期透支、过度开发，资源利用的弦绷得越来越紧。农业面源污染加重，生态环境承载能力越来越接近极限。大田作物生产是这样，果茶等园艺作物问题更为突出。化肥农药过量投入，不仅造成成本增加，也影响果茶产品的质量安全和果茶园生态环境安全。老路走不通，老账还要还，新账不能欠。在稳定粮食产能的同时，加快推进结构调整，补上果茶绿色发展的短板，做到产出高效、资源节约、环境友好，真正实现习近平总书记提出的“果业强、果农富、果乡美”的愿望。

3. 促进果茶绿色发展，是提升农业国际竞争力的迫切需要　当前，我国农业生产遇到了价格“天花板”和成本“地板”的双重挤压，国内主要农产品价格普遍高于国际市场价格。同时，农业成本仍处在上升通道，影响农产品竞争力。果品、茶叶与水产、蔬菜都是我国最具竞争优势的出口农产品。近几年，我国相继与东盟等国家或地区签署自贸协定，水果关税在过渡期之后降为零，进口水果冲击加大。同时，在世界经济增速放缓、贸易保护主义抬头的背景下，一些国家或地区对进口农产品设置了更加严格的技术壁垒，水果出口面临新的挑战。这意味着果茶等农产品进入真正的国际化竞争时代，必须加快推进果茶绿色发展，降低成本，提升品质，赢得市场竞争的主动权。

4. 促进果茶绿色发展，是助力农民增收脱贫攻坚的迫切需要　“十三五”是全面建成小康社会的决胜阶段，也是脱贫攻坚的冲刺阶段。全面建成小康社会的难点在农村，脱贫攻坚的重点在老少边穷山区。习近平总书记在浙江安吉考察时指出，“一片叶子，成就了一个产业，富裕了一方百姓”。像延安、沂蒙山、大别山、武陵山、赣南等地都是革命老区，都是脱贫攻坚的重点地区。在这些地区，果茶多数是优势特色产业，也是脱贫致富的支

① 2016年12月22日，农业部在四川眉山召开了全国果茶绿色发展经验交流会，该内容为农业部副部长余欣荣在会上的讲话。

柱产业。推进果茶绿色发展，构建可持续发展的产业体系，可带动农民持续稳定增收，实现脱贫致富。

我们必须从全局和战略的高度，充分认识促进果茶绿色发展的重要性，以等不起的紧迫感、慢不得的危机感，抓住机遇，加大力度，促进果茶绿色发展，为建设现代农业和全面建成小康社会做出应有的贡献。

二、以发展新理念为指导，共同为我国果茶绿色发展开篇布局

1. 我国果茶生产得到了长足发展 这些年，果茶产业取得了令世人瞩目的成就，突出表现在：一是种植规模扩大。自20世纪80年代中期放开市场以来，水果、茶叶面积持续增加。2015年，水果面积1.92亿亩，茶叶面积4 100多万亩，均位居世界第一。苹果、柑橘、梨、桃、荔枝等主要树种的面积也都位居世界第一。此外，猕猴桃、蓝莓、樱桃、杨梅等树种也呈快速发展的势头。二是市场供应充足。2015年，水果产量1.75亿吨，茶叶产量225万吨，均位居世界第一。这极大地丰富了居民的“菜篮子”。三是质量稳步提高。农业部农产品质量安全例行监测结果显示，近5年水果、茶叶的农药残留检测合格率稳定在96%以上。四是产业化水平提高。涌现了一批大型水果、茶叶企业集团，创响一批区域特色突出、产品特性鲜明的水果、茶叶品牌。

2. 挑战和机遇 与绿色发展的要求相比，果茶产业发展还存在不少困难和问题。一是存在越区种植现象。水果、茶叶有其独特的生物学特性，对土壤和光温水气等条件都有特殊的要求。近几年，一些果茶非优势区域，不坚持适区适种，越区盲目扩大种植，产量不高，质量不优，特色不突出，效益也不好，甚至有的还给农民造成经济损失。二是化肥农药投入过量。目前，我国果树亩均化肥用量73.4千克，是美国的6倍、欧盟的7倍。茶叶的亩均化肥用量也高于世界平均水平。多数地方的绿色防控技术落实不好，主要靠施用化学农药防病治虫。三是创新能力不强。相对于粮棉油糖等大宗作物，水果的育种周期长、投入不足，苹果、柑橘、葡萄等大宗水果主栽品种约一半为国外引进，自主选育的品种比重较低。50%的柑橘为引进品种，其中90%的脐橙是从美国引进的“纽荷尔”。从日本引进的“富士”占苹果面积的70%左右，作为主栽品种已经超过20年。葡萄、草莓等也多为引进品种。果茶生产机械化水平较低，特别是春茶机采问题至今未取得突破。四是品质退化严重。21世纪初，《种子法》颁布实施后，废止了《种苗管理办法》，果茶作为非主要农作物，可以不经审定，随意繁种调运，越区种植，影响了产量和品质。同时，老果茶园比重过大，特别是树龄在25年以上的老果园占水果总面积的1/6，25年以上的老茶园面积占1/4，这些果茶园品种老化、植株郁闭、营养失调，产量较低，品质也较差。此外，知名品牌不多。中国农业科学院茶叶研究所调查，我国80%的茶叶企业品牌是区域内品牌，省级知名和本地知名的各占32%，国内知名的仅11%，国际知名的仅2%，尤其缺乏有国际竞争力的品牌。

应该看到，推进果茶绿色发展存在许多有利条件和积极因素。一是市场需求的拉动。专家测算，到2020年，人均茶叶消费量年均增长6.4%，将由目前的1.3千克提高到1.7千克；人均水果消费量年均增长4.4%，将由目前的124千克提高到150千克，市场需求空间较大。二是脱贫攻坚的促动。当前，脱贫攻坚的冲锋号已经吹响，特色产业精准脱贫已部署到位。发展特色产业是脱贫攻坚的需要，也是农业部门的重要职责。各地特别是多数老少边穷地区把发展果茶产业作为脱贫攻坚的重点，以项目带动、产业拉动，形成了良好的发展势头。三是“一带一路”倡议的实施。当前，国际经济深度融合，我国正加快实施“一带一路”倡议。我国与中亚、南亚水果贸易的互补性强，市场空间广阔。茶叶是古丝绸之路的重要产品之一，以其悠久的历史、厚重的文化、丰富的内涵，成为传播中华文化的重要载体。

3. 果茶绿色发展的要求、目标和任务 解决果茶产业发展中的问题，根本在树立绿色发展理念，实现绿色强农、绿色惠民。一要形成绿色价值取向。绿色发展理念是古今融合、东西交汇的新的发展理念，既折射出中国古代天人合一、道法自然等生态智慧的朴素思维，又反映出马克思主义生态思想与时代特征的有机结合。习近平总书记提出

"绿水青山就是金山银山"的重要论断，深刻地阐述了绿色发展的内涵和要求，强调优美的生态环境就是生产力，就是社会财富，凸显生态环境的重要价值。培育和形成绿色价值取向，把保护生态环境作为自觉行动，真正实现果茶生产与生态相互协调。二要培育绿色思维方式。坚持问题导向，培育"绿色"思维。培育"绿色"创新思维，改变过去先污染后治理的旧思维，比如把果茶生产中过量投入的化肥农药减下来。培育"绿色"底线思维，对资源的开发既要考虑满足当代人的需要，又要顾及子孙后代的发展，不能突破环境承载能力的底线。培育"绿色"系统思维，注重人与自然的共生，注重经济与社会的协调。三要形成绿色发展模式。从果茶生产看，重点是"五注重"：注重协调发展，体现要素配置与资源组合，形成鲜明的特色和区域的特征；注重节约发展，发展专业化服务组织，推进病虫统防、肥料统施，加快果茶生产全程机械化，促进节本增效；注重清洁发展，治理果茶园水土污染，用健康的土壤生产优质的果茶产品，推进生产加工清洁化，提高产品质量；注重循环发展，实施有机肥替代化肥，推广"果－沼－猪"模式，将废弃物资源化利用；注重融合发展，形成产前、产中、产后紧密衔接，产加销一体化的产业体系，实现一二三产业融合发展。

在思路上，坚持以绿色发展理念为统领，以构建现代果茶产业体系、生产体系和经营体系为目标，以布局优化、品质提升、产业融合为重点，统筹国际国内两个市场，坚持市场导向，实施创新驱动，强化政策引导，稳定面积、提高单产、提高品质、提高效益，加快建设一批标准化的果茶生产基地，培育一批国际化的果茶集团，创响一批有全球竞争力的果茶品牌，走产出高效、产品安全、资源节约、环境友好的现代果茶产业发展之路。

在目标上，重点是"一稳定三提高"。一稳定，就是稳定面积。划定优势区，发展最宜区，保持果园、茶园面积基本稳定。到 2020 年，果园面积稳定在 2 亿亩左右，茶园面积稳定在 4 200 万亩左右。三提高，就是提高产品质量效益、提高产业竞争力、提高产业绿色发展能力。提高产品质量效益，加快品种改良，推进标准化、机械化生产，实现增产增效、节本增效、提质增效。提高产业竞争力，推进科技创新，集成推广高产高效、资源节约、环境友好技术模式，创响一批知名品牌，培育一批大企业集团，提升产业综合素质。提高产业绿色发展能力，推广绿色防控、统防统治、配方施肥，开展有机肥替代化肥，促进化肥农药减量增效，改善果园、茶园生态环境。

三、统筹规划，分类指导，扎实推进果茶绿色发展

促进果茶绿色发展是大战役、新战役，需要精心谋划、分类施策，汇聚力量、共同推进。

1. 构建政府主导、企业主体、农民参与、社会支持的果茶发展新格局 果茶绿色发展，涉及多个方面、多个主体，需要调动各方面的积极性，构建发展新格局。

（1）更好发挥政府的主导作用。果茶产业既受到生物多样性的支配，又是直接关系广大人民群众健康安全和广大果农茶农增收脱贫的产业。在推进农业市场化的过程中，政府不是无所作为的，而是大有作为的。关键是要创新管理方式，做到不缺位，不越位，更不能错位，做好应该做的，多做企业需要的事，多解农民难办的事。促进果茶绿色发展，要调动各级政府，特别是县（市）级政府的积极性。着力抓好以下几件事：第一，规划引导。要以绿色发展为引领，制定好果茶产业发展的规划，做到资源与生产相协调、生产与市场相衔接、资金与人才相匹配，建设优势突出、特色鲜明的产业带。第二，信息服务。重点是分析研判果茶供需形势，适时发布果茶产销信息，引导农民主动适应市场需求，发展适销对路的品种，特别是生产绿色、安全、优质的产品，满足消费者多样化的需求。通过举办果茶博览会、交易会等，促进产品的顺畅销售。第三，标准制定。提升果茶质量效益，创品牌是关键，制定标准是前提。制定生产技术标准、品牌标准，推进标准化生产，提高产品质量。第四，示范引导。适应分散经营为主的农业生产方式，搞好技术试验示范。注重区域示范，选择果茶优势产区，特别是适宜区开展试点示范，加快集成技术推广。注重规模示范，将过去小面积的专家试验田，在更大范围上试验示范。注重对象示范，发挥种植大户、家庭农场、农民合作社、龙头企业等新型经

营主体的作用，推进规模化生产。第五，市场监督。按照《食品安全法》规定，果茶产品进入市场之前的市场监管是由农业部门负责。加强这个环节的监管，重点是投入品的监管，让安全的投入品进入生产领域，用安全的投入品生产优质的果茶产品。同时，配合工商、食药监管部门，加强产品的市场监管，维护消费者的合法权益。第六，政策扶持。果茶绿色发展离不开政策扶持，要多渠道筹集资金，支持果茶绿色发展。支持育种创新，通过现代种业提升工程，建设一批区域性果树无病毒苗木繁育基地、茶树无性系苗木繁育基地，提高良种苗木供应能力。支持技术示范，重点是支持果茶园开展统防统治与绿色防控融合、有机肥替代化肥等集成技术的示范，以及果茶绿色高效技术模式的攻关。支持产地加工，重点是支持优势产区新型农业经营主体，建设果茶贮藏保鲜和加工设施。推进金融创新，发挥财政投入的杠杆作用，通过补贴、贴息等方式，撬动金融资本、社会资本进入果茶产业，形成多方投入的机制。依托农业信贷担保体系，解决新型经营主体融资难问题。

（2）更好发挥企业的主体作用。发挥市场在资源配置中的决定性作用，根本的是发挥企业的主体作用。现代市场经济的发展，企业在资金、技术、人才等要素组合上，有充分的自主选择权。在推进果茶绿色发展中，企业的主体作用体现在：建立优质原料基地。可在优势区特别是最宜区，建设生产基地，通过推广标准化技术，提供稳定、安全的原料产品。建设加工基地。配套现代化的加工装备，实现清洁化、连续化、自动化、标准化加工，提升加工水平。开展果茶精深加工，延伸产业链，提升附加值。创响知名品牌。通过提升产品质量和档次，塑造品牌核心价值，培育品质好、叫得响的特色企业品牌。通过联合的形式融入区域公用品牌，扩大品牌影响力。拓展产品市场。依托国家和省级果茶批发市场，宣传产品，拓展市场。抓住实施“一带一路”倡议的机遇，加大产品宣传，拓展国际市场。

（3）引导农民主动参与。农民是果茶生产的主人，这点是毋庸置疑的。引导农民优选品种。规划好主栽品种，让农民选择最适宜的品种、最优质的品种，实现品种结构的优化，实现产量品质的提升。引导农民应用新技术。通过试验示范证明是成熟的技术模式，让农民广泛地应用于生产。从良种苗木的应用，到绿色防控及农机农艺融合技术的推广，都要让农民自觉地用、熟练地用，做到技术到田。引导农民发展规模经营。通过土地流转、托管、入股等多种形式，推动规模化生产，推广标准化技术，实现效益的提升。

（4）引导社会积极参与。社会对果茶绿色发展的愿望是迫切的、要求是高的。引导社会积极参与，要注意把握以下几点：引入工商资本。采取多种形式，引导社会资本投入果茶产业，参与品种选育、基地建设、多功能开发等，包括在优势区建设果旅、茶旅一体观光旅游示范基地。引领绿色消费。发展理念的转变，体现在“营养指导消费、消费引导生产”上。消费结构升级后，社会对营养健康、优质安全的产品需求量增加，带动生产方式的变化和产品质量的提升。引导社会舆论。果茶绿色发展的核心是“绿色”，社会舆论关注的是产品安全。引导社会了解果茶绿色发展、支持果茶绿色发展，营造良好的氛围。

2. 形成各担其责、各尽其能、协同推进的新态势　推进果茶绿色发展，需要上下联动、多方聚力，扎扎实实推进。

（1）聚力推进结构优化。政府制定的规划是引导性的，企业和农民的参与才是主要的。落实适区适种。做到适地适树、适区适种，充分发挥品种特性。要在维护农民利益的前提下，引导非优势区域适时适度退出果树、茶树种植。发展最宜区，划定苹果、柑橘、梨、桃等主要树种的生产最宜区，划定优质绿茶、红茶、乌龙茶、黑茶等茶叶的生产最宜区，引导企业建设优质品牌生产基地。布局特色品种，近几年，猕猴桃、蓝莓、杨梅、樱桃等特色树种发展很快，出现了越区种植的现象。引导企业在划定的最宜区有序发展、适区发展。

（2）聚力推进科技创新。推进育种创新。抓住实施新修订的《种子法》的机遇，支持科研单位和企业开展育种攻关，加快选育一批优质高产多抗的新品种。培育一批集繁育推一体、综合实力强的果茶种苗龙头企业，为老果茶园改造提供优质的种苗。规范种苗市场秩序，保障生产安全，维护农民利益。推进集成创新，组织科研单位和推广机构开展协作攻关，在加强基础研究的同时，集成组装并推广一批区域性、可复制的优质高效、生态环保的技术模式，研发一批适宜丘陵山地水果、茶叶生产的机械设备。特别要集成推广黏虫板、性诱剂、杀虫灯，以及释放天敌等绿色防控技术，减少化学农药用量，提高果茶质量安全水平。

（3）聚力推进服务创新。发挥农业公共服务机构的作用，健全经费保障、绩效考核激励机制，稳定基层农业技术推广队伍，更好地为农民提供病虫监测预报、测土施肥配方及技术培训、指导服务，切实提高农民生产技术水平。发挥经营性服务组织的作用，鼓励和支持专业化服务组织开展种苗统育统供、病虫统防统治、肥料统配统施、农机作业、商品化处理、贮藏保鲜、市场营销等服务，更好地解决一家一户办不到、办不好的问题。

（4）聚力推进市场拓展。依托国家级农产品批发市场，打造果茶物流集散、价格形成、产业信息、科技交流、会展贸易等平台。结合实施“互联网＋”现代农业行动，建立果茶产业大数据，构建信息资源共享平台。适应排浪式大众消费向个性化特色消费转变，传统实体消费向跨区跨境、线上线下、体验分享等多种消费业态转变的新趋势，支持电商、物流、商贸、金融等企业参与果茶电子商务发展。

3. 聚焦重点发力，攻坚突破难点，确保取得新进展　促进果茶绿色发展是一个长期的过程，不可能一蹴而就，需要聚焦重点、逐项推进，确保取得实效。

（1）在培育大企业上取得新进展。现在已有了一批规模较大的企业，但与绿色发展的要求和发达国家的企业相比，差距还较大。通过兼并收购、联合重组及合资合作等方式，整合中小企业。鼓励有实力的企业跨区域整合资源，组建产销集团，形成资源集中、生产集群、营销集约的格局。部里考虑，以大型茶叶企业集团为主，组建中国茶产业联盟，联促创新、联创品牌、联拓市场、联合维权，推进信息共享、标准统一、策略同向和行业自律。我们提出，用3～5年的时间，培育5个销售额超过50亿元的茶叶集团，培育10个销售额超过50亿元的果业集团。

（2）在打造品牌上取得新进展。通过地理标志、公用品牌、企业品牌等形式，培育一批品质好、叫得响、占有率高的果茶品牌。通过举办博览会、展销会、推介会等多种形式，宣传推介品牌，提升品牌知名度。我们提出，用3～5年的时间，打造50个国内外有影响力的茶叶区域公用品牌和企业品牌，经过10年的努力，打造1～2个世界茶叶知名品牌。

（3）在标准制定上取得新进展。制定果茶生产设施标准、栽培技术标准和质量管理标准，推进果茶标准化生产。农药残留标准非常重要，这项工作推进得不错，已制定了6 000多项农药残留国家标准，到2020年要达到10 000项农药残留国家标准。同时，要推动一批国家标准转化国际标准。制定地理标志产品和公用品牌的产地环境、生产规程及加工工艺流程等标准。

（4）在有机肥替代化肥上取得新进展。这是一件利国利民的好事，也是促进果茶绿色发展的重要措施。部里制定了《开展果菜茶有机肥替代化肥行动方案》，还将做专门部署。重点是“三聚一创”：第一，聚焦重点抓落实。突出果菜茶三大园艺作物，突出优势产区、核心产区、品牌基地。明年，要选择一批水果生产大县、蔬菜生产大县、茶叶生产大县、畜牧养殖大县及知名品牌生产基地，开展有机肥替代化肥试点，积累经验，逐步推广。第二，聚合资源抓落实。引导农民应用有机肥，需要有政策的扶持。调整测土配方施肥、耕地质量保护与提升、水肥一体化等项目资金，列出一定比例资金，支持有机肥替代化肥。同时，还要将沼气工程、农业综合开发区域生态循环农业、标准化规模养殖、畜禽粪污资源化利用试点等项目资金，向有机肥替代化肥试点县倾斜，集中使用，发挥效用。第三，聚集力量抓落实。有机肥替代化肥不仅是单项的技术推广，更是涉及多方的系统工程。要统筹谋划，加强协调，有序推进。注重种植与养殖相匹配、栽培与土肥相配套、农艺与农机相融合、科研与推广相结合，心往一处想，劲往一处使，上下联动，合力推进。第四，创新机制抓落实。目前，各地在推广有机肥中主要是采取财政补助，鼓励农民购买使用有机肥。这一方式要坚持，也要创新机制，推进有机肥替代化肥。可推广的有以下几种方式：一是政府购买服务拉动。采取政府向有机肥生产企业、规模化养殖场、专业合作组织购买服务方式，承担购买服务的企业或服务组织负责将有机肥施用到田。二是新型经营主体带动。支持种植大户、养殖大户、农民合作社、龙头企业等参与有机肥替代化肥，发挥其规模化、标准化、集约化示范作用。三是金融服务创新促动。通过补贴、贷款贴息、设立引导性基金等方式，撬动各类资本投入，加快有机肥的推广应用。

同志们，促进果茶绿色发展任务艰巨、使命光荣。我们要紧密地团结在以习近平同志为核心的党中央周围，坚定信心、攻坚克难、开拓创新、扎实工作，全力推进果茶绿色发展、种植业转型升级，为全面建成小康社会做出新贡献！

树立“六茶共舞”新理念推进中国茶业新发展

中国国际茶文化研究会会长　周国富

思考中国茶和茶文化创新发展需要多种维度。从长度看：茶，源于自然，贵乎人文，植根中国，风靡世界，走进太空，富有博大精深的文化内涵，源远流长的发展历史，兼有物质性和文化性两大特性，具有经济、社会、文化、生态、养心健身五大功能，是享誉世界的文明象征。中国茶和茶文化经历过辉煌，也经历了衰落，现在正处在复兴、振兴、再创强国辉煌的历史机遇期。从宽度看：拥有290多万公顷茶园的中国已是世界第一产茶大国，拥有13.8亿多人口的中国已成为世界第一茶消费大国，多茶类、高品质、富文化、养身心正成为中国茶和茶文化的重要特征。“一带一路”和世界茶消费的多样化需求将给中国茶和茶文化走出去带来更多的机会，蓬勃发展的中国茶和茶文化日益成为民生产业、绿色产业、文化产业、服务产业和健康产业，越来越受到各级各地政府的重视支持和中国及世界茶人的喜爱。从高度看：当今中国，国运昌盛，茶业兴隆，茶产业和茶文化发展正处在盛世兴茶的历史机遇期。“十三五”规划全面开局，“创新、协调、绿色、开放、共享”新发展理念，“一带一路”倡议深入实施，全面建成小康社会目标和精准扶贫政策稳步推进，中华民族伟大复兴“中国梦”宏伟蓝图，都为茶产业和茶文化的繁荣发展提供了新机遇、注入了新动力、拓展了新空间、开启了新征程。中国茶人要从全球视野望茶，从立足国内看茶，从目标导向观茶，从问题导向探茶，从供给侧结构性改革谋茶，充分发掘茶和茶文化的物质价值、文化价值和世界价值，全面推进茶产业和茶文化提质增效新发展。从深度看：茶为国饮，茶资源综合开发利用，走好“一带一路”、融进世界，提升茶品牌国际市场话语权和竞争力是中国茶产业和茶文化健康发展的三大路径。满怀诚信当茶人，别具匠心演好茶，极致发挥茶文化，立足品牌、品质、品位，独创特色，追求唯一，做精茶叶；跨越茶叶做强茶业，大力推进“六茶共舞，三产交融，跨界拓展，全价利用”，融入旅游休闲、健康中国新时代，发展新型茶业态，变小茶业为新业态、大茶业；文化引领，丰富茶路，彰显品质、健康、多样、便利新时尚，让中国特色成为世界特色，成为世界认同的优质特色，畅通走进世界茶通道是中国茶产业和茶文化创新发展的追求，变中国茶业为世界茶业。

当前，正是中国茶产业提质增效新发展的新起点。我们一定要遵照中央及农业部深入推进供给侧结构性改革，抓住机遇发展新型业态做强茶产业的要求，树立发展新理念，做精茶叶，丰富业态，壮大产业，提质增效，促进中国茶产业和茶文化创新发展。

一、“六茶共舞”的丰富内涵

“六茶共舞”，是时代的要求、发展的必然，目的是立足于茶，跨越茶叶，三产交融，跨界拓展，全价利用，发展新业态大茶业，适应时代多元消费新需求，促进茶产业提质增效新发展。

1. 喝茶　这是茶最传统、最基本、最日常的消费方式，以满足人的生理之需、精神之需、礼仪之需、健康之需，俗话说“唐宋元明清，自古喝到今”“柴米油盐酱醋茶，琴棋书画诗酒茶”。雅俗共赏、老少皆宜的茶生活，不仅只是物质享受，更讲究的是对自然、对规律、对历史的敬畏和敬老尊祖爱幼，以及人与人、人自身的心灵间和谐平衡的规矩操守，并在礼俗的熏陶中涵育道德养成的行为方式和养心健身的养生生活。此时的茶成了儒家的正气茶、道家的养生茶、佛家的平安茶、茶人的雅气茶、百姓的生活茶，成为人们的生活方式，成为寻常百姓的家事，香醇的茶水滋润着人的心田，达到和悦、平和、和谐、茶和天下的境界。

喝茶因文化而丰富，中国各民族、各地域、各民俗、各教派、各行业、各习惯、各场所、各家庭、各节气、各茶类、各器具等都有其特色的喝茶文化内涵，人们以茶为缘、以茶交友、以茶礼敬、以茶为乐，茶道、香道、花道、琴道、书道五韵并蓄，营造丰富多彩的喝茶文化。

喝茶因时尚而多彩，时代呼唤时尚，时尚需要品质、简便、多样、健康的喝茶文化新内涵，迎合中国和世界年轻人喝茶的时尚潮流。当前，创新雅、俗、尚、乐喝茶文化，全面推进茶为国饮，潜力巨大，意义重大。

2. 饮（料）茶　这是品质、便捷、简约、时尚、经济、健康的茶生活。当今，人类社会正进入旅游休闲、健康养生新时代，研发及开发茶饮料、速溶茶、功能茶、拼配茶、调饮茶、奶茶、茶酒等时尚、简约、健康的多品类多样性茶饮品潜力巨大，是一个值得重视和开拓的行业。

3. 吃茶　古已有之，今正风生水起。吃茶更能发挥茶对人类身心健康的重大作用。绿色、安全的生态茶，广泛应用于茶餐肴、茶食品、茶保健品、茶药品等跨界行业，如茶饭（泡饭）、茶面条、年糕、粽子、饺子、茶餐肴、茶糕点、茶香肠、茶熏火腿、茶爽、茶宁片、茶籽油、茶叶饲料等。尤其是抹茶的兴起，不但广泛用于食品、饮料等行业，如抹茶冰激凌、抹茶蛋糕、抹茶布丁等，还出口美国、日本、欧盟等世界百强食品企业及咖啡、可可等饮料行业，颇受国内外消费者的欢迎，显示出巨大的市场潜力。

4. 用茶　随着科技进步，这更能发挥出茶叶（树）综合利用的巨大潜力，市场空间广阔。茶叶初步加工可以生产出茶巾、茶袜、茶枕头、茶靠垫、茶服、茶挂件、茶摆件、茶墙砖、茶面板等日常生活用品和工艺品等。茶叶精深加工的衍生品可跨界拓展到美容化妆、保健养生、日化用品、医药医疗、食品添加和防腐等领域。另外，还可涉及整个用茶系统，如泡茶专用水，俗话说“水为茶之母”“十分水、八分茶”。泡茶专用水的开发也很有前途，应严格标准，创新品牌，开发出不同茶类的泡（煮）茶专用水；如茶器具、茶环境（空间）的设计和配件，尤其是茶器具，可分为文化茶器具、日用茶器具、不同茶类的茶器具等，大有讲究，显现出巨大商机。

5. 玩茶　这是集吃、喝、玩、乐、游、养、文于一体，是“六茶共舞”的集中体现。它既以茶香久远、养生健体、文化娱乐、服务体验为主旨，又以茶旅结合、茶禅（道）和合、茶文融合、茶养契合、内外聚合为载体，发挥着茶和茶文化旅游休闲及体验、益智、养生新业态的独特作用，称得上茶生活方式的一场革命。

玩茶，要以文化为魂，充分发挥茶的物质、文化两大特性和经济、社会、文化、生态、养心健身五大功能，达到益智、体验、休闲、养生的目的。要深入发掘茶和茶文化丰厚的人文资源，如茶山茶园茶庄、茶企茶馆（餐）茶乡（镇）、茶道茶艺茶人、种茶制茶卖茶、茶器茶水茶席、茶路茶俗茶遗迹、茶诗茶书茶故事、品茶礼茶茶生活，以及体验服务茶认知（培训）、茶叙茶会茶事业等。还要综合发挥好与茶和茶文化相关联的文化资源的作用，如禅（道）茶文化、器具文化、民族文化、民俗文化、民居文化、景观文化、戏剧文化、清廉文化、农耕文化、养生文化等。玩茶要精心规划，匠心打造，独创特色，丰富多彩，使茶和茶文化旅游休闲、养生益智成为游客的向往之地，使茶和茶文化产品成为游客的喜爱之物，让茶香飘向四面八方，让品牌唱响内外市场，让消费者在玩茶中随意快乐，称心如意，身心愉快，流连忘返，让茶业提质增效，从业者增收致富。

6. 事茶　这是促进茶与茶文化事业繁荣发展工作的总称，包括茶生产、茶经营、茶服务、茶文化、茶金融、茶事业等生产生活文化服务活动。五大发展新理念和供给侧结构性改革，正在激发出事茶事业的优化蝶变，以及茶产业和茶文化提质增效的繁荣发展，也给事茶工作提出了新的更高要求。通过举办茶业（茶文化）博览会、全民饮茶日、研讨会、服务体验、斗茶玩茶等各类茶事活动，践行新发展理念，达到既具有国际视野和世界胸怀，又具有民族特色与自身品质，匠心独具，追求极致，让中国特色变为世界特色，成为国人和世界认同的优质特色，达到茶乡香、市场响的目的。

二、“六茶共舞”的主要目的

“六茶共舞”是个有机的整体，既要有做精茶叶、做强品牌的匠心之道，更要有跨越茶叶做强茶产业的创新之道。“六茶共舞”主要目的在于促进茶产业提质增效、促使茶文化繁荣发展。

1. 树立新理念 理念是行动的指南、实践的先导，是做强做大品牌、开辟大茶业新天地的法宝。新理念、新思想、新战略彰显科学思维，即以战略思维统揽全局，以历史思维承前启后，以辩证思维转化矛盾，以创新思维引领发展，以底线思维掌握主动。“六茶共舞”，重在三产交融、跨界拓展、全价利用，贵在文化引领、科技支撑、企业运作、政府主导。践行“六茶共舞”，就要树立跨越茶叶小品牌、小产业，做强茶业大品牌、大产业的理念，实现从茶叶生产为中心的传统小茶业业态向三产交融、跨界拓展、全价利用新业态和多业态的大茶业转变；树立文化引领、丰富内涵、创新消费、提质增效的新理念，实现从茶叶传统消费，简单消费向文化消费、健康消费、品质消费、时尚消费、多元消费等新消费观和新消费业态转变；树立“一带一路”，走向世界的国际视野和世界胸怀的全球消费理念，实现从单一外贸渠道、重量轻牌、无序竞争向品牌外贸、品质外贸、有序外贸、效益外贸等新外贸业态转变，充分发掘茶和茶文化的物质价值、文化价值、世界价值，全面推进提质增效新发展。

2. 文化为魂 《易经》要义说：“天有天之道，天之道在于‘始万物’；地有地之道，地之道在于‘生万物’；人有人之道，人之道在于‘成万物’。”“道”就是文化。印度茶人说，印度和中国对待茶叶的态度存在着本质区别——茶叶是中国文化的一部分，而在印度只是一门生意，印度茶产业需要从中国取经。“六茶共舞”只有融合优化多元文化元素、彰显古今交融、雅俗共赏、茶以文兴、文以茶扬的多元特色，做好茶旅结合、茶禅（道）和合、茶文融合、茶养契合、内外聚合的精彩文章，丰富文化链，拓展科技链，延伸产业链，创新营销链，提升价值链，使茶业接二连三增加成长力，使跨界拓展新业态新产业增添鲜活力，把“六茶共舞”舞得更精彩。

3. 科技（人才）驱动 习近平总书记指出：“科技是国之利器，国家赖之以强，企业赖之以赢，人民生活赖之以好。”精彩舞动“六茶共舞”，科技（人才）驱动是关键。无论是三产交融连接，还是跨界融合拓展；无论是品质、品牌、标准的打造，还是大数据的科学运用和线上线下的现代营销；无论是绿色化、清洁化、机械化的新业态及大茶业的创造，还是全价利用提质增效的追求；无论是“一带一路”“世界茶业”的求索，还是再创茶业强国辉煌的目标向往等，无不关系到科技（人才）的驱动、科技（人才）链的拓展和支撑。丰富人才链，拓展科技链，拉长产业链，提升价值链，创新新业态，做强大茶业，是“六茶共舞”的动力源泉。茶界科技院校和相关科研、文化机构要融入“六茶共舞”新舞台，努力创造一个从茶叶走向茶业，从茶农走向茶师，从茶园走向市场，从茶乡走向茶都，从线下走向线上线下融合，从小品牌、小茶业走向新业态大品牌、大茶业，从“一带一路”走向世界的崭新局面。

4. 创新为本 “六茶共舞”，提质增效，培育新业态，创新大品牌，发展大茶业，创新就是结构性改革的供给侧，需要科技创新、制度创新、管理创新、营销模式创新、业态创新和文化创新的综合创新。创新，是求新求变的终极追求，是事业发展的不竭动力。这里，择其要而简述。

（1）品牌创新。品牌，意味着质量、标准和信誉的统一，消费者认知度和美誉度是成功的关键。诚信，是最聪明的生存之道、发展之道。当前，中国茶品牌创新的重点应是满怀诚信，别具匠心，着力打造国家品牌、世界品牌，规范公用品牌，做精文化品牌，做强企业品牌，创新品牌营销文化，并设立科学系统的标准体系。8 000多万人口的德国，有2 300多个世界品牌。而中国茶品牌的问题主要在散、低、假，俗话说“聚是一团火，散是满天星”“独行只能走快，众行才能走远”。牵起手来，才有同一个世界，打造品牌企业联盟是一个好办法，福建“八马”品牌企业联盟、湖南大湘西茶产业发展促进会、四川省川茶品牌促进会等都是有益的探索。

（2）绿茶创新。中国六大茶类中，黑茶以“金花”取胜，藏茶汉饮拓展了新市场；普洱茶以“生态”动人，老茶树价值千金；红茶以“普饮”悦人，企业做红茶成为时尚；乌龙茶以“香”诱人，清雅浓郁遂成传袭；白茶、黄茶以“稀”聚人，市场销路不愁；唯有茶类老大绿茶的一些“不耐放，睡不着，体质寒、胃不适不宜喝”等声音不绝于耳，有点落寞。茶只有适合的，没有最好的。市场是立体的，只有引导市场、创造市场、竞争市场，才是取胜之道。绿茶生产需要精准研究，扬长补短，创新发展。有长不扬就是短，有短补上则为长。绿茶异化派生出“白茶”“黄茶”“紫茶”等新、奇、特种类，为一大突破，颇受消费者喜爱。当下，绿茶重点要在易氧化、不适宜人群喝茶和品牌宣传、营销等方面有所突破，着力推进绿茶生产创新发展。

（3）体制创新。低、小、散、弱是中国茶业发展的通病，主要在散，散造成低、小、弱。因此，关键在于推进生产体制、组织体制、管理体制、营销体制、内外贸体制等方面的变革创新。培育茶业龙头大品牌、大企业，创建茶品牌企业联盟等是值得探索的途径。当然，建立政府主导，企业运作，各方助力，民众同心，共赢共荣大体制，才是中国茶产业和茶文化经久不衰，永续发展的坚实保证。

树立新理念，推进“六茶共舞”、三产交融、跨界拓展、全价利用的新思路，关系到中国茶产业和茶文化持续、健康发展的事业及人民的福祉，一定要深入研究，广泛宣传，认真践行，不断创新，以“长风破浪会有时，直挂云帆济沧海”的胸怀和信心，齐心协力开创出中国茶产业和茶文化蓬勃发展的新天地。

茶·中医药与健康

中国国际茶文化研究会会长　周国富

党的十九大报告指出："中国特色社会主义进入新时代，我国社会主要矛盾已经转化为人民日益增长的美好生活需要和不平衡不充分的发展之间的矛盾。"毋庸讳言，在物质生活丰富的小康社会，人民对美好生活的最基本需求应是获得身心健康。健康是人类永恒的主题，人体健康是心理和生理健康的统一。中共中央、国务院颁布的《"健康中国2030"规划纲要》包含"倡导健康生活方式、优化健康服务、提高健康保障、发展健康产业、建设健康环境"五大健康内容。

茶文化和中医药文化是中华文化的重要内容，蕴含着中华民族五千年的文化营养和历史积淀，是极富中华文化特色和亲缘关系的两朵奇葩。茶从药始，进而药食同源，文而化之，发挥着内含物质的保健作用和营造心境的精神作用。神农是共同的始祖，《易经》是共同的哲学基础。中医药文化兼容并蓄，创新开放，形成了独特的生命观、健康观、疾病观、防治观，实现了自然科学、人文科学的融合和统一，蕴含了中华民族深邃的哲学思想。数千年来，在养生、治未病、治已病、康复、保命等人的身心健康中做出了极为重大的贡献。在新时代，我们应当倍加珍惜、创新发展、努力解决好人民对美好身心健康需求与发展不平衡不充分的矛盾，为中医药文化和茶文化的科学发展做出新的更大贡献。

一、坚定文化自信，确立茶文化和中医药文化在新时代人民健康生活中的坐标和方位

中华文化与西方文化对人的生命观有不同的述说：西方文化认为人是上帝创造的，中华文化认为人是天地合气而生。《庄子·知北游》中曰："人之生，气之聚也；聚则为生，散则为死。"东汉哲学家王充说："天地合气，万物自生，犹夫妇合气，子自生矣。"天地阴阳之气相合，就产生了万物。西医药文化与中医药文化的理念也各有不同。西医药文化，源于希腊；希腊，三面环海，一面陆地，海上崛起，争斗激烈，其文化理念就是消灭，消灭一切来犯之敌，才能活命、生存、安全和健康。中医药文化，源于中国；中国，三面陆地，一面临海，农耕文明发达，其文化理念就是包容，强调"道法自然、天人合一""阴阳平衡、调和致中""以人为本、悬壶济世"，提倡"三因（因天因地因人）制宜，辨证论治""固本培元，壮筋续骨""大医精诚，仁心仁术"。中西医文化的学科基础各有不同，西医药学科基础是"解剖学"，科技现代化程度高；中医药学科基础是"经验验证学"和"脏腑经络学说"，科技现代化滞后些。同时，中医药文化蕴含的"养生、治未病、治已病、阴阳调理"等生命观、健康观、疾病观、防治观内涵丰富，富有哲理，完全切合新时代人身心健康的美好愿望。

当今世界，人口增长快速化，城市发展超大化，资源能源消耗无序化，异常天气常态化，生态、生活环境低质化，社会矛盾多样化的趋势还未得到根本遏制，人们工作节奏加快，精神压力加大，生活节律失范，生命个体"亚健康""欲病态"比例大大上升，以致出现"城市病农村化，老年病年轻化，莫名其妙的病经常化"的现象。据世界卫生组织的全球调查显示，世界上真正达到健康标准的人群只占5%，75%的人属于亚健康人群。同时，研究还发现，在影响人的健康因素中，遗传和生物学因素占15%，地理气候因素占7%，社会因素占10%，个人行为和生活因素占60%，医疗卫生服务占8%。由此，以改善环境、缓解压力、善养心理、调节生理、注重哲理、动静平衡为主旨的顺乎自然、科学养生、阴阳平衡、调和致中、防治未病等的"健康保健时代"已经到来。倡导人们树立回归自然、节制欲望、简单生活、诗意栖居等既古老又新生的生活理念，扭转背弃自然的身影，延

缓匆忙无序的脚步，消减贪得无厌的欲望，还一个自然而然，达到“天人合一”“万物一体”的最高愿境。医者，仁也，系天下之苍生；药者，灵也，救万众于苦难。唐代大医学家孙思邈在《备急千金要方》书中道：“古人善为医者，上医医未病之病，中医医欲病之病，下医医已病之病，若不加心用意，於事混淆，即病者难以救矣。”中医药文化和茶文化一定要明确健康保健时代医养结合健康大格局中的坐标方位，不断加强与西医药文化的文明互鉴、包容并蓄，中西结合，调和致中，发挥优势，有所作为。

二、创新开放，茶和中医药在“健康保健时代”大有可为

“茶”字，被称为“人在草木间”，是大自然的恩赐。自古以来，老人长寿都有雅称，而108岁被称作茶寿。茶源于自然，贵乎人文，根植中国，福荫世界，兼有物质性和文化性两大特性，具有经济、社会、文化、生态、养心健身五大功能。茶，被联合国粮食与农业组织称作“仅次于水的人类健康饮料”；绿茶被世界卫生组织列为世界六大健康饮料之首（绿茶、红葡萄酒、豆浆、酸奶、骨头汤、蘑菇汤）；茶多酚被美国医学基金会主席J. H. Weisburger称为21世纪对人类健康产生巨大效果的化合物。随着科学技术的迅猛发展，茶中还有珍物无数。中医药中多有茶药茶疗，古代典籍和先哲常有绝妙论述。古今医籍和“大家”对茶论述颇多，如《神农本草经》中的“茶味苦，饮之使人益思、少卧、轻身、明目”，这里的明目就是茶能促进眼健康。关于茶与眼健康的关系，我的理解主要在于两个方面：

第一，眼健康是人身心健康的反映。一般说来，青年人的眼睛清澈透亮，犹如一潭清澈的净水，老年人老眼昏花，浑浊不清，这是人生命力的体现。俗话说，心明眼亮，说明养眼先要养心。因此，养生先养心，心养加体养，健康从心开始。茶与茶文化具有物质性和文化性两大特性，茶有500多种化学成分、8大类特殊化合物，更有丰富的文化内涵，是养生健体的最佳选择。茶文化有特殊的养心功能，可以养清心、养敬心、养爱心、养德心、养和心、养凡心、养苦心、养专心，八心安宁，精神气足。不过，茶不仅仅是药，药有疗程，而茶可喝终生。所以，身心健康，眼也能健康。

第二，茶与眼健康，古今医籍和中医药圣贤均有绝妙论述、经验实证。现摘录几例，加以佐证。例如，明代钱椿年《茶谱》中曰：“人饮真茶，能止渴消食、除痰少睡，利水道，明目益思，除烦去腻，人固不可一日无茶。”明代李时珍《本草纲目》记载：“茶苦而寒，阴中之阴，最能降火，火为百病，火降则上清矣。”唐代著名诗僧皎然有诗云：“一饮涤昏寐，情思爽朗满天地。再饮清我神，忽如飞雨洒轻尘。三饮便得道，何须苦心破烦恼。”北宋文学家苏东坡说道：“何须魏帝一丸药，且尽卢仝七碗茶。”鲁迅先生也曾说：“有好茶喝，会喝好茶，是一种‘清福’。”中医药中多有茶灸茶疗，养眼防病。另外，在终生喝茶饮茶的老人中，眼不花、心明眼亮的人多有见之。

三、努力作为，做好茶与健康这篇大文章

1. 宣传教育，营造浓郁的养生氛围 确立科学的养生理念，生命之树在于养。养生是个慢功夫，身体好时需保养，虚弱时要调养和补养，病后康复要护养。什么叫生活？生活就是父母生下来就要好好活着，活出健康，活出品位，活出贡献。最好的医生是自己，养成良好的生活习惯才能拥有健康。前半生、后半生，不如乐观过一生。天人合一，遵循规律，实现人与自然、人与人、人与自身的和谐共处，是真正的科学养生之道。

掌握科学的养生方法，养生先养心，心养兼体养。俗话说：“病由心起，病须心治。”心安自健康，关键要调适好人的七情六欲，修养德行。正如喝茶，拿得起，放得下，善于舍得。孔子在《论语》中道：“智者乐，仁者寿。”孙思邈在《千金要方》中云：“德行不充，纵服玉液金丹，未能延寿。道德日全，不祈善而有福，不求寿而自延，此养生之大旨也。”起居有时，饮食有节，毋庸劳累，调养精神。精、气、神是人之三宝，为养心养生之本。“精者，身之本也”（《黄帝内经·素问·金匮真言论》），精是生命之基；“气者，人之根本也”（《黄帝八十一难经·八难》），气是生命活动的动力和功能；神是生命活动的象征（外）和主宰（内），“得神者昌，失神者亡”（《黄帝内经·素问·

移精变气论》）。喝茶品茗，八心安宁，精神气足，养心健身。自古道："偷得平生半日闲，喫茶去"，实为养生之妙法。

2. 创新开放，科学发掘，大力开发"茶宝库""药宝库" 现代科学研究显示，茶中有500多种化学成分，其中主要化合物有8大类，如茶多酚、咖啡因、氨基酸、茶色素、维生素类、矿质元素、蛋白质和碳水化合物、茶皂素等，对养生、保健、治病都有很好的功效。古代有丰富的茶疗和经典的配方，现代科技正在不断研发，开发诸多茶功能食品和药品，有的已成为突破性的科技成果。近年来，正在掀起的融喝茶、饮（料）茶、吃茶、用茶、玩茶、事茶为一体的"六茶共舞、三产交融、跨界拓展、全价利用"茶资源综合研发开发，对人民日益增长的健康美丽生活的多元需求产生深刻的影响，必将结出丰硕的成果。

有资料显示，日本已生产出200多个中药配方成品药投放市场，年可获得10亿多美元的收入，中国游客购买较多。而中国所生产的中药品，市场份额仅有10亿元人民币。可叹的是，经过千百年经验验证的中国中药方典中拥有8 000多个经典方药，却用之甚少。因此，中医药文化和茶文化应当建立起更多的文化自信，使典藏中的宝物活起来、用起来，为人类的大健康产业增光添彩。

学习党的十九大精神，关键要增强茶文化和中医药文化自信，增强中华文明自信，既要学习借鉴前哲先贤的智慧，科学发掘千百年来验证成熟的丰富的经典药方（疗方）和民间方药宝库，更要运用现代科学技术研发、开发精准高效的茶药（茶疗）药品和功能健康辅助品，还要打造一大批茶旅结合、药养融合、茶文和合的多姿多彩的休闲养生、养心基地，创造出水养、气养、茶养、食养、药养、文养等养心养生新业态，满足人民日益增长的多元养生健体的新需求。茶文化和中医药文化是一条从老祖宗那里流来又流向未来的河，彰显出文化传承和创新的辩证关系及历史进程，显现出地域性、民族性、特色性、时代性、世界性的宽广胸怀。今天，身处中国特色社会主义新时代，中医药界和茶界都要有新作为、新气象，应当发扬陆羽的"精行俭德"、张仲景的"勤求古训，博采众方"的精神，"传承不泥古，创新不离谱"，借鉴先贤智慧，运用现代科技，突出解决不平衡、不充分发展的矛盾，致力创新创造，为人民身心健康、添岁增寿的美好追求，让茶文化和中医药文化在健康中国的伟大工程中展现出更强大的生命力及创造力。

机遇与挑战："一带一路"与中国茶叶和茶文化走向世界

江西省社会科学院　施由明

"一带一路"倡议对中国茶叶和茶文化走向世界是机遇，也是挑战，如何抓住机遇应对挑战，本文略作探讨。

一、机遇

1. 经贸和人文合作的加强给中国茶叶外销和茶文化传播带来机遇　"一带一路"覆盖了东南亚、南亚、中亚、西亚等40多个国家的44亿多人口，对中国而言，存在着巨大的经贸合作空间。这40多个国家中，包括了世界大多数茶叶消费国和茶叶进口国。如南亚、中亚、西亚、非洲的国家，许多都是茶叶消费国。俄罗斯和其他独联体国家是世界重要的茶叶进口国，西亚的土耳其、阿拉伯联合酋长国、沙特阿拉伯、伊朗等国都是嗜茶如命的国家，非洲的摩洛哥、毛里塔尼亚、阿尔及利亚、喀麦隆、冈比亚、加纳、尼日利亚、利比亚、马里、埃及等都是中国茶叶的主要进口国，南亚的巴基斯坦等是茶叶进口大国。在实施"一带一路"倡议过程中，中国将与丝绸之路沿线的这些茶叶消费国加强经贸合作和文化交流，这对中国茶叶外销和茶文化的传播来说，就是机遇，至少从理论上来说这是机遇。

2. 世界茶叶消费总量不断增大的趋势给中国茶叶外销和茶文化传播带来信心　1993年，世界茶叶消费量是255.1万吨，其中茶叶生产国茶叶消费总量141.8万吨，茶叶进口国消费茶叶113.3万吨；2002年，世界茶叶消费量是299.1万吨，其中茶叶生产国消费163.7万吨，茶叶进口国消费135.4万吨；至2016年，世界茶叶产量达546.3万吨，其中茶叶进口国进口茶叶166.0万吨。由此可知，世界茶叶的消费量在不断增加。据有关统计，全球茶叶消费量以年均3.81%的速度增长，这应当是中国茶叶外销和茶文化对外传播充满信心的基础。再看中国茶叶的外销，1980年10.797万吨，1990年19.868万吨，2000年22.766万吨，2010年30.244万吨，2014年30.10万吨，2016年32.59万吨，总的出口趋势是量在不断增加。2014年，中国茶叶的外销已达全球120多个国家或地区，这同样是建立茶叶外销和中国茶文化传播信心的基础。

3. 茶有益于健康的理念在全球被日益接受，有利于中国茶叶外销和茶文化的传播　21世纪，随着科技的进步，越来越多的人认识到了饮茶有益健康，于是越来越多的人开始饮茶。据英国《金融时报》的报道，美国越来越多的年轻消费者选择喝茶而不是咖啡，茶在年轻消费者中越来越受欢迎，在16～26岁的年轻人群中，茶叶消费量明显增长。近些年来，世界绿茶的出口量较大幅度增长。据有关统计分析，中国绿茶对俄罗斯和其他独联体国家的出口强势增长，对美国的出口量大幅上升，对欧盟的出口继续上升。2014年中国绿茶出口24.9万吨，2016年达27.1万吨，这正是源于绿茶有益于健康的理念被全世界越来越多的人所接受。

4. "一带一路"倡议促进经贸合作与文化交流，有利于中国茶文化传播　"一带一路"在历史上是中国与东南亚、南亚、西亚、中亚、东非、欧洲经贸和文化交流的大通道。因此，要坚持经济合作和人文交流共同推进，促进中国同"一带一路"沿线国家教育、旅游、学术、艺术等人文交流。

随着"一带一路"倡议的展开，不仅对"一带一路"全国沿线省份，甚至对全国各省份而言，都面临着与"一带一路"沿线国家开展人文交流和旅游互动等领域合作的良好机遇。中国茶业界、茶文化界、旅游业界、文化界等必须利用好这种日益加强的人文交流的机会，把中国茶文化更广泛地推向世界，让世界更多的人爱上中国情调、中国式审美风格、中国式品味生活的方式，这样不仅有利于中国茶叶的外销，还有利于中国文化的对外普及。

二、挑战

机遇与挑战往往是并存的，中国茶叶的外销和茶文化的传播要想抓住“一带一路”倡议所带来的机遇，就需要有关政府部门、茶叶界、茶产业界、茶文化界、商贸界等通过艰苦的努力、付出辛勤的劳动、克服种种障碍，才有可能进一步推进中国茶叶的外销和茶文化的传播。关于中国茶叶外销所面临的种种问题，许多学者、茶企业家、外贸专家等都做过梳理和总结，归纳起来有下列一些观点：

一是缺乏龙头企业。中国大多茶企小而散，以家庭式、家族式经营为主，设备和技术落后、工艺简单、管理水平低，没有形成在国际上有竞争力的知名企业。

二是缺乏知名品牌。中国茶叶外销主要销的是原料散茶，利润低，只能赚取微薄的加工费，沦为外商的生产车间，没有世界知名品牌，所以往往只能受制于人。

三是缺乏深加工产品。茶叶可开发出许多衍生产品和深加工产品，中国少数茶企在往这方面努力，但还远远不够。相反的是，欧美等国家虽然不种茶叶，但非常重视茶叶深加工和新产品开发。

四是缺乏统一的标准和技术指导来检验茶叶产品、指导茶叶生产，未对企业资质方面进行管理。

五是缺乏联合对外宣传的机制。中国茶叶的对外宣传多各自为政。

六是跨越绿色贸易壁垒艰难。欧盟和日本都设置了严苛的食品中农药残留标准，欧盟在 2008 年设置了茶叶的农药最高残留量标准总和 886 个，日本的“肯定列表制度”中茶叶农药 MRL 标准 267 项，这都使中国茶叶出口欧盟和日本显得很艰难。

除上述这些共识之外，中国茶叶的外销和茶文化的传播至少还面临以下挑战：

1. 能否打破已有的世界茶叶贸易格局，开拓出更多的茶叶外销市场 中国茶叶出口达 120 余个国家或地区，主要集中在非洲和亚洲，其次是欧洲，美国、俄罗斯、土库曼斯坦是新兴市场，中国出口的茶叶 80% 为绿茶。中国应在稳定占据已有市场的情况下，抢占更多的国际市场，如不断提升中国绿茶在美国、俄罗斯、日本等国销量的同时，将中国的红茶销往已被肯尼亚、斯里兰卡、印度等国占领的一些消费茶的大国，如阿拉伯联合酋长国、沙特阿拉伯、土耳其、巴基斯坦等国。

2. 能否提升中国的茶叶质量，跨越绿色壁垒，提升茶叶销量 要提升中国茶叶的销量，必须提高中国茶叶的质量。欧盟、日本和美国的绿色贸易壁垒，使中国许多茶企望而生畏，主要原因是中国茶叶自身没有解决好农药残留问题，这也是近些年中国茶叶外销之路走得艰难的重要缘由所在。只有大力发展有机茶，解决好茶叶的农药残留问题，中国的茶叶才能提升在欧盟、日本、美国等国家的销量，甚至销往更多的国家。江西省婺源县绿茶之所以能占据中国销往欧盟茶叶的 50% 多，从 1996 年以来连续 11 年突破欧盟的绿色贸易壁垒，其缘由就在于大力发展有机茶，比较好地解决了农药残留问题，从茶叶种植到采制和销售都严格按标准控制，保证了产品质量。

3. 如何让世界更多的国家喜爱中国的茶文化 让中国茶文化走向更广阔的世界，其目的是让世界各国更深入地了解中国、了解中国的传统文化，在世界范围内形成更广阔的“朋友圈”。文化交流和经贸合作是相互促进的，中国茶文化更广阔地走向世界，不仅可以架起中国与他国友谊的桥梁，还将有利于中国茶叶的外销。然而，世界各国各有其生活习惯、饮食习惯和文化传统，如何让世界更多的国家更深入地喜爱上中国茶文化，这是一个需要智慧去面对的问题。

4. 如何整合中国的茶叶形成中国品牌 中国茶叶品牌众多，外销的茶叶同样各自为政，亟须培育如英国“立顿”这样的世界品牌，才能比较大幅度地提升中国茶叶的外销量。整合中国茶叶，形成世界茶叶知名品牌，这是提升中国茶叶销量的必由之路，同时也是解决中国茶叶产能过剩的必由途径。

三、抓住机遇与应对挑战的策略之我见

1. 制定中国茶叶的出口标准 中国茶叶的出口没有统一的标准来衡量茶叶的质量，茶企往往各显神通地走向国际市场，导致了经营秩序混乱的局面。虽然国家标准化管理委员会在 2008 年 10 月 1 日曾正式实施《出口茶叶质量安全控制规范》，但已无法适应现如今茶叶出口的需要，因此，制定中

国茶叶出口标准就成为当务之急。

2. 坚持以绿茶出口为主导的同时，吸取肯尼亚、斯里兰卡等国经验，提升中国出口红茶的质量，并采取多元化的战略打造出口产品 中国茶叶的出口优势在绿茶，因为中国的绿茶天然品质好，且随着茶有利于健康的理念被更广泛的接受，绿茶的销售量在不断增长。所以，应打造好绿茶，这是中国茶叶的优势。相比于绿茶，中国的红茶出口量比肯尼亚、斯里兰卡、印度就要少得多。2015 年中国外销红茶为 2.8 万吨，而肯尼亚 2015 年红茶产量近 40 万吨，其中 95%用于出口，肯尼亚再次成为世界上最大的红茶出口国，其中的原因值得中国企业家、商贸家们去研究和思考。肯尼亚、斯里兰卡等国家固然有适于种植红茶的自然条件，但他们生产红茶的成功经验，更值得中国茶企业家们吸取。在保持中国绿茶出口优势的同时，提升中国的红茶品质，采取多元化的战略去抢占更多的世界红茶市场。

3. 开发茶叶深加工产品 中国茶叶无论是内销还是外销，均主要是以叶茶为主，茶叶资源的利用率不高，没有着力去开发茶叶的深加工产品。中国的茶企业家、茶叶研究者们都知道，中国作为世界第一大产茶国，还有大量的茶叶资源没有利用起来，如很多低档茶、茶下脚料等都可以开发出茶的深加工产品。要提升中国茶叶的外销量，开发茶叶的深加工产品是一条可行之路。浙江一些企业在往这个方面努力，并取得了一些成功经验，如生产速溶茶、袋泡茶和萃取茶多酚方面取得的成功经验值得推广。

4. 让茶文化成为中国对外文化交流的代表性节目，在世界范围内尽量多地宣传中国茶文化 中国茶文化有着充满魅力的东方韵味，17、18 世纪随着中国茶叶、瓷器、漆器、家具、色丝、壁纸、屏风、扇子等传入欧洲等，曾形成过一股以中国趣味为时尚的热潮，中国情调、中国趣味曾让这些国家的人着迷。

近年来，在中国的对外文化宣传中，对中国茶文化的宣传还不够，应当通过大使馆举办中国茶文化宣传活动，通过孔子学院介绍中国茶艺，以及在其他中外文化交流的活动中多宣传中国茶文化、茶艺术，展示中国茶文化的魅力，使世界更多的人爱上中国的茶文化。

娱乐、休闲是人类共同而永恒的需要，而品茶、赏茶艺是娱乐、休闲的好方式。健康是人类共同而永恒的追求，而茶有利于人类的健康。通过加强文化交流，让中国传统茶艺之美、饮茶之美走向更广阔的世界，让世界的人都喜爱上中国饮茶情趣和品茶情调，让茶文化成为中国与世界文化交流的桥梁。

2016 年度涉茶类图书出版汇总①

序号	书　名	出版社	作　者	价　格	出版时间
1	《制茶学：第三版》	中国农业出版社	夏涛主编	48.50	2016-01
2	《茶叶生物化学：第三版》	中国农业出版社	宛晓春主编	43.50	2016-01
3	《茶叶生物化学实验教程》	中国农业出版社	张正竹主编	24.50	2016-01
4	《中式茶楼Ⅱ》（典藏新中式）	中国林业出版社	贾刚编著	220.00	2016-01
5	《茶叶标准汇编：下册》（第六版）	中国标准出版社	编委会编	198.00	2016-01
6	《通山茶文化》	中国文联出版社	周尚谋等主编	48.00	2016-01
7	《彩图全解茶经》	北京联合出版公司	文若愚主编	29.80	2016-01
8	《图解茶经：全彩精华版》	北京联合出版公司	［唐］陆羽著	29.90	2016-01
9	《喝茶慢》	北京时代华文书局	许玉莲著	49.80	2016-01
10	《茶 21 席》（平装 2016 年新版）	北京时代华文书局	古武南编著	38.00	2016-01
11	《张璘麟：从东北书香门第，到杭城奶茶传奇》	春风文艺出版社	张晓尘等著	32.00	2016-01
12	《茶经实用图鉴》	光明日报出版社	赵利民主编	360.00	2016-01
13	《普洱香凝中期茶》	广东人民出版社	吴家荣著	268.00	2016-01
14	《茶江湖：茶业营销策划的实践和思考》	华中科技大学出版社	徐方著	42.00	2016-01
15	《绿色茶园现代栽培技术》	化学工业出版社	李玉胜等主编	28.00	2016-01
16	《喝了就有效的 200 道健康茶方》	化学工业出版社	马烈光主编	39.80	2016-01
17	《奶茶驾到：50 款健康奶茶自制全图解》	化学工业出版社	双福等编著	35.00	2016-01
18	《茶径新韵：15 余杭茶诗词选萃》	黄河出版社	赵焕明主编	28.00	2016-01
19	《中国茶入门图典》	吉林科学技术出版社	陈龙主编	69.00	2016-01
20	《茶道·茶经》（中国传统文化经典荟萃）	江苏凤凰美术出版社	牛晶轩编著	49.80	2016-01
21	《茶生涯》（鲁迅文学奖获得者散文丛书）	江苏凤凰文艺出版社	潘向黎著	35.00	2016-01

① 由中国茶书网（www. chashu. cn）陈龙提供。

（续）

序号	书　名	出版社	作　者	价　格	出版时间
22	《中国茶书：第2版》	清华大学出版社	罗家霖著	39.00	2016-01
23	《物与人：安溪铁观音人文状况调查与研讨实录》	厦门大学出版社	王铭铭等编著	48.00	2016-01
24	《历代茶诗集成：唐代卷》	上海文化出版社	钱时霖等编	40.00	2016-01
25	《历代茶诗集成：宋金卷》（全三册）	上海文化出版社	钱时霖等编	280.00	2016-01
26	《千利休：无言的前卫》	生活·读书·新知三联书店	［日］赤濑川原平著	39.00	2016-01
27	《家庭茶包小偏方，喝出大健康》	天津科学技术出版社	张明编著	29.80	2016-01
28	《茶艺表演教程》	武汉大学出版社	陈力群主编	32.00	2016-01
29	《东阳茶文化》	西泠印社出版社	赵志强主编	98.00	2016-01
30	《万里茶道：康熙皇帝与彼得大帝的商贸往事》	远方出版社	邓九刚著	36.00	2016-01
31	《茶席设计》	浙江大学出版社	周新华主编	56.00	2016-01
32	《六杯茶的美好生活：头条家政600问》	浙江科学技术出版社	朱红缨主编	48.00	2016-01
33	《茶经：外四种》（艺文丛刊）	浙江人民美术出版社	［唐］陆羽等著	38.00	2016-01
34	《茗茶品韵：华夏茶文化赏读》	中州古籍出版社	司马法良编著	49.00	2016-01
35	《云南大叶茶栽培新技术》	云南科技出版社	李光涛等编著	18.00	2016-01
36	《云南茶叶初制技术》	云南科技出版社	汪云刚等主编	14.00	2016-01
37	《画说中国茶：茶事·茶俗》	中国农业出版社	周文劲等主编	58.00	2016-02
38	《画说中国茶：茶史·茶趣》	中国农业出版社	周文劲等主编	58.00	2016-02
39	《黄檗茶文化》	中国农业出版社	黄友谊著	30.00	2016-02
40	《中国茶事》	中国轻工业出版社	郑国建主编	168.00	2016-02
41	《梵净山茶品牌综合标准体系》	中国标准出版社	温顺位主编	120.00	2016-02
42	《茶艺师：五级》（第2版）	中国劳动社会保障出版社	刘启贵主编	36.00	2016-02
43	《茶道六百年》	北京十月文艺出版社	［日］桑田忠亲著	35.00	2016-02
44	《茶艺》（印象中国·历史活化石）	黄山书社	艾敏编著	39.00	2016-02
45	《茶火炬丛书：茶馆经营管理、茶业创新与发展、茶生活的浪花》	经济管理出版社	杨小泽著	115.00	2016-02
46	《舌尖上的茶叶》	人民军医出版社	王淑君主编	56.00	2016-02
47	《名优绿茶适制良种与配套技术》	浙江科学技术出版社	余继忠主编	20.00	2016-02

（续）

序号	书　名	出版社	作　者	价　格	出版时间
48	《八山记》	重庆大学出版社	雷平阳编著	48.00	2016-02
49	《保山古茶树资源》	云南科技出版社	保山市农业局编	198.00	2016-02
50	《福建茶叶企业融资顺序及影响因素研究：基于啄食顺序理论的检验》	中国农业出版社	王波等著	32.00	2016-03
51	《中国六堡茶》	中国科学技术出版社	彭庆中著	351.00	2016-03
52	《茶饮好好喝》（文怡“心”厨房）	中国纺织出版社	文怡编著	35.80	2016-03
53	《遵义市茶文化志》	中国文史出版社	遵义市地方志编纂委员会办公室编	360.00	2016-03
54	《中国茶学彩图馆》	中国华侨出版社	郝媛编著	39.80	2016-03
55	《茶经·随园食单》	中华书局	沈冬梅等译注	26.00	2016-03
56	《中国茶与茶疗》	中央编译出版社	余悦著	39.80	2016-03
57	《祁红史话》	安徽人民出版社	郑建新编著	42.00	2016-03
58	《茶艺》（国家规划教材及配套用书）	高等教育出版社	文琼主编	28.00	2016-03
59	《茶经·续茶经：宣纸线装全三册》	广陵书社	［唐］陆羽等撰	180.00	2016-03
60	《图解茶经·续茶经》	黄山书社	陆羽等著	28.80	2016-03
61	《中国茶全图鉴：实用茶学茶艺百科》	江苏科学技术出版社	王玲等主编	68.00	2016-03
62	《两访中国茶乡》	江苏人民出版社	［英］罗伯特·福琼著	48.00	2016-03
63	《一盅两件：广式茶点大全》	青岛出版社	百映传媒编者	32.80	2016-03
64	《茶痕：一杯茶的前世今生》	山东画报出版社	叶梓著	40.00	2016-03
65	《古今茶饮膳食方新编》	上海交通大学出版社	陈志农主编	88.00	2016-03
66	《茶叶密码》	天津科学技术出版社	郝连奇编著	48.00	2016-03
67	《中国陶瓷茶具珍赏》	文物出版社	李文年编著	390.00	2016-03
68	《都匀毛尖茶文化与旅游》	西南交通大学出版社	张文磊主编	32.00	2016-03
69	《茶经：全6册》	线装书局	［唐］陆羽原著	1580.00	2016-03
70	《普洱茶》	云南科技出版社	邓时海著	150.00	2016-03
71	《绿海仙境：玩转普洱》	云南人民出版社	普洱市旅游发展委员会编	36.00	2016-03
72	《金华茶史茶俗》	浙江人民出版社	杨鸽声主编	70.00	2016-03
73	《金华茶诗茶文》	浙江人民出版社	徐家麟主编	70.00	2016-03
74	《金华茶业茶人》	浙江人民出版社	罗文文主编	70.00	2016-03

（续）

序号	书　名	出版社	作　者	价　格	出版时间
75	《岁华：寻根古树普洱茶》	中信出版社	朱勇著	68.00	2016-03
76	《好茶方胜过好药方》	黑龙江科学技术出版社	叶子著	29.80	2016-03
77	《茶之魂》	中国农业出版社	中国文化院编	88.00	2016-04
78	《晴窗集：晓村茶话》	中国农业大学出版社	徐晓春著	38.00	2016-04
79	《中华茶文化》（高等学校专业教材）	中国轻工业出版社	张凌云主编	38.00	2016-04
80	《茶艺师：四级》（第2版）	中国劳动社会保障出版社	刘启贵主编	38.00	2016-04
81	《〈黄帝内经〉养生药膳药茶制作全视频》	福建科学技术出版社	胡维勤主编	39.80	2016-04
82	《〈本草纲目〉养生药膳药茶制作全视频》	福建科学技术出版社	胡维勤主编	39.80	2016-04
83	《中国凤凰茶》	华夏文艺出版社	黄柏梓著	168.00	2016-04
84	《红茶帝国》	华中科技大学出版社	［韩］文基营著	68.00	2016-04
85	《清心泡壶好喝的中国茶》	化学工业出版社	王辑东主编	39.80	2016-04
86	《万里茶道》	山西人民出版社	张应康主编	320.00	2016-04
87	《茶经译注（外三种）》	上海古籍出版社	［唐］陆羽等著	22.00	2016-04
88	《中国茶密码》	生活·读书·新知三联书店	罗军作品	49.00	2016-04
89	《茶源地理：祁门》	世界图书出版广东有限公司	吴垠主编	45.00	2016-04
90	《茶艺空间：东方式慢生活》	四川美术出版社	沈永刚编著	180.00	2016-04
91	《中国茶文献集成》（16开精装全50册）	文物出版社	许嘉璐主编	26800.00	2016-04
92	《普洱茶文化》	云南大学出版社	黄桂枢著	68.00	2016-04
93	《专家茶人论道普洱茶》	云南科技出版社	陈升河等主编	108.00	2016-04
94	《茶道养生师》	中国工人出版社	编委会编	38.00	2016-05
95	《茶道养生师》	中国劳动社会保障出版社	沈小君主编	40.00	2016-05
96	《中华茶经茶道》（典藏文化经典）	中国纺织出版社	［唐］陆羽著	29.80	2016-05
97	《茶饮小偏方品味大健康》	中国纺织出版社	王东波主编	35.00	2016-05
98	《养生祛病一杯茶》	中国人文出版社	严丹著	36.80	2016-05
99	《中国茶道》	北京联合出版公司	朱仲海著	78.00	2016-05
100	《茶，汤和好天气》	北京联合出版公司	汪曾祺等著	32.00	2016-05
101	《无我茶会》（茶道艺术家的茶会作品）	北京时代华文书局	蔡荣章著	46.00	2016-05

（续）

序号	书　名	出版社	作　者	价　格	出版时间
102	《茶叶百科》	电子工业出版社	［加］盖拉德著	98.00	2016-05
103	《茶道万里行：〈茶道真兄弟〉节目寻访茶文化纪实》	海峡文艺出版社	叶雄彪主编	35.00	2016-05
104	《悠悠茶马情》	花山文艺出版社	藏全业著	25.00	2016-05
105	《深山寻古茶》（图说中国茶文化）	吉林科学技术出版社	徐凤龙著	49.90	2016-05
106	《茶经》（中华雅文化经典）	江苏凤凰文艺出版社	［唐］陆羽著	45.80	2016-05
107	《茶路无尽》	九州出版社	静清和著	48.00	2016-05
108	《第一次品乌龙就上手：图解版》	旅游教育出版社	李远华主编	42.00	2016-05
109	《欧亚茶马古道源头羊楼洞：传统村落未来之路研究》	天津大学出版社	袁露等著	30.00	2016-05
110	《茶园优质高效管理技术》	武汉大学出版社	陆文渊主编	28.00	2016-05
111	《简单易学治病药茶》	西安交通大学出版社	张俊莉编著	29.80	2016-05
112	《云南茶叶系统生态学》	云南科技出版社	张顺高等编者	180.00	2016-05
113	《2016 云南普洱茶·春》	云南科技出版社	杨旭恒等主编	36.00	2016-05
114	《普洱茶文化学》	云南人民出版社	邵宛芳等主编	78.00	2016-05
115	《养肺三杯茶你会喝吗?》	中国人口出版社	吴太真著	30.00	2016-06
116	《美容三杯茶你会喝吗?》	中国人口出版社	吴太真著	30.00	2016-06
117	《中华茶文化中小学生读本》	海天出版社	叶伟明主编	18.00	2016-06
118	《茶》（印象中国．纸上博物馆）	黄山书社	羽叶编著	39.00	2016-06
119	《老茶具》（印象中国．纸上博物馆）	黄山书社	文铮编著	39.00	2016-06
120	《滋味全家人的茶饮 DIY》	机械工业出版社	摩天文传主编	35.00	2016-06
121	《茶道》（品读经典）	吉林出版集团股份有限公司	王舜之主编	29.80	2016-06
122	《常用茶茶艺与品鉴》	金盾出版社	曹桔方编著	40.00	2016-06
123	《百茶词》	九州出版社	李伟才著	39.50	2016-06
124	《茶缘心语》	九州出版社	月满天心著	38.00	2016-06
125	《茶艺（第二版）》	科学出版社	伍淑玉等主编	36.00	2016-06
126	《对症养生茶饮大全》	辽宁科学技术出版社	乐明山等编著	32.80	2016-06
127	《第一次品绿茶就上手：图解版》	旅游教育出版社	王岳飞等主编	42.00	2016-06
128	《茶汤里的觉醒》	陕西师范大学出版社	释满济著	29.00	2016-06
129	《中国民歌与风土：茶歌篇、酒歌篇》	上海音乐出版社	黄允箴著	258.00	2016-06
130	《茶之语》	太白文艺出版社	柳必成著	16.80	2016-06
131	《瀹茗瑞草魁》	西北农林科技大学出版社	韩健畅著	38.00	2016-06

（续）

序号	书　名	出版社	作　者	价　格	出版时间
132	《中华茶道：精装全四册》	线装书局	张顺义编著	299.00	2016-06
133	《茶叶种植与茶叶加工》	云南科技出版社	蔡新主编	15.00	2016-06
134	《云南名优茶与数字化加工》	云南科技出版社	罗朝光主编	68.00	2016-06
135	《人间茶话》	云南人民出版社	何松著	30.00	2016-06
136	《茶叶清洁化生产》	中国农业出版社	倪德江主编	27.50	2016-07
137	《中国茶叶价格形成的理论与实证研究》	中国农业出版社	许咏梅著	45.00	2016-07
138	《福建省茶树品种图志》	中国农业科学技术出版社	陈常颂等编著	128.00	2016-07
139	《茶叶种植与经营管理》	中国林业出版社	吕明超等主编	26.00	2016-07
140	《茶人老杨教你识茶、泡茶、品茶》	中国纺织出版社	杨学军编著	39.80	2016-07
141	《识茶·泡茶·品茶一本全》	中国华侨出版社	徐馨雅主编	45.00	2016-07
142	《中国名茶鉴赏投资指南》	中国大地出版社	包章泰编著	88.00	2016-07
143	《食品加工卷·茶叶卷·中药业卷》	北京联合出版公司	王都伟主编	38.00	2016-07
144	《茶经》（古法今观）	江苏凤凰科学技术出版社	［唐］陆羽等著	38.00	2016-07
145	《百茶诗》	九州出版社	李伟才著	39.50	2016-07
146	《六堡茶大观》	漓江出版社	马士成等编著	128.00	2016-07
147	《中国茶文化教程》	世界图书出版广东有限公司	周圣弘等主编	60.00	2016-07
148	《人在草木间》（陕西茶文化丛书）	西安电子科技大学出版社	王国龙著	39.00	2016-07
149	《佛曰看茶》	现代教育出版社	安子著	68.00	2016-07
150	《回望驼城：茶叶之路的东方起点呼和浩特》	远方出版社	邓九刚著	36.00	2016-07
151	《茶艺师教你泡好茶》（茶艺零起点）	浙江摄影出版社	慢生活工坊编著	39.00	2016-07
152	《茶饮与健康》（茶艺零起点）	浙江摄影出版社	慢生活工坊编著	39.00	2016-07
153	《选对茶具泡好茶》（茶艺零起点）	浙江摄影出版社	慢生活工坊编著	39.00	2016-07
154	《中国地理标志产品集萃：茶叶》	中国标准出版社	李迎丰主编	40.00	2016-08
155	《零起点茶艺全书：识茶、鉴茶、品茶一本通》	中国华侨出版社	徐馨雅编者	39.80	2016-08
156	《茶道艺术家茶汤作品欣赏会》	北京时代华文书局	蔡荣章等著	49.80	2016-08

（续）

序号	书　名	出版社	作　者	价　格	出版时间
157	《中国名优茶品鉴》（典藏中国茶）	电子工业出版社	茶书网陈龙主编	69.80	2016-08
158	《临安市茶文化志》	方志出版社	许志新编写	180.00	2016-08
159	《茶事未了》（紫禁城悦读）	故宫出版社	程子衿主编	36.00	2016-08
160	《杭州茶趣》	杭州出版社	姜青青主编	68.00	2016-08
161	《中国茶图鉴》	化学工业出版社	双福等编著	98.00	2016-08
162	《优雅茶艺》	科学出版社	包琳春主编	25.00	2016-08
163	《茶事》（中国传统文化系列读本）	山西教育出版社	李盟怡等著	26.90	2016-08
164	《中国茶经彩色图鉴》	山西科学技术出版社	裴华主编	88.00	2016-08
165	《茶韵清欢：林凯旋茶诗100首》	世界图书出版广东有限公司	林凯旋著	68.00	2016-08
166	《四川茶文化史》	四川人民出版社	李后强等主编	76.00	2016-08
167	《空山煮茶记》	四川人民出版社	程然著	30.00	2016-08
168	《科学种茶与加工》	四川科学技术出版社	王云等编者	25.00	2016-08
169	《茶经·茶道》	天津科学技术出版社	谢德群等编者	36.00	2016-08
170	《秦风茶韵》（陕西茶文化丛书）	西安电子科技大学出版社	韩星海著	40.00	2016-08
171	《云南茶树遗传资源卷：壹》	云南科技出版社	刘本英等主编	198.00	2016-08
172	《民族茶文化 2016（上）总第 27 期》	云南科技出版社	周红杰主编	68.00	2016-08
173	《绿茶之都：浙江茶叶印象》	浙江教育出版社	王旭烽著	29.00	2016-08
174	《茶叶绿色生产模式及配套技术》	中国农业科学技术出版社	冷杨等主编	50.00	2016-09
175	《茶叶加工工：高级》	中国劳动社会保障出版社	李应文等主编	50.00	2016-09
176	《图说中国茶：鉴茶泡茶茶疗一本全》	北京联合出版公司	徐馨雅主编	59.00	2016-09
177	《云南山头茶探秘：无量山篇》	海天出版社	韩子荣著	198.00	2016-09
178	《中原禅茶》（茶·文化与产业论坛）	河南人民出版社	亢崇仁主编	69.00	2016-09
179	《茶圣故里话古今》	华中师范大学出版社	范齐家著	49.00	2016-09
180	《茉莉花种植技术实验实训指导教程》	科学出版社	覃翠凤等主编	38.00	2016-09
181	《无声处听茶语》	宁夏人民教育出版社	王昱著	32.00	2016-09
182	《茶路万里：历史上“一带一路”那些事》	人民日报出版社	刘杰著	98.00	2016-09
183	《中华茶史：宋辽金元卷》	陕西师范大学出版社	沈冬梅等著	150.00	2016-09

（续）

序号	书　名	出版社	作　者	价　格	出版时间
184	《富硒茶多糖对慢性疲劳的改善与代谢机制》	陕西师范大学出版社	池爱平著	23.00	2016-09
185	《葱姜蒜酒茶醋速效小偏方》	上海科学技术文献出版社	柳书琴主编	78.00	2016-09
186	《茶源地理：临沧》	世界图书出版广东有限公司	吴垠主编	45.00	2016-09
187	《吃茶养生记：附茶具图谱》	学苑出版社	［日］荣西撰	420.00	2016-09
188	《贰零壹伍大益茶典》	云南科技出版社	吴坤雄主编	180.00	2016-09
189	《全图本茶经》	中国农业出版社	［唐］陆羽著	196.00	2016-10
190	《中国茶文化浅话》	中国人民大学出版社	尚达德组编	34.00	2016-10
191	《茶健康学》	中央广播电视大学出版社	林金科主编	26.00	2016-10
192	《中华传统技艺（青茶类）潮州凤凰单丛茶制作技艺精品展特辑》	中国社会出版社	孙旭光主编	106.00	2016-10
193	《茶经·续茶经》（翰墨文库）	中国文联出版社	［唐］陆羽等著	24.00	2016-10
194	《不可不知的茶道养生配方》	电子工业出版社	慢生活工坊编著	39.80	2016-10
195	《岩韵：武夷岩茶人文地理》	海峡文艺出版社	邵长泉编著	100.00	2016-10
196	《宋茶》	河南文艺出版社	李开周等著	48.00	2016-10
197	《上班族就要这样喝茶》	黑龙江科学技术出版社	周小雨主编	36.80	2016-10
198	《人参普洱》（图说中国茶文化）	吉林科学技术出版社	徐凤龙著	45.00	2016-10
199	《茶器之美》	九州出版社	李启彰著	48.00	2016-10
200	《六堡茶大观》	漓江出版社	马士成等编著	168.00	2016-10
201	《一学就会茶饮·蔬果汁》	青岛出版社	瑞雅编著	15.00	2016-10
202	《静雅：茶心与演绎文明》	商务印书馆	鲍丽丽著	198.00	2016-10
203	《中国世界茶文化》	时事出版社	张忠良等编著	62.50	2016-10
204	《吃茶3：茗儒茶道与国学经典》	世界图书出版广东有限公司	朱锦武等编著	45.00	2016-10
205	《云茶大典：新编版》	云南科技出版社	李师程等主编	698.00	2016-10
206	《2016云南普洱茶：夏》	云南科技出版社	杨旭恒等主编	36.00	2016-10
207	《大滇说茶1001夜之三》	云南人民出版社	大滇飞扬著	99.00	2016-10
208	《识茶泡茶品茶：茶隐老杨说茶道（第3版）》	中国纺织出版社	杨学军著	39.90	2016-11
209	《徽茶》	安徽人民出版社	谢四十主编	49.00	2016-11
210	《凤冈锌硒茶》	贵州科技出版社	谢晓东编著	48.00	2016-11
211	《第一次泡药茶就上手》	哈尔滨出版社	李睿编著	46.00	2016-11

（续）

序号	书　名	出版社	作　者	价　格	出版时间
212	《茶仙卢仝研究：茶仙卢仝评鉴、茶仙卢仝诗作赏析》	河南人民出版社	李菊月著	168.00	2016-11
213	《中国茶道插花》	化学工业出版社	朱迎迎等主编	68.00	2016-11
214	《中国茶书（第2版）》	清华大学出版社	罗家霖著	45.00	2016-11
215	《中国茶事：中国茶业复兴实践案例》	上海三联书店	蒋同等著	68.00	2016-11
216	《绿色黄金：茶叶帝国》	社会科学文献出版社	［英］艾伦等著	56.00	2016-11
217	《茶源地理：武夷山》	世界图书出版广东有限公司	吴垠主编	45.00	2016-11
218	《万里茶道河南段文化遗产调查与研究》	文物出版社	杨华南主编	210.00	2016-11
219	《走进古茶王国：西双版纳卷》	云南科技出版社	梁名志编著	280.00	2016-11
220	《中国古茶树》	云南科技出版社	虞富莲编著	198.00	2016-11
221	《一片叶子》	浙江文艺出版社	王旭烽著	48.00	2016-11
222	《松风煮茗：婺源茶事》	中州古籍出版社	洪忠佩著	27.50	2016-11
223	《首届圆悟克勤暨茶禅一味国际学术研讨会论文集》	宗教文化出版社	释演法等主编	138.00	2016-11
224	《中国茶业年鉴（2013—2016）》	中国农业出版社	中国茶叶学会 中国国际文化研究会主编	300.00	2016-12
225	《茶叶产业链整合管理研究：以福建安溪为例》	中国农业出版社	余文权著	38.00	2016-12
226	《茶艺师：初级》（第2版）	中国劳动社会保障出版社	余悦主编	31.00	2016-12
227	《梵净山茶文化概论》	中央广播电视大学出版社	张景春主编	36.00	2016-12
228	《中国茶品鉴全书》	中国华侨出版社	小枝著	39.80	2016-12
229	《乌龙茶的世界》	北京联合出版公司	陈焕堂等著	60.00	2016-12
230	《梁河回龙茶》	德宏民族出版社	何声灿等主编	40.00	2016-12
231	《闽茶文献丛刊：全八册》	国家图书馆出版社	福建省图书馆编	4 800.00	2016-12
232	《漫话福建茶文化》	海风出版社	林思翔等主编	39.80	2016-12
233	《茶叶优质高效生产实用技术》	湖南科学技术出版社	李健权编著	28.00	2016-12
234	《品牌先品类：极白安吉白茶品类创意策划全案》	机械工业出版社	张墨闻著	88.00	2016-12
235	《茶叶深加工技术》	吉林大学出版社	蔡烈伟等主编	38.00	2016-12
236	《王琼·泡好一壶中国茶》	江苏凤凰美术出版社	王琼著	88.00	2016-12

（续）

序号	书　名	出版社	作　者	价　格	出版时间
237	《绿书：周重林的茶世界》	鹭江出版社	周重林著	68.00	2016-12
238	《潮州窑历代茶具》	深圳报业集团出版社	李炳炎著	100.00	2016-12
239	《茶经：汉西对照》	外文出版社	［唐］陆羽著	36.00	2016-12
240	《茶经：汉阿对照》	外文出版社	［唐］陆羽著	36.00	2016-12
241	《俄罗斯的中国茶时代：1790—1919年俄罗斯茶叶和茶叶贸易》	武汉出版社	［俄］伊万·索科洛夫编著	59.00	2016-12
242	《陕茶论道》(陕西茶文化丛书)	西安电子科技大学出版社	韩星海著	35.00	2016-12
243	《工夫红茶加工技术与装备》	西南师范大学出版社	叶阳等著	88.00	2016-12
244	《云南茶树种质资源》	云南科技出版社	梁名志等主编	89.00	2016-12
245	《喫茶记》	云南科技出版社	王皎著	78.00	2016-12
246	《云南省古茶树资源概况》	云南美术出版社	黄炳生主编	298.00	2016-12
247	《中华文化元素 茶》	长春出版社	关剑平著	58.00	2016-12
248	《安吉白茶制作技艺》	浙江摄影出版社	董仲国等编著	28.00	2016-12
249	《径山茶宴》	浙江摄影出版社	鲍志成编著	38.00	2016-12
250	《寻访千利休》	重庆出版社	［日］山本兼一著	59.80	2016-12

江 苏 省

基本情况

2016年，江苏省茶叶生产总量总体稳定，产销平稳运行，产业发展加快转型。全省茶叶种植面积3.38万公顷，其中开采茶园3.06万公顷，同比增长0.4%。全年干毛茶总产量1.4万吨，同比增长2.8%，其中名特茶4 691吨，同比增加395吨。干毛茶总产值24.8亿元，同比增长14%，名特茶产值比重近80%。全省无性系茶园面积1.22万公顷，同比增长7.6%，无公害茶园面积2.66万公顷，同比增长2%。茶叶产品结构进一步调整，高档茶比例适度缩减，中档茶生产加大，高中低档产品比例更加均衡，适应市场消费需求多样化发展的趋势。

江苏省茶业基本情况

项目	单位	2016年
毛茶产值	亿元	24.8
茶园面积	万公顷	3.38
干毛茶产量	万吨	1.4
企业数	个	1 003
城镇居民茶叶消费	千克/人	0.13

产业政策

江苏宜茶自然资源有限，是茶叶的大销区小产区。江苏茶产业发展坚持精品战略，以名优茶为支柱产品，巩固提高大宗茶产品，积极发展深加工茶制品和再加工茶叶产品。深入实施标准茶园创建，省级高效设施农业、丘陵山区农业综合开发、农业部标准园创建等各类财政资金大力扶持改造茶园基础设施，提升设施装备水平，全省茶园生态环境、园相园貌、生产条件明显改善。积极开展茶叶多功能耕作机、采茶机、物联网、茶叶质量追溯系统等新技术试验与示范，大力推广茶园喷滴灌、防霜扇、太阳能杀虫灯、黄板、生物制剂等生态栽培物化技术应用，推广面积已达0.66万公顷。通过项目对农民专业合作组织、农业产业化龙头企业建设予以补助，补贴标准15万～200万元。通过农机补贴，对茶场购置保鲜冷库、杀青机、杀虫灯等给予定额补贴。鼓励申报无公害农产品、绿色食品、有机农产品基地和农产品地理标志认证，对通过认证和获得各级名牌产品称号给予1 000～20 000元奖励。

茶叶生产和加工

2016年，江苏茶叶生产总量总体稳定。全省茶园面积稳定在3.38万公顷，受早春低温天气影响，春茶产量增长空间小，其中名特茶产量4 691吨、夏秋茶产量860吨。2015年冬季低温和春季低温霜冻，通过各界人士共同努力，2016年各产茶区茶叶产量与上年相比基本持平，产值24.8亿元。

为适应市场消费多元需求，各茶区主动调整产业结构，茶树品种结构优化，老茶园面积逐渐减少，无性系良种茶园面积比例持续增加，2016年已提高至36%。茶叶产品结构优化，适度缩减高档茶比例，加大中档茶生产，高中低档产品比例更加均衡。除传统绿茶、红茶产品外，推出黄茶、乌龙茶、黑茶等新产品，茶类更加多元化；茶饮料、茶保健品、茶食品添加剂、茶日化用品等领域的茶叶精深加工产品更加丰富。2016年，江苏茶叶生产主体中年加工能力500吨以上的企业有8个，其中宜兴项珍茶厂年加工能力达4 000吨。

2016 年江苏省主要茶叶加工企业

单位：万元、吨

企业名称	年销售额	茶叶产量	加工能力	茶叶品牌
宜兴市御茶农林生态园有限公司	1 500	200	800	韵芽
宜兴市红岭茶业有限公司	600	110	500	红岭
宜兴市兰山茶场	800	150	500	太湖雪眉
无锡市茶叶研究所有限公司	1 200	80	500	岚峰
宜兴市项珍茶厂	500	50	4 000	项珍
宜兴市盛道茶业有限公司	1 600	100	500	盛道
宜兴市嘉禾茶叶种植专业合作社	1 500	110	800	寿桃山
宜兴市芙蓉茶场有限公司	1 200	250	1 000	芙蓉
江苏茅山青峰茶叶有限公司	1 800	32.5	360	金鹿、毛麓、薄玉
江苏鑫品茶业有限公司	2 600	90	360	鑫品、鑫品红中王、丹豪

茶叶品牌

品牌是一种新的战略资源，茶叶品牌建设是茶产业转型升级的重点。以国家原产地保护和农产品地理标志登记为手段，大力培育茶叶区域公用品牌，加快洞庭（山）碧螺春、南京雨花茶、金坛雀舌等苏茶品牌推广和市场开拓步伐，已成功打造 3 个地市级茶叶区域公用品牌和 9 个县（市、区）级茶叶区域公用品牌，促进了苏茶产业的发展。

1. 加大项目资金支持　通过高效设施农业、农业三新工程（即农业新品种、新技术、新模式更新工程）、丘陵山区农业综合开发等省级财政项目支持茶产业发展；农业部园艺作物标准园项目资金扶持茶叶标准园创建；江苏省鼓励申报无公害农产品、绿色食品、有机农产品基地和农产品地理标志认定，企业通过无公害农产品认证，可获得 5 000 元奖励，通过绿色食品和有机农产品认证，可获得 20 000 元奖励。

2. 加快品牌市场推广　加快苏茶品牌推广和市场开拓步伐，2016 年组织开展江苏省第 17 届“陆羽杯”名特茶评比，全省各地选送 196 个茶样，选出特等奖 47 个、一等奖 69 个。提高茶叶生产者的质量意识和品牌意识，增强苏茶市场竞争力和影响力，打造了一批江苏名牌茶叶，促进社会消费。全省密集举办各类茶事活动，先后组织举办了首届江苏名茶展销暨休闲观光农业博览会、首届江苏茶艺技能竞赛暨第三届全国茶艺职业技能竞赛江苏赛区选拔赛和第三届江苏省手工制茶能手大赛，组团参加中国茶叶博览会、香港国际茶展等进行宣传，展示苏茶文化，推介苏茶精品。

3. 强化一二三产融合　2016 年，江苏提出建设休闲观光农业强省，培育农业增效、农民增收的新增长点。茶园生态环境良好，文化底蕴深厚，是发展休闲农业的适宜领域。以茶产业资源支持，与农业特色小镇、特色田园乡村的发展相结合，搭建茶旅小镇、特色茶园等良好的茶文化平台，吸引更多的人参与茶文化、茶消费活动，促进江苏茶产业综合效益提升。

茶叶市场与消费

江苏是茶叶的大销区小产区，茶叶以内销为主，部分名茶、低档绿茶和部分茶叶深加工产品出口。洞庭（山）碧螺春、雨花茶、金山翠芽、阳羡茶等传统名优茶以内销为主，外销为辅。占据江苏茶叶市场的主要是来自省外各茶叶主产区的产品，销售方式有传统茶叶老店、连锁店、产区直销店、商场、超市专柜，也有在电商平台销售等新兴电子商务模式。较大的茶叶专业批发市场主要分布在南京、苏州和常州，在茶叶集中产区有一些小型、季节性茶叶产地批发市场。

主要措施

2016年是“十三五”开局之年，江苏高度重视茶产业发展，强化关键措施落实，合力推进苏茶产业做大做强。

1. 围绕“三品”提升，深入开展茶叶标准园建设 为有效推动园艺作物“品种改良、品质改进、品牌创建”，全省大力推进标准茶园创建，推动茶叶标准园由“园”到“区”拓展。着力优化品种结构，结合无性系良种推广，大力推进老茶园改造升级、新茶园提档升级。稳定绿茶生产，积极开发其他茶类产品，丰富产品结构。着力提升产品质量，引导茶叶经营主体严格依照标准进行生产，大力开展病虫害绿色防控，推动茶产品品质改进与品牌创建。着力强化质量监管，应用条形码、二维码等技术，对茶叶标准园产品生产信息进行标识和溯源跟踪管理，打造安全放心消费的苏茶品牌。

2. 围绕降本增效，全面推进茶园设施装备提档升级 全省农业产业化引导资金对设施茶园建设进行大力扶持，加快茶园喷滴灌、遮阳网、防霜扇等设施推广应用，有力地提高了茶园设施化水平，提升茶园抗灾能力和产出水平。结合农机项目补助，推进茶叶生产农机与农艺结合，试验推广茶园管理、茶叶采摘机械，加快发展茶叶清洁化、连续化、自动化加工工艺及设备，提升茶叶生产机械化水平，提高劳动生产效率。

3. 围绕核心竞争力增强，大力推广应用茶叶生产新技术 品种技术是影响茶业生产水平的核心要素。全省高度重视新品种、新技术、新模式的集成创新和推广应用，鼓励科研单位加强关键技术攻关，尤其是加强茶树品种改良、选育和种质资源保护工作。全省自主选育紫化资源15个，白化、紫化等特异茶叶品种逐渐获得市场认可，种植面积逐渐扩大。进一步健全完善茶叶技术推广体系，提高公益性技术推广服务能力。加快培育新型技术服务组织，积极运用互联网思维，利用互联网平台、网络视频、微博微信等新型媒体进行茶叶生产技术推广，提高技术的多元化供给水平。

4. 围绕市场空间拓展，努力培育茶叶知名品牌 主动应对日益加剧的国内外市场竞争，加大对茶叶龙头企业和专业合作组织扶持与培育力度，着力提高茶叶合作组织标准化生产、专业化服务、品牌化营销、产业化经营水平。加强茶叶“三品一标”管理和区域公用品牌扶植力度，在已有的洞庭山碧螺春、雨花茶等区域公用品牌的基础上，进一步提升苏茶影响力。强化苏茶品牌宣传推介，组织全省“陆羽杯”名特茶评比、茶艺技能竞赛、手工制茶能手大赛等茶事活动，组织参加各类展示展销活动，提高江苏茶叶品牌的知名度。积极举办各种茶节庆活动，搭建良好的茶文化平台，吸引更多的人参与茶文化、茶消费活动，促进江苏茶产业再上一个新台阶。

茶文化

江苏有着悠久的茶文化史，传播和弘扬茶文化，依靠茶文化发展江苏茶叶是全省茶叶发展的一项重要举措。2016年，江苏各茶区积极开展各种形式茶文化活动。

1. “绿杨春早”茶文化节 4月9日，2016年中国·仪征“绿杨春早”茶文化节开幕式暨“全民饮茶日”活动全国启动仪式在仪征市月塘镇捺山地质公园举行。现场数百人一起看茶园、听茶歌，体验仪征茶文化，分享茶乡迷人的景色。

2. 举办第三届南京茶文化节 通过举办茶文化节，倡导全民饮茶的生活概念。邀请茶叶专家、学术界、文化界知名人士共商茶产业，交流茶文化，畅谈茶经济。进一步推进江苏茶产业发展，打响江苏茶叶品牌，提升江苏茶人形象。

大事记

4月26日，举办2016年江苏省第十七届“陆羽杯”名特茶评比，共收到参评茶样196个，并通过产品质量安全检测，按照评比程序，经专家评委会采取内外质双密码感观审评，无锡市茶叶品种研究所“太湖翠竹”等47个茶样获特等奖，宜兴市碧绿春茶场“善卷春月”等69个茶样获一等奖，无锡市农业委员会等12个单位获优秀组织奖。

4月27日，江苏省“中江杯”第三届制茶能手手工制茶大赛在江苏茶博园举行。比赛设有扁平形、针形和卷曲形名优绿茶的手工炒制操作3个竞赛项目，来自全省5个市10个县（市、区）38家企业的54名制茶技术能手云集于此，以茶会友，展现高超技艺。来自苏州的周建康、镇江的董修梅和南京的张礼兰分别摘得卷曲、扁平、针形3个项目桂冠。

5月20～22日，2016年江苏省首届茶艺技能竞赛暨第三届全国茶艺技能竞赛江苏赛区选拔赛在江苏农林职业技术学院茶博园举行，来自全省高职院校、中职院校和部分茶企的70多名选手参加了竞赛。

8月11日，江苏省组团参加由香港贸易发展局、中国茶文化国际交流协会联合举办的第八届香港国际茶展。江苏展团精心准备，展品包括名特绿茶、红茶等，同时还推出了鑫品抹茶和宜兴传统紫砂工艺品，宜兴红茶再获展会红茶组冠军。展会期间，江苏展团还受邀组织了传统茶艺表演。

（江苏省农业委员会　李岩）

浙 江 省

基本情况

茶叶是浙江省农业十大主导产业之一，在全省农业中的地位举足轻重，是全省72个县（市、区）160多万山区、半山区农民增收的支柱产业，是助力脱贫攻坚、振兴乡村发展的民生产业，也是建设绿色家园、促进身心健康的生态产业，更是传承和弘扬中华传统文化、助推社会和谐的文化产业。2016年，全省茶园面积为19.7万公顷，茶叶产量为17.2万吨，毛茶产值为155.1亿元；名优茶比重基本持平，产量和产值占比分别为7.53%、90.71%；茶叶出口量和出口额持续下滑，仍居全国之首。

浙江省茶业基本情况

项目	单位	2016年
毛茶产值	亿元	155.1
茶园面积	万公顷	19.7
茶叶产量	万吨	17.2
毛茶平均价格	元/千克	90.2
生产经营型企业数	个	3 086
茶叶出口量	万吨	14.72
茶叶出口额	亿美元	4.62
精深加工茶消耗量	万吨	11.66
精深加工产值	亿元	19.75
第三产业增加值	亿元	52.42
市场销售量	万吨	14.96
市场销售额	亿元	193.18
协会	个	93
合作社	个	1 837

产业政策

2016年是实施“十三五”规划的开局之年。1月，浙江省政府办公厅出台了浙江茶产业的“十三五”纲领性文件——《关于促进茶产业传承发展的指导意见》（浙政办发〔2016〕11号），提出以“高效生态、特色精品”为目标，重点培育茶叶主导品牌、推进茶叶全产业链建设、加快茶业强镇建设、加大科研开发力度、推进生产“机器换人”、实施文化兴茶、构建茶叶现代营销体系，打造千亿综合产值现代茶业强省。在各媒体、平台文件解读、宣贯的基础上，8月浙江省农业厅在松阳召开了“全省茶产业发展工作推进现场会”，部署了全省茶产业传承发展重点工作。磐安、平阳等市县也纷纷出台贯彻浙江省政府文件的相关政策，加快当地茶产业传承发展。

2016年是浙江省茶叶重点项目建设的承启之年，一批“十二五”重大项目相继建成：一是首批中央财政茶产业提升试点项目，经过2年实施已顺利完成建设，11个项目县共支持中央、省两级财政资金1亿元，建成2 247公顷高品质标准化茶园、优化改造37家初制茶厂，带动全省茶产业基础水平显著提升。二是“十二五”农业重大科技成果转化项目，从2012年立项以来投入4 000万元专项资金，对茶树新品种、名优茶机采技术、连续化生产线、精深加工产品研发等关键技术进行集中攻关和成果推广，共培育国家级茶树新品种4个、省级新品种3个，建立科技成果转化应用示范县19个，建立高效生态优质茶园基地79个，建立茶叶连续化、自动化加工和茶资源食品加工应用示范企业134家，建立绿色防控示范基地面积6 600公顷，技术成果覆盖15余万公顷，全省茶产业科技应用水平迈上了一个新台阶。同时，一批“十三五”重大项目也相继布局启动：一是第二批中央财政茶产业提升项目，在临安、建德、永嘉、天台、开化、莲都、龙泉、松阳、景宁等9个县（市、区）开始实施，当年投入省级以上财政资金4 000万元，对1 600公顷标准茶园和36家初制茶厂进行重点提升。二是农业部园艺作物茶叶标准园在建德市、安吉县再建2个标准茶园，全省部级高品质生态标准茶园面积达到3 853公顷。三是“十三五”浙江省农业新品种选育重大科技专项启动，共安排茶树品种专项资金2 000万元。

茶叶生产

2016年浙江省茶叶生产有三大特点：一是春茶开采推进快。从2月18日分别在温州市永嘉县、丽水市莲都区等地开采，到3月5日湖州第一锅春茶出锅，仅用了半个月时间，比往年30天左右快了近一倍。二是灾害频发、生产受损。全省先后遭受1月底极端寒潮、3月中旬重度倒春寒、4～5月上旬持续阴雨、7月底持续晴热高温等全省性灾害天气打击，造成全省约12万公顷茶园受灾、20亿元以上的经济损失。三是大宗茶呈区域性发展差异。浙东地区人力成本高，大众茶发展缓慢，个别地区出现萎缩，浙中、浙西南地区人力成本较低，大众茶生产规模不同程度增加，浙江茶企到人力成本更低的地区建基地、办茶厂步伐加快。2016年，在全省的共同努力下，取得了减产即增收的良好局面，全省茶园总面积达19.7万公顷，同比增长1.29%，实现产量17.2万吨，同比降低0.23%，实现产值155.1亿元，同比增长7.64%，再创历史新高。

浙江省茶产业基础进一步夯实。一是茶园标准化、良种化提升，建成各类标准茶园3.52万公顷，占全省茶叶总面积的17.87%，全省无性系良种面积达14.16万公顷，无性系良种化率达71.9%。二是名优茶加工水平切实提升，评出省级标准化名茶厂已达109家，全省已有48个县、194条名优茶生产线投产，年加工能力达到1.7万吨以上，占名优茶产量的20%以上。三是精深加工初具规模，全省生产加工型精深加工企业达52家，茶叶消耗量已达11.7万吨，实现产值19.75亿元。

茶园政策性保险为生产保驾护航。在2015年绍兴市、丽水市启动以低温气象指数保险为主的茶园政策性保险，取得切实风险分摊、补偿止损作用的基础上，2016年杭州市全市也加入到保险试点范围内。全省共有130多家茶企及茶农约1 666.7公顷茶园参保，保费达370余万元，普遍触发理赔3～4次，涉及全部被保险人，赔款共计560余万元，平均赔付率达150%，大灾之年止损保障作用较为明显。在该成效的鼓舞下，温州市文成、永嘉、平阳3县和金华市东阳、浦江、磐安3县也纷纷在2016年年底启动了加入试点工作。

浙江省茶叶生产主要地区

单位：吨、公顷

地区	产量	面积	主要品牌
杭州市	34 795	28 150	西湖龙井、径山茶、千岛玉叶、雪水云绿、千岛银珍、九曲红梅、湘湖龙井、安顶云雾、天目青顶、建德苞茶
丽水市	34 116	31 619	松阳银猴、金奖惠明、香茶、梅峰、缙云黄茶、仙都笋峰、龙谷丽人、金观音
绍兴市	31 941	47 302	大佛龙井、绿剑茶、越乡龙井、日铸茶、十里坪有机茶、觉农舜毫、石笕茶、泉岗辉白、皇帝茶叶
湖州市	23 209	10 546	安吉白茶、长兴紫笋、莫干黄芽、安吉白片
金华市	21 450	21 580	武阳春雨、磐安云峰、东白茶、婺州举岩、道人峰、浦江春毫、兰溪毛峰
温州市	15 549	6 094	乌牛早、三杯香、雁荡毛峰、平阳早香茶、苍南翠龙、文成贡茶、清明早、黄叶早

（续）

地区	产量	面积	主要品牌
衢州市	11 857	7 509	开化龙顶、绿牡丹、方山茶
台州市	11 845	5 001	天台山云雾、临海蟠毫、羊岩勾青、紫高山茶、白马山茶、火山茶
宁波市	11 649	14 223	明州仙茗、瀑布仙茗、望海茶、望府茶、东海龙舌、奉化曲毫、三山玉叶、天池翠

注：本表按产量为序。

浙江省茶叶主产县（市、区）

单位：吨、公顷

主产县（市、区）	产量	面积	主要品牌
嵊州市	18 154	11 750	越乡龙井
诸暨市	12 730	6 730	绿剑茶、石笕茶、十里坪有机茶
武义县	12 205	6 739	武阳春雨
松阳县	11 913	7 955	松阳银猴
遂昌县	9 951	8 040	龙谷丽人
杭州市余杭区	8 056	3 796	径山茶
绍兴市柯桥区	7 183	4 584	日铸茶
杭州市富阳区	6 469	4 027	安顶云雾茶
新昌县	5 886	6 310	大佛龙井
余姚市	4 796	3 741	瀑布仙茗
宁海县	4 513	3 318	望海茶、望府茶
长兴县	4 503	6 832	紫笋茶
淳安县	4 366	12 668	千岛玉叶
安吉县	4 305	13 476	安吉白茶、安吉白片

注：本表按产量为序。

浙江省主要茶叶加工企业

单位：万元、吨

企业名称	销售额	产量	品牌
浙江华茗园茶业有限公司	68 906	27 519	华茗园
浙江昌祥茶叶有限公司	54 285	26 918	平水珠茶
浙江华发茶业有限公司	53 515	32 298	皇帝、华发
浙江振通宏茶业有限公司	51 800	14 500	振通宏
浙江更香有机茶业开发有限公司	37 190	2 325	更香

（续）

企业名称	销售额	产量	品牌
湖州方路茶业有限公司	23 600	18 000	方路
余姚市华通茶厂	23 500	13 050	公主
浙江省诸暨绿剑茶业有限公司	18 732	1 025	绿剑
开化宝纳制茶有限公司	17 122	6 705	元峰
浙江省武义茶业有限公司	16 970	9 982	九龙山
浙江仙居茶叶实业有限公司	12 104	936	仙青
临海市羊岩茶厂	11 000	400	羊岩山

注：本表以2016年销售额为序。

茶叶市场

2016年，茶叶价格前平后涨，整体上扬。2月26日，浙南茶叶市场开秤收购，开市价格880元/千克，比上年的900元/千克略有下降。3月，浙中、浙南地区早春茶因高档名优茶需求持续减少，虽然产量受霜冻下降但价格保持稳定；浙北地区提前开采，因该地区茶叶价格较高，全省早春茶平均价格提高到528元/千克，比上年同口径的386元/千克增长了37%。4～5月，中低档名优茶产量因持续阴雨影响下降，且中低档名优茶特别是龙井、香茶等市场需求旺盛，销售价格坚挺。据新昌中国茶市反映，4、5月价格指数分别为345.14、144.96，比上年同期分别上涨4.92%、10.02%。6～10月，随着香茶、扁形茶等优质绿茶畅销，浙西南地区茶青价格坚挺，同比提高20%～25%，香茶加工量比上年增长10%左右，价格增长5%左右，扁形茶和毛峰价格也比上年增长15%～20%。全年茶叶平均价格为90.2元/千克，比上年83.5元/千克增长8.02%，尤其湖州地区高档茶价格稳定在1 000元/千克左右，全年平均价格达310元/千克，比上年增长15.86%。

茶叶产地市场交易持续兴旺。全省产地市场交易总量与总值分别达14.96万吨、193.20亿元，分别比上年增长3.77%、0.89%，其中浙南茶叶市场全年交易量7.59万吨、交易额50.17亿元，分别比上年增长2.85%、5.42%，并获“中国商品市场百强”和“全国2014—2015年度诚信示范市场”两大“国字号”荣誉。线上交易继续快速增长，区域优势品牌发展尤为突出，新昌大佛龙井电商达335户，销售额达5.9亿元，同比上涨18%；安吉白茶电商达1 057家，其中旗舰店26家，年销售额逾2亿元。在2016年淘宝“双十一”活动中，浙江艺福堂茶业有限公司官网报收1 381万元销售额，为茶叶类电商销量榜首，杭州正浩茶叶有限公司（603万元）也继续稳占前十位，当天绿茶类销量排行榜中西湖龙井包揽前四位。

浙江省主要茶叶贸易及出口企业

单位：万美元、吨

企业名称	年出口额	年出口量
浙江昌祥茶叶有限公司	6 137	20 213
浙江华发茶业有限公司	3 071	13 933
开化宝纳制茶有限公司	2 122	5 699
宁波瑞龙茶业有限公司	1 870	6 540
浙江春力茶业有限公司	1 210	3 827

注：本表以年出口额为序。

茶叶出口

2016年浙江省出口下滑加剧，规模仍居全国第一。全省茶叶出口量14.72万吨、出口额4.62亿美元，分别比上年降低6.66%、11.17%，占全国茶叶出口总量和出口总额的44.79%、31.09%。其中，绿茶出口量14.19万吨、出口额4.38亿美元，分别比上年降低5.37%、10.66%，占全国绿茶出口总量和出口总额的52.38%、41.13%。出口下滑主要原因是美国、德国、乌兹别克斯坦等国家进口量较大幅度减少，全省茶叶出口平均单价继续下降，每吨为3 136美元，比上年降低4.83%，比全国平均单价低30.59%。

浙江省主要茶叶批发市场

单位：万米^2、万吨、亿元

名称	市场面积	交易量	交易额
浙南茶叶市场	8.0	7.62	50.45
新昌中国茶市	15.3	1.52	40.91
杭州千岛湖茶叶市场	2.2	0.42	9.80
浙中生态茶叶市场	3.4	0.31	5.60
武义茶城	2.6	0.27	3.78
开化龙顶茶叶市场	0.9	0.12	3.55

注：本表以交易额为序。

茶文化

1. 浙江茶叶为“2016中国杭州G20峰会”添彩 在“2016中国杭州G20峰会”上，浙江茶叶频频露脸：国家主席习近平会见美国总统奥巴马后，在杭州西湖国宾馆的凉亭喝茶，成为G20历史性时刻之一；G20峰会“最忆是杭州”文艺演出中的《采茶舞曲》节目，给与会来宾留下美好印象；西湖龙井、九曲红梅被选定为此次峰会指定产品，龙井虾仁、龙井问茶成为G20国宴菜和国宴点心；中央电视台播出了“品一杯龙井茶，披一缕杭州锦”的专题节目；中国茶叶博物馆等单位开展了“元首夫人品茶”活动，向世界充分展示了茶都杭州的魅力与形象。

2. 丰富多彩茶事活动助力“浙江绿茶”品牌打造 浙江省农业厅在青海省西宁市举办了第十一届浙江绿茶博览会，展会面积达4 500米^2，共有160多家企业参展，是历届中展览规模和组织阵容最大的一届，也是浙江绿茶博览会首次登上青藏高原，在3天展期内共吸引了3万多名西宁市民参观，实现现场销售520余万元、意向销售5 370万元。此外，温州早茶节、松阳中国茶商大会、安吉白茶博览会、金华万人品茶大会、新昌中国茶叶大会暨第十届新昌大佛龙井茶文化节、中国（杭州）国际茶产业博览会等30多场茶事活动也有效地促进了浙江绿茶的推广与市场的拓展。特别是丽水、湖州、温州、绍兴等多个市县还专门参加了在北京、济南、上海等省外大城市举办的多场推介活动，有效地提高了地方品牌的知名度、推动了品牌产品的市场拓展。

3. 匠心制茶得到各地重视和关注 由浙江省农业厅、人力资源和社会保障厅、总工会主办的“2016年茶叶加工工职业技能竞赛浙江省决赛”在杭州市西湖区外桐坞村举行，来自10个产茶市的20名选手组成代表队参加决赛，周胜春（金华市）、郑吉士（台州市）、汤玉平（金华市）等选手获前三名。由浙江省农业厅、农业和农村工作办公室、教育厅主办的“浙江省首届新型职业农民农业技能大赛暨职业院校农业技能大赛”在金华职业技术学院举行，比赛共设评茶员等6个比赛项目，来自全省11个地市、8所高职院校、19所中职院校共38支代表队，近150人参赛。

4. 茶休闲体验多点开花 以茶文化、茶旅游等为主的第三产业快速发展，茶业特色强镇建设进一步推进，继龙坞茶镇、松阳茶香小镇以后，淳安县、磐安县跟进启动茶特色强镇建设，淳安鸠坑有机茶叶小镇制订了实施方案和具体行动计划，磐安古茶场文化小镇召开了方案评审会，其中一期工程通过初步审定。随着长兴大唐贡茶院、安吉宋茗茶博园、龙泉金观音庄园等相继建成完善，临海羊岩山茶文化园、德清莫干山茶旅游、松阳大木山骑行茶园等旅游线路不断推陈出新，全省茶休闲体验产业规模不断扩大，截至2016年年底第三产业增值已达52.42亿元，比上年增长19.29%。2016年，松阳县、新昌县被评为“2016年度中国十大最美茶乡”。

大事记

1月28日，浙江省发展和改革委员会发布的省级特色小镇第二批创建名单，松阳县茶香小镇成功入选创建名单，磐安县古茶场文化小镇名列培育名单。

2月4日，浙江省政府办公厅下发了《关于促进茶产业传承发展的指导意见》（浙政办发〔2016〕11号），对促进浙江茶产业传承发展提出了总体要求，明确了7个方面发展任务，为“十三五”浙江茶产业发展指明了方向。

3月10日前后，全省出现重度“倒春寒”霜冻，全省已开采的11万公顷茶园全线受灾，经济损失超17亿元。

3月27日，由中国茶叶流通协会、中国国际茶文化研究会、中国茶叶学会、浙江省农业厅、丽水市人民政府主办的“第九届中国茶商大会·松阳银猴茶叶节”在松阳开幕。

4月12日，由中国国际茶文化研究会、中国茶叶流通协会、中国茶叶学会、浙江省农业厅、绍兴市人民政府、浙江省茶叶产业协会主办的“2016中国茶叶大会暨第十届新昌大佛龙井茶文化节”在新昌中国茶市开幕。

4月18～19日，由浙江省农业厅、贵州省农业委员会等单位共同主办的“‘东有龙井·西有凤冈’品牌与茶文化交流论坛”在贵州省凤冈县举办。

4月24日，由浙江省茶叶学会、茶都名园和浙江大学等单位共同主办的“2016浙江省敬老茶会”在杭州举办，800多名老领导、老专家、老茶人相聚一堂。

5月20～22日，浙江省农业厅在青海省西宁市举办了“2016浙江绿茶（西宁）博览会”，并举办了多场推介品鉴活动，评出了53个金奖产品，全方位展现了浙江省丰富多彩的茶产品和茶文化。

8月4日，“中欧互认互保”——西湖龙井茶（龙井茶西湖产区）地理标志产品国际化运用试点启动仪式在中国农业科学院茶叶研究所举行，杭州龙冠实业有限公司和杭州西湖龙井茶叶有限公司成为试点企业。

8月11～12日，浙江省农业厅在松阳县召开全省茶产业传承发展工作推进现场会，布置落实全省茶产业传承发展重点工作。

9月4～5日，“2016中国杭州G20峰会”在杭州召开，期间国家主席习近平与美国总统奥巴马在杭州西湖国宾馆的凉亭喝茶，成为峰会标志性历史时刻之一。

11月5～6日，由中国国际茶文化研究会、杭州市人民政府、中华全国供销合作总社杭州茶叶研究院主办的第三届中华茶奥会在杭州茶都名园举行，举办了茶艺大赛、仿宋茗战、“茶+”调饮赛、茶品赛和茶席设计赛等5个项目16个组别的比赛，共有430名选手参赛。

11月16～18日，“第三届世界互联网大会”在乌镇举办，浙茶集团“狮峰”牌西湖龙井和“天香”牌九曲红梅为会议专用精品茶。

12月6日，在浙江省特色小镇文化建设现场会上，公布了首批20个浙江省特色小镇文化建设示范点，磐安古文化小镇入选。

12月7日，经浙江省农业两区办公室（两区为现代农业园区和粮食生产功能区的简称）组织评定，首批省级茶产业集聚区和特色茶产业强镇创建名单确定，绍兴市柯桥区南部茶叶产业集聚区、宁海县桑洲茶叶特色农业强镇、开化县齐溪茶叶特色农业强镇、景宁县鹤溪湾惠明茶特色农业强镇位列其中。

12月20日，浙江省农业厅公布了2016年新增浙江省标准化名茶厂名单，杭州茶人茶业有限公司等15家主体所属的茶厂入选。

（浙江省农业厅种植业管理局　冯海强　罗列万）

安 徽 省

基本情况

1. 茶叶生产稳中有增 安徽省是产茶大省，共有12个市58个县（市、区）产茶。根据安徽省农业厅的统计，2016年全省茶园面积17.18万公顷，比上年增长2.32%，其中开采茶园面积15.56万公顷、无性系茶园面积5.88万公顷，分别比上年增长8.28%、22.50%。茶叶产量12.37万吨，比上年增长7.57%，其中各类名优茶3.85万吨，比上年增长13.24%。茶产业综合产值278.70亿元，其中茶叶一产产值84.05亿元、名优茶产值69.97亿元，分别比上年增长2.50%、17.09%。全省茶园以茶农一家一户管理为主要方式，占全省茶园总面积的80%以上，国营茶场和茶叶龙头企业自管及联合农业合作组织集中管理的茶园约占20%。

安徽省茶叶发展基本情况

单位：万公顷、万吨、亿元

年份	总面积	开采面积	总产量	名优产量	一产产值	名优产值
2012	14.97	13.10	9.49	3.20	62.00	44.23
2013	15.53	13.50	10.09	3.16	70.00	49.26
2014	16.66	14.46	11.12	3.32	76.00	54.25
2015	16.79	14.37	11.50	3.40	82.00	59.50
2016	17.18	15.56	12.37	3.85	84.05	69.97

资料来源：安徽省农业厅，下同。

六大茶类在安徽均有生产，其中以绿茶为主，红茶、黄茶次之。2016年，绿茶产量11.00万吨，占全年总产量的88.92%；红茶产量0.80万吨，占全年总产量的6.47%；黄茶产量0.54万吨，占全年总产量的4.36%；其他茶类（黑茶、白茶、乌龙茶）产量共0.03万吨，占全年总产量的0.25%。

2. 茶叶质量安全体系逐步完善 自2015年起，安徽省组织开展茶产业绿色增长模式攻关，继续扎实推进“三品”认证工作。2016年，全省茶园“三品”认证面积达15.86万公顷，占全省茶园的92.35%，其中无公害认证面积13.01万公顷、绿色认证面积2.77万公顷、有机认证面积0.08万公顷。

2016年，安徽省开展以茶叶新型潜在危害因子摸底排查与已知危害因子安全性为主要任务的跟踪评估，在黄山市、六安市等主要产茶区的生产基地、茶叶仓库、销售店、茶叶市场取样，对比投入品样品进行定性分析，所有茶叶样品均未检出任何植物生长调节剂，茶叶检测出危害因子的可能性较低。黄山市茶叶质量安全研究中心检测项目扩大至17个领域，检测指标达853项，可同时开展200多个农药残留指标筛查，检测能力位居全国茶叶单体实验室第一。

3. 茶企规模日益壮大 安徽省现有茶企6 000余家，其中国家级农业产业化龙头企业3家、省级农业产业化龙头企业53家；亿元以上规模企业30余家，5 000万元以上规模企业200余家。全省现有茶叶专业合作社总数1 953家，其中省级以上专业合作社示范社133家，组织化程度明显提升。

2014年1月14日，谢裕大茶叶股份有限公司在新三板挂牌上市（股票代码430370），成为国内首家通过全国中小企业股份转让系统上市的茶企。到2016年，安徽已有抱儿钟秀茶业有限公司（2016年8月15日挂牌，股票代码838947）和松萝有机茶叶开发有限公司（2016年9月5日挂牌，股票代码838465）等新三板上市茶企3家。

4. 茶叶品牌建设步伐加快 安徽省名茶众多，茶叶品牌建设呈现出多样化发展的态势。2016年，全省共有茶叶注册商标2 441个，县级以上区域公用品牌33个，中国驰名商标16个，省级著名商标118个。在浙江大学CARD中国农业品牌研究中心发布的“2016中国茶叶区域公用品牌价值评估报告”中，“祁门红茶”品牌价值26.55亿元，连续7年入围“中国茶叶区域公用品牌价值十强”，并获“最具品牌带动力”称号。“太平猴魁”品牌价值21.74亿元，获“最具品牌溢价力”称号。除祁门红茶、六安瓜片、黄山毛峰、太平猴魁等市场知名度较高的区域公用品牌外，岳西翠兰、霍山黄芽、舒城小兰花、桐城小花、霄坑绿茶等一批优秀的区域公用品牌，也获得市场的认可和好评。

茶叶加工及市场销售

1. 茶叶加工条件逐步提升 安徽是全国较早采用自动化、清洁化加工生产线的省份，伴随着近年来全省对茶叶加工机械科研力度和资金支持力度的不断加大，各地茶叶加工企业设备得到了较好的更新。但相较于内销名优茶，外销茶加工特别是外销茶初制加工条件还有待进一步改进和完善。例如，黄山市祁门县祁红茶业有限公司与安徽农业大学合作，成功研发了国内首条年产1 000吨的祁红全自动化初、精制生产线，实现清洁化、智能化、规模化生产。2016年，安徽共有清洁化茶叶加工厂900余个，全省年初制加工量10.23万吨，精制加工量14.63万吨。

全省茶叶深加工企业不足10家，其中黄山市5家，产品有超微茶粉、茶多酚、茶色素、茶饮料、茶食品等。但由于该类型企业多缺乏自主终端产品，因市场需求问题，不能完全按照设计标准开工生产。

2. 茶叶销售形式不断丰富

（1）茶叶内外销情况。安徽茶叶以省内自销为主，兼有国内调剂和外销，其中省内自销约占50%，国内调剂和外销各占25%。全省年人均茶叶消费约1千克，消费主要以安徽本地茶叶为主。随着“八项规定”的出台，省内礼品茶、高档茶需求减少，中低档茶消费需求增加。各产茶市（县、区）均根据市场需求，主动调整优化产业，省内生产和消费结构逐步趋于理性。

安徽茶叶出口以非洲、中东地区为主，欧洲地区次之。在“十二五”期间，安徽茶叶出口迅速发展，到2016年，安徽省口岸出口茶叶5.67万吨，出口额2.43亿美元，出口均价4 278.17美元/吨，成为仅次于浙江的出口茶叶省。全省茶叶出口企业有30余家，其中出口额超过5 000万美元有1家、超过1 000万美元有7家、超过500万美元有11家。

安徽省茶业出口情况

单位：万吨、亿美元、美元/吨

年份	出口量	出口额	出口均价
2012	3.32	1.07	3 222.89
2013	3.95	1.44	3 645.56
2014	4.69	1.95	4 147.33
2015	5.65	2.27	4 016.99
2016	5.67	2.43	4 278.17

（2）茶叶线上线下销售情况。安徽省茶叶销售仍以线下为主，除各市场主体自建销售渠道外，省内各产、销地专业市场在沟通产销上起到了很大的支撑作用。截至2016年年底，全省县级及以上正常运作的茶叶专业市场有20余个，总营业额超过50亿元。其中芜湖市繁昌县峨桥镇“江南第一茶市”以年营业额12亿元占据首席，此外还有黄山茶城、霍山大别山绿色商城、江南茗茶城等专业市场，都在促进销售上发挥了应有的作用。

随着近年来电子商务产业发展趋于成熟理性，越来越多的市场主体开始通过线上进行销售。截至2016年年底，全省共有703家茶企运用电子商务进行销售，全年交易额达8.92亿元，同比增加

28%，茶叶电子商务呈现快速增长态势。其中谢裕大茶叶股份有限公司“触网”后，销售额连年增加，达到6 500万元；六安瓜片茶业股份有限公司仅“双十一”当日销售额就达到680万元。

产业融合发展情况

1. 茶旅融合发展 安徽茶区主要分布在黄山山脉和大别山山脉，其间名山大川众多，黄山、九华山举世闻名，长江、新安江川流不息，太平湖、大别山六大水库群星璀璨，优越的生态资源环境为茶旅融合发展提供了有利的条件。安徽多地结合当地资源禀赋和特色，打造茶旅精品线路。例如，六安市打造了长约260千米的“六安茶谷”，以茶为媒，将茶产业发展与生态保护、休闲旅游、文化创意、健康养生融为一体，为生态增绿、旅游添景、农民增收发挥了重要作用。宣城市泾县结合“水墨汀溪”“皖南川藏线”等旅游景点建设，把兰香茶生产基地打造成为集生态观光、生产体验和品茶推介三大主题功能于一体的茶文化体验度假景区，吸引了众多游客前来旅游度假，泾县也先后被评为“全国休闲农业与乡村旅游示范县”和“全国十大魅力茶乡”。

2. 茶文化创意产业 安徽产茶历史悠久，茶文化底蕴浓厚，茶产业在传承中不断创新发展，涌现出了很多案例。例如，六安市编辑出版《六安茶》文化书、拍摄制作《六安瓜片　茶香天下》宣传片，霍山县编辑出版《古茗神韵：霍山黄芽》，舒城县制作了《深谷幽香——舒城小兰花》宣传片、出版舒城小兰花文化季刊；黄山市建成黄山毛峰、太平猴魁、祁门红茶、松萝茶等名茶博物馆，成为深受大众喜爱的茶文化科普教育基地。截至2016年年底，安徽省共有茶叶博物馆（园）21家，茶庄、茶文化馆2 000余家。

主要措施

1. 精心谋划抓指导 安徽省农业委员会以现代生态农业产业化为总抓手，在2016年组织实施绿色增效示范、品牌建设示范、主体培育示范、科技推广示范、改革创新示范等“五大行动”，并于4月在六安市召开了全省茶叶生态农业产业化示范现场会，安徽省政府相关领导出席了会议，并对茶产业转型发展、绿色发展提出了具体要求和部署。

2. 典型引路抓示范 2016年，安徽省启动了茶叶现代生态农业产业化示范县创建，六安市、祁门县、石台县、岳西县成为全省首批茶叶现代生态农业产业化创建市（县）。全省加大品牌塑造、品牌整合、品牌营销和品牌提升力度，借助《安徽日报》和安徽电视台等媒体，开展“安徽茶产业‘十二五’建设成果巡礼”大型主体公益活动和现代生态茶产业绿色增长专题宣传。

3. 合力推进抓扶持 安徽省安排国家现代农业发展资金9 000万元，支持12个项目县无性系良种茶园建设和茶树病虫害绿色防控。安排茶产业专项资金1 600万元，重点支持茶树良种繁育推广、茶园机采试点补贴、绿色防控、品牌宣传推介等。全省还积极支持新型经营主体参加中国安徽优质农产品暨农业产业化交易会、全国农产品（上海）交易博览会等各类展示展销活动，搭建省内外茶产业交流平台。

4. 坚持不懈抓服务 安徽省为确保《茶产业绿色增长模式攻关实施方案》落实落细，安排安徽省茶产业技术体系专家，对接重点县（市、区）和经营主体开展技术指导、帮扶和技术培训，为茶产业发展提供科技支撑和技术保障。

大事记

2月25日，安徽省茶叶行业协会被世界博览会总代表和馆长联合会授予“中国企业参展2015年意大利米兰世博会优秀组织奖”。

2月26日，国家质量监督检验检疫总局、中国质量认证中心发布全国知名品牌示范区区域品牌价值，六安瓜片品牌价值219亿元，在全部119个园区（其中农业园区23个）中位居第七、农业园区第二，取得了优异成绩。

3月4～7日，安徽农业大学茶树生物学与资源利用国家重点实验室和霍山县政府在合肥共同承办了“全国茶叶标准化技术委员会——黄茶工作组成立大会暨一届一次会议”和“全国茶叶标准化技术委员会二届四次会议”。

4月15日，金寨县“六安（金寨）茶文化、红色文化、山水民俗精品旅游线路”被中国茶叶流通协会推选为首批“2016年度全国茶乡之旅特色路线”。

4月26日，安徽省农业产业化工作指导委员会在六安市召开全省茶产业发展现场会。

4月26日，金寨县麻埠镇承办了第五届大别山（六安）山水文化旅游节、第二届六安茶谷开茶节暨第十六届六安瓜片茶文化节，以及第六届大别山区名优茶传统工艺制作大赛。

5月7～8日，安徽省茶叶行业协会与安徽大学、安徽农业大学联合承办了由安徽省教育厅主办的“白云春毫杯”2016中国（安徽）大学生茶文化创新大赛。

5月27～29日，安徽省茶叶行业协会成功承办了“白云春毫杯”安徽省第十届国际茶产业博览会。

6月15～16日，由台湾茶业协会、安徽农业大学共同主办，茶树生物学与资源利用国家重点实验室、安徽皖台友好协会承办的“第九届海峡两岸暨港澳茶业学术研讨会”在合肥召开。

10月14日，安徽农业大学茶树生物学与资源利用国家重点实验室宛晓春教授、张劲松教授研究组首次发现，以夏秋茶为主要原料的黄大茶，具有显著的降血糖功效，国际学术期刊《科学报告》发表了该研究成果。

10月31日，在由农业部农产品加工局主办的“全国农民合作社加工示范单位培训班”上，农业部授予霍山三河茶叶专业合作社等8家合作社“全国农民合作社加工示范单位”荣誉称号。

12月16日，池州市农业技术推广中心实施的九华佛茶标准化生产技术集成项目获得农业部2014—2016年度全国农牧渔业丰收三等奖。金寨县茶叶发展办公室茶叶质量安全与加工利用技术的开发与集成应用、霍山县茶叶发展办公室茶叶质量安全与加工利用技术的开发与集成应用同时获得农业部2014—2016年度全国农牧渔业丰收奖。

12月28日，国家质量监督检验检疫总局2016年第128号公告，批准了舒城小兰花茶实施国家地理标志产品保护。

12月30日，教育部下发《教育部关于“神经调控技术与科学”等国际合作联合实验室立项建设的通知》（教技函〔2016〕58号），安徽农业大学“茶叶化学与健康国际合作联合实验室”获批立项建设，成为安徽省第一个获立项建设的教育部国际合作联合实验室。

（安徽省农业委员会　孙晨）

福　建　省

基本情况

福建是我国产茶大省，制茶、饮茶、贩茶历史悠久，源于汉，兴于唐，盛于宋，最早的文字记载见于南安市丰州古镇莲花峰的摩崖石刻“莲花茶襟”太元丙子（376年），比陆羽《茶经》问世要早300多年。福建也是著名的特种茶产区，在全国占有重要地位，产制乌龙茶、绿茶、红茶、白茶四大茶类及再加工类的花茶，除绿茶外，均是福建首创。可见闽茶在中国乃至世界茶叶发展史上都具有重要的历史地位和文化价值。

茶叶是福建的特色优势农产品，在福建省委、省政府的高度重视下，围绕“品种引领、品质提升、品牌打造”的总体要求，着力于优化茶类和茶树品种结构，大力发展名优茶生产，建设生态茶园，提升产品质量水平，培育壮大龙头企业，打造知名品牌，积极拓展国内外茶叶市场，使茶产业得到又好又快的发展。2016年，全省茶园面积25.13万公顷，位居全国第五位；毛茶产量42.68万吨，毛茶产值219亿元，全产业链产值近900亿元，毛茶总产量、毛茶产值、全产业链产值均位居全国第一。茶产业作为福建农业和农村经济的增长点，作为福建现代农业的亮点，作为福建茶区科学发展、跨越发展的助推器，作用不断凸显。

产业政策

历经3年多充分的调研与征求意见，2012年3月，福建省第十一届人民代表大会常务委员会审议通过了《福建省促进茶产业发展条例》，这是全国第一部茶产业地方性法规，于同年6月1日起施行。该条例的正式颁布施行，标志着福建茶产业的发展进入了法制化轨道，意义重大。为加强茶叶质量安全管理，提出实行茶叶质量可追溯制度，规范企业在茶叶质量安全方面的责任要求；为扶持茶产业发展，规定福建省政府和茶叶主产市（县、区）政府应当安排茶产业发展专项资金；鼓励金融机构开发、创新适合茶产业发展的金融产品和服务；鼓励茶企依法利用资本市场筹集社会资金；支持山地茶园权利人以林权作为抵押进行贷款等。2014年，福建省政府出台了《关于提升现代茶产业发展水平六条措施的通知》（闽政〔2014〕45号），提出到2018年，全省茶园面积稳定在24万公顷、毛茶产量40万吨基础上，全省茶产业要立足转型升级、延伸产业链条、做响品牌、提质增效，实现年产值超千亿元的目标。六条措施分别是：建设生态茶园，提升茶叶品质；推广茶叶机械，降低生产成本；拓展精深加工，提高产品附加值；构建监管平台，确保质量安全；创新经营模式，拓展发展空间；强化服务保障，增强发展能力等具体措施，促进茶产业转型升级发展。

茶叶生产

1. 茶树品种王国　福建素有“茶树良种王国”之称，全省拥有国家级茶树良种26个、省级良种18个，无性系良种推广面积达96%以上，远高于全国平均水平，居全国领先地位；茶叶单产水平显著提升，全省平均亩产从30年前的24.5千克提高到113.2千克，为全国第一。

2. 产业转型升级　2008—2016年，福建着力实施现代茶业项目，累计投入中央财政资金10亿元，建设完成标准化生态茶园5.3万公顷，开展茶叶初制厂清洁化改造项目1 000个，建设了10个现代茶庄园试点。现代茶业项目的实施，有力地促进了全省茶叶从传统产业向现代加工业的转变，为推动茶产业发展奠定了良好的基础。

3. 茶叶生产增长　2016年茶园面积与上年相比没有太大的增长，茶叶总产量比上年增长6.08%，茶叶单产比上年增长2.83%。2016年茶叶产量情况红茶占总产11.70%、绿茶占总产的

30.45%、乌龙茶占总产的53.48%、白茶占总产4.10%、其他茶占总产的0.28%。

2014—2016年福建省茶园面积、茶叶产量和单产

单位：万公顷、万吨、千克/公顷

地区	2014年				2015年				2016年			
	茶园面积	采摘面积	茶叶产量	茶叶单产	茶园面积	采摘面积	茶叶产量	茶叶单产	茶园面积	采摘面积	茶叶产量	茶叶单产
合计	24.29	21.62	37.21	1 725	25.01	22.69	40.23	1 765	25.13	23.40	42.68	1 815
宁德市	6.69	6.06	8.76	1 310	6.90	6.38	9.30	1 459	6.97	6.55	9.78	1 493
泉州市	5.00	4.56	7.02	1 530	5.36	4.99	7.48	1 501	5.37	5.31	7.79	1 467
南平市	4.06	3.73	6.47	1 732	4.12	3.85	6.80	1 765	4.11	3.92	7.07	1 803
漳州市	2.92	2.52	6.16	2 442	3.03	2.64	7.06	2 675	3.06	2.72	7.64	2 805
三明市	2.68	2.14	3.60	1 680	2.77	2.30	3.94	1 712	2.78	2.36	4.28	1 816
福州市	1.08	0.95	2.48	2 614	1.06	0.95	2.75	2 899	1.08	0.96	3.09	3 222
龙岩市	1.62	1.43	2.04	1 421	1.64	1.46	2.17	1 490	1.62	1.45	2.29	1 582
莆田市	0.17	0.16	0.54	3 374	0.18	0.16	0.58	3 564	0.19	0.18	0.62	3 435
厦门市	0.07	0.07	0.14	2 034	0.07	0.07	0.14	2 024	0.07	0.07	0.12	1 875

资料来源：福建省农业厅。

茶叶加工

1. 制茶工艺创新 在乌龙茶产区，推广应用人工控制乌龙茶晾青、做青环境的新设备和新技术；在白茶产区，改进晾青、晒青和烘干新工艺，进行产品多元化开发。漳州大闽集团在原研制茶浓缩汁的基础上，又研发了各种茶粉、低咖啡因茶、酶解茶、草木精萃茶及生物保健茶新工艺。

2. 制茶机械升级 重点研发创新推广连续化、智能化、清洁化、自动化茶叶机械和生产线。2012年以来，福建安排省级财政资金2.5亿元扶持300家龙头企业开展技术升级换代，发展清洁化生产，提高茶叶卫生质量水平，一是采购单台价格在20万元以上的生产加工设备；二是购置茶叶初制、精制或深加工成套生产线；三是配置高端检测仪器设备。茶叶初制加工不落地机械化自动化生产线等先进制茶装备的使用，有力地推动了福建茶叶从传统产业向现代加工业的转变。

茶叶品牌

在政府引导和市场拉动的共同合力下，福建茶产业涌现出一大批区域特征明显、辐射带动能力强的龙头企业。全省现有134家茶叶类农业产业化国家级和省级重点农业产业化龙头企业、6个中国名牌产品或名牌农产品、23个产品获中国驰名商标称号，茶叶龙头企业和品牌建设水平居全国前列，八马、日春、武夷星、华祥苑、天福茗茶、品品香、春伦等茶叶龙头企业的涌现，为福建茶业的快速发展，起到了良好的示范带动作用。

2016年11月16～18日，第十届海峡两岸茶业博览会（以下简称茶博会）在武夷山市举办。本届茶博会设太伟风景会展中心和凯捷岩茶城2个展厅，总展览面积4.3万米^2，设国际标准展位1 230个。吸引了海内外参展企业520余家，其中台湾茶企97家，国际茶企16家，邀请采购商7 000多人。海内外众多知名茶企的参展，丰富了展品品类，实现了展品结构多元化，推动展会由区域化迈向国际化。本届茶博会延续“缘聚武夷·茶和天下”的主题，按照“新活动精彩纷呈，老活动推陈出新”的思路，在继续办好“欢乐茶节”“禅茶文化节”“海峡两岸民间斗茶赛”等传统品牌活动的基础上，还创新推出“市厅长嘉宾推介名茶专场”“武夷山海上丝绸之路低碳体验”“海峡两岸乌龙茶（青茶）

手工制茶技艺交流”“万里茶道再出发”等活动。此外，为推进“大众创新、万众创业”，本届茶博会首次开辟“双创”展区，为大学生和年轻茶人创新创业提供平台。在茶博会投资项目现场签约的项目共有38个，累计总投资289亿元，涉及现代农业、旅游休闲等领域。

茶叶市场和贸易

福建茶叶区域公用品牌众多，产品主销北京、上海、广东、广西、山东等地茶城，以及华北、东北、西北等地市场。2016年福建的批发市场主要在安溪、福州、漳州、邵武等地有10多个专业市场。其中安溪的中国茶都——安溪全国茶叶批发市场，2016年总交易量2.1万吨、总交易额近25亿元，稳居全国茶叶批发市场十强。

在当地或在省外开设茶馆、茶楼、茶店及批零兼营的网点，据不完全统计有6万余家。在省内外建立连锁店，如天福集团在省内外共开设有1 200多家直营连锁店，品品香、八马、华祥苑、春伦等茶企在全国各地也均建立了稳定多元化销售渠道。安溪县积极挺进电商市场，依托弘桥智谷（泉州）电商产业园、茶多网、天猫、京东商城安溪会馆等平台，大力发展电子商务和跨境电商，形成国内国外齐头并进、线上线下融合发展的格局。武夷山市在全国大中城市及主销区陆续建立了20多个武夷山大红袍推广中心、茶业同业公会地区分会，在北京、上海、天津、深圳、广州、福州、厦门、济南等地共建立销售网点5 000余家。这些市场的拓展对进一步提升武夷茶的影响力和竞争力起着至关重要的作用。

茶叶是福建传统出口的农产品，2016年全省茶叶出口量1.96万吨、出口货值2.2亿美元，分别比上年增长13.4%、26.4%，出口量和出口货值分别占全国的6%、14.9%。福建茶叶远销五大洲60多个国家或地区，主要出口东盟、日本、美国、欧盟等，以及中国香港、澳门等地区，其中日本是福建茶叶出口的最大市场，出口量约占全省茶叶出口量的一半以上；茶叶出口企业主要分布于福州、厦门、南平、泉州等地；出口茶类齐全，乌龙茶、绿茶、红茶、白茶四大茶类和再加工茶类的花茶均有出口，其中以大宗乌龙茶为主。

主要措施

1. 着力优化茶类品种结构　坚持以稳定面积、提高单产、增加效益为总体发展思路，进一步优化产业结构布局，重点发展以安溪铁观音为代表的闽南乌龙茶和以武夷岩茶为代表的闽北乌龙茶，着力开发以坦洋工夫、政和工夫、白琳工夫为代表的闽红工夫及具有福建地域特色的小种红茶，稳步发展白茶生产，适当发展传统名优绿茶、茉莉花茶生产。持续推进品种结构调整，加大力度推广高香型和制优率高、适制性好的茶树品种，合理搭配早、中、晚芽品种，适当引进我国台湾及其他省份的优良品种，使全省的茶树品种布局逐步向调优、调高、调特方向发展，并与各产区的地理气候、产业基础、加工茶类、市场取向相一致且相协调。

2. 以项目为抓手推动产业升级　福建省自2008年实施现代茶业项目以来，累计投入中央财政资金10亿元、省级财政资金2.5亿元，建设完成标准化生态茶园5.3万公顷，开展茶叶初制厂清洁化改造项目1 000个，扶持300家龙头企业引进先进加工设备，建设了10个现代茶庄园试点。这些项目的实施，有力地促进了全省茶叶从传统产业向现代加工业的转变，为推动全省茶产业发展奠定了良好的基础。

3. 不断提升质量安全水平　全省各级政府高度重视茶叶质量安全工作，着力开展标准茶园创建和茶叶标准化示范区建设，推广茶叶标准化生产。采用生物农药、太阳能杀虫灯、黄板、性诱剂等生物、物理、化学手段，抓好病虫害综合防控工作，推广茶树病虫害专业化统防统治新模式。同时，强化对茶农和茶企业主进行茶叶种植、加工、卫生质量管理等内容的培训，全面提高福建茶叶生产者的生产技术水平。近年来，安溪县积极探索建立“生产有记录、信息可查询、流向可跟踪、责任可追究、产品可召回”的茶叶质量可追溯体系，来提升和保证茶叶质量，同时该县在农资监管上采取统一招投标经营、茶农持卡购药等规范经营的措施，这种从源头上控制违禁农药的使用，保障质量安全的做法正在被福建省其他产区学习借鉴。

4. 合力培育知名品牌 福建有关部门采取优惠政策措施，推进茶叶龙头企业上市融资，做大做强企业，增强对茶农的辐射带动能力。鼓励有条件的茶企和农民专业合作组织争创驰名商标、著名商标，推进区域品牌和企业品牌相互促进发展，全省茶叶类品牌中有中国名牌产品或名牌农产品6个，获中国驰名商标称号的有23个。同时，充分借助海峡两岸茶业博览会、农业博览会的平台，组织开展相关茶事活动，提升福建茶叶品牌的知名度和影响力。

5. 积极推进科技创新 组织实施福建省茶树优异种质资源保护与利用工程，先后在35个县（市、区）建立保护茶树种质资源圃5个、原生无性系栽培种24个、有性群体种19个、野生（半野生）茶树种质资源14个，建设茶树种质资源基因库1个；同时做到保护与开发利用并重，全省共推广了金观音、金牡丹、黄观音等茶树优新品种1万公顷；完善了现代茶产业技术体系建设，建立省级创新团队和10个县级综合试验推广站，着力组装配套，推进技术创新，重点解决生产中的技术难点，不断提升科技创新与应用水平。

工作思路

1. 进一步加大对茶产业投入 继续实施2014—2016年第三轮现代茶业生产发展资金项目，在重点产茶县（市、区）实施生态茶园建设、茶叶初制加工清洁化改造、茶叶加工能力提升、生产与加工技术培训等重点项目，扶持一批重点基地和重点龙头企业，提高全省茶产业综合竞争力。同时，推动建立和完善多元化投入机制，鼓励和引导茶叶加工、经营企业及茶农努力增加投入，加大招商引资力度，积极吸引民间资金投入茶产业。

2. 进一步打造地域优势品牌 以工业的理念发展农业，加大品牌茶叶标准化生产力度，扩大标准化生产规模，使标准化生产覆盖品牌茶叶的内涵提升和外延扩大的全过程。把茶文化的挖掘、宣传与品牌的推介有机结合，充分利用现有展会平台，扩大品牌企业和品牌产品的影响力。更加重视发挥资本在地域性优势品牌升级中的作用，鼓励条件成熟的龙头企业利用资本市场筹集资金，对上市融资企业给予必要的政策扶持。加强茶叶品牌的管理保护，加大对品牌的服务和监管工作，规范市场秩序，依法保护品牌和实施产权。

3. 进一步提升茶产业创新能力 加大茶树种质资源利用、新品种选育、茶树病虫害绿色防控、茶叶连续化加工、有害物质含量控制、茶叶现代化生产管理模式应用等关键技术研究与开发力度；加强农科教三方合作，建立科技资源共享、优势互补机制，加快科技成果转化，提高科技对产业发展的贡献率。同时，强化技术推广体系建设，积极创新技术推广机制，探索与产业化发展相配套的区域性专业技术推广部门与科技示范场、专业合作组织相结合的技术推广模式。

4. 进一步强化茶叶质量安全工作 从福建的实际情况来看，要进一步广泛宣传，强化质量安全意识，把安全生产转变为生产者、经营者的自觉行动；加快质量安全标准体系建设，加强标准制定的科学性与合理性；加快质量安全监测体系建设，加强过程控制和质量监督；加强对企业和农民的示范、培训，逐步推广、普及质量安全生产技术。

5. 继续组织开展闽茶海丝行经贸活动 把闽茶作为“一带一路”倡议中福建“海上丝绸之路核心区”特色品牌进行打造，总结欧洲站活动的成功经验，精心组织安溪铁观音、武夷岩茶、金骏眉、坦洋工夫、福鼎白茶、福州茉莉花茶等多家茶叶龙头企业，继续沿海上丝绸之路，选择东南亚、中东、非洲、欧洲重点国家开展宣传推介活动，宣传福建茶叶、推广茶文化、传授品饮方式、培养消费群体，推动闽茶抱团发展，走向世界，扩大福建茶叶在国际市场上的影响力。

茶叶科技与教育

2016年，福建省农业科学院土壤肥料研究所的《福建红黄壤茶园与旱地沃土技术模式研究与示范》、福建佳友茶叶机械智能科技股份有限公司的《新型乌龙茶茶叶加工全自动生产线》等2项成果获福建省科学技术进步二等奖。

福建省拥有5所茶叶高等教育的院校，其中福建农林大学不仅培养本科生，还是茶学硕士、博士教育授予单位。宁德职业技术学院农业科学系是福建省最早培养茶叶专业的摇篮，该校前身是茶叶老前辈张天福教授所创办。此外，还有武夷学院茶与食品学院、漳州科技职业学院茶学院、安溪茶学院。据不完全统计，2016 年全省共招收涉茶专业 30 多名硕士及博士研究生、800 多名本科生、500 多名大专生。

大事记

2016 年福建组织安溪铁观音、武夷岩茶、正山小种、坦洋工夫、福鼎白茶、福州茉莉花茶等多家茶叶龙头企业，分两批赴欧洲和东南亚 6 个国家开展“闽茶海丝行”活动，通过宣传福建茶叶、推广茶文化、传授品饮方式、培养消费群体等多种手段，扩大了福建茶叶在国际市场上的影响力。该活动的成功举办，初步搭建起福建茶企与“海上丝绸之路”沿线各国的经贸合作平台，积累了开展国际茶叶经贸合作的经验，为福建茶企开拓国际市场、吸引国际投资奠定了良好的基础。

4 月 26 日，国家标准化管理委员会发布的陈香型铁观音标准开始实施。继清香型、浓香型的产品标准之后，陈香型铁观音成为第三类具有国家标准的铁观音产品。

5 月 18 日，福建省茶叶学会、福建省品牌文化发展研究会共同主办了首届福建茶叶品牌发展峰会，会议邀请到国内著名专家学者、省内主要产茶区的分管领导，就新常态下如何将茶产业做大做强，以及企业家代表就新形势、新机遇下企业如何打造品牌展开分析、讨论、交流。

6 月 25 日，“行好韵杯”第三届中国海丝之路茶王争霸赛暨第四届（福州）安溪铁观音文化节在福州举办，本次活动以“增进闽茶文化交流、促进闽茶产业发展、助推闽茶品牌成长”为宗旨，努力搭建福建茶人交流制茶技艺、分享创新智慧的文化交流平台。

6 月 11 日，第八届海峡论坛·第三届海峡茶会在福建漳州东南花都开幕，吸引包括 34 家中国台湾茶企在内的 200 多家海内外茶企参展，打造两岸业界交流大平台。“全产业链”产品成为本届活动的“主打”，近万平方米的展馆分为 8 个展区，展示从茶叶到茶食品、精深加工制品、茶机械，以及茶文化、茶旅游、茶电商等产品。

9 月 30 日～10 月 2 日，由台湾茶业协会主办的 2016 亚太茶产业研讨会与展览暨首届“张天福·吴振铎杯”台湾乌龙茶评比活动在台北国际会议中心盛大举行，主办方希望借此活动能提高茶农制茶、加工精制、泡茶等技术，以及为共同的乌龙茶事业拓展版图、同喜同荣而努力。

11 月 14～17 日，2016“茶界泰斗张天福·传家茗作杯”海峡两岸民间斗茶赛在第十届海峡两岸茶博会举办期间举办，此次斗茶赛吸引了来自海内外各地茶人、茶企的积极参与。经评审，从 720 多份参赛茶样中评选出了水仙、名丛、肉桂、大红袍四大系列状元各 1 名、金奖 13 名、银奖 21 名。

（福建省农业厅　王昕）

江 西 省

基本情况

江西省地处长江中下游南岸，因唐代设“江南西道”而得名，又因赣江纵贯全境而简称“赣”；属亚热带湿润季风区，气候温和，土壤肥沃，有效土层约60厘米。全省总面积16.69万千米^2，境内60%以上为山地丘陵，其中大部分为海拔350米以上的山区，山区重峦叠嶂，终年云雾缭绕，是产茶的适宜区。这些良好的生态条件，给茶叶生产带来了得天独厚的适宜环境，好山好水出好茶。

江西是传统的优势茶叶产区，地处中国绿茶金三角，自然条件优越，气候温和，雨量充沛，生态良好。全省产茶历史悠久，名茶品种众多，文化底蕴深厚，有“唐载茶经，宋称绝品，明清入贡，中外驰名”的辉煌历史。近年来，江西省委、省政府高度重视茶产业发展，提出了重振江西茶业辉煌的战略构想，出台了一系列扶持政策，推动江西茶产业快速稳定发展。2016年，全省茶园面积9.01万公顷，其中开采面积6.78万公顷，有机茶园面积2.87万公顷；全年干毛茶总产量5.75万吨，总产值45亿元。

为进一步推动江西省茶叶优势品牌发展，提升茶叶品牌效益和综合竞争力，促进茶叶增效、农民增收，2015年5月19日江西省政府出台了《关于推进全省茶叶品牌整合的实施意见》，经过层层遴选确定重点打造狗牯脑茶、婺源绿茶、庐山云雾茶、浮梁茶、宁红茶（简称“四绿一红”）5个省级重点品牌。从2015年起，连续5年，每年整合省级财政涉农相关资金1亿元，对5个区域品牌的生态标准茶园建设、加工能力和条件提升、市场营销网络构建、品牌标准体系建设、品牌宣传等5个方面给予重点支持，力争通过5年努力，打造1～3个全国茶叶知名品牌。

茶叶生产与加工

江西省茶叶种植遍布11个市90个县（市、区），茶产业已成为农民就业创业、增收致富的重要渠道。2016年，江西省茶园面积9.01万公顷，其中开采面积6.78万公顷，有机茶园面积2.87万公顷；全年干毛茶总产量5.75万吨，总产值45亿元。来自江西省出入境检验检疫局的数据显示，2015年出口额6 030万美元，实现连续十年增长。“四绿一红”产区茶园面积发展到5.4万公顷，干茶产量4万吨左右，农业总产值31亿元以上。

江西茶叶加工仍以传统加工为主，以加工绿茶和红茶为主，并加工少量乌龙茶和黑茶。名优绿茶加工以针形（或条形）和卷曲形为代表，如浮梁和婺源的仙芝、梁渡银针为典型的针形茶，庐山云雾茶、靖安白茶、资溪白茶为典型的条形茶，遂川狗牯脑茶、井冈翠绿等为典型的卷曲形茶；还有少量扁形茶，如灵岩剑峰、梅岭剑绿等。大宗绿茶以炒青为主，精制拼配后出口欧盟和非洲市场。红茶为传统宁红和浮红加工工艺，高档红茶以内销为主，大宗红茶部分作为祁红原料销售安徽等省，部分以宁红出口。

茶叶加工设备以单机为主，少量引进连续化生产线。名优茶杀青主要使用30、40、60、80型滚筒杀青机，能源以电、柴、汽为主，部分连续生产线使用汽热杀青机，近几年80型热风杀青机正在普遍引用。做型主要使用8槽和11槽理条机，烘干主要使用烘干机和提香机。大宗绿茶和精制绿茶均使用传统加工设备为主，色选机在各精制厂广泛使用。红茶加工萎凋槽在各企业广泛使用，智能发酵机在红茶发酵过程应用广泛，但部分有熟练技术工人的茶企仍使用传统工艺发酵。

茶叶品牌

浙江大学CARD中国农业品牌研究中心发布的2016中国茶叶区域公用品牌价值评估报告中，庐山云雾茶品牌价值17.86亿元，比上年增长7.5%，排23名；浮梁茶14.56亿元，比上年增长

19.9%，排34名；婺源绿茶14.45亿元，比上年增长14.2%，排36名；狗牯脑茶13.44亿元，比上年增长16.4%，排42名；宁红茶11.18亿元，比上年增长15.3%，排54名。2016中国茶叶企业产品品牌价值评估报告中江西省宁红集团有限公司、婺源县鄣公山茶叶实业有限公司、江西省修水神茶实业有限公司、浮梁县浮瑶仙芝茶业有限公司等企业品牌进入前100强，分别以3.52亿、2.53亿、2.47亿、2.3亿元的品牌价值位列第24、45、50、60位。

2016年江西省有茶叶类农业产业化国家重点龙头企业3家、省级龙头企业48家、市级龙头企业122家。其中，“四绿一红”有农业产业化国家重点龙头企业1家、省级龙头企业23家、市级龙头企业39家，产值上亿元企业5家（即江西省宁红集团有限公司、婺源县鄣公山茶叶实业有限公司、江西省修水神茶实业有限公司、浮梁县浮瑶仙芝茶业有限公司、婺源县聚芳永茶业有限公司），其中5 000万～1亿元企业7家、2 000万～5 000万元企业37家。

2016年江西省茶叶品牌主体建设工作主要支持“四绿一红”茶叶品牌主体建设，支持方向主要为：一是创新研发。支持各品牌加快茶叶技术和标准体系建设，重点用于茶叶新品种、新技术、新工艺的研发和应用，鼓励各品牌与相关院校合作研发。二是标准制定和质量监管。支持各品牌建立统一的标志标识、生产规程、质量标准、分级包装、储藏、市场销售规则等。三是标准生态茶园的新建。支持各品牌按照“优质、高效、生态、安全”的要求，加快标准生态示范茶园建设，推广无性系良种、立体化种植、机械化耕采、测土配方施肥、绿色防控技术，提升茶园综合生产能力、茶叶品质和质量安全水平。四是低产茶园改造。支持各品牌改造低产茶园，改造范围主要是树龄老、产量低的老茶园。五是加工设备升级。支持茶叶加工设备升级，补贴企业引进清洁化、连续化、自动化的生产线。

茶叶市场与贸易

南昌茶叶交易市场，属于省、市、区各级政府的重点商业扶持项目，是江西精品名茶展销平台与形象窗口，集茶叶交易、特色茶具、茶艺表演、仓储物流于一体，融合茶叶批发、零售、旅游、休闲、娱乐等多元素的综合性专业市场。

2015年以来，通过政府的支持，搭建销售平台。据不完全统计，2016年“四绿一红”品牌新增专卖店132家，新增专柜275个；新增网上专卖店55家，总数达214家，销售网络在北京、上海、广州、深圳和山东等地逐步铺开。遂川县和浮梁县分别建成了狗牯脑茶电商城、浮梁茶电子商务平台，入驻百家以上茶叶电子商家。

21世纪以来，在中央深化改革、扩大开放正确决策的指引，以及江西省委、省政府强农、惠农、富农政策的强势推动下，江西省坚持以开放促改革、促发展，充分发挥农业比较优势，提高农业对外开放水平，为茶叶出口创造了良好的发展环境和发展空间。特别是2014年以来，江西茶产业积极融入“一带一路”倡议，主动应对欧盟茶叶农药残留限量标准、抢占欧盟市场份额，在国际经济复苏乏力环境下，江西茶叶出口逆势上扬，出口金额保持增长，江西有机绿茶在欧盟市场占绝对的竞争优势。据商务部门统计，2013年江西省茶叶出口总额3 434万美元，2014年4 614万美元，2015年5 400万美元，2016年6 030万美元，年均增长14.3%。全省拥有国家级无公害茶叶示范基地县和出口基地县3个（即婺源、浮梁、修水），培育了大鄣山、鄣公山、林恩、浮瑶仙芝等一批内有实力、外有市场、多元经营的龙头骨干企业，出口国家或地区37个。其中，婺源为全国茶叶出口第一县，婺源绿茶连续10年占据欧盟有机茶市场50%以上的份额；上饶茶叶被商务部认定为国家外贸转型升级示范基地。

茶叶科技与教育

2016年江西省科研立项有：国家茶叶产业技术体系南昌综合试验站，江西省现代茶叶产业技术体系，国家重点研发计划“茶园化肥农药减施增效技术集成研究与示范”，江西援建项目“库区高山茶叶标准化生产技术研究与示范”，江西省重大计划项目“基于‘互联网+’条件下的现代信息技术在资溪白茶产品质量安全追溯体系中的应用研究与示范”，江西省重点研发计划“茶用皇菊栽培关键技术研究与示范”“基于WebGIS茶树主要病虫害智能测报技术及防治专家系统的研究和开发”，江西省技术引领类项目“绿色防控技术在贵溪白茶上的应用与示范”“基于农药残留控制的茶叶安全生产关键技术联合研发与示范”“基于植物‘互助’模式的丘陵新型有机茶园构建及其评估”。2016年江西省验收的科技支撑和星火计划项目有：茶叶菊酯类农药原位降解微生物的筛选及产业化技术研究、名优茶机械化采摘技术及配套装置研究、控制化学品用量对茶叶质量安全的影响研究、复合茶园改善丘陵荒地生态环境的研究、微波在绿茶加工中的创新利用及配套技术研究与示范、名优茶机械化采摘配套技术集成应用。

江西省开设茶学或茶文化专业的主要大专院校有江西农业大学、南昌大学、江西省婺源茶叶学校等。其中，2013年江西农业大学开始开设茶学本科专业，成为江西省唯一一所拥有茶学本科的大学。江西省蚕桑茶叶研究所为江西省唯一一所省级茶学科研院所，现有国家茶叶产业技术体系综合试验站站长1人、江西省现代茶叶产业技术体系首席专家1人。

主要措施

1. 以统一管理为有效手段，推进茶叶品牌整合 初步形成了品牌准入管理制度，“婺源绿茶”“浮梁茶”“庐山云雾茶”“狗牯脑茶”4个区域品牌都建立了注册商标准入制度，初步统一了生产和质量标准，初步探索建立了防伪及质量追溯体系。遂川县首个茶叶溯源系统开始测试运营，婺源县已建成茶叶追溯基地1 186.7公顷，浮梁县已完成产地市场监管体系建设。

2. 以产业基础建设为重点，提升茶产业实力 2016年省级支持新开发和标准茶园提升建设标准茶园面积达2 583.3公顷，支持建设安装物联网，有较高科技含量的千亩示范园6个。通过新开发生态茶园和提升茶园实行绿色生态种植模式，全面提高了茶园标准化生产管理水平。

3. 以发挥企业动能为着力点，开拓茶叶市场 按照“政府搭平台、企业拓市场、市场化运作”的原则和“进京、入沪、下粤、上网、跨洋”活动安排，在2016年省级财政专项中安排市场开拓奖，茶叶销售市场及渠道呈多元化发展。实体店方面，鼓励企业走出产区、走向销区，按统一标准开设连锁专卖店。电子商务方面，江西省农业厅与江西淘鑫电子商务有限公司签订合作协议，启动了江西春茶、秋冬礼品茶线上推广活动，吸引点击量500万人次以上、广告曝光率9 000万人次以上，活动周网店销售2.7万件，环比上周增长45倍，全年淘宝总销售额1 705.4万元，比上年增长120%。展会推介方面，主办和参加了一些有影响力的茶事活动，其中5月10～13日在上海主办了“2016江西（上海）茶业博览会”，省内115家茶企参展，进驻电商平台24家。同时还以“江西茶 香天下”为主题，组织茶企参加北京、济南、西安、广州、太原、呼和浩特、大连、深圳等8场全国巡展，参展茶企140家次。婺源、修水还积极组织茶企参加了美国、欧盟、西班牙、摩洛哥、俄罗斯等组织的茶叶展销会。

4. 以一二三产业融合为发展动力，促进茶产业转型升级 一是旅游带茶。按照“茶旅结合”发展要求，各茶区在拓展茶叶旅游市场方面进行了一系列有益探索。婺源绿茶在县内旅游景区设立了100余家专卖店、专柜，旅游市场带动名优茶销售作用明显。九江市计划依托庐山的旅游资源，建设庐山云雾小镇，已进行了项目前期选址规划。二是文化兴茶。江西省农业厅与九江市、铅山县共同举办的第三届庐山问茶会暨江西省茶叶评比活动、第四届“万里茶道”与城市发展（铅山）中蒙俄市长峰会。各市（县、区）也纷纷发力茶事活动，如遂川县举办全民饮茶日活动（遂川）暨第三届狗牯脑茶王赛和“回眸世博金奖百年荣耀，共绘‘一带一路’发展蓝图”系列主题活动启动仪式暨“狗牯脑杯”绿茶手工炒制大赛；九江市举办了“一带一路”与中国茶业发展高峰论坛；湖口县举办了首届“石钟杯”庐山云雾茶评比会；婺源县举办了现代农业示范园创建启动仪式暨采茶大赛活动；浮梁县举办了第十届浮梁茶文化旅游节暨浮梁茶金奖百年纪念大会，修水县举办了“宁红—双井之春”茶文化节、“百年宁红，王者归来”宁红品牌推介会等。

三是广告推茶。统一了“江西茶 香天下”宣传广告语，策划制作了“江西茶 香天下”为主题的“四绿一红”15 秒广告片，2016 年全年在中央电视台新闻频道《朝闻天下》栏目和江西电视台《江西新闻联播》栏目投播广告，还在《农民日报》等平面媒体，以及高铁、机场、高速公路等平台也有广告跟进。例如，“庐山云雾茶”广告在昌北机场候机大厅亮相，“狗牯脑茶”等也在机场、高铁、公交、微信公众号等开展了宣传。

茶文化

300 多年前，绵延万里的古茶道从万里茶道第一村——福建省武夷山市下梅村出发，茶叶在万里茶道第一镇——江西省上饶市铅山县河口镇集散后，北上进入万里茶道第一门——河北省张家口大境门，沿万里茶道核心路段——张库恰大道（草原之路），横跨亚欧大陆，开辟了中蒙俄万里茶道沿线城市及边关经贸文化交流新通道；300 多年后，在中蒙俄万里茶道沿线城市的共同努力下，第四届“万里茶道”与城市发展中蒙俄市长峰会于 2016 年 1 月 16 日在江西省铅山县河口镇隆重举行。此次峰会为期 3 天，同时还举办了“万里茶道”茶产品旅游商品博览会、“万里茶道”与城市发展中蒙俄市长峰会旅游分享会、“万里茶道”与城市发展中蒙俄市长峰会市长圆桌会议暨交接旗仪式和“万里茶道 2016 之行”启动仪式等活动。

在这块红色的土地上孕育着独特的地域文化，茶歌茶戏历代相传，名人品茶赋诗不断，江西各地都有采茶戏，特别是有赣南客家发源地之称的赣州，有赣南客家风情的采茶戏、兴国山歌等著称于世，还有井冈山苏区革命时期的请茶歌等。江西省茶叶协会原会长、江西省社会科学院原副院长陈文华在农业考古中，为研究挖掘茶文化，江西省社会科学院在全国率先将“茶文化学”列为重点学科，开办了南昌女子职业学校等茶艺专业班，并组团应邀赴法国、日本、芬兰、瑞士等多国进行茶文化的交流与茶艺表演，获得国内外好评与赞誉。

以茶为载体，弘扬茶文化，发展茶产业，促进茶旅游，多业互动助推茶经济的理念。市场竞争必然会从品牌、品质等方面向生态型、资源型及文化内涵等要素转型，开始营造融观茶、品茗、赏艺于一体的绿色、红色、古色等生态旅游和茶园观光。如美如仙境被称为“梦里老家”的茶叶大县婺源，每年接待旅客几十万人次；还有瑞金市武夷源高山茶园的红色与古色相结合的客家风情旅游。

大事记

1 月 16 日，由中华文化促进会和江西省农业厅、江西省旅游发展委员会、上饶市政府主办，铅山县政府承办的第四届“万里茶道”与城市发展中蒙俄市长峰会、茶产品旅游商品博览会在铅山县开幕。来自“万里茶道”沿线蒙古和俄罗斯等 9 个节点城市、7 个国际组织、国内 9 个省份 43 个节点城市 330 余名嘉宾参会。

4 月 7 日，江西省农业厅组织召开全省茶叶品牌整合工作调度会，江西省委常委、政法委书记尹建业出席会议并讲话，要求全省要坚定不进则退的整合决心，坚持市场为导向的整合路径，完善品牌整合的保障机制，努力开创全省茶叶品牌整合工作的新局面。

4 月，江西省农业厅与江西淘鑫电子商务有限公司签订合作协议，开展江西春茶、秋冬礼品茶线上推广活动，联动茶叶电商上千家、互联网媒体 60 余家，举办春夏秋冬四大主题共 18 场营销活动，吸引点击量 500 万人次以上、广告曝光率 9 000万人次以上。

4 月 15～18 日，由中华茶人联谊会、江西省茶叶协会联合主办，江西华美会展有限公司、江西婺源华源茶业有限公司、婺源晓起皇菊有限公司等承办的江西省第九届茶业博览会在南昌古玩城举办，吸引了 1.5 万余人次参观购物，人数比上届大幅提升。

4 月 23～26 日，有着北方春茶第一展的第七届中国国际茶业及其茶艺博览会在北京全国农业展览馆拉开帷幕，江西省首次以“江西茶 香天下”为主题组团参加。

5 月 13～15 日，江西省农业厅在上海国际农展中心举办了 2016 年江西（上海）茶叶博览会。展会以“江西茶 香天下”为主题，举行展示展销、茶艺表演、新闻发布与推介会等多项活动，通过实物、茶艺表演、宣传片等多媒体手段，重点推介江西“四绿一红”茶叶品牌。本届展会江西省内115家茶企参展，进驻电商平台24家，唱响了江西茶叶“进京、入沪、下粤、上网、跨洋”的新篇章。

6月17日，由江西省农业厅、九江市人民政府在九江美术馆共同举办第三届庐山问茶会，江西省农业厅副厅长程关怀、九江市副市长赵伟参观了活动现场。本次茶叶评比共收到参评茶样108个，其中绿茶48个、红茶29个、白化茶31个，数量、质量均高于历届，共评出3类参评茶类茶王各1个、金奖34个。

10月21日，江西省茶叶协会二届五次换届年会暨三届一次会员代表大会在南昌隆重举行，来自全省各地市、县的会员代表130余人出席了会议。大会审议修改了《江西省茶叶协会章程》《江西省茶叶协会会员收费标准》，选举产生了江西省茶叶协会第三届理事会成员。

11月10日，中国茶叶学会主持召开的“2016中国茶业科技年会”上，中国名茶之乡评选委员会评选出14个重点产茶县（镇）为第五届“中国名茶之乡”，其中江西省上犹县、浮梁县被授予第五届“中国名茶之乡”称号。

（江西省农业厅　王晨）

山 东 省

基本情况

山东地处东部沿海，黄河下游，属暖温带季风气候类型。降水集中，雨热同季，春秋短暂，冬夏较长。年平均气温11～14℃，年平均降水量一般为550～950毫米，由东南向西北递减。全省光照资源充足，平均光照时数为2 300～2 890小时，热量条件可满足农作物一年两作的需要。由于降水量60%以上集中于夏季，故易形成涝灾，冬春又常发生旱灾，对农业生产影响最大。

山东茶叶种植始于20世纪50年代的“南茶北引”工程，从南方引进茶树进行试验种植；60年代末70年代初获得引种试种成功，并进入推广阶段；90年代后尤其2000年以来，逐步进入了面积扩大、产量增长、品质提升、效益增加的发展新时期。

山东茶区主产绿茶，在我国茶区划分上属于典型的江北茶区，是我国纬度最高的茶区。受自然环境影响，山东绿茶具有南方高山茶的特点——香气高、滋味浓、叶片厚、耐冲泡，深受消费者喜爱。山东绿茶代表产品有日照绿茶、崂山绿茶、沂蒙绿茶、泰山女儿茶、琅琊海青茶、烟台绿茶、长清茶等。近年来，随着国内红茶的兴起，山东红茶加工方兴未艾，在2013年举办的第十届“中茶杯”全国名优茶评比（第二阶段）活动中，日照海润曲红、崂山神水泉红茶、泰安金女儿红茶、济南泉城红茶、海阳鹤山正红等8个红茶样荣获全国一等奖，标志着山东红茶生产技术日渐成熟。

山东茶叶产区位于北纬34°～38°、东经116°～123°。2016年，山东各地市发展茶叶积极性较高，全省茶园面积、采摘面积和茶叶产量均呈增长态势。根据山东省统计局统计，截至2016年年底，全省茶园面积达到了2.7万公顷，采摘面积1.9万公顷，产量2.16万吨，分别比上年增长5.4%、7.0%和14.5%；茶叶产值超过35亿元，全省17个地市中有12个地市40个县（市、区）种植茶叶，基本形成了鲁东南沿海、鲁中南山区和胶东半岛三大茶叶集中产区，集中产区茶叶栽培面积、产量均占全省的90%以上，呈现出较明显的区域优势。

山东省茶叶产区分布

地市	主产县（市、区）	零星种植县（市、区）	地市	主产县（市、区）	零星种植县（市、区）
日照	岚山区、东港区、五莲县、莒县		青岛	黄岛区、崂山区、即墨市	胶州市、平度市、莱西市
临沂	莒南县、临港开发区、临沭县、沂水县	沂南县、费县、平邑县、郯城县、苍山县、蒙阴县	泰安	泰山区、岱岳区、新泰市	肥城市、宁阳县
潍坊	诸城市	临朐县	烟台	海阳市	莱阳市、莱州市、牟平区、蓬莱市、栖霞市
威海	乳山市、荣成市	文登区	淄博		鲁山、沂源县
济南	长清区	历城区	济宁		曲阜市、泗水县

产业政策

为推动茶产业健康快速发展，2016年9月，经山东省政府批准，山东省农业厅发布了《山东省茶叶产业提质增效转型升级实施方案（2016—2020年）》，目标直指茶产业绿色、高效发展和一二三产融合。通过完善茶树良种繁育体系、建设标准化示范园、加快推动茶叶加工升级、提高产品质量安全水平、加强茶叶品牌培育和推介、强化齐鲁茶文化宣传与推广等方面，推动山东茶产业提质增效、转型升级。2016年，山东省农业厅组织实施了高效特色农业平台（茶叶）项目，累计省级财政投入资金2 200万元，扶持海阳市、日照市（岚山区、东港区、五莲县）、泰安市泰山区、临沂市莒南县等6个县（市、区）发展无性系良种茶繁育和生产。各地市也纷纷出台政策扶持茶产业发展，推动山东茶产业进入新的发展阶段。

茶叶生产

2016年，山东省茶产区克服胶东半岛连续3年干旱天气的影响，实现了茶叶产量的稳步增长，全省茶园面积达到了2.7万公顷，采摘面积1.9万公顷，产量2.16万吨，茶叶面积、产量和产值均创历史最高水平。主产区日照市所辖的两区两县（岚山区、东港区、五莲县、莒县）及山海天旅游度假区均种植茶叶，截至2016年年底，日照市茶园面积达到1.5万公顷，其中采摘面积1.2万公顷，干茶产量达到1.45万吨，茶园面积和茶叶产量分别占到了全省的57%和67%。

山东各地高度重视茶叶基地建设，2016年年底全省通过“三品一标”认证的茶叶基地93个，其中无公害农产品认证48个、绿色食品认证22个、有机农产品认证11个、农产品地理标志认证12个，认证面积达到1.2万公顷，占全省茶园的44%。

茶叶主产地青岛市黄岛区先后建设了琅琊海青绿洲茶叶精品园、青岛铁涧山茶叶精品园、青岛铁山茶叶精品园、青岛张家楼上疃茶叶精品园、青岛九龙潭生态茶园等为主体的六大茶叶现代园区，在发展壮大中起到了产业聚集的效果。

山东省茶叶主产区生产情况

单位：吨、公顷

地市	茶叶产量	年末实有茶园面积	
		总面积	采摘面积
济南市	21	640	154
青岛市	2 880	3 904	3 721
淄博市	56	127	123
枣庄市	2	19	4
烟台市	604	1 039	568
潍坊市	398	576	358
泰安市	548	2 391	864
威海市	356	671	342
日照市	14 479	15 146	11 604
临沂市	2 174	2 097	1 483

资料来源：山东省农业厅。

山东的茶树品种主要引自浙江、福建、湖南和安徽等4省。据统计，山东共引进茶树品种70多个，主要为有性系后代种，鸠坑群体种、黄山群体种和福鼎大白有性后代种种植范围最广；无性系茶树良种引种数量呈上升趋势，其中烟台市、泰安市种植面积较大，但总体来看全省无性系良种所占比重仍不足总面积的15%。为了适应茶叶消费的多元化需求，进一步提高山东茶叶经济效益，山东引进品种的结构正逐渐由单一适制绿茶向红茶、绿茶兼制，以及乌龙茶、多茶类适制的方向发展。

山东引种茶树品种名录

类型	适制性	数量	品种名称
有性系	绿茶	5	黄山种、鸠坑种、紫阳种、宜兴种、龙井种
	红茶、绿茶兼制	2	祁门种、云台山种
无性系	绿茶	25	龙井43、龙井长叶、中茶108、浙农113、浙农139、翠峰、青峰、碧云、鄂茶1号、黄叶早、乌牛早、寒绿、茂绿、鸠坑早、安吉白茶、白毫早、玉绿、玉笋、舒茶早、安徽7号、金寨1号、黄山特早、早白尖、信阳10号、春波绿
	红茶、绿茶兼制	17	迎霜、劲峰、菊花春、平阳特早、浙农117、浙农12、高芽齐、尖波黄、碧香早、农抗早、农抗早4号、农抗1号、安徽1号、安徽3号、仙寓早、皖农95、福云6号
	乌龙茶	24	金萱、翠玉、铁观音、黄棪、毛蟹、白芽奇兰、本山、梅占、武夷水仙、奇兰、桂花香、黄枝香、山茄叶、八仙茶、百岁香、瑞香、北斗1号、半天妖、春兰、小红袍、金锁匙、丹桂、矮脚乌龙、金观音
	多茶类	2	福鼎大白、福安大白

茶叶加工与品牌

全省现有茶叶加工企业1 200余家，其中216家通过SC（QS）认证、947家拥有注册商标，年销售额过千万的茶企有20多家；“日照绿茶”“万里江”“雪青”等5个茶叶品牌荣获中国驰名商标，“泰山女儿”等16个茶叶品牌荣获山东省著名商标。

茶叶加工设备主要以名优绿茶加工机械为主，其次为红茶加工设备，全省拥有清洁化、连续化生产线104条。山东茶叶产品呈现出以名优绿茶为主，多茶类协调发展的格局。1990年前山东以生产机制炒青绿茶为主，随着人们生活水平的提高，人们对茶叶的消费需求向中高档名优产品转变，山东各产茶区根据茶叶消费市场的这一变化，及时调整了茶叶产品结构，大力开发名优绿茶，先后创制了扁形、针形、自然形等不同系列的名优绿茶，如浏园春茶、圣谷山茶、沂蒙玉芽、泰山女儿茶、琅琊海青茶等。

2016年，全省名优绿茶产量约占茶叶总产量的59%，产值占茶叶总产值的89%，取得了显著的经济效益。随着茶叶消费市场日趋多元化，全省在重点发展名优绿茶的基础上，加大了其他茶类品种的开发力度，相继开发出乌龙茶、红茶、黄茶和茉莉花茶等茶叶产品，丰富了茶叶产品结构，增强了市场竞争力。据统计，绿茶仍约占茶叶总产量的90%，红茶约占10%，乌龙茶、黄茶和茉莉花茶产量还很少，仅有个别厂家生产，如日照市御园春茶业有限公司的“东海观音”牌、日照圣谷山茶场有限公司的“鲁冰花”牌茉莉花茶等。

茶叶市场与消费

山东是茶叶消费大省，全省拥有9 947.0万人，年均茶叶消费达4万吨以上，拥有较为完善的茶叶市场体系，包括茶叶批发市场、专营店和普通茶店等。山东现有茶叶专业市场共计54个，除威海、莱芜、菏泽3个地市外，其他14个地市均建有茶叶专业市场，其中以济南和青岛数量多、规模大、辐射影响力强。

山东省茶叶专业市场一览表

地市	数量	名称
济南	11	济南茶叶批发市场、老屯茶城、广友茶城、舜和茶城、七里堡茶城、盖世农贸茶叶批发市场、济南市福辛茶叶市场、黄台茶叶批发市场、全福茶叶批发市场、齐鲁茶博城、七里河茶城
青岛	9	利客来茶叶市场、青岛茶叶批发市场、青闽茶叶批发市场、吉食来金座茶城、茶叶批发一条街、春茗茶城、兴邦茶城、青岛宏铭茶叶批发市场、青岛汇茗茶叶批发市场
淄博	7	淄博市江南茶城、金乔茶叶批发市场、鲁中茶叶市场、洪沟茶城、中心茶城、玉峰茶城、淄博红星茶城
东营	4	东营茶叶批发市场、东营市江南茶叶批发市场、东营胜利茶城、东营茶城
潍坊	4	潍坊茶叶市场、潍坊茶城、北王茶城、广西茶城
日照	4	东辰茶叶市场、日照王府井大街茶叶市场、日照茶博园市场、东方购物广场茶叶市场
聊城	3	天润茶叶批发市场、御贡茶城、一品茶城
德州	3	德州市金华茶城、德州市福建茶城、齐齐发茶城
滨州	2	滨州高杜茶叶市场、站前茶叶批发市场
临沂	2	临沂茶叶批发市场、临沂凯歌国际茶城
烟台	2	烟台三站茶叶批发市场、烟台市茶叶批发市场
济宁	1	济宁江南茶城
泰安	1	泰山茶叶批发市场
枣庄	1	鹏翔茶叶批发中心

诞生于1996年的济南茶叶批发市场隶属济南市供销合作社，其市场占地面积6.6万米^2，经营面积7.6万米^2，并建有两座集展览、交易、茶艺茶道表演、茶文化研究、研讨、电子商务交易等多功能于一体的现代化综合大楼和一栋仿古建筑“聚茗阁”，以及5 000余米^{2}的中心广场；市场聚集了浙江、安徽、福建、山东、湖南、广东、广西、云南等16个主要产茶区的驻场茶商、茶农、茶厂客户680多家，经营茶叶及相关产品上万种，年交易量10万吨以上，同时由于其对周边的辐射带动作用，还催生了老屯茶城、广友茶城和齐鲁茶博城，使这一地区聚集的全国各地茶商达到1 000多家，成为全国较大的茶叶批发市场聚集区，被茶界权威人士称之为中国茶市的“晴雨表”、南茶北销的重要枢纽。

茶叶科技与教育

山东拥有4个影响力较大的茶叶研究机构，分别是日照市茶叶科学研究所（原临沂地区茶叶试验站）、山东农业大学茶学系、青岛农业大学茶学系、山东省农业科学院茶叶研究中心。

日照市茶叶科学研究所始建于1978年10月，是山东省政府为了保护和发展“南茶北引”工程成果，为北方茶区的茶产业发展提供技术支持，以农林字〔1978〕第108号文批准设立的山东省唯一的公益性全民事业科研单位，为日照市农业局下属事业单位。该所先后承担省市茶叶科研计划项目30余项、自选研究课题60余项；获得国家专利27项、山东省科学技术进步奖8项、山东省丰收计划奖2项。2014—2016年，先后被农业部和共青团中央评定为“全国青少年科普基地”、被中国茶叶学会认定为“茶叶科普教育基地”、被山东省科技厅评为“星火科技先进集体”、被山东省总工会授予“山东省富民兴鲁劳动奖”。

青岛农业大学茶学专业现有专业教师8人，其中高级职称5人、硕士生导师4人、山东省有突出贡献的中青年专家1人、博士8人。建有青岛农业大学茶叶研究所、茶叶试验站和茶树种质资源圃等科研示范机构，拥有茶叶加工、茶叶审评与茶艺等实验室，建立校外教学实践基地10处。近年来，先后承担国家、省、市科技发展项目20多项，其中获得山东省科学技术进步奖二等奖2项、山东省高校科研成果奖3项；先后申报专利15项，获得授权11项，育成优质抗寒茶树新品种3个，注册新基因5个，出版外文专著1部，在国内外核心期刊发表论文70余篇。2016年，由青岛农业大学茶学系丁兆堂教授主持完成的“茶树抗寒性生理生态响应机制与配套栽培技术”荣获山东省科学技术进步奖二等奖。

大事记

5月25日，由青岛农业大学丁兆堂教授主持完成的“茶树抗寒性生理生态响应机制与配套栽培技术”荣获山东省科学技术进步奖二等奖。

5月27～30日，中国（济南）第十届国际茶产业博览会暨第四届茶文化节在济南第一茶市和济南国际会展中心举行，以“茗聚泉城、共赢天下”为主题，展位1 600余个，近1 800家茶商参展，参会人数达10万人次。

10月1日，日照市“全民饮茶日”活动暨首届“日照杯”名优茶评比活动在日照植物园举行，该活动由日照市茶叶学会、大众网日照频道和日照植物园共同举办。

10月28～31日，由农业部优质农产品开发服务中心联合中国优质农产品开发服务协会、中国农业科学院茶叶研究所、中国茶叶学会和海峡两岸茶业交流协会主办的第四届中国茶叶博览会在济南高新国际会展中心举办。

（山东省果茶技术推广站　李玉胜）

河南省

基本情况

2016年，河南省茶产业发展按照农业部“一稳定三提高”的总体要求，茶园面积基本保持稳定。通过大力推进茶产业供给侧结构性改革，加快茶产业转型升级和提质增效，积极调整茶产业结构，大力开发生产夏秋茶，推广机械化采摘加工，建设标准化茶叶初制加工厂，配套加工设备，不断提高茶企、茶农效益。

河南省茶叶在“十二五”经历跨越式发展阶段后，到“十三五”生产立足稳步发展的态势。截至2016年年底，根据河南省农业厅的统计，全省茶园总面积达到15.8万公顷，采摘面积11.22万公顷，茶叶总产量6.64万吨，总产值116.23亿元；平均每亩产茶叶40千克，每亩产值6 900元。名优茶总产量5万吨，产值101亿元，分别占干毛茶总产量和总产值的75%、87%；红茶产量8 810吨，占干毛茶总量13%以上；黑茶、白茶、乌龙茶等其他茶类产量2 600多吨，产值超过6 000万元。

茶叶生产与加工

“十二五”期间，河南省茶叶生产初步形成了大别山区、桐柏山区、伏牛山区三大茶区；到“十三五”，三大茶区将进一步优化，茶园面积将集中在信阳、南阳、驻马店3市。截至2016年年底，信阳市茶园面积14.05万公顷、南阳市1.53万公顷、驻马店市0.27万公顷，3市茶园面积和产量之和占全省的98%以上，三大茶区的规模化、区域化、集聚化、产业化格局优化形成。信阳毛尖、桐柏玉叶等一批具有地域特色的传统名茶逐步扩大规模，信阳的2区6县、南阳的7县和驻马店的1区2县被确定为最适宜的产茶区。

随着信阳红、桐柏红的成功研发并实现规模生产，结束了单一的绿茶生产格局，形成了以绿茶为主导的红绿辉映的新景象。多茶类及深加工综合开发取得了新的突破，红茶、黑茶、白茶、再加工茶及茶饮料、茶食品等产品结构得到进一步的拓展。大宗茶生产减少，信阳毛尖、金刚碧绿、仰天雪绿、桐柏玉叶等名优绿茶产量比例上升，生产规模不断扩大。

从茶园管理、采摘、炒制、包装、仓储到销售各环节的技术标准体系初步建立，《地理标志产品信阳毛尖》国家标准已发布实施，省级地方标准发布了《桐柏玉叶茶》《无公害桐柏玉叶茶》，主产区依标生产正在普及。现代化生产水平不断提高，机械加工率达到70%以上。河南省省级名茶达到48个，全国十大名茶之一的信阳毛尖茶，通过实行信阳毛尖公用品牌市场准入制，加强“信阳毛尖”证明商标管理，信阳毛尖茶形象塑造取得了明显成效。

茶叶品牌

河南省知名茶叶品牌达60多个，获得中国驰名商标8个、中国地理标志商标26个、企业注册品牌数350个。全省茶企1 500多个，茶叶专业合作社900多个，其中国家级龙头企业2个、省级龙头企业17个、市级龙头企业80多个，龙头企业日益壮大，呈现出集约化、集群化、集团化、园区化的良好发展态势，带动力不断增强，有效地推动了茶叶品牌建设。2016年，信阳毛尖品牌价值达到57.33亿元，位居全国第二位。

河南省省级以上茶叶龙头企业（19 家）

企业	所属地	级别
河南信阳毛尖集团有限公司	信阳市浉河区	国家级
信阳市文新茶叶有限责任公司	信阳市浉河区	国家级
信阳市信阳红茶业有限公司	信阳市浉河区	省级
信阳安信茶业有限公司	信阳市浉河区	省级
信阳祥云茶业有限公司	信阳市浉河区	省级
信阳市十里岗林产品开发有限公司	信阳市浉河区	省级
信阳佛灵山生态茶叶有限公司	信阳市平桥区	省级
河南省信阳卢氏茶叶有限公司	信阳市平桥区	省级
信阳五岳实业有限公司	信阳市平桥区	省级
信阳申林茶业开发有限公司	信阳市罗山县	省级
罗山县亿峰生态林业开发有限责任公司	信阳市罗山县	省级
罗山县灵山茶业有限责任公司	信阳市罗山县	省级
河南九华山茶业有限公司	信阳市固始县	省级
信阳十八盘茶业有限公司	信阳市固始县	省级
河南仰天雪绿茶叶有限公司	信阳市固始县	省级
河南大红堂茶业有限公司	信阳市固始县	省级
河南茗阳茶业有限责任公司	信阳市商城县	省级
河南新林茶业有限公司	信阳市新县	省级
河南省国营桐柏茶种场	南阳市桐柏县	省级

资料来源：河南省农业产业化办公室。

茶产业已逐步成为河南省农业和农村经济中最具发展前景的朝阳产业之一，成为南部大别山区和桐柏山区等地的优势产业、特色产业、县域经济发展的支柱产业。现有茶叶从业人员 140 多万人，茶农人均种茶收入超过 5 000 元。重点产茶乡（镇）收入占农民收入的比重达 80%以上，发展茶叶生产已成为当地促进农民增收、农业增效的重要途径。

茶叶出口

2016 年，河南省茶叶出口金额达到 4 700 万美元，同比增长 299.81%，增幅居食品农产品出口首位。自 2005 年开始，河南信阳茶叶实现本地企业——河南省信阳卢氏茶叶有限公司（以下简称卢氏茶叶公司）自营出口，取得零的突破。信阳茶叶出口以眉茶（绿茶长炒青）为主，10 多年来，信阳茶叶出口逐步进入良性发展轨迹，由 2005 年出口 175 吨、货值 10 万美元，发展到 2016 年出口 4 894 吨、货值 1 285.4 万美元；由卢氏茶叶公司 1 家茶叶出口企业发展到 2016 年河南辰龙茶叶公司、信阳市四季香茶业公司、信阳市九拓红茶业有限公司等 6 家企业出口；目标市场由阿尔及利亚 1 个市场，增加到摩洛哥、俄罗斯、乌兹别克斯坦、尼日利亚、科特迪瓦、塞内加尔、捷克、蒙古、哈萨克斯坦、中国香港等 17 个国家或地区，广泛分布于非洲、欧洲、中东、中亚等地；出口茶叶品种由眉茶 1 种发展到绿茶、红茶、黑茶（茯砖）等多个品种；出口茶叶县（区）由平桥区1个区发展到浉河区、光山县、羊山新区、新县4个县（区）出口。卢氏茶叶公司、河南辰龙茶叶公司、信阳市四季香茶业公司等出口型企业不断开拓国外市场，出口量和出口额逐步扩大。信阳市已建立浉河区、商城县和光山县3个省级出口茶叶质量安全示范区，有效保证了信阳市出口茶叶的质量品质。

2016年，南阳市茶叶出口96批次，出口货值3 280万美元，同比分别增长772%和909%，主要有桐柏丹峰山茶叶开发有限公司、南阳山川大地食品有限公司、河南山野老泉茶叶有限公司、南阳银河商贸有限公司、瑞龙茶业有限公司等5家茶叶出口企业；主要目标市场摩洛哥、俄罗斯、韩国、乌兹别克斯坦等国家，并首次实现了对西班牙和葡萄牙的出口，成功开拓欧盟市场。但河南省出口产品绝大部分为低档绿茶、茶叶初级产品，产品价值较低，附加值不高，转口数量多，自营出口数量很少。

茶叶市场

郑州、信阳、洛阳等地茶叶市场建设正在发展，产销市场体系初步形成。2013年，信阳国际茶城被农业部正式授予“国家级信阳茶叶市场”称号，使其成为全国唯一一家国家级茶叶原产地批发市场。2014年，农业部授牌信阳国际茶城为“国家级茶叶市场”，全国有300多家茶企入驻国际茶城，并且与100多个县、乡茶叶市场相结合，联系省内外茶商，构成了产销结合的市场体系。2016年，郑州市已建设茶叶市场30多个，单个城市拥有茶城个数居全国第一，形成了市场集群。郑州国香茶城被商务部命名为“特色茶叶商业街”，成为全国的知名茶叶市场品牌。中原已形成以郑州、信阳为中心，辐射周边城市和北方地区的南茶北销集散地，茶叶市场从业人员达10万人以上，有效地带动了茶叶经济的繁荣与发展。

主要措施

1. 领导高度重视 河南省茶产业发展一直以来都得到河南省政府、河南省农业厅的关心和支持，信阳市、南阳市把茶产业发展作为一项重要的工程来抓，并纳入市政府目标考核体系，每年度市政府办公室文件印发工作意见。历任市主要领导都亲自安排部署茶产业发展工作，各有关部门积极配合，全市形成了上下一心、配合联动，同心协力抓茶产业发展的浓厚氛围。

2. 制定产业规划 2011年，河南省出台了《河南省茶产业发展规划（2011—2020年）》，信阳市、南阳市、驻马店市3市相继制定了市茶产业发展规划和实施方案。规划着眼于融入中原经济区建设大局，以兴茶富民为目标，建设茶叶生态经济高地，打造绿色茶产业强市，着力推进茶产业发展方式转变，不断推动茶产业转型升级、提质增效，走出了一条符合当地实际的茶产业科学发展之路。信阳市每年召开一次全市性的茶产业发展大会，抓规划落实，全面完成茶产业发展规划的各项目标任务。

3. 出台优惠政策 信阳市、南阳市相继出台了一些发展茶产业的优惠政策。一是设立茶产业发展专项基金，信阳市财政每年安排200万元，各主要产茶县（市、区）财政每年安排100万元，专项扶持茶产业发展。二是集中一些涉农资金和项目，向茶产业倾斜，优先支持茶产业发展。三是要求金融部门确定年优惠贷款基数，在行业政策允许范围内，提供最大限度贷款支持，县（市、区）财政予以贴息。四是鼓励多种经济成分特别是民间资本投资茶产业，吸引国内外有经济实力、有技术优势的企业投资茶产业。五是林业部门把发展新茶园纳入生态造林、退耕还林等政策范围，并给予大力支持。

4. 狠抓基地建设 一是运用“五改”措施，即改土、改树、改园、改管理、改产品，对低产低效茶园分期分批进行改造。二是加强茶苗繁育基地建设，加快无性系良种繁育，提高茶苗自给率。三是按照农业部茶叶标准园建设标准，大力推进完善茶叶标准园建设，推广应用实用技术，提高种植标准，示范带动茶叶基地按照标准化生产。四是完善水利、电力、道路等基础配套设施。

5. 强化技术培训 一是采取走出去请进来的办法，广泛进行经验交流和技术合作，增强发展茶产业的信心；组织茶叶主产县领导和相关部门负责人，到浙江、福建等知名茶区，实地考察知名茶企，并邀请外省知名茶企来河南传经送宝；积极与国内知名茶企联姻，在生产技术、品牌建设等方面进行深度合作。二是利用“科技入户”“阳光工程”“雨露计划”等，集中科技力量，举办培训班和电视讲座等，对茶叶从业人员进行生产管理和加工技能培训，提高从业人员的茶叶管理及加工水平，提高产品科技含量。三是各茶叶主产县通过召开现场会、观摩会等多种形式，组织技术人员深入茶园地头，开展技术培训，指导茶农搞好茶园管理，提高茶园抗旱减灾能力，保障茶叶增产增质和生产工作有条不紊的进行。

6. 突出龙头带动 通过“公司＋农户”“合作社＋农户”等方式，着力培育壮大一批国家级、省级、市级茶叶龙头企业和茶叶专业合作社。通过龙头带动，引导茶农从事标准化、规范化茶叶生产，扩大市场需求，实现合作化发展、产业化经营，加快山区贫困人口脱贫致富步伐，带动一方经济发展。

7. 加强品牌创建 好的品牌能提升产业品位和市场竞争力。各产茶市县在发展茶产业上始终重视品牌创建和精品名牌打造，积极利用各种渠道和平台，宣传推介“信阳毛尖”“信阳红”“桐柏玉叶”“桐柏红”等区域公用品牌，精心打造“仰天雪绿”“金刚碧绿”等地方名茶。鼓励企业创建自主品牌，弘扬个性品牌文化，实现公用品牌与自主品牌的融合发展，靠品牌树好形象，引领消费，走品牌化发展之路。

8. 强化质量意识 质量是产品的基础和生命，提高茶叶的产前、产中、产后各环节品质意识是一直以来的重要工作。茶叶产品“三品一标”认证、有机肥替代化肥、茶树病虫害绿色防控、产品质量安全可追溯工作相继在各个茶区开展。健全一套标准化体系，加快生态化和标准化基地建设、规范化统防统治管理、标准化生产、统一包装、技术推广等质量标准化可追溯体系，大力推进“三品一标”工程，全力提高茶产品质量，以达到与消费者所认可的品牌质量相吻合。

科技教育

依托信阳农林学院茶学系、河南农业大学园艺学院、信阳市农业科学研究所，整合科研力量，创建省级茶叶科技创新中心，着力研究解决制约茶产业发展的关键技术问题。加大研发适宜河南省气候条件的抗旱耐寒高产高品质新品种，积极培育具有信阳毛尖和信阳红特色的高品质当家品种，针对全省茶叶生产中的突出问题，研究解决育苗、无性系扦插、一代种直播等突出技术推广问题，绿色防控技术推广问题，大力推行茶园机械化采摘、机修等问题，推动全省茶产业持续健康发展。把茶叶科技人才引进纳入市、县、区人才引进计划，吸引专业人才到茶叶基地工作。

1. 信阳市茶叶管理科研教育情况 2012 年，为加快信阳市茶产业人才资源开发，培养造就大批高素质的茶产业人才，推动茶产业快速发展，根据《信阳市中长期人才发展规划纲要（2010—2020）》《河南省茶产业发展规划（2011—2020）》，信阳市制定了《信阳市茶产业人才高地构建工程实施方案（2011—2020）》。经过几年的努力，信阳市茶产业人才队伍总量达到 2.5 万人，其中科技研发人才 600 多人、茶叶种植加工专业技术人才及技术能手 15 000 多人、茶企经营管理人才 3 000 多人、茶叶市场营销人才 5 000 多人、茶文化创意人才 120 多人，这为信阳毛尖茶的健康发展提供了智力保障。

信阳市还拥有信阳农林学院茶学系、信阳师范学院茶学专业、信阳市农业科学院茶叶研究所、信阳市茶叶试验站、河南省茶产业技术创新联盟、国家茶叶产业体系信阳试验站、河南省茶叶质量检测中心等多家茶叶教育、科研、检测、培训机构，为信阳市培养了一大批茶叶专业技术人才，为信阳茶产业保驾护航。

2. 南阳市桐柏县茶业科技 桐柏县按照国家无公害、有机茶园建设规程要求，通过开展大别山地区名优茶优质高产协作活动，依托桐柏县茶产业办公室和河南省茶树良种繁育场（桐柏县国营茶场），根据桐柏气候特点、茶类结构和多年引种驯化表现，积极引进优良品种，培育新品种。先后引进了龙井 43、中茶 108、中茶 302、浙农 113、碧香早、舒茶早等一批优质无性系良种茶苗，并培育出淮源 1 号、淮源 2 号等新品种。初步统计，全县现有无性系良种茶园 3.2 万公顷，占到茶园总面积的 40％，新发展茶园中 80％以上采用了无性系茶树良种，有机茶面积发展到1.5万公顷，全县全部实现无公害管理。

桐柏县积极与浙江大学、中国农业科学院茶叶研究所、信阳农林学院、信阳农业科学院等大学、科研院所、技术推广单位对接，在传统红茶生产技术的基础上融入现代科技，生产出了具有地方特色的“桐柏红”茶。随着“桐柏红”的研制成功和制作工艺的定型，全县夏秋茶鲜叶资源利用率得到提高，茶园单产在原来基础上提高10%，干毛茶总产量提高20%，总产值增长37%，有效促进了茶农增收、茶企增效、财政增长。

桐柏县对茶叶质量安全知识进行广泛宣传，开展以物理和生物防治为主的茶园病虫害防治技术培训，从源头上把好茶叶质量安全关。桐柏县茶叶质量安全标准逐年攀升，桐柏茶叶分别通过国家无公害产地和产品认证，程湾黑明寺的1万亩山野茶获得有机认证，成为全国最大的野山茶认证基地，《桐柏玉叶茶》《无公害桐柏玉叶茶》2个农业标准经河南省质量技术监督局发布成为省级地方标准，“桐柏红”“桐柏玉叶”地理标志产品申请保护工作也正在加紧推进。

茶文化

茶产业是信阳市的特色优势产业，是全市富农强农的重要支柱产业之一。1992年以来，信阳市以饮誉海内外的中国十大名茶信阳毛尖为载体，开始举办茶叶节。2004年第十二届茶叶节开始，后更名为信阳茶文化节，扩大了办节的文化内涵。截至2016年，已经连续成功举办了24届信阳茶文化节。20多年来，信阳茶文化节经历了名称的变更，文化内涵的扩大，专业性、开放性、国际性、市场性的不断提升，逐渐成长为具有豫南风情和中原特色的茶专业节会，为茶界交流合作提供了高端平台，形成了茶界的一个重要节会品牌。茶文化节期间，围绕茶博会广泛邀请国内知名茶商、茶企和大型超市采购商参会，邀请世界主要产茶国和台湾地区的茶企开展展销展示、洽谈购销业务，开展茶专业研讨、茶产品推介等一系列茶事活动及相关的经贸、文体活动，取得了显著的经济效益和社会效益。据统计，前24届茶文化节共实现现货交易金额超过110亿元，签约经贸项目总投资额超过1 500亿元。举办茶文化节，不仅弘扬了茶文化，带动了茶产业的快速发展，而且提高了信阳的知名度和影响力，提升了城市品位，促进了信阳经济社会的全面发展。信阳茶文化节的举办具有较高的经济效益、社会效益、文化效益，能极大促进河南省茶产业转型升级，服务中原经济区建设大局。

信阳、南阳、济源、开封茶文化资源挖掘整理和研究保护工作顺利开展。济源市专门成立了卢仝茶文化研究中心，建立了专门的机构，明确有专职、兼职人员，已对卢仝故里进行修复与保护开发，围绕卢仝与茶的研究也已取得初步成果；开封宋茶研究中心已与杭州南宋茶文化研究会建立了合作关系，形成了对开封和杭州北宋、南宋茶文化资源挖掘恢复研究的合力，成功举办了开封宋茶文化研讨会、济源卢仝茶文化研讨会。通过对这些茶文化资源的挖掘整理，并通过全国性及国际性会议进行宣传，提高了中原茶文化影响力。

大事记

3月16日，信阳毛尖茶采摘指数预报发布工作开始启动，3月18日通过信阳电视台、信阳日报、中国茶叶流通协会官网、大河网、信阳市政府网、信阳茶产业新闻网及各产茶县（市、区）政府网等媒体对社会广泛发布。

4月12日，2016中国茶叶区域公用品牌价值评估结果在浙江新昌隆重发布，浙江大学中国农村发展研究院院长黄祖辉教授代表课题组公布了品牌价值十强结果，信阳毛尖品牌价值以57.33亿元位居第二位，再上新台阶。

4月27日，南阳市成功举办了“中原茶乡”茶文化采风活动，全面展示了南阳市深厚的茶文化底蕴。

4月28日～5月2日，信阳市成功举办了第24届信阳茶文化节，本届茶文化节突出“茶”主题，分别举办了2016信阳茶业博览会、2016全国茶叶价格指数发布与市场预警体系建设研讨会、2016全国春茶产销形势分析会、中国国际茶商大会等一系列丰富多彩的茶事活动。

5月22～23日，第四届南阳市名优茶评比大赛暨2016南阳茶产业发展研讨会举办，参加本届评比的南阳茶企有43家，最终评出金奖34个、银奖24个、优质奖14个。

9月6日，在全国“互联网＋”现代农业工作会议暨新农民创业创新大会期间，农业部与河南省政府在苏州太湖国际会议中心签署了《共同支持国家级信阳茶叶市场建设合作备忘录》，河南省副省长王铁代表河南省与农业部副部长屈冬玉在备忘录上进行了签署。合作备忘录的签订将极大推动信阳市国家级信阳茶叶市场建设进程。

10月18日，中国国际茶文化研究会主办的第十四届中国国际茶文化研讨会在开封市举行，研讨会的顺利举行不仅展示了河南茶的魅力，而且提升了河南茶的知名度和影响力。

10月28日，由河南省农业厅、河南省茶文化研究会、河南省茶叶商会、河南省茶叶协会联合举办的第十四届中国（郑州）国际茶业博览会在郑州中原国际博览中心举行。

10月24～27日，由中国茶叶流通协会与黄山市人民政府联合主办的第12届中国茶业经济年会暨2016黄山茶会在安徽省黄山市召开，信阳市和南阳市组团参加，并获得多项殊荣。

11月，桐柏县委、县政府出台了《关于推进茶产业发展　实施精准扶贫的若干意见（试行）》（桐办发〔2016〕36号），推进桐柏县茶产业发展。

12月6日，信阳市茶叶协会召开了四届二次常务理事会，针对“信阳毛尖”和“信阳红”两大证明商标的管理和保护工作进行了安排部署。先后制定了这两大证明商标管理规则，并按照要求，为符合条件的茶叶生产、加工、经营等近20家企业办理授权许可。

（河南省农业厅　张香萍）

湖 北 省

基本情况

湖北产茶历史悠久,是"茶圣"陆羽、"茶祖"神农的故乡,是"万里茶道"的重要源头之一。2016年,在各级领导高度重视下,湖北茶产业发展方兴未艾,成为促进三产融合发展的优势产业、促进农业发展的绿色生态产业、促进产业扶贫的朝阳产业,为农民增收、企业增效做出了重要贡献。湖北作为全国的产茶大省,产业地位在全国位居前列。2016年,湖北茶叶发展亮点纷呈,多元化开发成效显著,产品结构进一步优化;区域布局更趋合理,产业化经营提档升级;市场建设稳步拓展,流通渠道更加通畅;标准化生产有序推进,质量安全水平大幅提升;产值效益提升幅度大,出口贸易再上新台阶。但仍然存在茶类结构不平衡、生产成本大幅提升、茶叶精深加工综合开发滞后、品牌多乱杂等问题亟待解决。

产业政策

2016年,湖北各级政府高度重视茶产业发展,将茶产业作为产业扶贫的重要抓手,出台了一系列政策给予扶持。农业部园艺作物(茶叶)标准园创建,共有10个单位安排50万元项目资金。湖北省农业厅现代农业果茶桑药产业发展专项支持茶产业500多万元。恩施土家族苗族自治州委、州政府出台了《推进茶叶生产全域绿色化的实施意见》文件,宜昌市出台了《关于促进茶产业转型升级加快建设茶叶强市的意见》,五峰县出台了《精准扶贫茶叶产业扶持政策》,黄冈市出台了《黄冈市现代农业"个十百千"工程产业发展规划》,十堰市出台了《十堰市"四百万"重点特色产业建设工程发展规划》。

茶叶生产

湖北是全国产茶大省,全省有71个县市300多个乡镇生产茶叶,其中主产县市19个。2016年,全省茶叶生产继续呈现快速发展态势。茶园总面积33.94万公顷,其中采摘面积24.33万公顷,干毛茶总产量29.6万吨,茶叶农业产值138.5亿元,分别比上年总面积增加1.53千公顷、增幅4.1%,采摘面积增加1.2万公顷、增幅5.2%,干毛茶总产量增加1.5万吨、增幅5.3%,农业产值增加6.6亿元、增幅5.0%。全省无性系良种茶园面积21.6万公顷,占总面积的63.7%;有机茶园面积1.67万公顷,占总面积的4.9%。名优茶产量12.7万吨,产值103.9亿元,分别占茶叶总产量和总产值的43%、75%,茶产业地位在全国得到进一步巩固。2016年,全省茶园总面积、采摘面积、产量分别居全国第四位、第二位和第三位,居中部6省第一位。

2016年,全省呈现了一批优势特色明显的大县、大乡、大基地,茶产业区域布局日趋合理。全省茶叶基地面积10万亩以上的大县由2015年的17个增加到19个,20万亩以上的大县由2015年的7个增加到10个。全省形成了鄂东大别山名优绿茶区,鄂西武陵山及宜昌三峡名优绿茶、宜红茶和乌龙茶区,鄂西北秦巴山高香绿茶区,鄂南幕阜山青砖茶区,鄂中大洪山出口绿茶区等"五大优势茶区"。

茶叶加工

2016年,湖北茶叶加工企业机械设备装备水平和茶叶生产加工科技含量不断提高,茶叶加工机械95 442台,清洁化、自动化、连续化生产线200余条。

湖北现有规模以上茶叶加工龙头企业近300家,其中国家级龙头企业7家、省级龙头企业63家。销售额过亿的茶企10多家,茶叶专业合作社300多个。出口茶企有34家,出口过千万美元的茶企增至4家。通过ISO9001:2000国家质量体系认证的企业有40多家。采花茶业、湖北三品源、赤壁赵李桥茶厂、恩施润邦、邓村绿茶、龙王垭、竹溪梅子贡、竹山圣水、英山云雾、谷城玉皇剑、汉家刘氏、鹤峰鑫农、咸丰馨源、宣恩伍家台等一大批“龙头＋基地＋农户”产业化经营模式正在快速壮大，发展势头强劲。

茶叶品牌及贸易

2016年，湖北注重抱团出击和立体宣传，进一步加大媒体宣传力度。通过大力实施“北进京、东入沪、南下港、走出国门”的“走出去、请进来”品牌战略，先后在武汉、上海、北京、山东、广东、中国香港、俄罗斯等地开展湖北品牌茶推介活动；积极参与各种博览会和交易会，深入挖掘品牌的文化内涵，搭乘“一带一路”和万里茶道的东风。截至2016年年底，湖北已有20个茶叶产品获得中国驰名商标，30多个获得国家地理标志产品，1个获称中华老字号，恩施玉露、“川”字青砖茶传统制作工艺荣获国家级非物质文化遗产名录。

湖北茶叶出口位次不断上升。据武汉海关统计，2016年湖北茶叶出口货值达1.13亿美元，由2010年的全国第12位上升到第4位；茶叶出口量11 468吨，由2010年的全国第12位上升到第6位；茶叶出口均价9.85美元/千克，远高于全国4.5美元/千克的平均水平，居全国第2位。其中，绿茶出口量9 724吨、出口货值9 219万美元，分别占总出口量、总出口货值的81.4%和81.6%。全省有34家出口茶企，产品远销欧盟、非洲、东南亚、美国等40多个国家或地区。

茶叶市场与消费

2016年，湖北春茶鲜叶收购价总体降幅10%左右；中低档茶价格保持稳中有涨，以200～600元/千克的中档茶最为畅销；夏秋茶鲜叶价格与上年基本持平。优质绿茶的销售仍保持主导地位，红茶、砖茶等开发力度加大，以“川”字牌青砖茶为市场首选龙头品牌，湖北青砖茶、宜红、利川红等市场知名度不断提高，越来越受市场的欢迎。

湖北茶叶市场建设正朝着集流通商贸、文化、旅游、产业开发等于一体的多功能型方向发展。一是“线下市场”稳定发展。武汉是华中地区茶叶贸易中心城市，汇聚有汉口茶市、陆羽茶都、武汉客厅茶市、知音国际茶城、香港路茶叶批发市场、竹叶山茶城等多家茶叶专业市场；武汉之外还有宜昌三峡国际旅游茶城、宜昌采花茶城、英山大别山茶叶广场、恩施硒都茶城等产区茶叶交易市场，成为湖北主要茶叶交易市场集散地。陆羽国际茶业交易中心已在武汉光谷成功挂牌，业务涵盖交易、文化、金融等板块；已上线50多个产品，出货量超过3 000吨，市值超过20亿元。二是“线上市场”快速拓展。随着电子商务的广泛普及，全省茶叶已经建立了驻天猫旗舰店宜昌店、黄冈店、恩施店，以及农业产业化平台1号店、京东商城等电子商务平台，品牌茶企电商化成为拓展销售的新途径。三是“汉新欧”亚欧铁路国际货运专列的开通，将武汉和欧洲紧密地联系在一起，形成了陆上货运大通道。

主要措施

1. 突出推进标准化生产基地建设　大力挖掘山区和丘陵岗地的增效潜能，强化政策引导，大力推进标准化生产。以茶叶优势区域为重点，按照“淘汰一批，改造提升一批，高标准建设一批”的发展思路，改善基础设施和物质装备，强化提质增效示范点建设，创建高效茶园示范基地3 000公顷。推进低产茶园改造，在重点产区示范改造5 000公顷。积极引导社会资本、工商资本投资茶产业，在主产县（市、区）建设了一批标准化观光茶园、休闲园和采摘园。

2. 扎实推进现代农业项目有效实施　大力实施全省现代农业果茶桑药产业发展以奖代补项目。其中，茶叶绿色生产模式及配套技术集成示范项目，省级专项资金340万元，兴办示范点17个，示范规模1 200公顷；茶叶机械化生产技术示范推广项目，省级专项资金180万元，兴办示范点9个，样板点规模600公顷；果茶品牌建设及市场开发项目，省级专项资金390万元；果茶桑药信息采集项目，省级专项资金450万元。

3. 全力推动茶产业结构调整优化　2016年，

湖北省茶产业以标准化生产和产业化经营为主线，按照因地制宜、突出特色、统一规划、区域布局的原则，加大对重点优势区域茶叶的规模化开发。突出“特”和“优”，着力推广茶树无性系良种，合理搭配专用型、兼用型和地方特色品种，调优产品结构，提高夏秋茶资源利用率，提升红茶、青砖茶、乌龙茶比重。通过“一主三辅”多元化开发，改变了湖北长期以来名优绿茶一枝独秀的局面，2016年红茶、黑茶、乌龙茶总量达7.62万吨，占总量比例由2011年的17%提升到26%，提升了9个百分点，同时也带动了白茶、黄茶的开发，有效应对了市场新变化带来的风险和挑战。

4. 加强科技创新和技术体系建设 2016年，湖北省农业厅组建了湖北省第二批现代农业产业技术体系茶叶减肥减药技术创新团队，进一步加大茶叶绿色生产节本增效技术的创新推广力度。全省突出茶叶绿色生产技术、清洁化加工技术、茶园机械化生产技术等关键技术的创新与研发。大力培育茶叶专业技术人才、新型经营主体和专业化社会化服务组织，着力打造一支科研型、推广型、生产型、经营型、服务型等人才队伍，逐步建立完善现代茶叶产业技术服务体系。

5. 加快知名品牌“走出去”步伐 2016年，湖北省大力实施“走出去”战略。湖北省农业厅、湖北省供销合作总社、湖北省茶叶学会、湖北省茶叶协会联合举办“湖北青砖茶健康西北行”活动，省内8家青砖茶企抱团参展，在青海西宁拉开序幕，参加内蒙古呼和浩特茶博会和湖北青砖茶品牌推介会；在山东济南举办的第四届中国茶叶博览会上，全省30多家龙头企业抱团参展；开展了“2016湖北最美茶乡”全媒体推广活动，利川、鹤峰、谷城等被评为全国最美茶园；参加中央电视台财经频道的《一槌定音》栏目宣传湖北青砖茶；在十堰市举行了2016“互联网＋茶产业”暨万里茶道武当道茶品牌推介活动；在宜昌市举办了第八届全民饮茶日活动全国启动仪式暨宜昌首届茶博会、第二届网络茶文化节；在保康县和利川市召开了2次全省茶叶绿色生产模式现场培训会。

茶叶科技

1. 茶树育种 湖北茶树品种资源丰富，已育成国家级优良品种4个，省级良种17个，获得植物新品种保护权的品种1个。开展了湖北茶树品种分子鉴定、亲缘关系和遗传多样性分析，为杂交育种的亲本选配提供了理论依据。开展了高氨基酸茶树品种黄金茶1号、安吉白茶和中黄1号的绿茶适制性，湖北省引种乌龙茶品种生化成分变化研究，以及龙井43、浙农117、福云6号和恩施本地群体品种的恩施玉露茶的品种适制性等引种研究。

2. 茶树栽培 一是开展了茶树内生菌研究。鉴定得到通过伤口侵染促进茶树扦插枝侧根的形成和芽生长的内生草螺菌，能提高茶树扦插无性繁殖的茶苗成活率，也能有效促进大田茶树修剪后新生芽的生长，提高茶叶产量。二是开展了湖北茶树种植气候区划研究。利用湖北省74个气象台站气候资料，在地理信息系统平台的支持下，结合茶树的生态学特性，对湖北茶树种植实现基于1千米^{2}格网的气候适宜性区划。三是进行了茶树干旱风险分析的研究。将湖北干旱综合风险区划为5个风险等级，即高、较高、中等、低和轻微风险。四是开展了茶树气象灾害模糊综合评价及区划，为湖北应对茶树气象灾害，调整茶叶生产布局提供理论依据。五是持续开展了湖北茶园土壤养分、肥力水平和重金属污染状况评价。

3. 茶树病虫害预测预报及防治 一是采用普查和系统调查相结合，明确了湖北茶区主要病虫害种类、数量、分布区域和发生情况等，为湖北常规茶园的无公害转换工程及茶树病虫害的预测预报和防治提供了科学依据。二是系统调查了湖北地区茶饼病的消长规律与温度、湿度、品种、海拔高度、地形地势等因素的关系，同时对茶饼病菌进行生物学特性研究，为进一步研究茶饼病病害流行及防控提供理论依据。三是研究出了利用吡唑醚菌酯悬浮剂防治茶树炭疽病适宜剂量防治方法。四是持续开展了茶尺蠖核型多角体病毒多克隆抗体的制备及检测应用和不同世代茶尺蠖的防治效果研究，并对湖北分离株进行了分子鉴定，提出了田间应用最适宜防治期。五是系统比较了帕力特悬浮剂、凯恩乳油等杀虫剂对茶树假眼小绿叶蝉、茶尺蠖、茶橙瘿螨的防治效果。六是通过黄板检测，摸清了武汉地区茶树假眼小绿叶蝉种群的消长动态，及其与气象因子的耦合关系。

4. 茶叶加工 一是集中于青砖茶初加工和深加工的研究利用。研究了青砖茶渥堆过程中真菌种类及品质变化，风味成分、香气成分和氟含量变化规律；开展了青砖茶改善小鼠胃肠道功能的研究，青砖茶组分抑制 α-淀粉酶和脂肪酶活性研究，热风干燥、真空冷冻干燥、离心喷雾干燥对速溶青砖茶中儿茶素含量及香气成分的影响研究等。二是开展了包括茶鲜叶海拔高度判别模型建立、恩施玉露原产地鲜叶收购价格评估等具有实际指导意义的研究。三是在机采机制方面，研究了机采鲜叶分级对加工不同绿茶产品质量的影响，加工分级对机采条形绿茶品质的影响等加工技艺优化研究，提出了机采鲜叶绿碎茶加工工艺流程，制定了省级地方标准《茶树机采鲜叶加工技术规程》1 项，并在恩施、宜昌等地推广实施。四是开发了酸茶等多种风味茶，为夏秋茶树鲜叶的开发利用提供新途径，同时丰富了茶叶深加工产品的种类。

茶文化

湖北茶文化底蕴厚重，恩施玉露、青砖茶、宜红茶等历史名茶，声名远扬。赤壁、五峰、汉口等为万里茶道源头，襄阳、十堰为万里茶道重要驿站。

第八届全民饮茶日活动全国启动仪式于 4 月 16 日在湖北宜昌举行，湖北省农业厅副巡视员牛启发，浙江大学教授梁月荣，宜昌市领导王金建、王国斌等出席活动。采花茶业、邓村绿茶、萧氏茶业、长盛川等本地 40 多家茶企参加活动，共有 34 家茶企与海内外客商签订购销协议 8 亿元，签约数量达 9 095 吨。

湖北省茶文化、茶产业、茶旅游融合发展座谈会于 6 月 16 日在谷城县五山镇玉皇剑产业园召开。座谈会由湖北省旅游文化发展促进协会举办，会议的主要内容是交流茶文化、茶产业、茶旅游融合发展经验，促进湖北茶文化、茶产业、茶旅游振兴升级。来自省内外的 80 多名代表参加了会议，湖北省内 37 家知名茶企都派代表参加了会议。

由湖北省社会科学界联合会、湖北省文物局、武汉大学和宜昌市政府共同主办的 2016 湖北发展论坛“万里茶道与一带一路”在五峰举行，来自俄罗斯和国内北京、上海、浙江、内蒙古、江西等地约 300 名嘉宾出席大会。万里茶道是继丝绸之路后又一条中国通往世界的重要国际商贸通道，而五峰是万里茶道湖北段的重要组成部分，支持五峰古茶道所存遗迹纳入中俄万里茶道申遗保护地区，推动五峰茶进入“万里茶道”体系，构建以汉口为中心、以五峰为支点的中俄万里茶道经济文化旅游路线，强调湖北五峰茶在万里茶道的重要地位和作用，对于万里茶道申遗工作、发展万里茶道上的新时代经济具有重要意义。

5 月 18 日，由中国农业国际合作促进会茶产业委员会和中国合作经济学会旅游合作专业委员会共同启动了“2016 年度全国十大魅力茶乡、全国三十座最美茶园”评选活动，湖北五峰最终荣获“全国十大魅力茶乡”荣誉称号。此次全国各地的 32 个知名茶乡参与评选，五峰以微信网络投票第三名的成绩入围专家评审，最后经专业评审，五峰脱颖而出，成为湖北省唯一荣获“2016 年度全国十大魅力茶乡”称号的山区县。

2016 中国技能大赛·湖北省第八届茶业职业技能大赛于 11 月 2～3 在天门举行，本次大赛由湖北省人力资源和社会保障厅、天门市政府主办，湖北省职业技能鉴定指导中心、天门市人力资源和社会保障局、天门职业学院共同承办，共有来自全省 15 个市州的 48 支代表队的 135 名选手参加比赛。经过 2 天激烈角逐，湖北城市职业学校选送的《围炉听秋》获茶艺师团体赛金奖，华中农业大学代表队的姚燕妮选手获评茶员赛金奖，黄冈市代表队的江春雄选手获茶叶加工赛金奖。

大事记

2 月 26～27 日，湖北省茶叶学会第七届会员代表大会暨茶产业经济研讨会在武汉隆重召开。湖北省果茶办公室调研员宗庆波当选为湖北省茶叶学会第七届理事会会长，湖北省农业科学院果树茶叶研究所副所长龚自明当选为副会长兼秘书长。

2 月 29 日，湖北省第二批现代农业产业技术体系茶叶减肥减药技术集成创新团队成立，项目资金 100 万元。在武汉召开了项目启动研讨会、咸宁半年推进会、襄阳年终总结会，对今后 3 年的技术思路、技术方案和年度任务进行了部署安排。

5月6~7日，由湖北省果茶办公室举办的全省果茶标准化生产现场会在宜都市召开。各主产市州经作科长、县（市、区）果茶产业相关部门负责人及有关媒体代表等共计70多人参加会议。

5月6~10日，2016年全国茶叶大县农业局长班在武汉举办。来自全国18个省、自治区、直辖市的茶叶重点县市农业局长，以及茶企、茶叶合作社负责人共160人参加了本次培训。培训班邀请了中国工程院院士陈宗懋等知名专家，就饮茶健康与农药残留、茶叶产销形势、茶产业提质增效、茶叶生产技术与质量安全、茶叶品牌与营销等内容进行专题报告。

6月3日，湖北省果茶办公室与湖北省植物保护总站联合在保康县举办了全省茶叶绿色生产模式观摩活动，来自湖北省农业科学院果茶研究所、湖北省茶叶协会、茶叶主产市州农业局（委）经作科长、17个项目县市茶叶主管部门负责人和植保站站长、项目实施单位的茶园栽培技术人员，以及中国农业科学院茶叶研究所、杭州中农质量认证中心等共计280多人，齐聚保康县委党校会场，学习先进科技，交流典型经验，参观现场，探讨全省茶叶绿色生产发展大计。

8月4日，全省2016出口茶绿色生产模式培训在利川举行。活动旨在观摩学习绿色生态茶园管控新经验，积极应对茶叶出口绿色壁垒新难题，商讨茶叶绿色生产发展新路径，增强全省茶叶在国内外市场竞争力。

8月15~22日，“湖北青砖茶健康西北行”活动在青海西宁、内蒙古呼和浩特等地举行。此次活动由湖北省农业厅组织省内8家青砖茶生产企业抱团参加，湖北省供销合作总社、湖北省茶叶协会等参加展会和调研活动，旨在融入丝绸之路经济带，重塑湖北青砖形象，重振湖北茶业辉煌，恢复并拓展西北市场。

10月21~23日，第四届中国有机农产品展销会暨中国青（米）砖茶交易会在赤壁举行，主题为“绿色有机共享万里茶道互联”，有500余家参展企业、专业采购商和嘉宾齐聚赤壁。

10月30日，湖北赵李桥“川”字牌青砖茶在中央电视台财经频道《一槌定音》专题节目中，由北京保利国际拍卖有限公司等3家拍卖公司对这块产于20世纪70年代的湖北赵李桥“川”字牌青砖茶进行了评估，价值为20万元。湖北省茶叶学会会长宗庆波应邀专程赴中央电视台，对湖北青砖茶品牌进行了宣传推介，该信息经微信等社交媒体转发引发了业界较大轰动。

（湖北省农业厅　曾维超　宗庆波　高士伟）

湖　南　省

基本情况

湖南省自古名茶荟萃，素有“江南茶乡”的美誉，主要分布在北纬30°左右的武陵、雪峰、南岭南岳山区和环洞庭湖区，光热水土组合条件好，尤其是广大山区，云雾多，昼夜温差大，日照偏少，辐射较强，十分有利于茶树生长及茶叶有效成分的积累。湖南产业基础较好，所产茶品质优异，具有较强的市场竞争力。湖南产茶历史悠久，茶文化底蕴深厚，发展茶产业具有人文、生态、工贸、科教等多方面的优势。

全省茶区产业基础好，茶园集中，劳动力资源丰富，茶叶种类齐全，红茶、绿茶、黄茶、黑茶、花茶均有一定规模，是全国著名的“绿茶优势产业带”、全国黄茶集中茶区、全国最大的黑毛茶产地和边销茶生产加工中心。近年来，在“建设茶业强省，打造千亿茶产业”的目标指引下，湖南省茶产业实现了跨越式发展，呈现出茶产业兴旺、茶文化繁荣的欣欣向荣景象。

产业政策

2016年作为“十三五”的开局之年，在精准扶贫和供给侧结构性改革中，湖南省委、省政府高度重视茶产业发展，各省直相关部门和各茶叶主产市县加大对茶产业的扶持力度，茶产业已成为湖南大部分地区尤其是大湘西地区和全省贫困地区精准扶贫、加快区域经济发展、建设小康社会的主导产业；通过对茶产业结构调整，打造优质种苗、优质基地、优质产品、优质品牌、优质市场，促进茶叶生产由以数量为主转向数量质量并重，更加注重效益，全面推进湖南茶产业提质升级。

为打造湖南省茶叶公用品牌，建设千亿湘茶产业，相继出台了《关于全面推进茶叶产业提质升级的意见》(湘政发〔2013〕26号)、《关于印发“湖南省茶业产业发展规划”的通知》（湘政办发〔2014〕6号)、《关于加快大湘西地区茶叶公共品牌建设的实施方案》（湘发改西开〔2015〕803号）等文件，针对湖南红茶产业，2016年湖南省茶业协会行文《湖南省红茶品牌整合实施方案》上报省政府，各地因地制宜制定了茶产业发展相关政策措施。

茶叶生产

2016年湖南茶产业稳步发展，根据湖南省茶叶协会的统计，全省茶园总面积为14.39万公顷，同比增长7.07%。其中，有机茶园面积达到8 962公顷，同比增长37.35%；无性系茶园面积9.16万公顷，同比增长12.2%。全年茶叶总产量18.60万吨，同比增长6.28%；农业（一产）总产值为82.4亿元，同比增长14.76%；茶叶综合总产值达到648亿元，同比增长9.83%。

2016年全省黑茶产量为19.0万吨。安化县茶园面积达2.07万公顷，实现茶叶加工量6.53万吨、综合产值125亿元、茶产业税收1.8亿元，“安化黑茶”品牌价值为19.13亿元，位列2016中国茶叶区域公用品牌价值排行榜的19位，荣登全国十大生态产茶县榜首，连续5年位居全国重点产茶县前四强，黑茶产量连续十年全国第一。

湖南省黑茶生产情况

单位：万吨、%

年份	2010	2011	2012	2013	2014	2015	2016
干茶总产量	11.77	13.28	13.53	14.60	16.10	17.57	18.60

（续）

年份	2010	2011	2012	2013	2014	2015	2016
黑毛茶（不含普洱）产量	2.49	3.77	4.80	5.25	6.28	6.84	8.02
比例	21.16	28.39	25.48	35.60	39.01	39.22	42.20

注：数据来自现代农业产业技术（茶叶）体系长沙综合实验站。

湖南 14 个产茶地市的茶产业情况

单位：万亩、万吨、亿元、家

序号	地市	产茶县（市、区）数量	面积	产量	产值	企业		
						总计	省级	市级
1	益阳	5	44.3	20.65	160.0	180		47
2	长沙	5	21.7	5.20	12.5	38		
3	常德	8	30.0	4.20	60.0	400		18
4	岳阳	9	29.2	3.20	40.0			18
5	郴州	12	27.8	0.88	10.6	300	2	8
6	湘西	6	27.4	0.59	8.4	500		
7	怀化*	9	18.0	1.00	10.0			6
8	张家界	4	10.3	0.28	3.5	157		
9	永州	11	12.2	0.29	4.3	30		
10	邵阳	12	10.8	0.65	2.6			
11	衡阳	9	10.5	0.50	6.8	47	3	14
12	娄底*	5	9.8	0.78	8.0	18		
13	株洲*	9	4.6	0.22	12.0	25		
14	湘潭*	5	4.2	0.10	1.8	10		

注：数据来自湖南省茶业协会，带有*的地市为2015年数据。

茶叶企业

由中国茶叶流通协会发布的“2016年度中国茶叶行业综合实力百强企业”榜单，湖南茶企共有5家入围，分别为湘茶集团（2）、湘丰茶业（6）、洞庭山（20）、白沙溪茶厂（26）、百尼茶庵（99）。湖南茶企综合实力和品牌影响力稳步提升，呈现出持续健康发展态势，现有湖南省茶业集团股份有限公司、湖南中茶茶业有限公司、湖南华莱生物科技有限公司等3家国家级龙头企业。

湖南中茶茶业有限公司的黑茶2016年销售增长43%，预示着国有大中型企业在茶产业上正规军运作的成功；湖南湘丰茶业有限公司万亩有机茶园独领风骚，茶旅游收入超过千万元，名优茶销售额继续上升，湘丰茶机智能化全国第一；湖南怡清源茶业有限公司不忘初心，只做茶，不做别的，加盟连锁在维维集团支持下更加兴旺发达；湖南隆平茶业高科技有限公司投资上亿元，加入保靖黄金茶、古丈毛尖、安化黑茶发展的大军；等等。

湖南省茶叶经营主体情况

年份	2012	2013	2014	2015	2016
工商注册的茶叶企业数	1 800	1 860	1 920	1 980	2 030
有 QS 认证企业数	230	320	340	378	395
茶叶深加工企业数	3	3	3	3	3
估计本地全部茶叶企业数	2 800	3 000	3 100	3 150	3 200
其中：销售额≥1.5 亿	8	9	9	9	9
1 000 万≤销售额<1.5 亿	70	85	90	91	92
500 万≤销售额<1 000 万	150	200	210	220	230
龙头企业总数					
其中：国家级	1	1	1	1	1
省部级	20	30	38	40	42
地市级（不含县级市）	49	54	60	65	68
茶叶专业合作社	144	170	237	240	245
茶叶批发市场	15	15	15	15	15
茶青（鲜叶交易市场）	1	1	1	1	1

注：数据来自国家茶叶产业技术体系产业经济研究室。

茶叶消费

茶叶作为一种健康饮品，已越来越被人们所认可，需求潜力大，茶叶消费结构正在发生改变，呈现个性化消费趋势，消费者对中低端的茶叶价格接受程度比较高，中端茶叶逐渐占据市场主导。

成立于 2013 年的湖南大茶视界控股有限公司（大茶网），采用 O2O 模式，打造涉茶类产品，线下实体店，线上电商订购。2016 年，其线下门店超过 900 多家，累计销售额突破 11 亿元，一跃成为国内最大的垂直茶叶电商平台，仅“双十一”当日，大茶网线上线下的总交易额就突破了 2 亿元大关，相较于上年同期的 3 566 万元，增长了 5.6 倍。

湖南省白沙溪茶厂股份有限公司在 2008 年率先入驻淘宝商城，随后入住京东商城、1 号店、亚马逊商城、中国建设银行善融商城及中国工商银行 e 购商城，并于 2014 年成立杭州白沙溪电子商务有限公司对线上销售渠道进行统一管理，近 5 年来白沙溪线上渠道飞速发展，平均每年增长 30%左右，连续 3 年夺得黑茶类目“双十一”销量第一，2016 年“双十一”销售额突破 700 万元。

湖南电视台茶频道，成立于 2014 年，是全国首个且唯一一个茶叶类专业频道，其全面对接国内茶产业，致力传承中国茶文化的电视推广平台，已经成功把节目推广到全国 232 个城市，覆盖 28 个省、自治区、直辖市和特区。茶频道除了优质的节目和有效的品牌推广外，也涉及营销，为茶企搭建以电子商务、电视购物为载体的虚拟销售网络平台，全力构筑媒体影响力。微信店铺是茶频道重点打造的营销渠道，频道官方微信店铺与微信公众号紧密捆绑、高度配合，实现“从内容到用户到关系到营销”的 O2O 营销模式。

茶叶科技

湖南省现代茶叶产业技术体系联合国家茶叶产业技术体系，遵循国务院 2016（16 号）关于实施《中华人民共和国促进科技成果转化法》若干规定的通知精神，按照湖南省农村工作委员会“一个产业一个重点，一个岗位一个主攻项目，一个试验站一个基地”的工作要求，依靠（5＋2个）岗位专家（育种、栽培、植保、加工与机械化、产业经济、深加工）和（4＋2个）试验站（环洞庭湖、雪峰山、湘西、湘南、长沙、湘西），打造“信息密集、技术密集、人才密集”的高地，为岳阳黄茶、大湘西“潇湘”绿茶、安化黑茶、湘南红茶在内的37个主产县提供“三品一标”（品种、品质、品牌和标准茶园）、“三高一低”（高产、高价、高效和低耗）、“三全一点”（产业链全覆盖、主产县全覆盖、龙头企业全覆盖和示范点）的技术支撑。

由湖南农业大学刘仲华教授领衔的团队完成了“黑茶提质增效关键技术创新与产业化应用”科研项目入选国家科学技术进步奖二等奖，这是继2008年“茶叶功能成分提制新技术与产业化”荣获国家科技进步奖二等奖后又获得的一个大奖。“特异茶树种质资源黄金茶创新与利用”科研项目入选湖南省科学技术进步一等奖，该项目由湖南省农业科学院茶叶研究所包小村研究员领衔的团队完成。

在湖南省农村工作委员会的指导下，经过全体岗位专家和综合试验推广站的共同努力，在茶叶育种、栽培、加工与机械、质量安全控制、产业经济等方面取得了很大进步，其中审定的品种1个、引进新品种6个、引进茶园管理新技术3项、提出茶园病虫害防治新技术3项、制定标准或技术规程5项、解决加工技术难题3个、研发与引进新设备5个、开发新产品3个、发表论文11篇、申请专利6个、出版著作5本，共举办培训班30次，培训人数2 190人次，支持各地培训（论坛）40次，总人数4 000人次以上，提供技术服务共230多次。

茶叶出口

2016年，湖南省出入境检验检疫局共检验出口茶叶1 910批、重量30 316.17吨、货值9 047.76万美元，同比分别增长17.76%、7.5%、8.13%。主要贸易国家或地区为欧盟及俄罗斯，分别占比22.23%和21.37%，其中中国香港、伊朗货值增长明显，同比分别增长192.59%、116.9%。其他还有美国、乌兹别克斯坦、阿尔及利亚、乌克兰等20多个国家或地区。“沙漠之舟”“怡清源”“湘益”等湖南自有品牌，出口效益显著。

湖南省茶叶主要出口国家或地区情况

单位：吨、万美元

序号	国家或地区	批次	重量	金额
1	欧盟	478	6 386.15	2 011.21
2	俄罗斯	418	6 666.40	1 933.58
3	中国香港	77	343.05	711.78
4	美国	168	2 082.64	692.53
5	乌兹别克斯坦	85	3 010.57	541.24
6	阿尔及利亚	24	1 618.80	488.70
7	摩洛哥	19	1 116.50	422.51
8	乌克兰	92	1 364.74	407.42
9	利比亚	23	1 347.34	269.74
10	斯里兰卡	104	1 015.59	253.42
11	伊朗	29	503.31	179.66

（续）

序号	国家或地区	批次	重量	金额
12	蒙古	22	1 181.37	119.73
13	沙特阿拉伯	27	485.69	109.64
14	巴基斯坦	16	406.70	82.40
15	阿联酋	16	130.94	70.55
16	墨西哥	11	178.74	35.30
17	南非	13	220.00	27.16
18	印度	13	85.00	25.42
19	加拿大	23	43.64	24.22
20	哈萨克斯坦	10	103.70	23.90

湖南省其他茶叶出口情况

单位：吨、万美元

序号	茶叶类别	批次	重量	金额
1	乌龙茶	80	386.95	129.97
2	普洱茶	62	380.99	167.58
3	白茶	11	26.40	19.75
4	茶浓缩汁及制品	5	7.70	8.73
5	其他茶叶及制品	1	1.04	1.66

主要措施

1. 各市县政府更加重视茶产业的发展 各地相继出台了加快茶产业发展的政策文件，制定并完善了茶产业的发展规划，加大了茶产业投入和支持力度，分解了任务，明确了各自努力方向与既定目标及其扶持举措，为湘茶跨越式发展、实现千亿目标提供了坚实基础和具体支撑。

2. 创新了经营发展机制，壮大了一批龙头企业 2016年，农业部为扎实推进供给侧结构性改革，聚力做强茶产业，促进转型升级、创新发展，以大型茶叶企业集团为主体，发起并组建了中国茶产业联盟，全省形成了“政府引导、企业主体、部门联动、协会服务、社会参与”的茶产业发展机制，加快了转型升级、创新发展步伐，一批茶叶龙头企业获得了发展壮大。

3. 品牌建设强势推进 益阳、岳阳、安化、石门、古丈、桃源、沅陵、南岳、资兴、宜章等已形成了打造统一区域公用品牌的格局；在湖南省发展和改革委员会、湖南省湘西办公室的引导下，湖南省大湘西茶产业发展促进会牵头整合了包括湘西、怀化、张家界3市及石门、安化、洞口、新化等县大湘西地区的茶叶品牌，统一打造“潇湘”牌，进展顺利，取得了卓有成效的业绩。

4. 市场开拓、营销创新有了新的发展 2016年全省茶企抱团出击，先后参加了北京、上海、广州、青海、西安、深圳、乌鲁木齐、济南等地举办的30场次的茶博会，并组织举办了17场次品牌推介会；在长沙、益阳、岳阳、张家界、常德、安化等市县举办了20余次大小规模的品鉴会、品牌论坛、对接会、分享会、经销商大会、网商大会、微商大会；加大了中国香港和中国台湾、美国、俄罗斯、哈萨克斯坦、韩国、罗马尼亚等境外市场的拓展，以及从原料出口到品牌和专卖店出口、合资合营、跨境电商等营销模式的创新。同时，举全省之力，重点举办了2016中华茶祖节开幕式暨沅陵碣滩茶推介会和2016第八届湖南茶业博览会暨石门银峰推介会。这些活动的举办扩大了湖南茶叶的影响力和知名度，创新了全省茶叶营销方式，建立了全省茶叶直销、总经销、代理、连锁配送、专卖店、体验店、电子商务、微营销等营销立体网络，有力地促进了全省茶叶消费市场的扩大、出口的增加。

5. 科技与文化得到了加强 2016年由刘仲华教授领衔，周重旺、黄建安、吴浩人、肖力争、肖文军、尹钟、傅冬和、李宗军、朱旗等10位专家教授为科研团队的研究项目“黑茶提质增效关键技术创新与产业化应用”荣获国家科学技术进步奖二等奖。2016年举办的中华茶祖节、湖南茶业博览会和2016年成立的湖南省黑茶商会、湖南省大湘西茶产业发展促进会、中国茶叶商学院等为茶叶科技与文化的宣传推广，提供了良好的平台；为湖南茶产业持续健康快速发展、加快千亿产业建设提供了技术与文化上的人才支撑。

茶文化

2016中华茶祖节于4月20日在长沙市神农茶都正式开幕，茶祖活动在全省各地举行了14个大系列活动，分别是2016中华茶祖节开幕式暨沅陵碣滩茶推介会、“湖南茶商经营转型大讲堂”公益活动启动式、大茶系“4·20”全民品茶周、株洲品茗思祖系列活动、张家界春天茶会暨大湘西潇湘牌推介会、湘西黄金茶第二届国际品茶节、南岳祭茶大典、石门县第二届现场手工制茶大赛、洞口古楼第二届茶文化节、常宁塔山山岚茶推介会、保靖黄金茶品鉴拍卖会、古丈毛尖品茶周、常德第二届茶文化节暨武陵红品鉴会、中国黑茶园开园庆典、“请喝一碗石门茶”——2016石门银峰春茶博览会等一系列活动。

第八届湖南茶业博览会于9月2日在长沙红星国际会展中心隆重开幕，并举行了潇湘·石门银峰茶推介会、2016湖南茶叶“十大公用品牌、十大杰出营销经理人、十强最美茶叶村（茶园）”授牌仪式。本届茶博览会超过了历届规模，参展企业囊括了全省重点产茶县、知名茶品牌和一批省市级农业产业化龙头企业，还吸引了全国各地茶企、茶商参展参会，六大类茶叶产品齐亮相，以及花茶、保健茶、萃取茶、药用茶等深加工茶产品和茶饮料产品，茶叶相关器具，茶机械与检测设备，茶叶包装产品，茶文化、茶科技新技术、新成果、新产品，茶叶收藏品等。大湘西地区的32家企业组成“潇湘”品牌集群企业整体亮相茶业博览会，成为本届茶业博览会的一大亮点。

为落实“一带一路”倡议，庆祝中国和罗马尼亚建交67周年，促进中罗两国的友谊和经贸往来，11月10日由罗马尼亚工商总会、中国国际贸易促进委员会湖南省分会主办，益阳市政府承办了“中国安化黑茶·罗马尼亚红酒对话”系列活动。一场主题为“时间发酵的味道——中国安化黑茶与罗马尼亚红酒的对话”系列活动上演了红与黑的碰撞，演绎了一场既可酒逢知己千杯少，又可品茶品味人生的美妙对话。系列活动还包括中国安化黑茶·罗马尼亚红酒对话形象大使选拔大赛、益阳市与米济尔缔结友好城市仪式、中国安化黑茶与罗马尼亚红酒品鉴洽谈会暨跨界高峰对话、罗马尼亚红酒走进中国黑茶之乡四大主题活动。

大事记

4月19日，湖南省大湘西茶产业发展促进会成立大会在湖南宾馆隆重举行，促进会由政府引导，大湘西区域内［包括湘西、张家界、怀化、娄底、邵阳等5市州所辖县（市、区），并延伸至安化、石门、桃源3县，共计45县］的茶叶龙头企业、高等院校、科研机构、行业组织自愿组成的非营利性社会团体，湖南农业大学刘仲华教授任会长。

4月20日，2016中华茶祖节在长沙市神农茶都正式开幕，茶祖活动在全省各地举行了14个大系列活动。

9月2日，第八届湖南茶业博览会在长沙红星国际会展中心隆重开幕，并举行了潇湘·石门银峰茶推介会、2016湖南茶叶“十大公用品牌、十大杰出营销经理人、十强最美茶叶村（茶园）”授牌仪式。

10月22日，由安化县政府和湖南省优质农产品开发服务中心联合主办的“安化黑茶少林•泰山行暨第四届中国茶叶博览会系列活动”在安化县隆重举行，整个活动历时了10天，途经4省，行程往返3 000千米。

11月10日，为落实“一带一路”倡议，庆祝中国和罗马尼亚建交67周年，促进中罗两国的友谊和经贸往来，由罗马尼亚工商总会、中国国际贸易促进委员会湖南省分会主办，益阳市政府承办了“中国安化黑茶•罗马尼亚红酒对话”系列活动。

12月12～13日，由湖南省茶业学会主办的以“创新驱动 转型升级”为主题的“2016湖南茶业科技创新论坛”在中华黑茶园隆重召开，这是湖南省茶叶学会决定将一年一度的学术年会定名为“湖南茶业科技创新论坛”后举行的首次大型学术会议。

（湖南省农业科学院茶叶研究所　包小村）

广 东 省

基本情况

广东不仅是茶叶生产大省，更是茶叶消费大省。近年来，广东茶产业在全国茶产业发展态势良好的背景下，通过调整和优化，继续保持稳定、健康的发展势头，产品价格不断提高、产销两旺。

近年来，全省高度重视广东特色茶产业的发展，出台了一系列促进广东茶产业发展的政策方针，通过各种形式给予大力支持。广东省农业厅印发了《2016年广东省种植业工作要点》（粤农函〔2016〕333号），提出要大力开展园艺作物标准园和热作标准化示范园创建。提升创建水平，推进由“园”向“区”的拓展，示范带动菜、果、茶等园艺作物更大范围提质增效；要推进水肥药减量增效，深入开展农药使用量零增长行动。推进统防统治，强化政策支持，扩大政府购买服务试点，扶持发展一批装备精良、服务高效、管理规范的病虫防治专业化服务组织，不断扩大专业化统防统治服务规模。

茶叶生产

2016年，广东茶园总面积达5.31万公顷，比上年增长7.62%；采摘面积4.21万公顷，比上年增长4%；茶叶总产量86 797吨，比上年增长9.33%。其中，绿茶33 471吨，占总产量的38.56%；乌龙茶39 989吨，占46.07%；红茶5 707吨，占6.58%；其他茶7 621吨，占8.78%。

广东省茶业基本情况

项目	单位	2016年
茶园总面积	万公顷	5.31
采摘面积	万公顷	4.21
新建园面积	公顷	3 900
无性系面积	公顷	1 693
无公害面积	公顷	3 566
有机茶面积	公顷	193
茶叶总产量	吨	86 797
干毛茶总产值	万元	35.7
名优茶总产量	吨	5 000
名优茶总产值	万元	33.7
绿茶产量	吨	33 471
红茶产量	吨	5 707
乌龙茶产量	吨	39 989

在产区布局方面，茶叶生产逐步向优势产区发展，主要分布在粤东、粤北、粤西地区，重点集中在潮州、揭阳、梅州、河源、清远、湛江、肇庆、韶关、云浮等9个市，这9个市的茶园面积占全省92%，茶叶产量占全省94%。广东茶叶生产区域特色明显，粤东地区主要生产以单丛茶为主的特色乌龙茶，产区主要有潮州、揭阳、梅州、汕尾；粤北地区主要生产以英红九号为主的特色红茶，产区

主要有清远、韶关；粤西地区主要生产大叶种绿茶、红茶和特色乌龙茶（台湾种为主），主要产区有湛江、云浮等，客家绿茶产区主要有梅州、河源、韶关等。另外，全省特色茶异军突起，围绕江门市新会区陈皮柑产区的特色茶即柑普茶、柑红茶近年来发展势头迅猛，并深受消费者青睐。

茶叶加工

广东省茶叶加工主要以乌龙茶、绿茶、红茶为主，随着国内茶叶加工机械的快速发展和应用，省内多数企业和小型作坊都引进了如杀青机、揉捻机、摇青机、烘干机、提香机、色选机等现代加工设备来代替传统的手工做茶方式，大大降低了劳动量和劳动成本，提高了生产效率，在一定程度上保证了茶叶品质和质量。一是良种推广加快了步伐。近10年新发展的茶园均实现了无性化，平均每年新种或改植换种无性系茶树良种茶园1 333.3多公顷。二是茶叶优质高效生产适用技术在重点茶区得到普遍应用。由于茶叶生产逐步向企业和生产大户集中，而茶叶生产企业、生产大户往往对技术的需求比较迫切，生产技术措施也比较到位。三是标准化生产加快推进。大力推广标准化生产技术，结合国家开展的园艺作物标准园创建，近年来全省创建茶叶标准化生产示范园20多个。另外，国家茶叶产业技术体系广东团队，在茶树品种的选育、良种良法的示范，特别是在产品的创新与开发方面取得新进展，对推动全省茶叶科技进步发挥了积极的作用。

茶叶品牌

广东凤凰单丛、岭头单丛、英德红茶、荔枝红茶、仁化白毛茶、广式普洱茶等，都是国内具有知名度的历史名茶。近年来，广东本土茶产业发展很快，全省茶叶的品牌和档次得到提升，市场开拓更为广泛，生产得到了大力发展，茶产业发展取得了良好的经济效益。已获评为广东省名牌产品（农业类）的茶叶商标达42个，主要注册地集中在潮州、梅州、河源、清远、湛江、肇庆、汕尾、云浮。仁化白毛茶、凤凰单丛、西岩乌龙茶、沿溪山白毛尖、柏塘山茶、象窝茶、马图绿茶、新垌茶、英德红茶等注册为国家地理标志保护产品，凤凰单丛、沿溪山白毛尖已注册为地理标志产品并建立了广东省地方标准，以保护广东茶叶特色资源，拓展品牌效应。茶叶作为广东省特色产业已初步实现区域化布局，在各核心产区基本形成了以“英德红茶”“凤凰单丛”“客家炒青绿茶”“韶关白毛茶”等为代表的区域公用品牌。2016年，广东省第二届“十大名牌”系列农产品评选中，广东名茶新增了20个，其中第一届“十大名牌”系列农产品复审通过“鸿雁”牌英红九号、“南馥”牌凤凰蜜兰香单丛茶、“石正云雾”牌石正云雾绿茶、“茗皇”牌乌龙茶等4个广东名茶产品，大大提升了广东茶叶品牌的知名度和品牌效应。

广东省茶叶地理标志产品统计

单位：公顷、吨

产品名称	产地	涉及面积	涉及产量
凤凰单丛	潮州市潮安区凤凰镇	3 333	3 500
岭头单丛	潮州市饶平县	4 333	8 900
英德红茶	英德市	3 000	3 400
鹤山红茶	鹤山市	100	120
新垌茶	高州市新垌镇	93	102
马图茶	梅州市丰顺县龙岗镇	433	250
仁化白毛茶	韶关市仁化县	1 533	2 090
西岩乌龙茶	梅州市大埔县西岩山一带	567	650

2016年，广东省发展茶叶品牌主要有以下举措：一是大力扶持茶叶龙头企业，增强企业实力，培育品牌建设主体。通过对龙头企业贷款贴息、各类项目的支持，推动龙头企业做大做强。同时，引导和支持茶企开展技术创新，开发高质量新产品，建立具有自主知识产权的产品体系。二是加快建设高标准茶叶生产基地，推进茶业规模化经营，不断夯实品牌建设基础。各地因地制宜选择适合当地实际的规模经营实现路径，以企业发展为主带动产业基地建设，引导茶企建立良好的产业化经营机制，不断提高茶叶基地建设水平，促进茶产业向规模化、标准化、区域化、产业化方向发展。三是大力推进标准化生产，提高产品质量安全水平，稳定和提升了品牌建设质量，并扩大市场占有率。各地在发展茶叶生产中，不断强化质量标准和管理意识，大力推广标准化生产技术，普及无公害生产技术规程，示范推广病虫绿色防控技术和安全用药技术，推动无公害、绿色茶叶的快速发展。加强产品质量安全监督检测，严格把好市场准入关。大力推进产品标识管理，推进产品质量安全可追溯管理。四是加强企业与品牌的宣传和形象塑造，重视对品牌的保护，维护品牌形象，提高知名度和美誉度。积极发挥茶叶社团组织的作用，加强茶文化的研究、挖掘和弘扬，广泛开展多形式的茶事、茶文化、产品推介等活动，大力宣传全省茶叶品牌，扩大全省茶叶产品和品牌的市场影响力。

茶叶市场与消费

广东省拥有全国最大的茶叶集散地和茶叶消费市场，广州历来是全国最大的茶叶出口口岸和内销集散地，茶叶内销市场销量和年消费总量均居全国第一，人年均茶叶消费量达3.6千克，是全国人年均茶叶消费量的2倍，估计年消费量在8万吨以上；茶叶市场发达，每年茶叶流通量达到11万吨。近年来，广东加强茶叶市场建设，特别是珠江三角洲地区建设了一批销区茶叶专业市场，形成了以珠江三角洲为主体的销区茶叶市场网络，拥有一批庞大的茶叶流通队伍。广州是全国茶叶销售的重要集散地，其中芳村南方茶叶市场成为全国最大的茶叶专业市场之一。依托茶行业的社团组织，每年在广州等城市举办各种大型的茶叶会展，为企业搭建展销与宣传平台，助推全省茶业经济的发展。

自2015年以来，产自广东新会的柑普茶异军突起成为“茶界新宠”，并迅速获得消费者的喜爱。2016年柑普茶市场高速发展，除了新会集中涌现外，各大云南普洱茶品牌纷纷推出这一品类，都获得了不错的销售业绩。同时，2016年新式茶饮全面爆发，“像做咖啡一样做茶”的高度标准化生产流程及全球采购的模式，让中国的茶品牌有了全国化甚至国际化的可能。一大批新式茶饮抢占市场，受到广大年轻消费群体的喜爱。

2016年，广东全年出口量6 024.7吨，同比增长18.67%；出口额7.3万美元，同比增长79.47%；出口均价12.1美元/千克，同比增长51.24%。

主要措施

广东省农业厅于2016年启动了“茶叶产业创新团队”项目，设置了首席专家1名，育种、病虫害防控、栽培与营养、采后与加工机械化、产地环境与规划（综合）岗位专家6名，示范基地6个，充分利用全省相关科技资源和科技力量，结合实际建设具有广东特色的茶产业技术体系创新团队，开展应用技术研发、集成、示范和培训等为主要内容的农业科技创新与推广工作，提升茶产业整体的科技创新能力。同时，实施了2016年省级农业发展和农村工作专项——耕地质量保护与提升项目，包括茶叶种植基地水肥一体化技术示范建设；启动了“寻找广东好茶叶”的活动等。

2016年，全省茶产业在发展思路上，按照“企业为主、带动农户”的组织形式，坚持“优质、高效、安全、生态”的可持续发展方向，加强规划指导，立足区域优势，优化产业布局，加快科技进步，创新经营机制，拓展产业功能，促进产业融合发展，构建现代茶产业体系，提升产业竞争力。发展原则上，一是坚持因地制宜，突出特色。充分发挥区域自然条件与产业基础优势，突出区域特色，合理安排品种布局和茶类生产，扬长避短，提升产业竞争力。二是坚持规模经营，集约发展。因地制宜选择适合当地实际的规模经营实现路径，扶持培育新型茶叶生产经营主体。引导茶企建立良好的产业化经营机制，以企业发展带动产业基地建设，促进茶产业向规模化、专业化、产业化方向发展。三是坚持市场导向，多方参与。充分发挥市场配置资源的基础性作用，以市场主导推动茶产业发展。正确处理政府、企业、科研单位、农民的关系，发挥相关主体的积极性，创新发展机制，增强茶产业发展动力。四是坚持兼顾生态，科学发展。遵守自然规律和经济规律，合理利用和有效保护资源，科学规划山地茶园建设，注重水土保持，禁止盲目开荒毁林种茶，实现经济效益、生态效益、社会效益和谐统一。

总的来说，近年来广东茶产业发展呈现新势态。生产目标上，从注重总量增长，向更加注重茶类总量平衡、结构优化和优质安全并重转变。组织方式上，从分散农户的小生产，逐步向以发展企业为主的规模化生产经营转变。经营理念上，从注重经营产品，向更加注重经营品牌和品牌文化、企业文化转变。产业功能上，从单一的食品饮用功能为主，向食品、保健、文化、旅游等多功能的一二三产业融合发展转变。交易方式上，从现实的“有形”市场，逐步向“互联网+茶叶”的“无形”市场拓展。这些发展势态，标志着广东茶产业进入新的发展时期，真正到了从传统生产向现代化发展跨越的新阶段。

茶叶科技

2016年，广东茶叶科研体系逐渐完善，主要依托广东省农业科学院茶叶研究所、华南农业大学、广东科贸职业学院和部分市县农业科研所。国家茶叶产业技术体系广东团队在茶树品种的选育、良种良法的示范，特别在产品的创新与开发方面取得新进展，对推动全省茶叶科技进步发挥了积极的作用。以广东省农业科学院茶叶研究所为例，育成国家级良种10个、省级良种7个，获植物新品种权2个，全省无性系茶树良种选育率及科技贡献率均超80%，红茶品种选育处于全国领先地位。产生了以“优质高效生态茶园栽培关键技术集成与应用”“南亚热带生态茶园栽培关键技术集成与应用”为代表的系列省级、地市级科技成果，有效地引领了全省茶产业的创新发展。广州市茶叶行业工程技术研究中心、广东省茶产业工程技术研究中心和广东省茶叶产业技术体系相继落户广东省农业科学院茶叶研究所，将对全省茶产业急需的工程技术成熟化、工程化、配套化的研究开发和构建产业发展关键共性技术创新体系及成果转化平台提供了良好的平台基础。在广东省农业科学院茶叶研究所的科技引领和示范带动下，以“英红九号”为代表的“英德红茶”区域公用品牌价值从2010年的6.62亿元增加到2016年的14.54亿元。

茶文化

2016年广东省第八届全民饮茶日活动在佛山市紫金城国际茶都举行，以“岭南品茗·千人品茗”为主题，倡导“茶为国饮·品味生活”，普及茶知识、弘扬茶文化，推广优秀茶商茶品，倡导全民爱茶饮茶之余，彰显了佛山独特的文化生活和特色元素。

广东省梅州市平远县首届千人禅茶会暨客家炒绿发展研讨会在该县大佛寺、飞龙脐橙产业园等地举行，以“静品禅茶会，聆听客家音”为主题，以茶为媒、以景邀客、以节会商，吸引了来自各地的茶商和茶文化爱好者近千人前来畅游平远美景，品尝正宗的客家绿茶，观赏茶艺表演，享受慢生活的茶文化盛会。

在韶关市曲江区罗坑镇举行了“2016广东·韶关曲江第三届罗坑茶文化节暨曲江区罗坑镇旅游协会”成立仪式。本届茶文化节以茶会友，精心安排了露营节系列活动，如2016“雪花岩”杯随手拍美图大赛颁奖仪式、韶关市曲江区罗坑镇旅游协会成立仪式、乡村文艺表演、罗坑大盆菜美食宴、罗坑风光摄影展、土特产展销会、2016年度最靓罗坑番薯干评选比赛、罗坑茶乡之旅等精彩活动。

大事记

2月4日，广东省农业厅推介发布“2016年广东省农业主导品种和主推技术”。其中，丹霞1号与乌叶单丛入选2016年广东省农业主导品种，高香桑叶茶生产技术入选2016年广东省农业主推技术。

7月25日，广东省农业厅与广东省旅游局公布了第三批全省休闲农业与乡村旅游示范镇和示范点，河源市和平县增坑茶叶种植专业合作社申报的河源和平东水马增生态茶园、江门市台山市川岛镇上川仙岛茶园农庄申报的江门台山上川仙岛茶园、江门市天露仙源农业科技发展有限公司申报的江门开平天露仙源茶场及清远市英德积庆里茶业有限公司申报的清远英德积庆里红茶谷入选示范点名单。

8月7日，持续9天的2016首届新会青柑·柑普茶交易会闭幕，青柑成交量超1 000吨，柑普茶接单超过200吨。

10月14日，广东省农业厅对获得“2016年广东省名牌产品（农业类）生产企业”进行通报表彰，其中获“广东省名牌产品”证书的涉茶企业共20个。

11月24～28日，2016中国（广州）国际茶业博览会在广州琶洲广交会展馆举办，来自我国20多个省份及斯里兰卡、韩国等国家近800家品牌企业参展。本次茶博会举办了2016中国红茶论坛、媒眼看国茶、2016全国名优茶质量竞赛、2016“万象杯”广东茶艺师职业技能大赛、岭南茶文化大讲堂等活动。

（广东省农业科学院茶叶研究所　操君喜　潘顺顺）

海 南 省

基本情况

海南省茶园分布在中部五指山山地边缘和东部、北部低丘台地。全年阳光辐射量大，日照时间长，气候温和，年平均气温22～26℃，年降水量1 700～2 400毫米，相对湿度在80%以上，昼夜温差达6～11℃，是我国最大的“热带宝地”、唯一的热带岛屿茶区，也是我国新兴茶区热带茶树生态最优良的地方，具有茶叶生长得天独厚的自然环境。

茶叶生产

海南茶叶有近千年的发展历史，自古就有黎族人采摘五指山野生大叶茶治病的传说，明朝年间即有海南早期茶事的记载。20世纪60年代，在海南农垦建立红茶出口货源基地，1988年海南省掀起了种茶高潮，到1992年种植面积达到最大为7 280公顷，年产干茶7 620吨，种植茶树的茶场有40个，茶叶加工厂37家，生产的红碎茶远销欧美等50多个国家或地区，为国家创汇做出了较大的贡献。1994年以后，海南茶产业受外贸体制改革及国际市场茶叶价格波动等多重因素影响，红碎茶出口受阻，市场急剧萎缩，海南茶叶产量和茶园面积急剧下降。2016年，全省茶叶种植面积1.5千公顷，比上年增长16.13%；采摘面积1.1千公顷，比上年增长6.41%；单产870千克/公顷，总产量975吨，比上年增加10%，地头收购价80元/千克。

海南拥有得天独厚的自然生态条件，生产的茶叶全部能达到欧盟检测标准。全省茶叶种植区域主要分布在白沙、五指山、琼中、定安、保亭、澄迈、万宁等7个市县，农垦种植面积主要集中在白沙陨石坑周边、琼中乌石、保亭金江、定安南海等农场。

茶叶品牌和企业

海南茶叶种植面积较小，产量也小，2016年春茶价格稳中有升，平均价110元/千克（高端近万元/千克，低端约50元/千克），同比上年提高约10%。

海南省主要茶叶生产加工企业有：海南省农垦五指山茶业集团股份有限公司（以下简称海垦五指山茶业集团）、海南澄迈万昌苦丁茶场、五指山椰仙生物科技有限公司（以下简称椰仙公司）、白沙五里路茶叶专业合作社、润峰天岩茶业有限公司等。全省主要茶叶品牌有：白沙（绿茶、红茶）、白马岭（白马骏红、白马君红）、金鼎（绿茶、红茶）、南海（绿茶、红茶）、万昌（苦丁茶）、椰仙、五里路（有机绿茶、红茶、白茶）、天香岩（绿茶、红茶）、水满润红等。

按照海南省委、省政府关于推进新一轮海南农垦改革发展的实施意见部署要求，海南农垦整合垦区茶产业资源，于2016年4月29日组建了海垦五指山茶业集团，其作为海南省最大的茶叶龙头企业，拥有白沙、乌石、五指山、南海、中瑞五大茶园基地和金江茶文化产业园区，以及2万多米^{2}的茶饮料深加工厂，土地面积约1 333公顷。其中投产茶园590公顷，占全省总茶园面积85%以上。现有职工723人（采茶工、制茶人员599人，管理、销售人员124人）。2016年，海垦五指山茶业集团完成干毛茶产量470吨，比上年同期增长24%；营业收入达5 730万元，比上年同期增长21%，实现净利润额657万元；茶工人均劳务收入2 791元/月，同比增长12%。

五指山茶叶协会是集种植、生产、加工、销售为一体，拥有茶企6家、农民专业合作社17家，年产值1.2亿元。五指山市茶产业带动农户665户，带动贫困户250户。其中，椰仙公司带动贫困户156户，每亩均产茶青可达150千克，采摘期可达9个月，最低年收入可达7.5万元/公顷，以一芽一叶40元/千克、一芽二叶30元/千克为保底价。茶青随行随市，高时可达80元/千克，解决了农户的后顾之忧。通过实施“三个统一”（即统一种植、统一技术服务、统一收购）的生产管理模式，建立起“公司＋合作社＋农户”共同担风险、利益均分的联结机制，共同推进茶叶种植，形成规模化、产业化、品牌化生产，做到了产销有合同、种植有保证、收购有制约，实现了利益共赢。此外，贫困户还可就近在公司茶园务工，人均年收入可达2.5万元，全市从事茶叶生产、加工、销售人口约1.2万人，有效地促进了贫困户脱贫致富。

茶产业优势

利用优越的自然条件因地制宜发展茶产业，做大做强海南茶产业，是新形势下发展茶产业战略性的决策，在海南发展茶产业有如下优势：

1. 地域的优势 海南地域属热带季风气候区，光照、温度、水、湿度等条件优越，山区地势起伏较大。山区海拔多在300～800米，为低山丘陵区，坡度一般在10°～20°，非常适宜茶叶种植生长，且土壤中有益于人体健康的矿物质元素含量十分丰富，拥有良好的生态环境、独特的水土条件等优势。

2. 华夏第一早春茶 作为全国唯一可以四季采茶的地区，海南具有日照时间长、雨量充沛、无虫害、无污染、土壤矿物质含量丰富的天然生态环境。海南早春茶比其他省份的产茶区提早上市3个月左右，被誉为“华夏第一早春茶”，季节优势突出。

3. 茶叶内含物高 海南茶叶中的内含物、水浸出物高，茶多酚含量一般可达35%～40%，比其他省份茶叶高出10%～15%；水浸出物大于40%以上。因此，海南茶叶具有香气高郁，滋味浓、强、鲜、爽，回甘持久，汤色亮等特点。

4. 茶叶产量高 海南茶叶产量高，一年可采摘茶周期为10个月，茶青每亩产500千克，比其他省份茶区产量高1倍以上。海南垦区茶农收入采取“多采多得”的绩效激励制度，促使茶农高效的工作态度。

5. 政策的支持 海南省委、省政府确定了要把发展绿色、高效农业和海南国际旅游岛作为海南“十三五”经济发展的一张王牌，而茶产业正是两者有机结合产物的载体，茶产业的发展已成为各级政府高度重视和大力支持的绿色经济产业。海南茶产业项目的实施符合国家及海南省茶产业发展方向，符合《海南省人民政府关于加快转变农业发展方式做大做强热带特色高效农业的意见》，得到海南省财政厅现代农业生产发展资金的支持。因此，海南茶产业项目的实施具有明确的政策指引和支持。

发展思路及做法

近几年来，一方面通过运用整合营销传播手段，打造海南茶叶品牌；另一方面加强茶园基地的管理建设，推广绿色高效关键技术，统一制定标准。具体发展思路及做法如下：

1. 梳理优化包装，统一品牌标识 积极培育企业品牌文化，重点在品牌设计、品牌创造、品牌包装、品牌宣传等方面下功夫。根据不同产品特点，注重设计包装内容，采用茶叶包装新品种材料，推出旅游装、烟盒型等多款新颖包装，满足不同消费者的需求。产品包装更新升级后，市场接受度颇高，带动了消费热潮，销售额明显提升。

2. 全力推广“百城千店”计划 海南制定了“百城千店”专营店营销计划。一是在全省18个市县设立了茶叶专营店，重点市县4～5家专营店，一般市县1～2家专营店。二是积极向北京、上海、广州、深圳等一线大城市推广专营店，通过一线大城市覆盖全国专营店这一平台，树立海南茶叶品牌形象，进一步扩大知名度，抢占茶叶市场高地。

3. 加入中国茶产业联盟，促进国内外市场开拓 通过加入中国茶产业联盟，并与国家质量监督检验检疫总局、商务部等有关部委及农业部有关司局接洽，一是参与国际访问交流、博览会、产业沟通、文化艺术交流等活动，主动地发展与“一带一路”沿线国家的经济合作伙伴关系，传播茶文化，讲述茶故事，促进茶消费。二是组团参加茶展，在北京、上海、广州、深圳、杭州等地参加中国茶产业联盟推荐的茶博会，加大海南茶叶品牌的推广力度。三是加入中国茶产业联盟网上销售平台，积极与主要电商平台进行对接，开设茶产品专区，进行展示销售。

4. 加强标准茶园建设，推广绿色高效关键技术，统一制定标准　一是重点培育一批优良茶树品种，提高茶叶的品质保障，改造海南低产衰老期的茶园。二是大力发展高产、优质、生态茶园，加强建设绿色、有机茶园，推广有机肥替代化肥，减少农药的使用量，推进茶叶科技创新，提升茶叶综合生产能力。三是推进标准化种植生产，通过统一制定标准、统一提供种苗、统一种植管理、统一收购茶青、统一加工、统一销售等方式，确保产品质量。

5. 采取“多跑动”“多学习”办法　一是访问兄弟同行，实地参观茶叶种植基地，了解采茶、制茶工艺，向茶叶协会、研究所等组织同行请教活动组织经验。二是组团前往安吉、杭州龙井村和梅家坞茶文化村学习，参观茶叶基地、茶旅庄园，走访制茶能手，体验制茶生活，品茗寻韵，极大地开阔了企业的眼界和理念。三是参加农业部、海南省农业厅举办的各种茶博会，以及全国农业技术推广服务中心举办的茶叶绿色生产模式和配套技术培训，提高企业的品牌知名度和生产管理技术，从而达到扩大销量的目的。

主要措施

当前充分利用海南的比较优势，发展茶产业链，并通过一二三产业融合促进海南省茶叶生态旅游的建设，做大做强海南茶产业，主要采取了以下措施：

1. 加强茶园基地建设，扩大茶园种植规模　海南总投产茶园面积约1.5千公顷，海南省政府已将茶产业列为热带特色农业调优增效的重点产业，同时加强茶园基地建设、扩大茶园种植规模、调优品种、改良品质等。

2. 打造金江文化产业园区建设　海南五指山金江茶文化产业园项目利用金江农场755公顷土地，建设集茶文化体验、生态度假、民俗体验为一体的茶文化与旅游休闲相结合的主题综合园区。

3. 技术改造和新建茶叶加工生产线　提升茶业科技水平，加快机械自动化创新。同步改造现有茶厂，在保留改造现有茶叶加工生产线的同时，改造南海茶厂茶叶生产线；新建乌石和五指山茶厂现代化、全自动茶叶加工生产线。

4. 优化茶树品种，开发具有海南特色热带红茶品种　与中国农业科学院茶叶研究所、华南农业大学等单位合作，选育具有本地特色的优质茶树品种，提高茶园单产和茶叶品质。

5. 整合资源，专注品牌建设　品牌传播是支撑起产品销售的重要节点，单独建立起具有明显行业特征的、海垦五指山茶业集团的企业形象，提升市场辨识度，理顺海垦五指山茶业集团下属品牌的管理和定位。

存在问题

海南茶产业发展还存在以下一些问题：一是在当前全国茶产业迅猛发展的形势下，海南茶产业体量较小，由于海南山地较多、国家生态林保护红线控制等原因，短时间内茶产业发展很难形成规模化效应。二是茶叶品种单一，主要是红茶和绿茶。三是海南茶叶历史文化积累较少，过去一直是生产红茶供应出口，国内消费者知之甚少，海南茶叶内销数量较少。四是相对于热带瓜果蔬菜地位优势，海南茶叶生产成本较高。五是海南现在主要的茶叶生产集中在农垦，造成生产体制机制限制，急需改变。

大事记

4月9日，2016首届“云上白沙”（海南）茶叶博览会开幕式暨颁奖典礼在白沙黎族自治县白沙茶城举行，活动吸引了众多茶叶参展商参加，超过3万人次参观。同时，还举办了茶之祭・天地山水巡祭、中国传统名优茶炒制技艺非遗文化演示、海南首届茶产业高峰论坛、白沙茶产业发展专题研讨会等活动。

4月29日，海南省农垦五指山茶叶集团股份有限公司、海南海垦果业集团股份有限公司、海南海垦胡椒产业股份有限公司三大产业公司正式挂牌，标志着新一轮海南农垦改革推出了新成果。

5月3～4日，由中国茶叶流通协会、宁波市政府主办的第八届“中绿杯”中国名优绿茶评比活动中，海南白沙五里路茶叶专业合作社的“五里路”牌茶叶获得银奖。

9月22日，由中国茶叶学会、四川省农业科学研究院承办的“第三届全国茶艺职业技能竞赛”中海南代表团王曼、唐蕊荣获优秀茶汤奖，团体赛“欢乐海岛”荣获最佳演艺奖，海南省荣获优秀组织奖。

12月12日，2016年中国（海南）国际热带农产品冬季交易会（以下简称冬交会）在海南国际会展中心正式开幕，在海南省农业厅主办的“2016海南冬交会最受欢迎十大品牌农产品”评选活动中，海南农垦白沙绿茶以高品质获得广大网友的支持，最终荣获冬交会十大品牌农产品。

（海南省农业厅　祝英武）

重　庆　市

基本情况

茶叶是重庆三峡库区和秦巴、武陵两地山区极具潜力的特色优势产业，对于发展农村经济，特别是带动贫困山区脱贫致富，有着其他经济作物不可替代的作用。2016 年，重庆市委、市政府对茶产业发展高度重视、持续关注，多次召开专题调研、研讨会议，研究部署相关工作，推动业界积极谋划茶产业发展，各级政府部门齐抓共管，共同打造，形成合力，推进百亿级茶产业链建设，重庆茶产业正步入“转型、升级、提质、增效”的关键阶段，依靠政策支持、市场驱动、科研支撑，重庆茶产业发展加快，为全面实现重庆市“十三五”茶产业发展目标迈出了坚实步伐。2016 年，全市茶园总面积达 4.23 万公顷，其中投产面积达 3.12 万公顷，茶叶总产量达到 3.7 万吨，茶叶总产值达到 20 亿元，综合产值达到 45 亿元，出口茶叶 3 250 万吨，实现创汇 314 万美元。

重庆市茶业基本情况

项目	单位	2016 年
毛茶产值	亿元	20
茶园面积	万公顷	4.23
茶叶产量	万吨	3.7
茶叶年加工能力	万吨	11.0
茶农户数	万户	100
毛茶平均价格	元/千克	60.8
企业数	个	545
行业销售额	亿元	25
城镇居民茶叶消费	千克/人	0.9

产业政策

2016 年，重庆市委、市政府对茶产业发展高度重视，重庆市政府、重庆市农村工作委员会分别制定并印发了《重庆市农业农村发展“十三五”规划》《重庆市经济作物发展“十三五”规划（2016—2020 年）》，把茶产业链建设提到了重要的高度，对产业发展指明了方向，给予更多的优惠政策和资金扶持，茶产业发展政策环境良好。

“十三五”期间，国家启动生态工程，开展建设美丽中国、美丽乡村活动；精准扶贫、新一轮退耕还林工程启动及三峡库区后扶工程持续开展，为经济作物茶叶的发展提供了保障。重庆市政府要求农口系统每年安排 1 亿元连续 5 年支持茶产业发展。2016 年，市级特色效益农业切块资金专门增加了 2 100 万元茶叶资金，下达到“352”重点区县。自 2016 年起，重庆市将陆续整合商委、水利、移民、扶贫、农业综合、供销等市级部门有关资金支持茶产业链建设。重庆市农村工作委员会还将协调金融机构加大对茶企的信贷、担保等支持力度，税务部门对茶企按国家规定给予税收减免等。各区县政府加大对茶产业支持力度，出台相关扶持奖励政策，财政及农业部门从资金监管到技术支撑层层把关，从种苗、物资、基地建设（新建和改建）、加工厂房、机器设备、品牌建设及宣传等方面全力扶持茶产业发展。

茶叶生产

重庆市优化茶叶生产区域布局，集成创新茶叶生产绿色发展模式，加强标准化生态茶叶基地建设，茶园面积、产量、产值稳步增长。

1. 产业规模扩大 种植规模呈现稳步增长态势，2016年，全市茶园总面积达4.23万公顷，其中采摘面积达3.12万公顷，茶叶总产量达到3.7万吨，茶叶总产值达到20亿元，综合产值达到45亿元，茶园总面积、总产量、总产值分别比上年增长6.05%、5.29%、15.61%。全市茶企有545家，其中农业产业化龙头企业131家（国家级龙头企业1家、省级龙头企业31家）。

2. 分类指导成型 现已形成渝西、渝东南、渝东北三大优势茶产业带，重点抓好“352”布局，即永川、南川、秀山3个综合示范区，巴南、万州、荣昌、江津、酉阳5个重点区县，示范区名优特早茶、无公害、绿色、生态有机茶生产优势突出，2个渝茶文化创意体验中心正在筹划建设中。在永川、巴南分别建设万亩级标准化生态茶园生产基地，示范带动全市茶叶绿色发展，重庆市永川区、南川区分别被授予“西部茶城”和“中国名茶之乡”称号。

3. 绿色发展提高 建立茶叶生态栽培示范点，开展实用新技术的推广。结合农业部、市级茶叶标准园创建工作，在重庆市巴南区二圣茶场、永川区永荣茶厂建立茶叶生态栽培技术示范区，试验示范茶叶生态栽培技术，推广色泽诱杀、灯光诱集、性信息素诱捕等生物物理防控措施，集成适宜重庆茶区的茶叶绿色生产模式及配套技术，制定地方标准《现代生态茶园生产技术规程》。同时，开展全市茶叶绿色发展培训会，现场培训与指导相结合，在全市茶区开展茶叶绿色生产模式及配套技术应用推广，推广绿色防控、统防统治、配方施肥，开展有机肥替代化肥，促进化肥农药减量增效，推动全市茶叶绿色发展，确保茶叶质量安全。

重庆市茶叶重点区县基本情况

单位：吨、公顷

名称	茶叶产量	茶园面积	品种	主要品牌
永川区	5 200	4 666	四川中小叶种、福鼎大白茶、蜀永系、巴渝特早、早白尖等	永川秀芽
南川区	3 612	5 486	云南大叶种、巴渝特早等	金佛玉翠
荣昌区	3 350	2 600	黔湄系列、云南大叶种、福鼎大白茶、巴渝特早	天岗玉叶
巴南区	3 010	2 601	福鼎大白、巴渝特早、四川中小叶种、名山白毫	巴南银针
酉阳县	2 580	3 520	四川中小叶种、福鼎大白茶、巴渝特早	宜居茶叶
江津区	1 668	1 600	四川中小叶种、福鼎大白茶、巴渝特早	江津硒茗
秀山县	1 250	5 533	福鼎大白茶、福鼎大毫茶	钟灵毛尖
万州区	810	2 466	四川中小叶种、福鼎大白茶、巴渝特早、名山白毫	太白银针

注：本表以2016年茶叶产量排序。

茶叶加工

重庆市茶叶加工以清洁化、连续化、标准化为发展方向，扩建或改造茶叶加工厂房，优化提升初制、精制加工技术及装备，推进茶叶现代加工进程。

1. 改造厂房设施设备 以环境差、面积小、建设落后、设备陈旧的加工厂房为对象，扩建或改建标准化厂房，引进加工机械装备，实现加工环境清洁化。以龙头企业为平台，引进改造机械设备，新建茶叶清洁化机械化生产线 8 条，改造生产线 12 条，设备更新 100 余台（套），分别建立绿茶、红茶、黑茶初制、精制、包装的连续自动化生产线，提升实现加工及包装清洁化、连续化、标准化水平。

2. 提升现代加工技术水平 以针形名优绿茶为主，重点推广连续自动化加工关键工艺、品质设计与智能化拼配等技术，改进生产工艺，提升茶叶质量标准水平。优化创新现有红茶加工技术，实施红碎茶加工清洁化改造和提档升级，恢复提升重庆沱茶加工技术。

3. 建立全面的质量管理体系 在重点产茶区县，以龙头企业为主，做好茶叶安全生产溯源体系建设工作，加强自身对污染物和农药残留自检等方面能力建设，实现企业自检自控，提高茶企整体质量控制水平。

茶叶品牌

按照重庆市政府为引导、企业为主体的策略，采取公用品牌结合企业品牌模式，打造渝茶品牌，提升品牌竞争力。

1. 打造渝茶品牌 倾力打造渝茶公用品牌，大力推进茶叶龙头企业、合作社茶叶品牌培育工作。以重庆茶叶集团、重庆云岭茶业科技有限公司等一批国家、市级龙头企业为代表，推进“永川秀芽”“巴南银针”“金佛玉翠”“南川大树茶”“江津富硒茶”“重庆沱茶”等区域、特色品牌建设，突出重庆针形绿茶、特早茶、千年古茶树、沱茶等资源优势。通过政府引导、行业协会和重点龙头企业牵头，通过兼并重组、市场融资、连锁加盟等方式组建大集团，以品牌汇聚各类茶企，集中政府及社会资源共同推动渝茶品牌整体效应，做大做强企业品牌，提升渝茶价值和全国市场竞争力。

2. 宣传渝茶品牌 围绕公用品牌、企业品牌，以多种形式进行大力推介。在电视、网络等媒体平台策划推出商业广告、专题节目；在重庆机场、高铁站及外省份等地区设置渝茶专卖店，播放渝茶宣传片，宣传渝茶品牌形象；利用电子商务、微信、微博等加大品牌宣传力度；在全市主要茶区、大型旅游景点设立广告牌，在目标市场投入广告宣传；重庆市农村工作委员会、重庆市茶叶学会、重庆市茶叶商会、重庆茶文化研究会等积极组织企业参与省级以上的茶叶评比、茶叶展销会及博览会，各茶区举办形式多样、丰富多彩的茶事活动宣传渝茶品牌。

茶叶市场与消费

1. 茶叶销售持续增长 重庆市茶叶市场发展较快，现有重庆市茶叶专业批发市场、重庆石生国际茶城、重庆京闽国际茶都、重庆天月茶城等 4 个大型茶叶专业市场，总建筑面积达 12 万米^2，入住商户共 700 余户，年交易额约 9 亿元。重庆现有专业茶叶流通公司 30 余家，以自加工茶和经销茶叶为主。重庆百货大楼和新世纪百货等大型国有商场、超市依然是茶叶消费的品牌窗口。此外，重庆茶叶销售市场以茶叶专业零售店、综合性副食商场等形态大量涌现，如盘溪农产品市场等。2016 年，全市茶叶销售额与上年相比稳中有升，初步统计约 25 亿元。

2. 茶叶消费趋于合理 重庆消费茶叶以名优绿茶、沱茶、普洱茶、花茶、红茶等为主，其中 40％为名优绿茶、25％为沱茶和普洱茶、25％为花茶、10％为乌龙茶和红茶等。从总体来看，重庆茶叶消费结构将由低、中、高向中、高、低转变；花茶减少，绿茶、红茶增长，工夫红茶基数低但上升较快，乌龙茶增速减缓；礼品或高档茶销量与上年持平。

重庆市主要茶叶批发市场

单位：万吨、亿元、万米^2

批发市场名称	年交易量	年交易额	市场面积
重庆市茶叶专业批发市场	3	4	3
重庆石生国际茶城	3	3	5
重庆京闽国际茶都	1	1	3
重庆天月茶城	1	1	2

注：本表以2016年交易额排序。

茶叶贸易

重庆茶叶在国际贸易方面除有少量的绿茶出口以外，其他主要是针对巴基斯坦和俄罗斯出口低档红碎茶。据不完全统计，2016年重庆市荣昌区出口红茶3 250吨，实现创汇314万美元。

重庆市主要茶叶贸易企业

单位：吨、万美元

名称	年出口量	出口创汇额
重庆市荣昌区宏发茶业有限公司	1 700	165
重庆市荣昌区兴荣茶叶有限公司	900	91
重庆市荣发茶叶进出口有限公司	650	58

注：本表以2016年创汇额排序。

主要措施

1. 加快基地建设，夯实茶园基础　一是以做大茶产业优势区县为重点，加快推进茶叶标准园创建工作，推广现代生态茶园生产技术，推行绿色防控措施，发挥示范带动作用。南川、永川、秀山三大茶产业综合示范区，每年以1万亩的速度发展标准化的生态茶园，到2020年茶园面积分别发展到10万亩以上；巴南、江津、万州、荣昌、酉阳5个茶产业重点区县，每年以0.5万亩的速度发展标准化的生态茶园，到2020年茶园面积分别发展到5万亩以上。二是新建渝西、渝东北、渝东南3个茶树良繁基地，构建良繁体系，保障良种茶苗供给。

2. 强化科技支撑，提升生产技能　一是搭建合作平台。加大企业与技术推广、教学、科研等部门紧密结合，开展技术攻关与培训，加快对传统名优绿茶和特色茶产品加工工艺的改进、茶产品精深加工、储藏保质等技术研发。二是全面推进现代化的加工装备。支持示范带动作用强的企业加大厂房和设备改造力度，实现清洁化、自动化、连续化、标准化加工，提升茶叶加工水平。在重点区县和重点龙头企业建立茶叶质量监测体系。三是提高茶叶资源综合利用率。根据不同季节时期原料特征，特别是夏秋茶，在品种和茶类上做文章，利用夏秋茶制红茶、花茶等其他类别茶叶；同时，保护性开发野生古树茶，复兴沱茶，发展红茶、边销茶等多茶类。

3. 优化组织模式，培育新型主体　一是以职业茶农种植为基础壮大茶园基地。通过政策引导以新型茶农、家庭农场、专业合作社为主体扩增茶园，鼓励茶企将建成茶园反包给农户种植，引导茶企创建茶农与茶企之间的利益机制，形成以公司基地引领示范、农户及种植大户为基础的茶园生产模式。二是以中小茶叶为主体夯实加工能力和品质。以清洁化、机械化、标准化为目标，鼓励中小茶叶加工企业加强技术改造，着力提升现代化加工技术水平。三是以大型龙头茶企为主导引领产业发展。培育大型龙头企业，引导国家级、市级龙头企业通过多种形式联合中小茶企和研发机构等组建新型联合体，培育打造成科技型、外向型、带动型的龙头企业，带动大基地发展。

4. 创建知名品牌，强化宣传营销 一是创建地域特色突出，产品特性鲜明的区域公用品牌。依托大型茶叶集团和茶产业联盟，制定生产规程、加工工艺、品牌使用规则，共同维护品牌形象，提升渝茶品牌影响力，如重点打造“重庆沱茶”“南川古树茶”“永川秀芽”等渝茶品牌。二是鼓励企业打造公用品牌下的企业品牌，加快注册，制定企业标准，塑造品牌核心价值。同时，支持茶叶生产最适宜区积极申报农产品地理标志，制定地理标志产品标准，严格规范，保证质量。三是支持品牌茶企将文化与品牌结合，通过电视、互联网、广告牌等平台大力推介渝茶品牌，同时建好茶叶品牌专营店、连锁店，培育营销队伍，提高品牌营销和服务水平。支持茶企参加茶叶展销会、博览会和名优茶评比活动，举办各种形式的茶叶节会，宣传重庆茶叶、茶企，突出重庆针形绿茶、特早茶、千年古茶树等资源产品优势，形成以全市公益性品牌统领各区域特色品牌的渝茶品牌体系，提升渝茶价值和全国市场竞争力。

5. 加强市场建设，完善流通体系 一是构建全面营销市场和营销体系。完善现有茶叶专业市场，在主产茶区建立区域性交易市场，促进茶农、茶企顺利链接，促进产品流通，做到物流快、辐射广、规模大、配套全、文化浓、品位高。二是积极融入“一带一路”倡议，努力拓展国内外市场，鼓励市级龙头企业联合各中小茶企，确立市外重点区域，建立渝茶专卖店、批发店、各大商场专柜，大力发展茶叶产品电子商务，建立区域性线上渝茶馆，拉动渝茶线上销售。

6. 深掘文化魅力，加强茶文化建设 一是收集整理具有全市地方特色的茶歌、茶舞、茶诗、茶具、历史品牌名茶，以茶叶为主线，挖掘其历史文化的渊源，在主城打造 2 个集产品展销、茶艺展示、品饮体验、养生体验等为一体的巴渝茶文化创意体验区，促进渝茶文化的宣传与普及。二是加强重庆国际茶文化研究会、重庆市茶叶商会、重庆市茶叶学会等单位的组织协调作用，举办不同主题的大型茶事活动，传承和推广巴渝茶文化，共同打造重庆“茶的故乡”这一绿色品牌，促进重庆茶馆茶楼及茶文化服务企业的快速发展。三是积极推进茶产业与文化产业、旅游产业的有机结合，延长产业链条，开发茶叶文化旅游产品。建设好生态观光茶园，打造茶产业文化园，争取对接各类旅行社团到茶区开展茶乡风情游、生态游，适当举办区域特色的茶叶经贸文化旅游活动，促进茶产业与休闲、旅游相互结合，与二三产业相融合，共同发展。

7. 加强政策引导，促进产业融合 一是明确统筹地位。市级层面明确重庆市农村工作委员会统筹指导全市茶产业发展，扶贫、林业、农业综合、水利、供销等相关部门配合，加强部门联动，形成合力，形成对重点区县、企业、平台、项目共同扶持的机制。二是有效资金投入。由重庆市农村工作委员会牵头整合涉农资金加大对茶产业的投入，重点支持科技创新、成果转化、品种良繁、基地建设、加工流通、品牌文化等。市级特色效益农业资金、市级农发资金支持示范区和重点区县，支持重点企业与农民联合建设原料生产、加工基地和营销体系，推进产加销衔接，促进一二三产业融合发展。三是牵头配套建设。由重庆市农村工作委员会牵头，重庆市农业综合开发办公室负责对基地进行土地整治及基础设施配套，农业担保机构对基地及主体进行金融配套。通过项目补贴、风险补偿、贴息贴费、产创基金等，对符合条件的主体给予支持。

茶叶科技

重庆汇集了西南大学食品科学学院茶学系、重庆市农业科学院茶叶科学研究所、重庆市农业技术推广总站等一批国家和市级的茶叶科研、教学及推广单位，成立国家现代茶产业创新技术体系、西部病虫防控团队，对培养高素质科技人才，开展茶叶科技创新、成果转化和技术服务有着重要作用。

1. 茶叶生产环节 一是针对茶树特异性资源挖掘不够、创新资源少、良种化率低等突出的问题，重庆市农业科学院茶叶研究所开展特色茶资源创新与品种培育，选育优质高抗、适合机械化采摘、适宜加工针形茶等特异性茶树新品种，培育省级茶树新品种渝茶3号和渝茶4号；重庆市农业技术推广总站引进筛选适宜本地区栽培的具有高氨基酸的中黄1号、黄金芽优良特色茶树良种进行示范推广。二是针对茶园规模小、标准化程度低、质量安全存在隐患等问题，重庆市农业科学院茶叶研究所、重庆市农业技术推广总站开展茶园肥料农药施用控制、病虫无害化高效治理、茶叶生态栽培技术攻关，集成了茶叶绿色生产模式及配套技术，制定了地方标准《现代生态茶园生产技术规程》，创建了一批全国及市级标准园示范基地，促进化肥农药使用量“零增长”或“负增长”。三是重庆市农业科学院茶叶研究所首次将信息技术应用于茶树植保领域，构建茶树病虫害监测预警平台，研发组建了专家系统，实施叶蝉的数字化监测预警，截至2016年平均准确率达85%，为全国主要茶区叶蝉的防控提供了技术支撑。

2. 茶叶加工环节 针对传统名优茶工艺生产效率低、品质可控性差等问题，重庆市农业科学院茶叶研究所集成创新了名优绿茶加工工艺，形成适宜连续化标准化生产“蒸汽—热风—微波三级连合杀青、自动精准程控揉捻和烘炒定型焙香”核心技术，研发了全自动连续揉捻机，建立工艺数据库，实现了揉捻工序的连续自动化运行，提升了名优绿茶标准化、连续自动化生产水平。全市以绿茶为主，产品结构单一，茶资源利用率低。重庆市农业科学院茶叶研究所、西南大学食品科学学院开展重庆特色红茶工艺创新、重庆紧压茶（沱茶）加工技术创新。

茶文化

2016年，在重庆市商务委员会、重庆市农村工作委员会等业务部门的大力支持下，在重庆市国际茶文化研究会、重庆市茶叶商会、重庆市茶叶学会等协会的组织协调下，全市先后举办了中国茶文化与“一带一路”论坛、重庆首届无我茶会、全国茶艺职业技能大赛（重庆赛区）决赛、“三峡杯”和“十大名茶”评选活动等不同主题的大型茶事活动10余场次。通过大型茶事活动，传承和推广巴渝茶文化，共同打造重庆“茶的故乡”这一绿色品牌，吸引了我国西部和沿海地区，乃至国外的茶叶、茶具、茶食品、茶制品等商家到重庆参展销售，助推了重庆茶叶会展业的持续健康发展，促进了重庆茶馆、茶楼及茶文化服务企业的快速发展。

在茶旅游资源开发方面，各产茶区县引导和开展生态茶园、景观茶园观光游，进行以茶园为载体的茶文化展示和体验，包括品尝以茶为特色的美味佳肴，体验采茶、制茶、品茶等一系列的茶文化和茶知识。例如，重庆西线永川的茶山竹海游，东线长江三峡库区生态游，南川金佛山古茶树祭拜游，巴南、梁平、万盛等城边的休闲生态茶园体验游，既推动旅游生态观光茶园发展，又可开发旅游产品，促进旅游大发展。

大事记

3月2日，重庆市农业技术推广总站开展《现代生态茶园生产技术规程》地方标准编制与申报工作。

4月25日，重庆市农业科学院茶叶研究所在全国开展叶蝉的测报工作，构建茶树病虫害监测预警平台，开展叶蝉的数字化监测预警，近4年平均准确率高达85.3%，并新启动全国8个省份的茶尺蠖测报工作。

4月29日，重庆市政府在南川召开“南川大树茶产业发展推进会”，研究金佛山大树茶品牌培育与发展工作。

4月29日，“2016中国·重庆（永川）国际茶文化旅游节”在永川开幕，来自世界各地的茶文化爱好者齐聚永川品茶论道。

5月20～22日，重庆首届无我茶会在世界文化遗产大足石刻（宝顶山）瑞相广场举行，300余名茶艺爱好者参加了活动。

6月17日，重庆市茶叶学会、重庆市茶叶商会在西南大学食品科学学院组织进行“三峡杯”和“十大名茶”评选活动。

8月2日，重庆市农业科学院茶叶研究所成功进入国家重点研发计划“茶园化学肥料减施增效技术集成研究与示范”，主持“西南地区（渝川贵）茶园化学肥料减施增效技术集成研究与示范”课题。

9月4日，由重庆国际茶文化研究会、重庆茶叶学会、重庆市人力资源社会保障局主办，重庆茶业集团、重庆信睦茶文化传播有限公司承办的中国技能大赛“定心杯”第三届全国茶艺职业技能大赛（重庆赛区）决赛在重庆举办。

10月27日，由西南大学食品科学学院茶学系组织参加第三届全国大学生茶艺赛，获得了集体三等奖和个人三等奖。

11月11～13日，重庆市巴南区第四届“东温泉·中华山水茶道文化节”在东温泉镇开幕，中国茶文化与“一带一路”论坛成功举办。

12月23～24日，由重庆市茶叶学会、重庆市茶叶商会主办的“2016年重庆市茶业信息年会”在重庆市永川区石笋山云雾坪山庄举办。

（重庆市农业技术推广总站　贺鼎）

四 川 省

基本情况

自四川省政府《关于加快川茶转型升级建设茶产业强省的意见》（〔2014〕1号）颁布实施以来，川茶产业按照“高产、优质、高效、生态、安全”的现代农业发展要求，在四川省委、省政府高度重视，各地政府积极响应，全体茶界同仁的共同努力下，2016年全省茶叶在品种改良、基地建设、品质提升、安全生产、产品创新、主体培育、品牌打造、市场拓展等方面取得了显著成效。

产业政策

一是四川省委书记王东明、省长尹力、常委曲目史哈等多位省领导先后对茶产业发展做出重要批示达15次，要求各部门充分发挥各自职能，通力协作，共同加快推进茶产业转型升级。二是曲目史哈常委、王铭晖副省长主持召开了茶产业发展省级联席会议第四次会议，16个省级联席会议成员单位的负责人及川茶品牌促进会负责人参加了会议。三是省级联席会议成员单位支持茶产业发展项目资金近2亿元，其中用于“天府龙芽”品牌打造资金5 000万元。四是各级党政高度重视茶产业发展，按照省级、地方级出台的各类茶产业发展意见，在项目、政策上给予支持。通江县整合资金1.5亿元发展茶产业，其中融入社会资本5 000万元；平昌县投入茶产业发展专项资金5 800万元，其中茶叶基地乡镇和帮扶部门支持资金达1 200万元。经犍为县委机构编制委员会审核批准，成立了茉莉花茶产业发展局，有力地推进了全省茉莉花茶产业可持续发展。

茶叶生产

1. 产业规模不断扩大 2016年，全省茶园面积34.22万公顷，比上年增长了6.38%；茶叶总产量26.77万吨，其中名优茶产量16.24万吨，分别比上年增加1.93万吨、1.19万吨，分别增长了7.77%、7.91%；毛茶产值190亿元，其中名优茶产值144亿元，综合产值550亿元。全省茶产业主产市11个，优势县（市、区）32个，重点县（市、区）20个，“两带两区”产业基地基本建成。

四川省茶叶主产市及优势县（市、区）生产情况

单位：公顷、吨

主产市	总面积	总产量	优势县（市、区）	面积	产量
成都市	13 231	20 571	蒲江县	5 808	9 638
			都江堰市	856	2 411
			邛崃市	5 747	7 819
自贡市	3 454	10 737	荣县	3 366	10 578
泸州市	15 282	10 486	纳溪区	11 735	6 162
			叙永县	1 662	1 245
绵阳市	13 448	3 343	北川县	3 890	776
			平武县	8 975	2 120

（续）

主产市	总面积	总产量	优势县（市、区）	面积	产量
广元市	22 987	7 310	旺苍县	6 453	3 345
			青川县	16 413	3 952
乐山市	70 550	35 567	犍为县	7 542	957
			夹江县	16 334	7 367
			沐川县	14 733	6 550
			马边县	14 667	9 450
			峨眉山市	13 667	8 300
眉山市	23 935	21 455	洪雅县	18 592	17 182
宜宾市	70 599	51 229	翠屏区	5 243	2 160
			宜宾县	7 066	4 640
			高县	16 749	10 695
			珙县	9 410	6 518
			筠连县	13 171	10 153
			屏山县	13 447	11 488
达州市	16 539	9 487	宣汉县	2 980	3 256
			万源市	11 872	4 955
雅安市	54 460	70 666	雨城区	19 897	18 362
			名山区	23 360	46 513
			荥经县	3 502	2 670
			芦山县	3 533	621
			宝兴县	1 285	600
巴中市	10 807	2 730	通江县	4 942	782
			南江县	4 470	1 734
			平昌县	840	92

2. 茶园标准化水平提高 一是“两带两区”建设已基本完成，即300万亩川西南名优绿茶产业带、200万亩川东北优质富硒茶产业带、10万亩川中茉莉花茶集中发展区和工夫红茶集中发展区。二是加大力度推广机采技术，现已建成标准化机采基地1.3万公顷，比上年增加0.7万公顷，增长了1倍，每亩产量达56.27千克，比上年增加4.8千克，增长了9.32%，高出全国每亩产量3.5千克，首次超过全国水平。三是加快茶树优新品种的选育和推广，2016年又有3个茶树品种通过四川省农作物品种审定委员会审定。近5年来，自行选育茶树优新品种达17个，全省无性系良种茶园面积26.2万公顷，良种推广率达79%，高出全国22.5个百分点。四是强化茶园质量安全，推广生态综合防治技术控制病虫害，引入环境保护、生态安全的友好型茶叶生产模式，全省茶园绿色防控面积24.32万公顷，其中无公害茶园面积24.08万公顷、绿色茶园面积8.49万公顷、有机茶园面积

0.40万公顷，质量可追溯面积0.82万公顷。

茶叶加工

1. 经营主体快速发展 一是由四川省茶业集团股份有限公司（以下简称川茶集团）、成都农业发展投资有限公司、四川金典藏茶股份有限公司等企业组建的四川天府龙芽股份有限公司已注册成功，并正式运营。该公司将带领四川茶企抱团发展，将“天府龙芽”品牌走出四川、走向世界。全省有规模茶企614家，其中销售额为500万～1 000万元有377家、1 000万～5 000万元有157家、5 000万元以上的有80家。省级以上农业产业化重点龙头企业59家，比上年增加了12家。二是各主产茶区基本形成围绕品牌茶企建基地，即“公司＋基地＋农户”或“公司＋专业合作社（种植大户、家庭农场）＋农户”的经营模式。现有茶叶专业合作社867个，省级示范社67个，种植大户1 029户，家庭农场568个，带动茶农近400万人。竹叶青茶业自有基地0.15万公顷，产量达1 000吨，辐射带动基地1.60万余公顷，产量达12 200吨；川茶集团订单基地达2.53万公顷，精制茶达10 772吨。三是有序开展标准化茶厂改造和设备的改进，提升名优茶加工水平和生产能力。万源市引进了1条红茶全自动生产线和1条绿茶连续化生产线，年加工能力达1 000吨，大大地推进了万源市茶叶加工现代化进程。3家企业获“2016中国茶叶行业综合实力百强企业”荣誉称号，分别是川茶集团、四川省文君茶业有限公司和四川省蒙顶山皇茗园茶业集团有限公司。四是加大力度扶持龙头企业壮大，鼓励抱团发展，雅安茶厂在新三板成功挂牌；成都（川藏）股权交易中心挂牌14家。

四川省级以上茶叶龙头企业

单位：万元

企业名称	销售额	商标
四川省茶业集团股份有限公司	163 587	天府龙芽、叙府龙芽、叙府春芽、叙府春露、叙府金芽、优黑优红等
四川省峨眉山竹叶青茶业有限公司	61 800	竹叶青、碧潭飘雪、论道等
四川米仓山茶业集团有限公司	48 567	米仓山等
宜宾川红茶业集团有限公司	48 001	红贵人、川红工夫、臻贵、川红文字及图、长江红、玉龙金尖、金江牌、林湖等
四川省文君茶业有限公司	35 358	文君等
四川早白尖茶业有限公司	24 730	早白尖、贵妃红、千秋红、乌蒙早、江南雪、藏红甘露、藏红韵等
四川巴山雀舌名茶实业有限公司	24 482	巴山雀舌等
四川龙都茶业（集团）有限公司	18 203	龙都香茗等
四川省旭茗茶业有限公司	17 456	旭芽绿茶、旭韵红茶等
四川省通江县罗村茶业有限责任公司	17 255	罗村等
成都市碧涛茶业有限公司	16 989	碧涛等
四川蒙顶山跃华茶业集团有限公司	16 961	跃华等
峨眉山仙芝竹尖茶业有限责任公司	16 866	仙芝、仙芝竹尖、玄鉴等
平昌县丰瑞农业科技有限公司	16 044	笔峰蕊芽等
四川皇嘉农业集团有限公司	14 984	皇嘉等
四川禹贡蒙顶茶业集团有限公司	14 265	禹贡蒙山、禹贡等

（续）

企业名称	销售额	商标
四川省蒙顶山皇茗园茶业集团有限公司	13 580	皇茗园等
四川竹海玉叶生态农业开发有限公司	13 267	巴蜀玉叶等
四川吉祥茶业有限公司	12 474	吉祥、雨芽、吉祥藏等
四川香叶尖茶业股份有限公司	12 301	香叶尖等
四川省花秋茶业有限公司	10 628	花秋等
四川峰顶寺茶业有限公司	10 361	峰顶寺、峰顶飘雪、千品一红、宜早等
宜宾市双星茶业责任有限公司	10 038	圣星、公历 3.10 等
四川嘉竹茶业有限公司	10 003	嘉竹等

注：数据来源于四川省农村工作委员会，该表只列出了上亿元销售额企业，按销售额排序。

2. 产品结构逐步优化 一是“一主三辅”茶产品竞相发展，根据四川省农业厅统计绿茶产量 20.85 万吨、红茶产量 1.23 万吨、黑茶产量 2.82 万吨、茉莉花茶产量 2.62 万吨，分别占总产量的 74.46%、4.40%、10.07%和 9.36%，绿茶仍处于主导地位。二是充分利用夏秋茶原料，将机采鲜叶通过分级处理后加工，大幅度提高了大宗产品质量，降低企业加工成本。据统计，名优茶产量 16.24 万吨；大宗茶产量 11.76 万吨，每千克 70.37 元，比上年增加 7.17 元，比全国均价高 3.8 元。三是加工工艺的不断创新，深加工产品有了新进展。川茶集团的超微绿茶粉及茶食品已开发成功，正积极占领市场；雅安藏茶研发的藏茶精华液“天路”已成功投放市场。四是川茶产品积极参加省内外名优茶评选，芽芝春茶叶、巴山云顶 7 个产品在“国饮杯”评选中获奖，犍为清溪茶叶的清茗香在“2016 全国茉莉花茶质量评选”中获奖，巴山雀舌、巴蜀玉叶等产品在“第二届亚太茶茗”名茶评比中获奖，全省茶叶品质大幅提升。

茶叶品牌

四川省农业厅、中国茶叶学会成功举办了第五届中国（四川）国际茶博会暨天府龙芽茶文化节，各主产区区域品牌和企业品牌得到充分展示，多元化的茶类产品得到展现，茶博会总交易额 12.48 亿元，比上届增长 15.8%。省级区域大品牌“天府龙芽”也在该活动上隆重亮相，并与中央电视台联合举办了“天府龙芽川茶区域品牌高峰论坛”，邀请省内外知名专家，讨论川茶产业在“天府龙芽”统领下的发展之路。同时，各茶企还积极参与北京国际茶博会、香港国际茶展，以及英国、荷兰、奥地利的欧洲三国行品牌宣传、俄罗斯国际美食节、G20 财长和央行行长会议、第 22 届世界航线发展大会、“开放的中国：看四川·看世界”全球推荐会、第 16 届中国西部国际博览会等重大展示展销活动。“天府龙芽”品牌还与四川省川茶文化研究会合作，开展《四川茶文化通史》汇编、天府龙芽摄影、天府龙芽之歌评选、川茶故事等工作。入刊《中国国家地理》《香港国际茶展会刊》《中华品牌》等，并与新华网、腾讯网、四川新闻网、央广网、茗边头条、天下茶友网等多家媒体合作；在北京等地开设了天府龙芽品牌川茶推广中心、天府龙芽品牌川茶运营管理中心，在中国香港、伦敦、莫斯科设立了四川省川茶品牌促进会联络处，实现常态化宣传推广；与四川电视台合作，启动天府龙芽宣传片的拍摄。

乐山、雅安、成都、纳溪、旺苍等主产茶区，在本地及外地纷纷举办形式多样的茶事活动和评选活动，宣传区域茶产业。全省地理标志保护产品 28 个，“蒙顶山茶”区域品牌价值 23.68 亿元；全省拥有茶类中国驰名商标 14 个，“叙府”产品品牌价值 9.73 亿元，著名商标 68 个。犍为县、万源市、雅安市雨城区被评为第五届“中国名茶之乡”。达州市在中央电视台农业频道和全国 300 多个动车候车室投放“四川达州富硒茶”广告宣传。四川省农业厅积极组织茶企参加川货全国行、万货出国门、俄罗斯茶博会、香港茶博会等展示展销活动。“天府龙芽”系列产品在英国、俄罗斯、中国香港、北京等地展露，品牌知名度唱响国内外。

茶叶市场

1. 批发市场 全省有6家大型茶叶专业市场和1个蒙顶山茶叶交易所，有效带动了茶叶的市场交易、信息聚集和仓储物流发展。2016年9月，简阳大华国际茶城举办了“中国黑茶高峰论坛”和“中国茶技能大赛”，邀请陈宗懋院士出席，大大提高了茶城知名度。批发市场仍是茶叶销售的主流渠道，2016年约40%的绿茶产品通过批发市场进行销售，但相对2010年，销售量明显下降。

四川省主要茶叶批发市场

单位：米²、亿元、吨

名称	面积	交易额	交易量	所在地
成都大西南茶城	31 800	5	2 500	成都市
成都海峡茶城	110 000	20	15 000	成都市
成都龙和茶城	50 000	13	50 000	成都市
简阳大华国际茶城	266 227	0.038	5.5	简阳市
川西茶叶市场	2 800	0.7	240	雅安市
西南茶叶市场	32 000	80		峨眉山市

2. 实体店 四川省茶叶龙头企业在全国设立品牌店、连锁店、加盟店及进超市、卖场，构建省外营销网络。连锁专卖店销售仍保持在10%～15%，尤其是竹叶青、川茶集团等品牌企业的专卖店，在北京、天津、上海等城市设立专卖店和体验店，拓展川茶市场；米仓山茶业在乌鲁木齐和喀什举办了“米仓山茶”推介会，现场交易额1 300万元，并设立了3个专卖店。

3. 电子商务 电子商务规模快速增长，线上交易竞争激烈。全省有1/3以上的茶企开设了电商、微商业务，通过互联网平台，宣传企业形象，销售丰富自有产品，降低运营成本。据调查，2016年电商、微商销售额超过亿元，比上年增长10%以上。川红集团电商交易额达8 000万元，已拥有传统电商平台活跃用户达50万，微信平台有赞商城累计4.6万多个分销商，近5万忠实粉丝，淘宝、京东、苏宁、工行等线上平台服务评分平均为9.63，与行业相比高8.21%，企业排名、营业额又一次提高。

4. 出口市场 四川省农业厅、商务厅等部门加大对出口茶的支持力度，利用“一带一路”倡议的影响，组织川茶企业拓展国际市场。全省出口茶叶及茶制品4 448吨，比上年增长132.8%；出口值1 658万美元，比上年增长2.6%。

茶叶消费

1. 红茶消费 近年来，受政策影响，茶叶市场呈低迷状态，但是红茶销售却发生结构性的调整：售价在1 000～2 000元的高档红茶价格平稳，销量比上年略增长5%；中、低档红茶呈现出价差缩小，平均单价略增长10%，销量提高60%，成为消费主流产品。2016年，全省红茶内销量近3 000吨，市场供不应求。通过多年的茶产品引导和宣传，初春、秋、冬季饮用红茶消费者增多。据调查，2～9月成为了红茶的消费旺季，销售量占全年的70%以上，中秋节、国庆节、“双十一”、“双十二”、春节等销量约占全年的15%。

2. 绿茶消费 绿茶消费群体仍保持以长江以南、年龄在30～65岁的老茶客为主。随着消费者健康意识的增强，市场宣传的推广，许多年轻的消费者饮用习惯也由原来的果汁饮料、咖啡、碳酸饮料等转变为茶饮，尤其是对绿茶的需求量与日俱增，年轻茶客正在积极加入这个群体，而且增长速度很快。受社会大环境影响，2 000元/千克的高档绿茶产品销售受阻，而300～1 000元/千克的中档产品受到消费者的喜爱，性价比高的品牌绿茶优势尤为凸显。

3. 花茶消费 无论是过去的“三花”，还是现在的“碧潭飘雪”，四川茉莉花茶一直都畅销国内外，特别是受到东北、华北、成都平原等地消费者的喜爱。2016年，在政策环境影响较大的情况下，茉莉花茶仍呈现出稳中有升的良好态势，茉莉花茶总产值约23.7亿元。价格在800元以上的高档茶和150元以下的低档茶需求量比上年有所降低，降低了10%左右；因中档茶的质量大幅提高，产品价格在原有基础上增长了15%以上。随着消费者对产品质量要求的提高，价格增长的幅度仍处于消费者接受的范围，销量增长了30%以上。

茶文化

一是充分挖掘茶文化和旅游资源，将名茶与名山、名水、名人有机结合，利用小长假和大长假等假期，为消费者设计茶旅游精品项目，推进一二三产业融合发展，使茶文化旅游成为茶产业新的增长点。二是建设茶文化风情体验园，拓展茶叶现代园区功能，展示茶叶从采摘、加工、质检、包装到品饮的整个过程，介绍茶叶基本知识，同时游客也可自己采摘、加工，亲自尝试制茶工艺，体验茶农之乐。纳溪区按照“一地一景观”和“一庄一特色”的原则，成功打造了白节瀚源茶庄、护国凤岭茶庄和梅岭茶庄等5个示范园区，并获得“2016年度全国特色茶旅游资源区”荣誉称号。三是将茶风味特色食品如茶饼干、茶月饼、茶饮料等，茶日用品如犍为茉莉花精油等，茶文化商品如茶具、相关书画、用茶制作的纪念品、茶微电影、茶歌曲等，让游客在旅游中可看、可听、可饮、可食，感受并参与茶文化活动，促进茶产业发展。川茶集团在金秋湖景区，设立了茶食品销售、茶树资源展示等；蒲江县制作的微电影在第五届中国（四川）国际茶业博览会上进行了播放。

茶叶科技

一是四川省农业厅牵头修订了《川红工夫红茶加工技术规程》，引入了最新的科技发展成果，对规范企业生产，确保产品品质，具有指导性、操作性和代表性。宜宾市制定了《宜宾绿色茶产品生产技术规范》9个系列地方标准。二是在不同季节和不同区域针对不同茶产品开展生产加工技术培训，2016年8月在沐川县举办了全省机采鲜叶加工技术现场培训会，培训200余人，全面提高茶农和加工工人的技术水平。全省拥有博茗茶技能培训中心、四川农业大学和宜宾学院等校内高等专业培训中心近10个，培训评茶、茶艺专业人员1 000余人次，为千亿茶产业的可持续发展提供了技术和智力支撑。三是四川省川茶品牌促进会、四川省茶叶学会、四川省茶叶行业协会等茶行业专业服务体系，积极参与行业自律、市场协调监督、科研协作、人才培养、产业宣传、茶文化传播等工作，为政府职能部门决策当好参谋，推动全省茶产业健康快速发展。

大事件

2月24日，由四川省农业厅和宜宾市政府主办的“第九届中国·宜宾早茶节”拉开帷幕。该活动的举办，弘扬了中国茶文化，彰显了中国早茶之乡、川红故里的风采，传播了宜宾茶品牌，展示了宜宾茶香佳茗，强化了交流合作，拓展了营销渠道，提升了一杯茶的知名度和美誉度。

2月27日，由四川省农业厅、泸州市政府主办的“中国特早茶之乡·四川第四届茶叶开采活动周”在泸州市纳溪区护国镇梅岭村召开。该活动的举办，不仅拉开了川茶开采的序幕，也为全国茶人搭建了一个交流、学习、合作、共赢的平台。

3月27日，由四川省农业厅、四川省旅游发展委员会、雅安市政府联合举办的“第十二届蒙顶山茶文化旅游节”在雅安市名山区茶马古城隆重举行，本届茶文化旅游节以“世界茶源·中国茶都”为主题，全面展示了“4·20”芦山大地震灾后名山区恢复重建三周年和百公里百万亩茶产业生态文化旅游经济走廊建设成果。

4月29日～5月2日，由乐山市会同四川省农业厅、四川省政府外事侨务办公室、四川博览事务局共同主办，以“茶汇乐山、缘结天下”为主题，以生态、自然、禅意为核心元素的“首届中国茶乡峨眉山国际茶文化博览交易会”在峨眉山市四川国际旅游交易博览中心举行。

5月5日，“天府龙芽川茶区域品牌高峰论坛”在成都举行，四川首个茶叶省级区域大品牌“天府龙芽”首次隆重亮相，四川省农业厅副厅长涂建华、中国茶叶学会理事长江用文、著名品牌营销专家王海鹰、中央电视台特约评论员杨禹、四川省川茶品牌促进会会长颜泽文、四川知名策划专家商欣等6位专家，围绕“川茶产业在‘天府龙芽’统领下，利用‘一带一路’发展机遇，走国际化战略之路”这一话题现场论道川茶发展。

5月5～8日，由四川省农业厅和中国茶叶学会联合主办的“第五届中国（四川）国际茶业博览会暨天府龙芽茶文化节”在成都举办。据统计，20多个省份的国内企业踊跃参展，印度、斯里兰卡、韩国、日本等11个国家的茶企也参加了展会，国内外参展企业总数达650余家，参展产品达3 000件；博览会总交易额达12.48亿元，比上届增长15.8%，其中现场销售6 800万元、合同金额11.8亿元；到会专业买家2.8万人次，比上届增长11%，到展馆参观观众7.56万人次。

8月1～2日，由四川省农业厅举办的“全省机采技术现场培训会”在乐山市沐川县召开。组办方组织了机采茶园的建设与管理、茶园机采鲜叶加工技术等培训，交流了茶园机采技术经验，分析了全省茶产业面临的形势，总结了近年来茶产业工作，部署了今后5年茶产业和机采工作。

11月9～11日，由中国茶叶学会主办，以“创新驱动·绿色发展”为主题的“2016中国茶业科技年会”在雅安市雨城区隆重召开。中国工程院院士陈宗懋、国家茶叶产业技术体系产业经济研究室姜仁华研究员、浙江大学梁月荣教授等专家教授做了专题报告。

11月10日，雅安市雨城区的中国藏茶村由中国茶叶学会授予“中国茶叶学会茶叶科普教育基地”称号。四川省农业科学院茶叶研究所王云研究员被授予中国科学技术协会第七届“全国优秀科技工作者”称号，李春华研究员被授予首届“全国优秀女茶叶科技工作者”称号。犍为县、万源市、雅安市雨城区被评为第五届“中国名茶之乡”。

11月15日，全国果茶提质增效经验交流会在四川召开，农业部相关领导和全国果茶产业同仁们齐聚四川，通过参观四川省果茶现代化产业基地、品牌企业，及会上的交流发言，对四川省园艺产业绿色发展取得的成效给予了高度肯定。

（四川省农业厅经济作物处　张冬川）

四川省雅安市

基本情况

2016年，雅安茶产业以《雅安市人民政府办公室关于全面推进雅安茶产业转型升级的意见》（雅办函〔2016〕96号）、《雅安市茶产业“十三五”发展规划》为引领，以茶农致富奔小康为目标，以茶园标准化建设为基础，以茶企智能化生产为依托，以雅安茶叶品牌化建设为主线，以茶旅一体化发展为重点，着力实施资源换证、机器换人、品牌换市，推动做强做实、创新创造。2016年，全市茶园面积6.67万公顷，新增0.18万公顷，同比增长2.8%，其中投产茶园面积4.40万公顷，新增0.26万公顷，同比增长6.19%；农业（鲜叶）收入28.1亿元，增加1.7亿元，同比增长6.44%；茶叶总产量8.45万吨，增加0.36万吨，同比增长4.42%；综合产值150亿元，增加20亿元，同比增长15.4%。茶叶面积、产量、产值均居四川省前列。全市茶园均达到无公害生产标准，其中创建全国绿色食品原料（茶叶）标准化生产基地3.05万公顷、有机茶园面积0.13万公顷；31个产品获得绿色食品标志使用认证，23个产品获得有机食品使用标志认证。全市茶叶种类齐全，我国现有六大茶类均有出产，其中绿茶、黑茶量大质优，在全国同类产品中占有突出地位，其中雅安藏茶市场占有率为全国同类产品总量的45%。

茶叶生产与加工

雅安市建成百公里百万亩生态茶产业文化旅游经济走廊，进一步巩固全国绿色食品原料（茶叶）标准化生产基地认证成果，不断扩大无公害茶叶、绿色茶叶、有机茶叶生产规模。实施“资源换证”行动，加快雅安茶产业标准化建设，推进基地提质增效，在雅安市名山区牛碾坪万亩观光茶园实施茶叶高效节水灌溉项目，在雅安市雨城区探索“油茶＋绿茶”套种的油茶发展新模式，在天全县乐英乡实施高山生态茶叶省级农业标准化示范项目，全市安全高效茶叶基地绿色防控面积达4.36万公顷。坚持改造与发展、巩固与提高相结合，进一步加强与四川农业大学等科研院校的科技合作，以四川省雅安市名山区国家级茶树良种繁育场为核心，以四川蒙顶山茶业有限公司为依托，加大茶树新品种引进、推广力度，收集省内外茶树种质资源材料1 500多份，引进省内外茶树良种220个，建成全国茶树品种区试点1个、茶树杂交试验园1个，103个国家级或省级茶树品种入园试验，形成种质资源保护、品种选育、良种繁育、新品种示范等配套的良繁体系，初步建成全省最大的茶树资源圃。全市每年可繁育出圃无性系良种茶苗11亿株，占全省无性系良种茶苗生产的90%以上；良种茶园面积6.01万公顷，茶园良种率92.7%。

全市实施“机器换人”行动，支持企业与科研院校深度合作，促进科技成果的集成、转化和推广。同时，以专家院校为依托，强化新产品开发，在特色甘露、特种花茶、红藏茶、有机藏茶、名优黄茶等的研发上取得突破性进展。四川蒙顶山茶业有限公司和四川雅安西康藏茶集团有限公司步入良性发展。其中，四川蒙顶山茶业有限公司成立北京蒙顶山茶业有限公司，全资子公司达5家，资产规模超2亿元；且成功引进四川省投资集团有限责任公司控股，共同做大做强蒙顶山茶品牌。四川雅安西康藏茶集团有限公司建成标准化、清洁化藏茶生产线，“西康藏茶”品牌产品面世，完成中国藏茶村二期项目建设，中国藏茶村被授予“中国茶叶学会茶叶科技示范基地”。蒙顶山跃华茶业生态科技文化产业园投入运营，蒙顶山皇茗园茶业技术改造项目启动，吉祥、朗赛等藏茶企业清洁化和现代化技术改造步伐加快。茶企实力逐步增强，全市拥有中国茶行业百强企业3家、全国农业产业化重点龙头企业2家；市级以上重点龙头企业44家，其中省级达23家，新增9家，为历年之最；年销售收入超过30亿元，带动茶农实现人均可支配收入5 000元以上；规模以上茶企25家，其中主营业务收入亿元以上的达10家，龙头带动作用进一步凸显。

茶叶品牌与市场

雅安市实行“区域品牌+企业品牌”双品牌战略，着力打造“蒙顶山茶”“雅安藏茶”两大区域公用品牌。有序推进国家茶叶产品质量监督检验中心（四川）项目建设，全面提升茶叶产品检验检测能力水平，力争把国家茶叶检验检测中心打造成“设备一流、技术一流”的高端检验检测机构。以“蒙顶山茶”“雅安藏茶”为重点，开展制（修）订重点品牌、区域公用品牌的标准体系工作，成功申报立项《蒙顶甘露茶》《雅安藏茶原料要求》《雅安藏茶企业良好生产规范》3个行业标准，启动雅安藏茶实物样制作，雅安茶产业标准化水平全面提升。开展雅安藏茶审评技能大赛，组织雅安茶叶包装设计大赛。开展蒙山茶地理标志产品调整名称、扩大保护范围工作，成功注册“雅安藏茶”地理标志证明商标，《雅安藏茶》行业标准（GH/T 1117—2015）正式实施，雅安茶叶品牌管理进一步加强。大力实施雅安茶叶品牌带动工程，先后在中央电视台、人民网、四川日报、四川电视台等中央及省级主流媒体开展多层次、多形式、多角度、多视觉的宣传报道。

茶马古城蒙顶山茶叶市场综合服务设施进一步配套，中国藏茶村一期项目建成对外开放。蒙顶山茶叶交易所完成股份制结构重组，创新“茶+金融+现代物流”商业模式，茶叶产品交易价格与指数正式登陆中央电视台财经频道，成为中央电视台茶叶类商品价格与指数唯一采集平台；全年实现业务交易额1 000亿元以上，线上线下相结合完成实物交割15亿元以上；蒙顶山茶叶交易所被评为“中国茶业年度十大事典”之一，总裁傅元森获“2016年度中国茶叶行业贡献奖”“2016四川十大新经济人物”荣誉称号。实施“品牌换市”活动，积极组织茶企抱团参加2016北京国际茶业展、第四届中国（呼和浩特）国际茶产业博览会、第五届长春茶博会、2016中国（广州）国际茶业博览会等30余次茶展，通过专场推介会和产品展销等形式，不断提升“蒙顶山茶”和“雅安藏茶”的知名度，并走出国门。

茶叶贸易

按照立足川藏、辐射全国、走向国际的总体营销战略，采取多形式、多渠道的直营和代理相结合、线上与线下相结合、批发市场与旅游市场相结合的模式，积极开拓茶叶市场。利用“川货全国行”等活动，以东北、华北、西北为绿茶目标市场，北京、广州、武汉等大中城市为红茶和黑茶重点市场，同时依托中国香港市场，积极拓展东南亚国际市场，逐步进入欧洲市场，提高“蒙顶山茶”“雅安藏茶”的市场占有率和品牌销售率。先后在北京、广州等地开展“蒙顶山茶·雅安藏茶”专场推介会、品鉴会等活动30余次。支持企业运用电子商务等现代交易方式促进雅安茶叶销售，年交易额达10亿元以上。蒙顶山茶业、跃华茶业、味独珍茶业等20余家茶企的100余种品牌利用天猫、京东中国特产雅安馆、蒙顶山茶直供网、茶商在线等电商平台开展品牌宣传和产品销售，促进“店商”和“电商”融合发展。借力“一带一路”倡议，抓住“万企出国门”境外参展、“感知中国”国家形象推广等活动机遇“走出去”，加强国际交流与合作，多次登上韩国、哈萨克斯坦、毛里求斯、法国等国际舞台展示雅安茶叶魅力。同时“请进来”，先后有巴基斯坦、尼泊尔、泰国、匈牙利、尼日利亚等国际友人来雅安体验茶文化，有力地提升了雅安茶叶品牌的知名度和美誉度。

主要措施

1. 品牌兴茶见成效 实施“区域品牌+企业品牌+产品品牌”重大举措，着力提升“蒙顶山茶”“雅安藏茶”两大区域公用品牌信誉度。全市拥有“蒙顶山茶”“蒙山”“蒙顶”“吉祥”等中国驰名商标4件、四川省著名商标18件、四川省名牌产品4个。“蒙顶山茶”品牌价值达23.68亿元，位列全国第十一位、四川第一位；“雅安藏茶”品牌价值12.81亿元，位列全国第四十七位、全国黑茶第三位、四川黑茶第一位。

2. 龙头兴茶增价值 组建的四川蒙顶山茶业集团有限公司和四川雅安西康藏茶集团有限公司，集全市之力培育“雅茶航母”。茶企实力逐步增强，全市拥有中国茶行业百强企业3家，市级以上茶叶龙头企业44家，规模以上企业25家，其中主营业务收入亿元以上的龙头企业10家。

3. 市场兴茶获丰收 支持企业运用电子商务等现代交易方式促进雅安茶叶销售，雅安茶厂等20余家茶叶加工企业与京东等电子商务平台合作在线销售，年电商交易额20亿元以上。全国唯一的茶叶专业类大宗商品交易平台即蒙顶山茶叶交易所，创新“互联网＋茶”等商业模式，2016年实现业务交易额1 000亿元以上。雅安连续举办了十二届中国·四川蒙顶山国际茶文化旅游节，组织茶企参加国际、国内茶事活动30余场次，雅安茶叶市场进一步拓宽，远销俄罗斯、美国、日本、泰国、中国台湾等国家或地区，其中雅安藏茶市场占有率为全国同类产品总量的45%。

4. 科技兴茶结硕果 推进茶园基地标准化建设，全市茶园均达到无公害生产标准，其中无性系良种茶园达6万公顷以上，80个茶叶产品获得绿色食品认证，23个茶叶产品获得有机食品使用标志认证。加强与四川农业大学等科研院校合作，以雅安市名山区中峰国家级茶树良种繁育场为核心，通过茶树种质资源保护区、新品种展示区、茶树良种繁育区、生态茶园示范区等“四区”建设，建成西南茶叶产业科技创新中心和四川省最大的茶树资源圃。全市茶园每亩产干茶平均达75千克，产值达3 500元以上。

5. 文化兴茶显效益 3年整合资金40亿元，建成绵延135千米、核心面积4.3万公顷的生态茶产业文化旅游经济走廊，建成全国第一个茶叶公园即蒙顶山国家茶叶公园、中国藏茶村、茶马古城、牛碾坪、红草坪、骑龙场等一批茶旅综合体，推动茶旅融合发展，带动25万户茶农人均纯收入超过5 000元，占全市茶农人均可支配收入的近50%，基本实现了茶叶增效、茶农增收、茶企增利。

茶叶科技

1. 开展合作共建 加强与四川农业大学、四川省农业科学院茶叶研究所、雅安职业技术学院等科研院校的科技合作，以四川省名山区国家级茶树良种繁育场为核心，加大对茶树良种的培育、改良和推广力度，努力将雅安市现代茶业科技中心建成西南茶产业科技创新中心和四川省最大的茶树资源圃。

2. 创新栽培管理模式 开展雅安茶叶栽培管理模式创新研究，重点在增施有机肥、种植豆科类作物、增加生物固氮量、减少化肥施用、减少农药等方面深入研究，形成了一套科学合理的茶园种植管理技术，茶园发展水平不断提高。

3. 实施“机器换人”行动 支持企业与高等院校、研究院所开展合作共建，在茶叶机械、精深加工等方面开展深度合作，在雅安市雨城区合江镇实施“机器换人”行动试点，大力开展茶园微型耕作机、施肥机、修剪机和适用于名优茶采摘的高精度采茶机的研制与推广。

4. 强化科技服务平台建设 加快5个茶叶专家大院和蒙顶山茶产业技术研究院、绿茶工程技术中心、茶多酚工程技术中心、四川省藏茶工程技术中心的建设。

5. 加大科技创新力度 引导龙头企业加大雅安茶叶新产品开发、加工工艺创新力度，增强科技创新能力。重点支持利用特色香花资源，研发特种花茶；运用外源茶汁可控闷黄技术，提高名优黄茶加工率；采用电子鼻、电子舌技术，进行茶叶风味设计等，既确保加工过程清洁化、机械化、自动化、标准化，又延伸产业链，提高雅安茶叶的综合利用率和科技含量。

茶叶教育

积极探索在雅安职业技术学院或四川省贸易学校组建“吴理真贡茶学院”，充分利用四川农业大学在雅安市的优势，实施雅安茶产业千人培训计划，为雅安茶产业发展提供人才支撑。一是培训100名懂经营管理的人员进入茶业全产业链。二是培训300名茶艺师（茶仙子）进入全国各类茶馆和创客茶空间，传播蒙顶山茶、雅安藏茶文化。三是培训300名茶叶技工进入全市加工企业，指导规范化生产，确保产品加工质量。四是培训300名茶园管理员，对茶叶基地予以指导监控，从源头抓起，坚决防止农药残留超标。

四川省名山茶树良种繁育场，地处雅安市名山区中峰乡牛碾坪 AAA 级风景旅游核心区，于 1987 年由农业部、四川省农业厅、雅安市、名山县四级联合投资兴建，是四川省唯一的国家级茶树良种繁育场，是集科研、生产、加工、销售于一体的企业化管理全民所有制事业单位。现有茶树良种母本园、苗圃园、生产示范园、品种区试园 66.7 公顷，高、中、初级科技人员 15 人。按照“立足名山、服务全川、面向西南”的发展思路，积极进行茶树良种选育、新品种引进推广和标准茶园示范，利用本地丰富的茶树群体种植资源优势，先后选育出名山早 311、蒙山 9 号、蒙山 11 号、川茶 2 号、川茶 3 号、川茶 4 号等省级茶树良种 10 个，名山白毫 131、名山特早芽 213 国家级茶树良种 2 个；先后从省内外引进福鼎大白茶、乌牛早、龙井长叶、元宵绿等茶树品种 220 余个，筛选出适宜四川茶区推广的优质特色新品种 20 多个；收集茶树种质资源 2 000 余个，西南地区最大的茶树种质资源保存基地和全国主要的茶树良种选育和繁育基地之一；先后获科技成果 10 余项。该场与四川农业大学、四川省农业科学院茶叶研究所等科研院所广泛合作，建成四川农业大学教学科研实习基地，全国茶树品种区试点。2013 年“4·20”芦山地震后，为建成“中国一流、西南第一”的茶树资源库，将繁育基地打造成集茶树品种选育推广、栽培示范、加工示范、科研教学为一体的茶产业科技园区，在四川省名山茶树良种繁育场基地原址恢复重建雅安市现代茶业科技中心，中心占地面积 1.4 公顷，重建后科研生产条件大为改善。2016 年年底，新建成茶树母穗园 6 公顷，主栽大力推广的川茶 2 号、川茶 3 号、川黄 1 号等新品种，投产后将为蒙顶山茶乃至川茶振兴提供优异品种和技术支撑。

茶文化

全面推进生态茶产业文化旅游走廊建设，加快蒙顶山景区创建国家 AAAAA 级景区进度，实施“花间堂”蒙顶山精品度假酒店项目，中国藏茶村、蒙山新村、茶马古城、牛碾坪、红草坪、骑龙场万亩观光茶园、跃华茶庄等一批茶旅综合体建成并对外开放。骑龙场万亩观光茶园入选“全国休闲农业和乡村旅游精品景点线路”。全国首个国家茶叶主题公园——蒙顶山国家茶叶公园挂牌，蒙顶山茶文化申报中国和世界重要农业文化遗产工作启动。蒙顶山国家茶叶公园依托世界茶文化圣山蒙顶山，建设集禅茶之乡、茶香酒乡、骑游茶乡、科普之乡、梯田茶乡和茶乡水韵六个主题，充分利用了当地自然生态资源，融合一二三产业共同规划发展，具有领先全国的创新性和先进性。

启动雅安茶马古道文化旅游经济带建设，实施茶马古道文化沿线古道、古遗址、古城址、古镇、古建筑维修保护工程。蒙顶山茶史博物馆、中国藏茶村茶文化展馆相继投入使用，成为雅安茶文化、非遗传承展示的主阵地。组织开展川茶文化摄影雅安采风、“你到底有多爱我?”蒙顶山茶征文、四川电视台真人秀节目《咱们穿越吧》“穿越”蒙顶山、雅安茶厂中法茶山音乐会、“荥经砂器遇见雅安藏茶”品鉴会、首届中华植茶节等茶文化活动，扩大了蒙顶山茶和雅安藏茶影响力。全年接待茶旅体验游客超过 500 万人次，示范带动全市 25 万户茶农人均增收 5 000 余元，先后荣获“中国茶叶之乡”“中国十大最美茶乡”“全国特色茶旅资源区”等荣誉称号。

大事记

3 月，《雅安市茶产业“十三五”发展规划》正式印发，该规划围绕雅安茶产业发展的五大战略目标进行顶层设计，旨在指导“十三五”雅安茶产业科学发展和绿色发展。

4 月 15 日，雅安市推出的“茶祖故里茶文化风情游”被中国茶叶流通协会评为全国首批 10 条“2016 年度全国茶乡之旅特色路线”。

5 月 5～6 日，由农业部主办的全国休闲农业和乡村旅游经验交流会在雅安召开，会议发布了全国休闲农业和乡村旅游精品景点线路，骑龙场观光茶园入选。

6 月 1 日，根据供销科字〔2015〕59 号文件批准，《雅安藏茶》(GH/T 1117—2015) 行业标准正式实施。

7月，《关于全面推进雅茶产业转型升级的意见》(雅办函〔2016〕96号）出台，进一步明确了雅安茶产业发展指导思想、发展思路、发展目标、主要任务和保障措施，提出将雅安建成中国茶叶全产业链发展区、中国绿色茶产业基地、国际茶文化旅游目的地。

7月18日，在雅安市雨城区中国藏茶村举办的首届中国藏茶节上，四川省藏茶产业工程技术研究中心正式挂牌成立，标志着全省唯一的省级藏茶科技创新平台落户雅安。

8月，蒙顶山茶叶交易所茶叶产品交易价格与指数正式登陆中央电视台财经频道，成为中央电视台茶叶类商品价格与指数唯一采集平台。

10月17日，在中国农业国际合作促进会茶产业委员会、中国合作经济学会旅游合作专业委员会主办的2016中国（名山）茶乡旅游发展研讨会上，中国首个以茶叶为主题的休闲农业公园——蒙顶山国家茶叶公园正式挂牌。

10月24日，在第十二届中国茶业经济年会上，名山区被中国茶叶流通协会评为“2016年度全国重点产茶县”，授予“2016年度中国十大最美茶乡”称号；四川蒙顶山皇茗园茶业有限责任公司被评为“2016年度中国茶叶行业综合实力百强企业”，授予“2016年度中国茶业十佳成长型企业”称号。

11月10～14日，由中国茶叶学会主办的2016中国茶叶科技年会在雅安成功举办。此次年会围绕“创新驱动、绿色发展”为主题，设茶叶科技、茶叶经济两大分会场，邀请国内著名专家学者围绕茶叶绿色生产、茶产业供给侧改革及应对等主题做专题报告。雅安市雨城区被中国茶叶学会授予“中国茶叶之乡”称号，中国藏茶村荣获“中国茶叶学会茶叶科技示范基地”称号。

（四川省雅安市茶业协会　陈书谦）

贵 州 省

基本情况

贵州地处云贵高原，介于东经103°36′～109°35′、北纬24°37′～29°13′，平均海拔约1 100米，全年日照约1 300小时，是低纬度、高海拔、多云雾、寡日照的原生态茶区。全省属亚热带湿润季风气候区，年平均气温约15℃，年降水量1 000～1 100毫米，茶园土壤以酸性或弱酸性的黄壤为主，富含锌、硒等微量元素，其特定的地理及生态环境，极适宜茶树生长。

贵州是茶树的原产地和茶文化的发源地之一，是我国种茶、制茶和饮茶最早的地区之一，是高山绿茶、生态绿茶和有机绿茶的重要产地，是我国重要的茶叶生产基地和产茶大省。

茶叶生产

贵州茶叶生产有其独特的产地优势、品质优势。近年来，贵州茶产业全产业链发展，强力推进茶园规模化、生态化，大力提升加工机械化、标准化、清洁化，积极开拓市场推介，创新科技，健全产业服务体系，让“天下人喝上干净茶”的理念广泛传播，贵州茶的知名度、美誉度迅速提升。

据贵州省农业委员会统计，2016年全省茶园面积46.4万公顷，产量28.4万吨，产值299.8亿元，综合产值502.2亿元；夏秋茶产量17.2万吨，占全年总产量的60.4%；全省茶园面积占全国茶园面积的14.5%，居全国茶园面积第一位。产品品类由单一绿茶向多种茶类并存发展，开发出袋泡茶、冷泡茶、超微茶粉、茶枕、茶食品、茶饮料、茶多酚、茶籽油等多种茶叶精加工和深加工产品，产业链逐渐延伸。2016年，贵州省出口检验茶叶80批，共计2 000吨，创汇3 680万美元，同比增长67.6%。出口对象从非洲及缅甸、越南等周边国家，扩大到欧美等国家。

发展现状

全省茶园面积30万亩以上县5个、20万～30万亩县5个、10万～20万亩县22个；万亩以上乡镇237个，5 000～10 000亩乡镇177个；万亩以上村78个，5 000～10 000亩村292个。全省无性系茶园面积比重90.5%，高于全国平均40个百分点。全省茶农137万户；茶叶专业合作社1 424个，覆盖茶园面积18.6万公顷，占全省面积40.2%；1公顷以上茶叶家庭农场4.86万户。

2016年，全省茶产业标准化建设明显加快，建成绿色防控示范面积10.14万公顷，全面启动了43个县级检测站、龙头企业检测室、重点市场和核心乡镇速测点的检测网络体系建设。全省在有效期内的标准化认定茶园面积27.77万公顷，其中无公害茶园面积25.99万公顷、绿色茶园面积0.34万公顷、有机茶园面积1.23万公顷。全省茶园禁用农药，参照欧盟及日本标准，在国家茶叶标准的基础上多63种，在全国率先禁用水溶性农药及草甘膦。在179个万亩、125个5 000～10 000亩乡镇实行茶园用农药专营店（专柜）制度，从源头上强化农药等投入品监管。全面开展病虫害绿色防控，大力推广林中有茶、茶中有林的生态建园模式，大面积推广黄板、蓝板、杀虫灯和生物农药。全面启动43个县级检测站、龙头企业检测室、重点市场和核心乡镇速测点的检测网络体系建设。

2016年，贵州省农村工作委员会抽检茶样556个，农业部每年对贵州省例行检测茶样100个，均100%合格。湄潭、凤冈、雷山、思南4个县被国家质量监督检验检疫总局认定为“国家级出口茶叶质量安全示范区”。在全国率先创建全程可追溯的贵州省茶叶质量安全云服务平台，已有60多家企业上线。

茶叶加工

2016年，全省注册茶叶加工企业及合作社3 760家（茶企2 336家、合作社1 424家）；其中国家级龙头企业9家、省级龙头企业136家、市级龙头企业316家；注册登记商标1 246个，获对外贸易经营资格企业196家。引进盘江煤电、同济堂、天赐集团、新三农等工商民营资本投资茶产业；中国茶叶有限公司研发创新·贵州基地落户石阡；英国太古集团已与思南县茶企合作，拟将其中国绿茶生产基地落户思南；联合利华已确定在遵义合作建设茶园6 666.7公顷；福建正山堂茶业公司与普安县合作，“正山堂·普安红”产品已推向市场。全省茶叶类现代高效农业示范园区49个，占385个省级园区总数的12.7%。以中小企业为重点，合理布局一大批初制加工厂；以企业集团或大企业为主，推动精制拼配数据化。全省现有茶叶初加工企业2 345家，精加工企业264家，深加工企业16家，清洁化、自动化生产线1 524条。通过QS认证企业480家，通过ISO9001质量管理体系认证企业120家。坚持以绿茶为主体，多茶类并举，打造大众好茶，提升产品性价比，注重提高大宗茶生产比重、茶青资源利用率、夏秋茶叶下树率。

产业政策

近年来，贵州坚持以开放促开发的方针，围绕实施黔茶走出去战略，通过扩大开放，引进工商资本、民营资本向茶产业集聚，实施跨行业、跨区域、跨所有制经营，不断加大茶叶生产加工企业扶持培育力度，做大做强龙头企业，加快发展小微企业，促进园区集聚与产业集群发展。

随着贵州茶的知名度和影响力不断提升，茶产品性价比不断提高，产业竞争力不断增强，基地规模化、标准化、生态化、集约化水平不断提升，进一步奠定了贵州茶产业在全国的地位，坚定了加快贵州茶产业发展的决心。2014年5月，贵州省政府出台《贵州省茶产业提升三年行动计划》，提出大力实施黔茶品牌战略，以都匀毛尖、湄潭翠芽、绿宝石、遵义红等“三绿一红”为重点品牌，大力扶持梵净山茶、凤冈锌硒茶、石阡苔茶、瀑布毛峰等公用品牌。全省现有中国驰名商标6个、农产品地理标志保护18个，“贵州绿茶”申报农业部农产品地理标志产品得到农业部专家组高度肯定并获得通过，成为全国首个省级茶叶类农产品地理标志产品。

茶叶市场

2016年贵州茶产业不断拓展省外市场，支持企业到32个省（市）建立营运中心，开设旗舰店、形象店、专卖店、代销点等15 109个，其中专卖店546个、店中店673个、专柜1 060个、代销点12 830个。推动产品进入吴裕泰、沃尔玛等大型商超系统12 741个点。贵州茶在华北、华东、华南等目标市场份额日益扩大，在北京马连道茶叶市场等全国性批发市场占比不断提升。在省内开设旗舰店、形象店、专卖店、专柜、代销点等11 761个，其中专卖店2 457个、店中店2 119个、专柜1 820个、代销点5 365个；以大堂茶吧、客房、餐饮用茶等形式，进入462家星级宾馆。全省已建产地茶青市场113个，中国茶城、太升茶城、都匀毛尖茶城等一批产地茶叶批发市场建设加快推进。智慧黔茶联盟、梵净山、石阡苔茶、万峰报春等一批本土大型茶叶集团正在崛起。

发展措施

1. 市场主导，政府推动　发挥市场在资源配置中的决定性作用，大力培育市场主体；强化政府在制定和实施茶产业发展战略、规划、政策、标准、激励机制，以及提供公共服务等方面的职责，加强市场活动监管，建立公平竞争的市场环境。

2. 龙头带动，品牌引领　集中人力、物力和财力，扶持和鼓励大企业、大集团，通过以点带面，促进专业化分工、产业集群，加快市场拓展，全面提升黔茶品牌知名度和影响力。

3. 调整结构，丰富品种　在坚持以绿茶为主的同时，适应市场需求，调整产品结构，丰富产品种类，大力发展红茶、乌龙茶、黑茶、白茶等品类，提高茶叶资源利用率和效益。

4. 提升质量，确保品质 加强现有茶园管护，引进和优化茶树品种，提高茶园单产和茶叶品质。加强茶叶加工技术改造和质量监管，提高茶叶生产清洁化、标准化和规模化水平。

茶文化

贵州的茶文化，独特之处在于它是原生态的文化元素，历史上贵州山区是被主流文化边缘化的角落，长期以来形成了一座座文化孤岛，有“五里不同俗，十里不同天”之说。在繁衍生息的历史长河中，贵州的17个世居少数民族创作、继承、发展了自己独特的文化，在发现、利用茶的过程中，形成了丰富多彩的茶文化。在这些不同的文化环境中，茶在宗教、祭祀、婚礼、礼仪、社交等方面的利用，形成了贵州土著居民独具特色、多姿多彩的民俗民间茶文化。

不断演变的饮茶文化，形成了如今贵州独特的茶叶区域品牌。片状的代表有湄潭翠芽，球状有雷山银球茶，颗粒状的犹如珠宝般高贵的就是“绿宝石”，卷曲型的首推都匀毛尖。不仅栗香持久，滋味醇厚，色泽绿润，且汤色黄绿明亮，叶底鲜活匀整，特别是内含的锌硒元素，更是被专家称道。

2016年，建立或完善了贵州茶文化生态博物馆及茶工业旧址、中国茶文化博览园（都匀）、天下第一壶茶文化公园等一批茶文化推广平台。组织专家学者挖掘整理、保护传承贵州茶文化历史资源和人文资源。成功申报了都匀毛尖茶手工加工工艺专利保护，都匀毛尖茶、云雾贡茶、湄潭翠芽茶等9项列入国家级非物质文化遗产目录。出版了《贵州茶产业发展报告（2016）》《真实的贵州茶》《贵州绿茶》《舌尖上的黔茶》《都匀毛尖》《凤茶掠影》《石阡苔茶文集》等一批茶产业和茶文化书籍，拍摄《贵州茶香》《村支书何殿伦》《带你飞跃茶海》等一批茶文化影视作品，相继在贵州电视台第5、6频道分别开设《黔茶印象》《茶香贵州》栏目。举办了2016丝绸之路黔茶飘香活动、2016中国·贵州国际茶文化节暨茶产业博览会、2016都匀毛尖（国际）茶人会等重大茶事活动；承办了“绿宝石”杯第三届全国茶艺职业技能竞赛，来自全国23个省（自治区、直辖市）代表队的400多位选手经过3天的激烈角逐，贵州代表队以2金、5银、3铜的优异成绩位居第一。

大事记

4月11日，由贵州省委宣传部、贵州省农业委员会、贵州省旅游发展委员会主办的“2016贵茶飘香”茶旅互动推介活动在贵州各茶区展开，茶旅融合发展推动贵州茶产业提质增效。

4月18日，2016中国·贵州国际茶文化节暨茶产业博览会在遵义市湄潭县、凤冈县、余庆县同期举行，来自国内外2 000余位嘉宾、采购商、经销商莅临盛会。

7月22日～8月5日，由贵州省政府指导，贵州省农业委员会、贵州省工商业联合会主办的“丝绸之路·黔茶飘香”推介活动在贵阳启动，历时15天，行程2 300千米，先后在重庆、成都、西安、兰州、西宁5个站点举办了贵州省茶文化交流暨茶产业推介会和万人品茗活动。

9月22～25日，以“牵手茶人·拥抱世界”为主题的“2016都匀毛尖（国际）茶人会”系列活动在黔南布依族苗族自治州的都匀、独山、瓮安、贵定同期举办，让来自国内外的各界人士感受到“都匀毛尖”作为黔茶领军品牌的魅力与发展的底气。

11月16日，《贵州省古茶树保护条例》起草论证工作会在贵州省人大常委会召开，将该条例正式列入2017年贵州省人大常委会立法计划项目。

11月23日，贵州大学茶学院在贵州茶产业第一县湄潭县揭牌成立，开启了贵州培养茶叶专业人才的新模式。

12月1日，由农业部主持的农产品地理标志产品评审会上，“贵州绿茶”申报农业部农产品地理标志产品获得通过，成为全国首个省级茶叶类国家地理标志产品。

12月20日，国家邮政局通过大数据监测显示，2016年的第300亿件快件产生于贵州省遵义市湄潭县，是当地一位茶农通过中通快递遵义湄潭网点寄出的贵州茶叶。

（贵州省茶产业发展联席会议办公室　雷睿勇
贵州省绿茶品牌发展促进会　徐嘉民）

云　南　省

基本情况

2016年是社会发展和国民经济“十三五”规划开局之年，也是云南省实施高原特色农业现代化战略的起步之年，云南茶产业在省委、省政府的坚强领导下，以打造“千亿云茶”为目标任务，以转方式、调结构、抓质量、拓市场、增效益的根本，协调推进云南茶产业供给侧结构性改革，深入挖掘发展潜力，持续推进云南茶产业安全健康、稳中向优发展，“十三五”云南茶产业发展实现“开门红”。

2016年，全省茶叶种植面积稳定在43.49万公顷，采摘面积达37.36万公顷，茶叶总产量达38.4万吨；有茶农600多万人，涉茶人口达1 100万人，集中分布在云南南部和西南部8个州（市）。全省茶产业综合产值达670亿元，比上年增长8%。其中，农业产值122亿元，增长6%；农业增加值达86亿元，增长7%；加工产值253亿元，增长10%；第三产业产值297亿元，增长7%。一二三产业产值比为1∶2.1∶2.4，产业结构不断优化。全省毛茶平均单价基本保持稳定，成品茶平均单价90元/千克；全省茶农人均来自茶产业收入达2 900元，产业扶贫效果进一步体现。

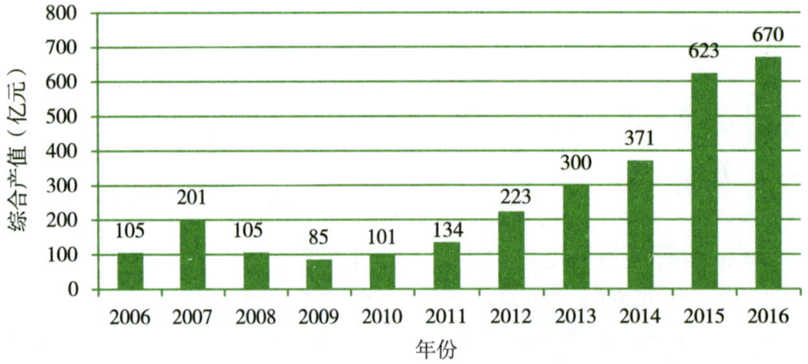

2006—2016年云南省茶叶综合产值

茶叶生产

根据云南地理位置、生态环境、茶树生长自然条件、茶叶生产现状，以县级行政区域为单位，求大同存小异，将云南概括为主要的四个茶区：滇西茶区、滇南茶区、滇中茶区、滇东北茶区。滇西茶区和滇南茶区种植、制茶历史悠久，气候条件较优越，具有建设世界一流茶区的生态环境和种质资源，是我国发展茶叶的最适宜地区之一。

滇西茶区包括临沧、保山、德宏3个州（市）的19个县。该区为云南主要产茶区，自然条件优越，年平均气温14.7～19.5℃。全年有霜日数少，年降水量腾冲、龙陵较多为1 415～2 100毫米，其他地区年降水量为1 100～1 330毫米。土壤以山地红壤为主，部分地区砖红壤性红壤、黄壤，pH5.0～5.5。茶园面积占全省的50%，产量占全省的60%，共分布着4个茶系、10个茶种，如大苞茶、厚轴茶、五柱茶、大理茶、滇缅茶、勐腊茶、德宏茶、拟细萼茶、普洱茶等。滇西茶区是云南茶叶的主要集中产区，也是滇红的主产区，还生产滇青、普洱茶，主要生产滇红的凤庆、云县、临沧、双江、永德、昌宁、龙陵、腾冲、潞西等县的滇红产量占全省的75%，凤庆红茶在国内外有着较高的声誉。

滇南茶区包括普洱、西双版纳、红河、文山等4个州（市）的24个县。年平均气温16.4～21.7℃，全年有霜日较少，年降水量充沛，大多数县为1 200毫米左右，全年降水量80%，集中在5～10月。植茶土壤为砖红壤性红壤、红壤等，分布着4个茶系、22个茶种、2个变种。茶园面积占全省的36%，产量占全省的28%，其中西双版纳是世界茶树的原产地，也是滇红和普洱茶的原产地。滇南茶区西南部多数县是云南较古老的茶区，种茶制茶历史悠久，在勐海、澜沧、景谷等地保存有大面积的古茶园，通常树高10～20米。

滇中茶区包括昆明、大理、楚雄、玉溪4个州（市）的20个县，年平均气温各地悬殊较大，年降水量分布较不平衡，植茶土壤大部分为山地红壤和少部分黄壤，pH5.0～5.6，为大、中、小叶种的混交过渡区。茶园面积占全省的8%，产量占全省的5%，主要生产各种滇青、滇绿。

滇东北茶区包括昭通、曲靖2个市的12个县，年平均气温13.0～17.8℃，霜期较长，年降水量800～1 100毫米，年相对湿度70%～80%。植茶土壤为山地红壤和少部分黄壤，是中小叶种种植区，分布着3个茶系、5个茶种，茶园面积占全省的4%，产量占全省的5%，主要生产绿茶。

此外还有滇西北地区，包括丽江、怒江、香格里拉，茶园面积占全省的0.16%，产量占0.12%，面积小、产量微，该区分布着1个茶系、2个茶种。

茶叶基地

2016年，云南完成农业部标准茶园创建14个，创建面积达0.1万多公顷，辐射带动面积0.33万公顷；建设省级现代农业优势农产品茶叶示范基地33个，建设面积0.27万公顷，比上年增加0.1万公顷，示范带动茶园0.8万公顷。全省高优生态茶园建设稳步推进，全省无公害茶园面积达35.3万公顷，有机茶园面积达2.74万公顷，通过“三品一标”认证面积达30.67万公顷，改造中低产茶园2.31万公顷。经中国茶叶流通协会评选，南涧县被评为“2016年度中国十大生态产茶县”，凤庆县被评为“2016年度中国茶业发展示范县”；昌宁县建设成为全省首个“省级出口茶叶质量安全示范区”，被中国农业国际合作促进会、中国合作经济学会评为“全国十大魅力茶乡”。

云南省重点茶类加工基地县（市、区）名单

茶类	重点县（市、区）
普洱茶	腾冲、昌宁、思茅、宁洱、墨江、景东、景谷、镇沅、澜沧、景洪、勐海、勐腊、南涧、芒市、临翔、云县、凤庆、永德、镇康、双江
滇红	腾冲、龙陵、昌宁、思茅、澜沧、芒市、云县、凤庆、耿马、沧源
滇绿	腾冲、昌宁、绿春、广南、思茅、宁洱、墨江、景东、江城、澜沧、孟连、西盟、景洪、南涧、芒市、梁河、盈江、云县、耿马、沧源

茶叶品牌

云茶品牌打造呈现新气象，普洱茶公共品牌连续4年被评为“中国茶业十大公共品牌”，品牌价值居全国第三。2016年普洱茶区域公用品牌价值57.09亿元，比2010年增加18.25亿元，被评为中国最具带动力茶叶区域公用品牌之一；滇红工夫茶区域公用品牌价值达15.91亿元，比2010年增加5亿元，增长57%。全省国家农业产业化重点龙头企业4家，同比增加2家；中国驰名商标12个，省级龙头企业60余家，州市级龙头企业达150多家，省著名商标累计达110多个，各州市区域品牌打造成效明显，如凤庆县2015年获国家质量监督检验检疫总局同意筹建“全国滇红茶产业知名品牌创建示范区”；普洱市景迈山“万亩千年古茶园”入选中国世界文化遗产预备名单；西双版纳州勐海县着力打造“全国普洱茶产业知名品牌创建示范区”“中国普洱茶第一县”“中国普洱茶文化之乡”；保山市昌宁县“昌宁红”、德宏州梁河县“回龙茶”等区域品牌获得社会各界的普遍认可。

云南茶叶企业品牌及主要产品类型

公共品牌	普洱茶、滇红
企业品牌	龙润茶、大益、七彩云南、六大茶山、下关沱茶、陈升号、凤牌红茶、帝泊洱、戎氏、龙生茶业、红瑞徕等
产品类型	茶粉、茶膏、茶饮料、茶含片、酵素、茶糖果、茶食品、茶洗涤剂、普洱茶牙膏等

茶叶市场

以云南省茶叶博览会为依托，组织实施“云茶走天下”“云南展团·云茶巡展”活动，以统一抱团方式实施“走出去”战略，巩固华南市场，积极拓展东北、华北、华中、华东市场，恢复西北市场，云茶尤其是普洱茶消费地域不断扩大，市场占有率和影响力不断提升。通过多年努力，在国内知名茶展上，云茶企业已成为参展主力，参展数量及参展面积均占50%以上。云茶市场营销网络及销量（尤其北方市场）每年增速超过20%，销售市场已覆盖全国各省份，延伸二、三线城市，远销30多个国家或地区。

近年来，山头茶、古树茶价格有所提升。虽然云茶价格均在低于全国平均水平的低位状态，但是普洱茶总体价格在市场上仍有较大的竞争力，仍属大众消费者首选的品饮品种。特别是云南特有的山头茶、古树茶由于其资源的稀缺性和不可复制性，备受茶人欢迎，并已成为收藏热品，其价值不断提升，也带动了大众茶品的消费。加之云南多民族茶文化、茶俗的神韵和魅力也助推了云茶产业的发展。

普洱茶的消费市场基本上可以分为拍卖市场、网络市场、收藏市场和终端市场。拍卖市场在我国还不是很成熟，云南茶叶往往是借助名人和一些有重大意义的事件增加产品的附加值，从而以此为效应，获得消费者认同。收藏市场是云南茶叶消费的主流市场之一，还是推动云南茶叶发展的动力之一。收藏市场不仅吸收了许多新茶，更重要的是吸引了更多的资金进入云南茶叶行业。云南茶叶市场是一个以大流通批发市场兼终端消费市场的形态，云南茶叶的资本与产品的转换主要发生在流通领域，这也是在以广州芳村茶叶批发市场、北京马连道茶叶批发市场、云南雄达茶文化城和康乐茶文化城为辐射下产生的一个市场状态。

茶叶消费

云南茶叶品质优良，被广大消费者认可。通过多年推广，特别是近几年组织的“中华茶商云南茶区行”活动，增加了各地茶商对云南茶树生长环境和栽培管理、加工制作的认识，对云茶认可度不断增强。云南省茶园基地生态良好，茶树种质资源丰富，以云南大叶种为原料生产的普洱茶、滇红、滇绿内含物质丰富，品质优越，特点鲜明，口感浓醇鲜爽，茶气足，能满足不同消费者需求，良好的保健养生功效也被越来越多的消费者认同。滇红历史悠久，品质优良，国内外市场前景较好。茶叶精深加工前景广阔，茶多酚、茶色素等成分萃取运用逐年增长。

近年来，云南省普洱茶茶树种植、生产量逐年增加，但国内普洱茶消费水平没有明显提高。茶商、茶企不仅需要增强普洱茶的品质保证，同时为了迎合消费者的喜好，还需在普洱茶的包装设计方面进行创新，以提高产品识别度。政府与企业应做好普洱茶文化活动，在高校和社区加强普洱茶健康饮品和普洱茶文化知识的宣传力度，激发消费者对普洱茶文化的兴趣，引导消费者对普洱茶科学合理的消费，建立普洱茶保健消费观念和年轻化消费观念，实现普洱茶文化的传播与推广，从而进一步推动云南省普洱茶产业的发展。

主要措施

1. 强基地，产业发展基础进一步夯实 2016

年全省高优生态茶园建设稳步推进，完成农业部标准茶园创建14个，创建面积达0.1万公顷；建设省级现代农业优势农产品茶叶示范基地33个，建设面积0.27万公顷；示范带动全省无公害茶园达35.3万公顷，有机茶园达2.74万公顷，改造中低产茶园2.31万公顷，通过“三品一标”认证面积达30.67万公顷。

2. 强龙头，产业集群度进一步提升 2016年全省产值千万元以上茶企达170多家，产值亿元以上茶企达30家；产量5 000吨以上茶企10家，产量1 000吨以上茶企达60多家。龙头企业带动力进一步增加，产业集群度明显提升。

3. 调结构，产业主体优势进一步凸显 普洱茶、滇红两大主体特色茶产量占全省茶叶总产量的55%，精制普洱茶、滇绿、滇红产量比达4∶3∶2，普洱茶、滇红产品主体优势持续提升，滇绿产品进一步协调发展。同时，乌龙茶、白茶、花茶及茶叶深加工产品持续发展，产量达0.6万吨，增长12%。总体上，产业内部结构日趋优化，一二三产业逐步融合协调发展，产业综合效益稳步提升。

4. 树品牌，产业转型升级进一步推进 2016年，普洱茶区域公用品牌价值达57.09亿元，比上年增加1.4亿元、增长2.6%，位居全国第三；滇红工夫茶区域公用品牌价值达15.91亿元，比上年增加2.5亿元、增长18%。全省农业产业化国家重点龙头企业4家、中国驰名商标12个，省级龙头企业60余家，省著名商标新申请认定23件。临沧市积极推进“全国滇红茶产业知名品牌创建示范区”建设；普洱市大力打造景迈山古茶林普洱茶品牌；西双版纳州勐海县“勐海茶”获国家地理标志证明商标并启用，打造“全国普洱茶产业知名品牌创建示范区”；保山市昌宁县“昌宁红”、德宏州梁河县“回龙茶”等区域品牌建设持续推进。云茶公共品牌、区域品牌知名度和影响力进一步提升。

5. 拓市场，产品知名度进一步提升 大力实施“走出去”战略，以云南省茶博会为依托，实施“云南展团·云茶巡展”活动，重点选择了太原、沈阳、西安、呼和浩特、济南、深圳6个不同区域大中城市开展云茶巡展活动，取得了明显实效。第十一届中国云南普洱茶国际博览交易会实现交易额6.8亿元，6场巡展活动实现交易额10亿多元，省外的云茶经销商、代理商不断增加，云茶知名度和影响力进一步扩大。

6. 拓功能，产业发展活力进一步增强 抢抓技术突破和业态创新的战略机遇，加大云茶招商引资力度，一批大企业、大资本投向云南茶产业，各种现代生产要素加快涌入，推动茶产业加速内部分工分业、外部与其他产业跨界融合，产业发展活力明显增强。启动了临沧市“绿金产业融合生态走廊”和普洱市“百公里十万亩茶产业链综合示范区”前期工作，实现了茶与旅游、文化创意、科技创新等资源共享、渠道共用。茶与金融保险、证券期货、电子商务等相结合，出现许多新兴业态，生产效率加快提升。

“十三五”期间，全省将着力重点推进茶产业一二三产业融合协调发展，积极培育产业互联网平台主体，强化云茶品牌竞争力，大力扩展省外国外市场，提升茶产业综合效率，力争云茶产业综合产值达1 000亿元。

茶业科技

中国勐海茶研究中心于2016年6月28日在云南省农业科学院茶叶研究所挂牌成立，由勐海县政府与云南省农业科学院茶叶研究所联合组建。该中心围绕茶叶科技基础研究、关键技术应用、科技成果转化与推广、茶产业转型升级提质增效等工作，着力建设“中国普洱茶第一县”“全国普洱茶产业知名品牌创建示范区”“中国普洱茶文化之乡”三大品牌，有效促进勐海县茶产业的技术创新、品牌研发和产业提升，全面提升“勐海茶”“勐海味”的生态知名度、文明美誉度，最终实现茶农增收、茶企增效、财税增长、茶产业持续健康发展的目标。

国家普洱茶产品质量监督检验中心以景迈山为试点，研究制定景迈山古茶林普洱茶诚信联盟企业标准，建立质量追溯系统。这一标准的各项指标高于国家普洱茶标准，已颁布实施。该标准从产地范围、产品类型、感官品质、理化指标、安全性指标等方面，对景迈山古茶林普洱茶生产加工指标进行严格规定，联盟企业必须按标准组织生产，加工过程中对每个批次产品进行抽检和标准比对，并对产品加工、包装过程进行全程监控，只有检验合格符合标准的产品，才能加贴景迈山古茶林普洱茶标志。

大事记

4月12～27日，“中国茶·普洱味”2016普洱茶文化活动月举行，由普洱市茶叶与咖啡产业局牵头、普洱市茶叶协会组织，普洱市部分茶企、文化机构具体实施和参与。活动内容包括普洱茶斗茶大赛、普洱茶茶艺大赛、云南省普洱茶产业技术创新战略联盟大会暨云茶产业创新成果报告会、普洱茶斗茶大赛产品拍卖、澜沧古茶公司传奇之旅等。

4月26日，云南农业大学邵宛芳教授牵头的“普洱茶功能成分与保健功效”科研成果顺利通过鉴定，并于10月荣获“2016年度云南省科学技术奖”自然科学奖三等奖。

5月23日，西藏自治区商务厅副厅长嘎松美郎出席“滇茶进藏”活动并致辞，云南省普洱茶协会会长董胜、云南下关沱茶（集团）股份有限公司副总经理杜发源、西藏贤行农牧业有限公司董事长巴桑次仁等嘉宾出席会议。在本次“滇茶进藏”活动中，首批20吨边销茶将免费派发给藏区群众。

5月24日，由云南省西双版纳州勐海县委、县政府主办，云南万慧达知识产权服务有限责任公司协办的“勐海茶”地理标志证明商标启用新闻发布会在北京举行。“勐海茶”地理标志证明商标的启用，标志着“勐海茶”的发展正式步入大品牌、规范化时代，也为普洱茶做大做强提供了更大的发展空间。

7月28～31日，由云南省政府主办的第十一届中国云南普洱茶国际博览交易会在昆明举行。本届茶博会以“高原特色云茶魅力”为主题，展会期间有云茶产业“十二五”发展成就展、普洱茶博览交易、各茶叶主产州市及企业专场、云茶产销对接会、产品推介会、陶瓷产品展示等活动。

8月9日，深圳市中吉号茶业股份有限公司登陆新三板，成为第一家以古树茶定位的新三板普洱茶企业。

8月25日，具有广泛影响力的普洱茶交易平台“茶帮通·普洱平台”联合东莞市茶叶行业协会在东莞共同举办了中国首届“互联网+普洱”流通高峰论坛。

10月10日，八集大型普洱茶全景纪录片《云茶复兴》开机仪式在昆明龙润集团总部隆重召开。

11月21日，由云南省普洱茶协会与云南省太空生物科技发展促进会共同主办、云南贡润祥茶产业开发有限公司协办的“太空第一杯茶”新闻发布会在北京召开。普洱茶膏的太空秀不仅强化和提升了中国普洱茶的国际影响力，而且对中国茶产业的发展也起到了积极的促进作用。

（云南农业大学普洱茶学院　吕才有）

陕 西 省

基本情况

陕西省南部和中部均生产茶叶。陕南主产区北依秦岭、南倚巴山，汉江流域贯穿其间；年均气温12～14℃，云雾出现概率高；年均降水量1 000毫米左右，且集中在茶叶生产季节的4～10月；土壤pH为4.08～6.93，对茶树的生长发育十分有利，土壤肥沃且富含锌、硒，有利于茶叶有效成分的积累。陕南秦巴山区是世界人与自然生物保护圈，水源洁净，空气清新，得天独厚的自然禀赋造就了无公害、有机茶的理想生产区。所出产的茶叶90%以上达到绿色食品AA级标准，良好的自然生态优势和独特的茶叶品质，富含芳香物质和多种氨基酸，使陕茶具有“香高、味浓、耐冲泡、形美、保健”的特点。集中在陕南秦巴山区的绿茶，有午子仙毫、紫阳毛尖、汉水银梭、定军茗眉、宁强雀舌、商南泉茗、西乡翠芽等品牌，因其成品经过杀青、蕴华、焙香、精化等工序加工而成，所以陕南绿茶统称为“陕青”。

汉中产茶历史悠久，始于商周，兴于秦汉，盛于唐宋，繁荣于明清。《茶经》记载：“山南以峡州上，襄州、荆州次，衡州下，金州、梁州又下”，其中的梁州即今汉中一带。如今，汉中茶区属全国四大茶区中的江北茶区，主产绿茶。产自陕西中部关中地区的泾渭茯茶色泽黑褐油润，适合高寒地带及高脂饮食地区的人群饮用，是历史悠久的黑茶品种。21世纪以来，陕西茶叶主产区通过良种引进、提高生产管理水平、建立标准化茶叶示范区等方式，茶叶产量持续增长，品质不断提升，茶园面积逐渐扩大。

陕茶复兴遇到最大的机遇就是“一带一路”倡议的实施和推进。陕甘茶马古道是历史上第一条与丝绸之路交错的西部交通大动脉，明代中叶以后，泾阳茯砖茶强势崛起，成为陕甘茶马古道的主打产品，迅速占领西北市场，带来泾阳茯茶400多年的兴盛。在当前“一带一路”倡议的大背景下，陕茶当大有作为。

工作成效

2016年，陕西省茶产业工作以创新、协调、绿色、开放、共享发展为指引，坚持以市场为导向，稳步扩大基地规模，推进标准化生产，持续开展宣传推介，打造知名品牌，加快茶产业转型升级步伐，陕茶知名度和市场占有率得到快速提升。

1. 产业规模不断扩大，效益持续增长 全省茶园面积、产量和产值同比大幅增加，高端茶价格回落，大众茶销量增长明显。据陕西省农业厅统计，全省茶园面积15.45万公顷，产量10.1万吨，同比分别增长7.3%、18.8%。其中，采摘茶园面积9.96万公顷，干毛茶总产量7.9万吨，产值112亿元，同比分别增长8.2%、9.8%、12.5%；咸阳茯茶产量2.2万吨，产值25亿元，同比分别增长69.0%和78.5%。

2. 持续推进标准化生产，质量稳步提升 加快标准化示范茶园建设进程，共创建国家级茶叶标准园7个，省级标准化示范园25个。茶叶生产、加工机械换代升级加快，在咸阳实施了标准化、清洁化茯茶加工项目6个，提升了茯茶产量和品质。由陕西省农业厅组织的首届陕西名优茶叶评选活动中，共评选出绿茶类55个金奖、75个优质奖，红茶类10个金奖、16个优质奖，茯茶类2个金奖、6个优质奖，促进了生产企业的质量意识、标准意识和创新意识。

3. 品牌建设成效明显，知名度显著提高 在2016年第四届中国茶叶博览会上，全省15家企业或单位捧回大奖，汉中仙毫等4个品牌荣获“最具影响力区域公用品牌”称号，“东”牌汉中仙毫等4个品牌荣获“优秀品牌”称号，丹凤泉茗等7个品牌荣获“极具发展潜力品牌”称号，同时在斗茶大赛中斩获2金2银。由浙江大学CARD中国农业品牌研究中心等联合开展的“2016 中国茶叶区域公用品牌价值评估”专项研究发布价值评估结果显示，“汉中仙毫”和“紫阳富硒茶”分列第 20 位和第 25 位，陕西省茶叶品牌知名度大为提升。

主要措施

1. 明晰发展思路，加大政策扶持 为推进全省茶产业转型升级，提升茶产业发展水平，2016 年修订了《陕西省“十三五”茶产业发展规划》。整合安排 1 亿多元茶产业发展专项资金在茶苗繁育基地、标准园建设、技术研发和市场开拓等方面进行重点扶持。制定《陕西省茶企走出去奖励实施办法（试行）》，设立自营出口奖、品牌创建奖和名优茶品奖三个奖项，鼓励企业走出去，积极开拓市场，扩大陕茶影响力。7 月 20 日召开表彰陕茶开拓市场优秀企业暨陕西优质茶叶颁证大会，对 16 家获奖企业和单位进行了表彰，共奖励 560 万元。

2. 加快转型升级，启动示范县建设 在茶产业转型升级的重要关口，组织茶叶专家、部分企业负责人和省市职能管理部门负责人在咸阳召开转型升级座谈会，广泛征求意见。正式启动转型升级示范县建设，西乡、紫阳和商南县分别递交了《茶产业转型升级示范县建设方案》，经陕西省农业厅审议通过，对这 3 个县分别给予 1 500 万元专项资金，用于茶产业发展。通过加大政策资金扶持力度，推进全省茶产业转型升级。

3. 改造低产茶园，加快良种推广 以发展无性系茶苗繁育体系为重点，推广陕南适合生长的茶苗品种，在汉中、安康各建 5 个种苗繁育基地，商洛新建 1 个种苗繁育基地，提升 1 个市级母穗园，完善无性系茶苗繁育体系。加快良种茶园建设步伐，对品种退化、产量低下的老茶园逐步进行改造，在汉中、安康完成 3 333.3 公顷低产茶园改造任务，通过改园、改土、改树等环节对低产茶园进行提升改造。针对秦巴山区区域特点，大力发展陕茶 1 号、龙井 43、中茶 108 等无性系良种繁育与推广，建设陕茶 1 号繁育推广示范区。

4. 开展技术培训，提升人员技能 一是积极开展“专家茶区行”活动，组织省级茶产业体系专家联合西北农林科技大学等单位，开展专家茶区结对共建活动，指导企业建设优良茶种母穗园和无性系茶苗基地。二是开展茶技培训活动，组织陕茶企业开展茶叶电商转型培训，在汉中、安康等地举办全省茶叶生产技术培训和评茶员技能培训，有效地提高了从业人员的基本技能。

5. 积极开拓市场，宣传推介陕茶 2016 年，组织茶企参加在上海世博展览馆举行的中国（上海）国际茶业博览会；协助安康市在人民大会堂举行“共护南水北调水源汉江，同建安康生态富硒茶乡”活动启动仪式暨安康富硒茶科研成果新闻发布会。在西安成功举办第十届中国西安国际茶叶博览会暨第二届中国（西安）丝绸之路茶叶文化节；在乌鲁木齐举办陕疆茶商圆桌会，组织企业参加 2016 香港国际茶展，参加在济南举办的第四届中国茶叶博览会，在沈阳开展陕茶专场推介活动。联合当代陕西杂志社开展“采茶季党刊党网走进最美陕南茶乡”大型采风活动；联合西部大开发杂志社在 2016 年第七期《西部大开发》推出茶叶专刊，联合陕西农业杂志社推出《2017 陕茶历书》。通过一系列宣传推介活动，陕茶关注度和影响力显著提升，销区市场不断扩大，茶企和茶农收益得到进一步增长。

茶叶出口

2016 年，陕西省茶叶出口 46 批次共计 324 吨，同比增长 568%，出口金额 1 061 万美元，同比增长 599%，出口增长势头强劲。全省有 7 家茶企出口茶叶，其中绿茶占比超过 60%，西乡县、平利县成为陕茶出口主力军，出口到中国香港、澳门等地区，以及美国、马来西亚、印度、越南、澳大利亚、韩国等国家。近两年，在国家政策鼓励和茶企努力扩大出口的推动下，陕西省茶叶出口量和价格显著提升。

在陕西省出入境检验检疫局备案有效的茶叶外贸企业有 12 家，实质开展出口业务的有 7 家，备案茶园基地 605.8 公顷。虽然近年来出口增长势头强劲，但陕西省茶叶出口在全国所占比重不高。全省正着力推进茶产业发展，力图把茶产业培育成陕西继苹果之后又一特色优势产业。

大事记

3月9～12日，由陕西省商务厅、中华茶人联谊会等单位，在汉中举办了茶企电子商务应用培训班。全市60多家茶叶种植、加工、营销企业相关业务人员参加了培训，开启了陕茶互联网的电商模式。

5月19～22日，陕西省农业厅首次组织全省5市12家优秀茶企，组团参加了第十三届中国（上海）国际茶业博览会，为消费者展示了汉中仙毫、紫阳富硒茶、泾阳茯砖茶等知名品牌茶叶。同时由国家茶叶质量监督检验检测中心、茶博会组织的“中国好茶叶”评选活动中，陕西茶企选送的茶品获得4金4银佳绩。

6月6日，2016年度陕西茶行业“十佳”评选评审会在陕西茶文化博物馆召开，经过讨论、投票、开票等环节和专家评审，评选出了陕西茶行业“十佳茶企”“十佳茶人”“十佳特色茶馆”“十佳茶学机构”“优秀茶企”。

7月20日，陕西省农业厅为了推进陕茶产业，树立行业先锋，加快陕茶出省出国步伐，首次举办了“陕茶走出去，开拓大市场”暨优秀茶企茶品牌表彰大会，全省有16家茶企获奖、55个茶叶获金奖、75个茶叶获优质奖，极大地调动了茶叶从业者的积极性。

10月21～24日，第四届中国西部国际茶产业博览会在西安曲江国际会展中心举办，本次展会展出面积4万米^2，国际标准展位扩至1 900个，吸引了国内外69个茗茶产区原产地逾800家品牌茶企参展。期间，第三届“茶与丝绸之路”高峰论坛、“书剑古茶杯”第三届新丝路茶艺大赛等精彩茶事活动接连上演。

10月25日，由中国茶叶流通协会举办的第十二届茶业经济年会上，紫阳县荣获“中国茶业发展示范县”称号，紫阳县、泾阳县分别荣获“全国重点产茶县”称号；陕西苍山秦茶集团有限公司、陕西紫阳富硒茶业有限公司分别荣获“中国茶叶行业综合实力百强企业”称号。

12月26日，2016年全国农业文化遗产普查结果公布，共收录全国具有潜在保护价值的408项农业生产系统。陕西省共有8项农业生产系统入围，紫阳古茶园与茶文化系统成功入围。

（陕西省农业厅园艺蚕桑站　梁军青）

甘 肃 省

基本情况

陇南是甘肃省唯一的产茶区，陇南市茶叶产区分布在文县、康县、武都区毗邻接壤的三角地带，涉及14个乡（镇）、168个村、703个合作社。该区域属北亚热带与暖温带过渡气候，海拔600～1 200米，年降水量800～1 000毫米，土壤pH 5.0～6.5，年均气温12～15℃，无霜期200～250天，10℃以上年积温3 800～4 500℃，生态条件适宜茶树生长。所产茶叶内含物丰富，滋味醇厚，经久耐泡，在省内外享有良好的声誉。产区内无工矿企业“三废”的污染，森林覆盖率高，空气清新，水质洁净，是发展无公害、绿色和有机茶叶生产的理想地域。

茶叶生产

据调查，陇南市茶叶产区有宜茶面积1.25万公顷，20世纪90年代以来，随着粮食生产比较效益的降低和退耕还林优惠政策的实施，茶区群众对茶叶的重视程度越来越高，种茶积极性高涨，对茶叶的自主投入也越来越多，全市茶叶生产有了前所未有的发展。据陇南市统计，2016年全市茶园面积1.14万公顷（文县0.52万公顷、康县0.41万公顷、武都区0.21万公顷），无性系良种茶园面积达到1 280公顷，占茶园总面积的11.2%。茶叶总产量1 335吨（文县543吨、康县692吨、武都区100吨），总产值2.32亿元。全市拥有各类茶叶加工营销企业33个，个体加工户881个，注册茶叶商标62个。陇南市益通有机茶业有限公司、武都县裕丰茶业有限公司、陇南仁和茶业有限公司、文县御泽春茶业有限责任公司、甘肃省文县玉兰茶业有限责任公司、甘肃龙神茶业有限公司等企业，已创出10多个品牌。其中，6个品牌获甘肃省著名商标，8个产品获甘肃省名牌产品。甘肃龙神茶业有限公司生产的“龙神翠竹”、陇南市益通有机茶业有限公司生产的“陇南翠芽”“陇南碧玉”等产品多次荣获国际名茶评比金奖、银奖和“‘中茶杯’全国名优茶评比”优质茶称号。全市茶园全面推行无公害生产，绿色茶园面积达3 040公顷，全市4家企业获有机茶认证，有机茶园面积达到167公顷。

存在问题

尽管陇南市茶叶面积自进入21世纪以来扩大了较多，但茶产业效益不高。2007年，全市茶园面积0.89万公顷，产量1 080吨，产值7 560万元；2016年，全市茶园面积1.14万公顷，产量1 335吨，产值23 200万元。发展的10年间，每666.7米^{2}产量由8.1千克下降到7.6千克，每666.7米^{2}产值由564.2元增长到1 303.4元。陇南茶产业发展存在的主要问题有：一是茶园管理水平普遍落后，跟不上规模发展的速度；二是茶园品种结构配置不合理，加剧了劳动力不足的矛盾；三是加工环节薄弱，资源优势不能转化为经济优势；四是掌握茶叶生产技术的农民太少，缺乏产业发展活力；五是劳动力成本过高，抑制了茶产业的发展；六是茶产品销售市场混乱，产后服务严重脱节；七是茶叶科技人才严重短缺，许多量大面宽的工作不能深入开展；八是茶叶产业化经营还停留在初级阶段；九是产业开发资金投入严重不足且不合理。

发展措施

1. 从茶园提质增效入手，抓好基地建设 一要积极引进茶树无性系良种，合理搭配早中晚品种，优化产业结构，以调节劳动力市场。新建茶园要在优特早方面下功夫，在无性系良种茶园建设上下功夫，扩大无性系良种茶园面积，避开采茶用工高峰，合理调节劳动力市场，不能再盲目调进茶种，盲目发展面积。二要全面开展茶园综合管理，尤其对新发展茶区和边远茶区，要加大力度抓好低产低效茶园的管理，努力提高茶叶产量，提高茶园效益。三要加快茶叶标准化建设步伐，严格按照有机、绿色、无公害技术规程组织生产，鼓励茶农种养结合，多积农家肥、沤制绿肥，大力提倡和推广使用沼肥，少用或不用化肥。要积极开展绿色及有机茶的生产示范，引导企业抓好产品认证。同时，加强环境保护，维护好茶区的生态环境，确保茶叶产品质量安全。

2. 从示范带动入手，抓好茶叶加工 根据陇南茶产业实际情况，应该大力发展个体加工，减少大中茶厂的投资和建设。在新发展茶区、边远茶区和加工比较薄弱的村社，建立和扶持一批加工示范户，示范、带动农民搞加工，让农民掌握生产技术、加工技术，解决部分地区茶叶加工难的问题，达到提高茶园效益、增加茶农收入的目的。

3. 从龙头企业建设入手，抓好产业化经营 做大做强陇南的茶产业就必须实现集约化经营、社会化服务的专业化生产，本着“高水平、大规模、专业化、外向型”的思路，按照多家加工点和加工户为主、大中型龙头企业为辅的发展思路，多元启动、群体发展的原则，加快产业建设步伐。走贸工农一体化、产加销一条龙的路子，形成公司加基地、基地联农户的产业开发模式，培育壮大龙头企业，推进全市茶叶产业化进程。

4. 从整合品牌入手，抓好市场营销 随着市场化、商品化程度的不断提高，陇南市茶叶品牌小、散、乱所导致的茶叶市场秩序混乱、假冒伪劣屡屡发生、质量安全难以保障的问题也开始凸现，小生产与大市场的矛盾不断加大。为此要下功夫进行品牌整合与品牌优化工作，开展以“一县一品”或“一市一品”为主的品牌建设。要组织召开全省茶叶审评会，推动品牌知名度的提高和市场的开拓，有效地促进一批著名品牌的出现。随着茶叶品牌建设的掀起，全面促进茶叶生产、经营、流通与管理者品牌意识的同步提高，促进茶叶商品化程度的提高，促进品牌保护意识的提高。同时推动茶艺馆业、茶包装、茶旅游休闲业及茶文化产业的发展，直接带动茶会展、茶事活动产业的发展，为推动陇南茶叶消费的增长发挥重要作用，也为茶产业健康发展营造良好氛围。

5. 从科技投入入手，抓可持续发展 一要搞好现有科技人员的培训提高，通过派出去考察学习和请专家来陇南讲学等多种方式，及时更新科技人员的观念和知识，不断提高科技推广能力和水平。茶叶科技单位要不断注入新生力量，不能再招收非专业人员。二要围绕茶园管理技术、茶叶加工技术，大力开展农民技术培训，每年培训茶农 5 000 人次以上。三要创新科技投入机制，大力推广茶园机械化管理、名茶机械化加工等优质高效适用技术，研究和开发茶叶深加工和综合利用技术，提高茶叶生产效率和效益，提升质量档次。

茶叶生产基地建设

在甘肃的产茶县中，文县茶园面积最大，管理较好，茶园效益相对高于康县、武都区。在甘肃 13 个产茶乡镇中，文县的碧口镇茶叶产业化做得最好，其中李子坝村、石龙沟流域的马家山村、水蒿坪村是茶叶专业生产村。

1. 李子坝村茶叶生产基地 文县碧口镇李子坝村地处陕甘川三省交界处，与四川省青川县相邻，距青川县城 13 千米。该村属白水江自然保护区范围，境内山大沟深，森林植被良好，生态条件优良。茶园面积达到 280 公顷，户均达到 1.3 公顷，人均达到 0.3 公顷。茶叶加工以农户加工为主，现在户户都有加工设备，主要以生产扁形绿茶为主，农户基本掌握了茶叶生产、加工、管理技术。截至 2016 年年底，茶叶总产量达到 50 吨，产值达到 500 万元。全村拥有茶叶加工生产企业 2 个，个体加工 207 户，加工机械 256 台（套）。近几年，该村通过引进优良品种，进一步优化产业结构，形成具有区域特色的茶叶生产示范基地，是甘肃最好的茶园综合管理展示基地和最大的茶叶加工示范基地，茶园机械化生产程度较高。李子坝村茶产业的优势在于每户农民都会加工茶叶，每家都有以名优茶多功能机为主的茶叶加工机械，几乎每家都有 1 套动力设备，生产以扁形茶为主的中高档名优绿茶。通过示范点建设，进一步提高茶农的加工水平，使其成为全市茶叶标准化加工的示范基地。

李子坝村的主要做法及经验有：一是抓好示范

点茶园机械化修剪工作，通过农机具补贴项目给农户补助购买茶树修剪机械，开展台刈、重修剪、施肥等技术措施，降低茶园管理和劳动力成本，提高茶园产量和效益。二是进一步推广茶园标准化生产技术，提高资源利用率和产品市场竞争力，从而达到提高茶园效益、增加农民收入的目的。三是开展茶叶加工机械化示范，鼓励农户购买茶叶加工机械，开展机械化加工，从而降低加工成本，增加农民收入。四是保护茶区生态环境，禁止乱砍滥伐，推广电力能源加工生产设备，推广有机肥料及农药，提高茶产业开发后劲。五是抓好农民培训工作，使农户人人懂管理，户户会加工，使其完全掌握茶园管理技术、基本的加工技术，并按照对应的生产技术规程、加工技术规程开展生产。六是产品形成了品牌优势，销售有市场，农户的产后服务环节做得好。七是通过茶叶加工企业完善产业链条，开展产业化经营，建立专业组织，健全产销网络促茶产品销售。八是引进新品种，开发新产品，提高茶园效益。近年来，持续引进无性系优良品种龙井43等，市场占有率得到提高，资源利用率也提高了。

2. 马家山村、水蒿坪村茶叶生产基地 马家山村、水蒿坪村属石龙沟流域，位于碧口镇以南，地处白水江自然保护区边缘，是文县茶叶主产区之一。区内植被良好，海拔为700～1 000米，森林覆盖率达70%以上，茶园面积297.4公顷，投产面积221.3公顷，建成茶叶加工厂3座。

近年来，文县按照陇南市委“四三三”发展战略和特色产业提质增效的要求，在茶产业上，围绕把石龙沟流域建设成集生态观光、产业开发、小康示范为一体的茶产业综合开发示范区的建设目标纳入计划，以项目为支撑，狠抓特色产业的提质增效工作，把马家山、水蒿坪2个村确定为茶叶提质增效示范点，推广名优新品种，建设优质茶叶基地，主要做了如下工作：一是按照“统一安排，捆绑使用，重点倾斜”的原则，整合项目资金，从浙江调进无性系茶苗龙井43、龙井长叶、黄金芽共367.2万株，在2个村完成茶园品种改良54.4公顷（其中马家山村24.5公顷、水蒿坪村29.9公顷）。二是调进茶叶专用有机肥80吨，茶树修剪机16台，太阳能杀虫灯20盏，黏虫板1 200片。通过修剪、施肥、病虫害物理防治等措施，对茶园进行标准化管理，提升了茶园的管理水平。三是在水蒿坪村建立了1处茶叶质量监测点，配置电脑1台、检测仪1套，监测点核心区20公顷，带动示范面积80公顷，确保了该区域茶叶产品质量安全。四是依托2个村的农民专业合作社，在做好名优茶的基础上，利用夏秋茶，加工毛峰、碧螺春等大宗产品，延伸了产业链，增加了茶农收入。五是开展茶叶综合技术培训，提高茶园管理技术含量，采取“走出去、引进来”的办法，不断拓宽培训渠道，增强了茶农的科技意识和管理水平，为茶园提质增效提供了有力的技术保障。六是水蒿坪村开工建设甘肃茶博物馆，2014年5月底主体完工投用，2015年1月开工建设了茶博物馆附属工程，2016年整体已完工。该茶博物馆集中展示了陇南茶叶发展历史文化、精细加工过程、茶区民居环境改变等。茶博物馆投用以来，受到省内外专家和游客的一致好评，对促进文县茶产业开发，带动石龙沟流域美丽乡村建设和乡村旅游起到了重要的推动作用。

马家山村、水蒿坪村的主要保障措施有：一是加强组织领导，文县农牧部门成立了示范点建设工作领导小组，由文县农牧局主要负责人任组长，农牧局和碧口镇分管领导任副组长，文县茶叶中心负责同志、重点村负责同志和镇上包村干部为成员，领导小组下设办公室，办公室设在文县茶叶中心，重点抓好茶产业提质增效工作的组织协调。二是确立发展思路，按照全县茶叶发展规划，以“尊重规律、扩大规模、强化科技、提质增效”为目的，以“良种化、标准化、规模化”基地建设为基础，以培育“高产、优质”茶园为核心，因地制宜，科学规划，突出重点，优化布局，连片栽植，提升茶产业发展科技含量，推动茶产业标准化栽植、规模化发展。三是靠实工作责任，文县农牧部门、茶叶中心负责提质增效的培训和技术指导工作；碧口镇、水蒿坪村、马家山村负责做好农户的组织和动员工作，在工作中，相关部门分工明确，责任落实到位。四是加强督促检查，文县县委、县政府主要领导和分管领导对示范点建设进行了专题安排，并多次深入现场检查指导，及时解决存在的具体困难和问题；文县农牧部门、茶叶中心和碧口镇负责人多次深入现场督导检查，确保了示范点建设的顺利进行。

大事记

3月下旬，在农业部食品质量监督检验测试中心（成都）完成了“陇南绿茶”地理标志产品的检测。

4月23日，在兰州举办了2016年陇南春茶产品推介会。甘肃省农牧厅、甘肃省供销合作社及陕西省甘肃商会等领导应邀出席开幕式，陇南市茶叶协会组织全市18户茶企、合作社参加。

4月25日，由陇南市农牧局组织，会同陇南市经济作物技术推广总站、农产品质量安全监督管理总站、茶叶协会及3县（区）茶叶中心（站）负责人，深入文县、康县、武都区茶区21户茶叶生产加工企业，详细了解企业基地建设、生产加工、产品营销等方面情况。

6月1日，陇南市经济作物技术推广总站实施的“陇南市有机茶新产品研究与开发”项目顺利通过甘肃省科技厅验收并进行了成果登记。

6月23日，由陇南市农牧局主要领导带队赴北京，参加农业部2016年第二次农产品地理标志登记评审会，顺利通过农业部组织的严格评审和质询答辩。

9月5日，中国科学技术协会、中华全国妇女联合会共同举办了康县农村妇女致富带头人科技素质培训班，其中陇南市经济作物技术推广总站高级农艺师张金明讲授茶叶生产课程。

11月2日，农业部发布第2468号公告对“陇南绿茶”实施国家农产品地理标志登记保护，颁发中华人民共和国农产品地理标志登记证书，“陇南绿茶”质量控制技术规范（AGI2016-03-1999）随文公布实施。

11月上旬，在文县中庙乡后渠村精准扶贫点继续开展产业培育工作，栽植13.3公顷无性系良种茶苗，使该村成为全市第一个“龙井43”专业村。在康县两河镇中营等村栽植“龙井43”“中黄1号”两个品种5.3公顷，并搭建了小拱棚，期间陇南市政府分管领导亲临现场指导，国家林业局退耕还林办公室组织了工作组在该示范点开展了现场调研。

11月8日，陇南组团参加了在昆明召开的第十四届中国国际农产品交易会，11个“陇南绿茶”产品作为地理标志农产品在交易会上亮相，特别在地理标志农产品推介会上进行了重点宣传推介（甘肃2个产品之一），得到了农业部、甘肃省政府、甘肃省农牧厅领导及欧盟驻华参赞的好评。

12月19日，甘肃省发展和改革委员会以甘发改高技〔2016〕1099号文件批复了陇南市经济作物技术推广总站申报的产业创新平台“甘肃省茶叶综合开发工程实验室”。

（甘肃省陇南市农业局　张金明）

福建省松溪县

松溪县位于福建省北部，武夷山麓东南侧，闽江上游，县境东与浙江省庆元县交界，南连政和县，西南邻建阳市，北接浦城县。全县面积 1 043 千米^2，辖 1 街 2 镇 6 乡 109 个村居，人口数 16.8 万。松溪县是国家生态县、全国绿色食品原料（茶叶）标准化生产基地县、中国名茶之乡，也是福建省重点茶区之一、最大蒸青绿茶和炒青绿茶出口基地。茶叶是松溪县特色和优势产业，是农民增收的主要经济作物，同时是建设美丽新农村的重要物质基础及构建和谐社会的有效载体。

松溪县在不同历史时期对福建茶业乃至中国茶业都有一定的贡献。宋代松溪河畔的北苑贡茶院是全国制茶中心。清代康熙庚辰版《松溪县志》记载："茶，叶以谷雨前采制者为松萝。"1973 年 8 月，松溪县国营郑墩茶场引进安装日本进口赛尔康 300 型绿茶蒸青机（全国当时两条生产线之一，另一条在杭州），当年试制蒸青绿茶 7 750 千克运销日本。1975 年，全县平均每亩产 50.5 千克，成为全省首个实现亩产超过 50 千克的产茶县。1981 年 10 月，全省茶叶工作现场会在松溪县召开，时任福建省委书记项南说："松溪茶园代表了中国的形象"，并赞誉松溪县为"福建茶叶状元县"。

一、松溪发展茶产业的成效

近年来，通过连续实施现代茶业项目，调整品种结构、品牌建设、生态茶园建设、加工厂清洁化改造等一系列措施，茶产业得到持续、快速发展。

1. 茶叶生产、贸易快速增长 近年来，松溪县茶叶科技取得了显著进步，茶叶优质丰产栽培水平不断提高，茶叶加工技术取得新的突破；在稳面积增效益的要求下，茶叶产业化进程不断加快，成为全省绿茶、工夫红茶加工集中区。2016 年，全县可采茶园面积 4 582 公顷，产量 7 700 吨，产值 3.5 亿元，平均单价 43.94 元/千克。茶叶精制加工达 13 000 吨，出口 4 500 吨，其中非洲 4 200 吨，欧美、日本等国家或地区 300 吨。

2. 生态茶园建设得到很大改善与提高 通过连续实施现代茶业项目，极大地改善了松溪县茶园生产、生态环境。连片面积达 6.7 公顷以上茶山都建设了机耕路，且村庄通向茶园的主要道路都已硬化，茶农告别了过去的肩挑手提，大大地减轻了劳动强度，提高了劳动效率；蓄水池的建设，极大地方便了茶农浇灌；近 200 公顷茶山放置灭虫灯，茶园防病虫能力极大提高；茶园还套种绿化草木，既涵养了水土，提高了土壤肥力，改善了茶园生态环境，又绿化、美化了茶园，提高了茶园的旅游观赏价值。

3. 茶叶品牌多样化 开发出一大批在国内市场有较高知名度的品牌，市场影响力显著扩大。"松溪绿茶"入选 2013 年度全国名特优新农产品目录，2013 年"松溪红茶"成功注册地理标志证明商标，2014 年"黄金缕"注册为集体商标，2015 年"松溪绿茶"被国家工商行政管理总局商标局认定为中国驰名商标。经统计，松溪县现已注册茶叶商标 300 多枚，其中 2 枚地理标志证明商标（松溪绿茶、松溪红茶），1 枚集体商标（黄金缕），1 枚中国驰名商标（松溪绿茶），3 枚福建省著名商标（松溪绿茶、绿龙、湛峰），9 枚闽北知名商标（绿龙、湛峰、一品状元、天上仙园、夷山茗樽、湛龙茗韵、湛卢春、畲乡红、松溪红茶），3 个福建省名牌产品（日丰、湛峰、湛龙茗韵）。

4. 茶叶产业链不断延伸 松溪县初步形成了较为完整的茶叶产业链，茶产业涉及良种繁育、栽培管理、加工包装、营销贸易、茶机制造、茶具加工、农资供应、交通运输、餐饮旅游、休闲文化等众多领域。

二、松溪发展茶产业的主要措施

1. 完善茶叶技术体系建设，提高产业整体素质 一是完善县、乡、村三级茶叶技术推广服务体系。在茶叶主产乡镇配备茶叶专业技术推广人员，增强技术推广服务功能，为茶企和茶农提供技术指导、市场信息、技术培训等社会化服务。把茶叶科技人才引进纳入县区人才引进计划，吸引涉茶专业大中专学生到茶叶基层、茶企工作，着力研究解决制约茶产业发展的关键技术问题。二是支持企业建设茶叶科技研发中心。加大对茶树病虫害防治、茶叶连续化加工、茶叶现代化生产管理模式等关键技术的研究与开发力度。三是加大茶树种质资源保护与利用、加快优新品种推广。四是加强与中国农业科学研究院茶叶研究所、福建省农业科学院茶叶研究所、福建农业大学茶学系、武夷学院、宁德职业技术学院等合作，加快科技成果转化，提高科技对茶产业发展的贡献率。五是加快培育茶叶专业大户，组织实施茶农培训工程，着力提高茶农科技素质和先进实用技术到位率。

2. 培育龙头企业 围绕建设龙头企业、标准化和清洁化初制厂的目标，大力扶持龙头企业发展精深加工，提高茶产品加工转化率。扶持引导茶厂清洁化改造，建设标准化厂房，配置先进制茶机械，达到食品生产许可证标准。福建湛峰茶业、福建日丰茶业、福建龙坛茶业、福建松溪瑞茗茶业、松溪龙源茶厂、百佳茶厂、武夷美佳食品等是松溪县规模型茶叶加工企业，对稳定农村经济有重要作用。加大茶叶龙头企业扶持已成为推动全县茶叶产业化进程的一项重要任务。为此，要依靠国家与地方扶强扶优的倾斜政策，着力优先培育扶持一批具有较强竞争力、带动力的加工型和外向型茶叶龙头企业，积极推进农工贸一体化经营。

鼓励龙头企业建立一批与茶农利益共享、风险共担的专用原料生产基地和加工、出口基地，扩大产业覆盖面和带动力。要以全面推进标准化进程为依托，积极实施品牌战略。

3. 抓好标准化生态茶园建设 按照统一规划、分步实施的原则，根据茶旅结合、区域现有基础、资源条件需求情况，依托中央财政支持现代农业（茶业）生产发展项目，每个乡镇建立2～3个核心茶叶标准示范园，示范片面积33.3公顷以上。标准化生态茶园建设内容为：茶园生态环境改良、茶园配套设施建设、茶园绿色防控技术集成示范、茶园测土配方施肥。

规范申报现代茶业项目程序，现代茶业项目是中央、省级最大支持茶产业发展财政项目，每年安排松溪县财政资金约500万元，主要用于生态茶园建设、茶叶初制加工厂改造、茶叶加工能力提升、茶叶质量安全保障等。根据全县茶产业现状，茶园以分散经营为主，生态茶园建设项目主要是进行以公益建设、为民办实事为主，项目突出茶旅结合，并结合松溪县委、县政府“七个一工程”和美丽乡村建设，促进茶园生态环境明显改善，促进茶树品种结构更加合理。

4. 完善茶企登记，提高产业组织化程度 松溪县有各种茶叶加工企业300多家，工商、税务两证齐全企业只有100多家。在近5年内完成茶叶加工企业、农民茶叶专业合作组织、贸易型企业、茶楼等登记备案。加大扶持与培育力度，积极稳妥地引导和发展在区域范围内具有较大影响的茶叶加工企业、电商企业、茶叶专业合作社和产销联合体。加快专业合作组织建设，指导与加强专业经济合作组织规范化运作、制度化管理，促进形成“行业协会＋龙头企业＋专业合作组织＋专业农户”的农工贸一体化经营新机制，促使特色优势农产品生产从分散的小农经济向法人农户经济转变，提高茶产业整体竞争力。

5. 完成松溪绿茶、松溪红茶地方标准制定 要以提高质量为目标，大力推广标准化生产。一是广泛宣传、强化标准意识，把标准化生产变成生产者、经营者的自觉行动。二是完成松溪绿茶、松溪红茶质量标准体系建设，制定地方标准，形成与全球市场接轨的全套标准体系；严格依照国家标准进行生产，并结合当地实际制定配套标准，形成国家、地方、企业不同层次完善的标准体系。三是完成质量监测体系建设，加强过程控制和质量监督，做到有标可依、有标必依、违标必究。

6. 做好休闲茶叶示范点建设 大力发展旅游、观光、休闲业相融合的茶产业，初步建成湛卢茶旅文化综合体、刘源茶庄、林下凤凰山庄、湛松农场、溪东寺源微风农场、新甫茶旅等一批现代与传统相结合的旅游茶园、观光茶园和休闲茶园。以茶产业为中心，以“生态、休闲、文化”为主题，围绕茶叶基地、美丽茶园、清洁生产、质量管理、品牌建设、文化弘扬等方面，把休闲点建成具有楼园融合的独立空间布局，茶旅一体化休闲茶叶示范点。

7. 加强九龙大白茶、松溪菜茶等茶树优异种质资源保护与利用 九龙大白茶、松溪菜茶列入省级优异种质资源保护名录，是松溪县茶树种质资源的宝贵财富。松溪县已在龙源茶场、郑墩双源九龙岗设立保护区，开展茶树优异种质资源保护与利用工程，对原生有性群体种、野生型、半野生型和优异茶树资源进行普查、认证，并对其开展保护工作，以便于开发利用。同时，建立茶树种质资源圃。在茶平乡建设茶树良种繁育基地，发挥地方优势，加强苗木管理，繁育优良品种，确保茶叶发展和品种更新换代的需求。

8. 茶叶品牌培育和扶持

（1）松溪绿茶、松溪红茶公用品牌推广使用。提高绿茶、工夫红茶、白茶工艺发展，制定地方标准，加大宣传推介等方式提高品牌知名度与影响力，推动全县茶叶经济发展、茶叶增收和茶农增收。重点推广保护品牌是松溪绿茶、松溪红茶、黄金缕、金毛猴。

（2）培育茶企品牌。一是通过扶持茶叶龙头企业，着眼发展产业化经营，以龙头企业规模的扩大、数量的增长和带动辐射能力的增强，提高品牌产品的科技含量和附加值。二是扩大全县绿龙、湛峰、一品状元、湛卢、湛龙茗韵、百佳、闵新红等茶叶产品在国内外市场的知名度，发挥品牌效益，对于获得中国驰名商标、省级名牌和著名商标的企业将给予相应的奖励。三是鼓励企业在重点茶叶销区开展茶叶商品推介活动，重点推荐龙头企业的名优产品。

9. 茶叶质量安全可追溯体系建设 随着茶叶市场竞争的日趋激烈，特别是对茶叶产品的质量安全水平提出越来越高要求的状况，必须采取新的措施，积极应对。引导认证企业建立产品质量可追溯体系，扶持企业进行良好农业规范、有机农产品认证等，每年引导2家共10家规模型茶企，在“三品”认证的基础上率先建立质量可追溯体系，建立生产过程记录，以及各卫生安全监控点记录，对各个生产过程进行监控，对影响品质安全环节进行跟踪，建立质量管理可追溯系统。

10. 加大政策扶持力度 加大财政资金的投入，县财政每年安排不少于60万元专项资金用于茶产业发展。财政资金重点用于茶树种质资源保护、新品种选育与推广、生态茶园基地和茶叶标准化示范区建设、茶叶检测中心建设、茶叶机械化生产与清洁化加工、品牌创建宣传（包括茶博会）、标准化生产和技术培训等方面。

贵州省道真仡佬族苗族自治县

一、道真仡佬族苗族自治县县情

道真仡佬族苗族自治县（以下简称道真县）地处贵州最北端，贵州高原向四川盆地过渡的斜坡地带，大娄山山脉的西北侧，最高海拔1 939.9米，最低海拔317.9米，平均海拔1 000米左右，气候垂直差异明显，有利于大农业的全面发展和立体农业的配置。道真县属中亚热带高原湿润季风气候，常年雨量充沛，四季分明，无霜期长达285天以上，年平均气温16℃，年降水量1 000～1 200毫米。全县植被广阔，山清水秀，空气清新，森林覆盖率达50%，现今发现3 000多个物种，有濒临绝迹的银杉、红豆杉等珍稀植物550余种，有面积近300千米^{2}的大沙河省级自然保护区。地貌以溶蚀低山峰丛和槽谷为主，碳酸盐岩广布，山峦重叠，溪谷纵横，属典型的喀斯特地貌。良好的自然生态和突出的喀斯特地貌，形成了芙蓉江文化长廊、长岩十里峡、梦幻天城石林、黄泥洞、仙女洞、磨盘山等一幅幅优美的自然景观。

道真县素有“黔蜀门屏、银杉之乡、仡佬故土、傩戏王国”之称，是国内仅有的两个仡佬族人聚居县之一。“道真傩戏”“三幺台”“高台舞狮”等分别被列为国家级、省级非物质文化遗产，全县登记不可移动文物84处，有一处为新石器时代人类生活遗址。“道真傩戏”原始而神秘，傩技“煞铧”“上刀梯”等堪称一绝；“高台舞狮”“打篾鸡蛋”等民族传统体育项目融健身、娱乐一体，技艺高超；仡佬族的居室、服饰、饮食、婚丧礼俗等生活习俗独具特色，仡山大宴“三幺台”每筵席经茶、酒、饭三席而终，味美情浓。

道真县境内约有宜茶种植面积2万公顷，特别适宜茶叶生长，是兼具高海拔、低纬度、寡日照、多云雾的全境高原茶区。通过检测土壤里富含人体必需的微量元素硒和锶，茶叶也富含硒、锶两种元素，硒具延年益寿、防癌治癌之功，锶有壮骨、防治心血管疾病之效。“仡山西施”茶，因富含硒、锶微量元素而得名，其产品花香持久，汤色清澈碧绿，叶底翠绿，经七泡而色香味不减。

二、茶产业布局规划

根据《道真仡佬族苗族自治县“两带一区”三十万亩茶产业发展规划》以“仡乡茶海”茶旅一体化现代高效农业示范园区为核心，辐射忠信—洛龙、大磏—三桥2个高标准特色茶产业带，全面带动茶产业的发展。

“仡乡茶海”茶旅一体化现代高效农业示范园区是全省100个高效农业示范园区之一，规划实施以2 000公顷茶区为平台，深度融合茶文化主题，以高端休闲度假产业为核心，打造古朴仡乡、休闲茶海仡佬民俗文化和茶文化体验两条旅游线，布局仡山十景、茶海十景，依托区块内三条溪流峡谷打造户外休闲为主的休闲谷、茶溪谷、激情谷，确立万亩茶海游览区、茶产业体验区、茶乡旅游度假区、茶叶加工物流区、茶叶营销及文化宣传区、户外拓展区等八大功能板块（即“一核驱动、两线交织、三谷辉映、八区联动”）布局结构建设的一个集茶产业、仡佬民俗文化、生态旅游等为一体的现代农业园区，规划总面积7 120公顷，计划总投资8亿元，建设期限到2017年。建成后将融入重庆南川金佛山、武隆仙女山、道真大沙河形成旅游环线。

忠信—洛龙8万亩优质高产标准化茶产业带：充分发挥忠信和洛龙一带生态条件好、土地资源丰富、发展空间大的资源优势，发展优质高标准茶园8万亩，以对接国内名优茶和国际红碎茶两大市场为目标，以提高劳动生产率、降低成本为手段，以规模化生产标准化产品为途径，重点建设“忠信—洛龙8万亩优质高产标准化茶产业带”。

大磏—三桥5万亩高品质特色茶产业带：充分发挥大磏和三桥毗邻重庆，休闲旅游业发达的地理区位优势，发展高品质特色茶园 5 万亩，以满足当地礼品市场和旅游产品市场等为目标，以开发特色产品、打造个性品牌为手段，以品牌推广、厂家直销为途径，重点建设“大礁—三桥 5 万亩高品质特色茶产业带”。同时，利用区位环境和高海拔优势，打造以重庆为主要市场的休闲度假带，以生态和休闲度假为发展主题，茶旅一体发展。

三、茶产业发展情况

全县有茶园面积 1.39 万公顷，涉及茶农 2 万户，主导茶树品种为福鼎大白茶、黔湄 601，搭配中茶 108、黄金芽、胥源白茶等优良品种。2015 年全县通过无公害认证 4 000 公顷，其中仡乡茶海2 000公顷全部通过认证；涉茶企业 24 家，其中入驻园区 16 家，省级龙头企业 1 家，市级龙头企业 9 家；茶叶初制加工厂 30 间，精制生产线 3 条，深加工厂 2 个，年加工能力达 8 500 吨；组建茶叶农民专业合作社 44 个。2015 年投产茶园 7 867公顷，干茶产量 7 104 吨，产值 4.8 亿元，综合产值 6.8 亿元。产品除销往贵州境内、山东、深圳、北京等地，新开拓了浙江、新疆、海南、香港等市场，中端红茶、绿茶备受以上区域消费者青睐。通过几年的努力，2015 年本土茶企博联公司获得产品出口权，其公司基地 147 公顷已备案，产品主要销往东盟国家如越南、缅甸等，出口中端红茶、绿茶 65 吨，出口额 4 500 万元，现已签订 2016 年茶叶采购合同，出口茶叶 400 多吨，金额 3 亿多元。

四、道真硒锶茶特有品质

道真县茶叶品质优异、独特，根据 2007 年贵州省涉茶地区土壤检测结果，39 个产茶县中只有道真县土壤同时含有人体必需微量元素硒和锶。根据贵州省茶叶及茶产品质量监督检验中心对道真茶叶抽样检测结果表明道真茶叶中硒含量达 4.46 毫克/千克、锶含量达 5.8 毫克/千克。2014 年，道真县委、县政府根据茶叶富含硒、锶等微量元素的特征，开始申请道真硒锶茶地理标志产品保护，于 2015 年通过道真绿茶（道真硒锶茶）国家地理标志产品保护申请。为了进一步发展道真茶产业，推进道真硒锶茶进入国际市场，道真县委、县政府与浙江大学茶学系屠幼英教授团队签订了服务协议，研发道真硒锶茶特色加工工艺，提高全县茶叶加工能力，提升产品质量。道真硒锶茶也因其独有的口感赢得了广大消费者的青睐，2015 年博联公司首次将道真硒锶茶输往东盟国家，进一步打开了国际市场。

五、品牌建设

道真县委、县政府高度重视品牌建设，从茶产业开始快速发展以来，就明确了以“仡山西施”作为道真县共推的公用品牌，以道真硒锶茶为主打产品。经过 10 多年的品牌建设，现有茶叶注册商标 11 个，其中贵州省著名商标 2 个、国家地理标志保护产品 1 个。同时，多次获得“全国重点产茶县”“中国十大生态产茶县”“中国名茶之乡”“贵州省重点产茶县”“贵州省十大古茶树之乡”等荣誉称号。

道真县市级龙头企业宏福茶业发展有限公司生产的“仡佬山”牌玉翠茶、银芽茶于 2002—2003 年被农业部茶叶质量监督检测中心认定为无公害放心茶，遵义市消费者协会评定为绿色产品，成为全国定点服务企业之一；2003 年荣获中国国际茶叶博览会精品名茶绿茶类金奖，第五届“中茶杯”特等奖，获“北京人民大会堂会议接待活动指定用茶”证书；玉翠茶获“首届贵州名优特农产品展销会名牌农产品”称号，玉翠茶、银芽茶被中国中轻产品质量保健中心认定为“国家合格评定质量达标放心食品”。道真县良种场生产的“留青山”牌绿茶于 2004 年获得国家“无公害农产品”称号。2009 年“仡山西施”系列茶获第八届“中茶杯”特等奖和一等奖、第五届“中绿杯”金奖等 10 多项殊荣。2016 年贵州茗香茶业发展有限公司生产的“仡佬三色茶”系列产品参加“峨眉山杯”第十一届国际名茶评比，其中“道真翠峰”荣获特别金奖、“道真玉露”荣获金奖。

贵州省思南县

思南县地处武陵山腹地，乌江流域中心地带。全县地域面积2 230.5千米^2，辖17个镇、3个街道办事处、8个民族乡，总人口数约70万；属亚热带季风湿润气候，全年日照时间为1 204.7小时，年平均气温17.4℃，少有冻害；年降水量1 154毫米以上，森林覆盖率47.46%；土壤为黄壤和红壤，有机质含量丰富，土壤pH4.5～6.5，非常适宜茶树种植。自2008年大力发展茶产业以来，思南共建成茶园1.2万公顷，以茶产业为主导产业的高效农业示范园区9个，茶叶专业合作社50家，茶叶加工厂30座，茶青市场8座，建设茶园用药专营专柜5个，绿色防控示范点3个，无公害茶区认证8 800公顷，出口备案企业3家。思南茶产业从强化政策保障、质量安全、市场拓展等7个方面助推茶产业快速发展。

1. 强化政策保障，突出组织建设 成立了以思南县委书记任组长的茶产业发展领导小组，领导小组下设办公室在思南县茶桑局，各乡镇成立了相应的领导小组，全县上下形成齐抓共管的茶产业发展体系。同时，出台了《关于加快生态茶产业发展的意见》《关于加快农业产业化发展的决定》《张家寨现代生态茶示范园区建设实施方案》《思南县茶产业提升三年行动计划（2014—2016年）》《思南县国家级出口茶叶质量安全示范区创建工作方案》，下达了茶产业发展年度实施方案等一系列政策措施，为茶产业发展提供了有力的政策保障和发展方向。

2. 强化质量安全，突出茶园管控 以标准园创建为抓手，加强茶园肥水、病虫害防治等关键环节管理，建设茶园用药专营专柜5个、绿色防控示范点3个，在核心乡镇配备茶叶速测点的茶叶质量安全监测网络体系，安装频振式太阳能杀虫灯176盏、悬挂黏虫黄板21.4万张。严格农药销售登记备案制度，建立农资专营制度，茶区全面禁止销售和施用高毒高残留农药、水溶性农药，全面施用低毒低残留农药、脂溶性农药。全县无公害茶区认证8 800公顷、有机茶产地认证90公顷、有机茶转换认证73公顷，QS认证企业9家，出口备案企业3家，精制出口茶叶加工企业1家。建设“茶叶质量安全云服务平台”3个，茶叶国际、国内质量安全检测合格率100%。

3. 强化品牌打造，突出市场拓展 思南紧紧围绕“梵净山茶”公用品牌，大力实施“基地品牌化、企业品牌化、产品品牌化”三位一体品牌战略，打造了以“梵净山·思南晏茶”“梵净山·思南百家沁”“梵净山·思南武陵宇星”“梵净山·思南卿雅”“梵净山·思南天香”“梵净山·思南绿佳叶”“梵净山·思南朝远”“梵净山·思南梵众天”为重点品牌的“梵净山＋思南茶”品牌系列。同时，通过参加省内外茶事活动、茶叶展、年货节、景区品茗、斗茶赛，在思南电视台和县内公交车上投放广告、在公路两旁设立广告牌、开设专卖店、建设网上营销平台等方式，实施多元化、多层次、多角度的宣传推广，进一步拓展市场。

4. 强化标准宣贯，突出升级生产 以清洁化、标准化和规模化为发展方向，加快推进茶叶初制、精制加工进程，形成“初制标准化、精制规模化、拼配数据化”格局。着力培育一批茶叶产品精制加工龙头企业，实现大规模、大批量、多品类拼配，提高产品标准化、规模化和协作化水平，建立完善“跨区域、跨季节、跨品种”茶叶拼配技术体系和产品标准体系。同时，在全县企业开展了“梵净山茶”品牌标准宣贯专项工作，将新标准贯穿茶青采摘、茶叶加工、产品包装、广告宣传、茶水冲泡全过程。

5. 强化科技支撑，突出示范带动 申请茶产业发明专利6件，包括“贵州茶园主要害虫防控新技术集成与示范推广”“思南县无公害茶生产综合配套技术”“思南县无性系茶苗繁育技术”“茶树修剪枝栽培灵芝、茶树菇、香菇技术的应用与示范”

“思南引种安吉白茶非白化期茶青资源加工技术集成创新及示范”等发明专利。大力引进茶叶种植、加工、质量审评、市场营销（电子商务）、茶艺茶文化等专业复合型人才，培训抓茶技术干部、茶农，发放培训资料。同时，积极搭建产学研平台，与贵州大学、铜仁职业技术学院、贵州省农业科学院茶叶研究所开展合作，建立茶叶生产加工技术体系实训基地、国家现代农业技术体系示范基地。

6. 强化统筹发展，突出招商引资 一是按照整合资源、统筹发展的原则，积极整合思南县发改、财政、农牧科技、扶贫、水务、林业等部门项目资金投入思南茶产业发展。二是发挥思南县惠农担保平台、贵园信贷通平台、一高一特平台和财政专项资金杠杆效用，建立完善“担保—贷款—贴息”支持茶产业发展资金使用机制，加大对茶园面积1公顷以上的家庭农场、13公顷以上信誉好的企业（合作社）扶持力度，加强金融对茶产业的支持和撬动作用；推动茶园林权、土地经营使用权、存货、厂房与机器设备、股权等茶产业资源要素的市场化和金融化。三是推动建立茶叶保险财政补偿保费机制，提高茶叶生产的抗风险能力。四是在招商引资方面，采取“走出去、请进来”，会展招商、以商招商等模式加大招商力度，成功引进了浙江、福建、湖南等企业到思南发展茶产业，与英国太古集团达成意向投资合作协议。

7. 强化主体培育，突出利益联结 思南共有茶叶专业合作社50家，茶叶加工厂30座，出口备案企业3家，精制出口茶叶加工企业1家，名优茶、优质绿茶、红茶、白茶加工设备逐步完善，加工环境进一步改善，成功打造了“梵净山＋思南茶”品牌系列。同时，以“产业发展、助农增收”为目标，推进农村“三变三金”“三社合一”的改革试点，土地按自愿、有偿的原则流转到企业（合作社）建设茶园，农户再到企业内务工，形成了“园区＋企业＋合作社＋农户”的经营模式，全面建立了企业与农户的利益联结机制，茶区农户人均纯收入比全县农村居民可支配收入高出53%。

思南茶产业的健康快速发展，挤进了“全国重点产茶县”行列，创建了“国家级出口茶叶质量安全示范区”，荣获了第五届“中国名茶之乡”，但也存在诸多不足。下一步，思南按照“五位一体”总体布局和“四个全面”战略布局，自觉践行“创新、协调、绿色、开放、共享”五大发展理念，坚持“守底线、走新路、奔小康”工作总纲，抢抓“贵州内陆开放型经济试验区试点县”的机遇，以提高产品竞争力和增加茶农收入为目标，瞄准国内和国际两个市场，综合考虑资源条件、生产基础、市场环境、资金、技术等方面因素，合理配置资源，继续优化产业布局，积极拓展市场，将茶产业培育成思南的优势支柱产业。

河南省光山县

河南省光山县地处鄂豫皖三省交界地带，为北亚热带向暖温带过渡区，素有“北国江南、江南北国”之誉，独特的自然地理环境，孕育了茶叶这一具有区域特色的优势产业。光山是古淮南著名产茶地，茶圣陆羽《茶经》记载：“淮南，以光州上”。如今，光山县是国家划定的“长江中下游名优绿茶重点区域”。

改革开放以来，光山人“种植全国茶，加工全国茶，购销全国茶，走向全国去卖茶”，发展壮大了茶产业。尤其是近年来，光山县以农业部组织开展的大别山地区名优茶优质高产协作活动为契机，以国家茶叶产业技术体系为依托，大力实施茶叶发展战略，力促茶产业转型升级，实现规模、效益双提升。

2011—2015年，光山县连续多年被信阳市政府授予“茶产业发展优秀县（区）”称号，连续多年被评为“河南省名优茶生产先进县”；2009—2015年，光山县被授予“全国重点产茶县”“全国茶叶优势区域百强县”“2015年度中国茶叶行业十大转型升级示范县”等称号。2012年光山县凉亭乡被中国茶叶学会授予第三届“中国名茶之乡”称号，2016年光山县被中国茶叶学会授予第五届“中国名茶之乡”称号。

一、规模扩张，区域种植格局形成

近年来，通过政府引导、项目帮扶，成功地引入市场机制，引导茶企（专业合作社）、产业大户投资茶叶生产基地建设，尤其是2013—2015年，连续3年竞争立项实施河南省财政现代农业茶产业类项目，财政投入2 100万元支持发展新茶园1 333余公顷，打造提升了赛山、苏山、牢山、杏山4个规模茶区，初步形成区域化、规模化、良种化格局。2015年，全县15个茶区乡镇茶园总面积发展到1.5万公顷，采摘面积1万公顷，较2010年分别增长21.1%和52.6%。净居寺名胜管理区、凉亭乡、晏河乡被授予“河南省茶产业明星乡镇”称号，2015年光山县被河南省出入境检疫检验局等10个厅（局、办）联合授予出口茶叶质量安全示范区。

二、科技进步，产业效益显著提升

近年来，在中国农业科学院茶叶研究所的支持、指导下，茶园良种化进程加快，每年引进推广中茶108、安吉白茶等优良品种近2 000万株，茶园无性系良种化率达38.8%，较2010年提高3个百分点；茶树良种繁育上台阶，建立母本园10公顷，繁育园6.7公顷，常年自繁出圃良种茶苗1 000余万株，成为河南省茶树良种繁育的推广中心。连年举办“谷雨斗茶会”，重奖机制茶和手工茶获胜者，激发民间名优茶生产和创新热情。激励、支持茶企参与杯赛活动，成果丰硕。2016年“紫云苏山春”牌信阳毛尖、苏山黄茶再次分别获得第四届“国饮杯”全国茶叶评比一等奖和2016“中绿杯”中国名优绿茶评比金奖，名茶新秀“弦国春”牌白茶荣获第四届“国饮杯”全国茶叶评比特等奖。茗茶研发创新结硕果，光山县除生产信阳毛尖和赛山玉莲、杏山竹叶青、翠竹峰等7个省级名茶外，还生产信阳红茶、信阳茯茶、青砖茶，产品涵盖绿茶、红茶、黑茶、乌龙茶、白茶5种茶类，成为河南省多茶类生产的典范。2015年，全县茶叶总产量8 180吨，总产值8.52亿元，较2010年分别增长117.6%和95.4%；名优茶产量5 230吨，产值7.24亿元，较2010年分别增长109.2%和105.7%。茶农人均种茶收入已达到5 000元，茶产业在强农富民中的地位和作用进一步彰显。

三、品牌引领，市场营销日益活跃

品牌建设结硕果，拥有“蓝天茗茶”中国驰名品牌和“赛山玉莲”“紫云苏山春”“四季香”等多个省级著名品牌和名牌农产品。“蓝天茗茶”2010年获中国驰名商标，2015年荣膺“百年世博中国名茶金骆驼奖”，在省内外已拥有30家直营店、40余家加盟店，成为信阳毛尖品牌和豫茶代表性企业。“赛山玉莲”“紫云苏山春”等名优茶品牌，在业界享有较高的知名度与美誉度，分别于2013年、2016年获河南省著名商标；“四季香”主推边销茶，拓展外销茶市场，2016年首批65.1吨青砖茶出口到蒙古，8.18吨绿茶出口到中国香港，8月光山县信阳茯茶获国家质量监督检验检疫总局生态原产地产品保护评定，成为“一带一路”紧压茶领军品牌。辰龙公司精制珍眉每年稳定出口6 000吨以上，成为业内实力霸主。白雀园镇“大别山茶市”年交易量15 000吨，是南茶北运的中转站、集散地，以“大别山茶市”为依托，5万余名光山籍茶商活跃在全国各地，设立销售网点4 000多个，买全国各地茶、卖全国各地茶。茶商队伍成为光山县品牌宣传、产品销售、信息传递、招商引资的前沿和中坚，引领和助推全县茶产业持续、快速发展。

四、龙头壮大，企业集群优势初显

产业化经营上水平，拥有中国茶业行业综合实力百强企业1家、省级十强茶叶企业1家、市级茶叶龙头企业5家、茶叶加工企业239家、茶叶专业合作社96家；各类茶叶机械4 560台（套），年生产加工能力23 600吨；专业茶市1个、交易市场6个、茶具博物馆1个，茶产业从业人员15万人。河南蓝天生态茶业公司、河南辰龙茶叶公司、光山县诚信实业开发公司、信阳市四季香茶业公司、信阳东方盛世茶业公司、河南赛山悟道茶叶生态科技公司、光山县净居寺茶场等茶企逐步发展壮大成长为省、市级农业产业化龙头企业，光山县茶产业初步形成具有较长产业链、较强辐射带动作用、较高市场占有率和良好发展前景的茶叶龙型经济。

湖北省宣恩县

宣恩县位于湖北省西南部，地处武陵山区腹地，神秘的北纬30°黄金分割线穿境而过。国土面积2 740千米^2，总人口数36.04万。境内四季分明，雨热同步，冬少严寒，夏无酷暑，属中亚热带季风湿润型山地气候，森林覆盖率达85%，是适宜茶树生长的最佳环境，是农业部确定的优势茶叶区域。茶产业已成为宣恩农村经济最具优势的主导产业，现有茶园1.4万公顷，其中有机茶园1 433.3公顷，茶叶出口备案基地达到2 667公顷；良种茶园1.1万公顷，良种率达79%；投产茶园1.2万公顷，年总产量1.65万吨，总产值8.6亿元。宣恩县相继成功获得了“全国有机农业示范基地”“国家有机农产品认证示范创建区”“国家级出口茶叶质量安全示范区”“全国十大生态产茶县”“全国重点产茶县”“中国名茶之乡”等称号。

宣恩茶叶久负盛名，早在1784年，伍家台营茶者伍氏昌臣，将所制茶叶辗转敬献宫廷。茶叶泡出的头杯水，汤清色绿，甘醇初露；二杯水，汤色浑绿透黄，栗香浓郁；三杯水，汤碧泛青，芳香横溢。因“栗香持久，滋味甘醇”，令乾隆皇帝龙颜大悦，随即御笔赐匾“皇恩宠锡”，“宣恩贡茶”因此而得名。巧合的是200年后的1984年，胡耀邦总书记视察恩施时，品尝宣恩贡茶后，由衷赞叹道：“还是宣恩茶好喝”。如今，宣恩茶叶区域公用品牌“伍家台贡茶”已是国家地理标志产品、中国驰名商标。

宣恩县长期坚持基地规模化、生产标准化、经营产业化、市场品牌化的茶产业发展之路，主要采取了“三个三”的做法，取得了较好成效，扎实推进茶产业链建设。

1. 突出“三抓”，推进基地质量提升　基地是茶产业链建设的基础，是促进茶产业链的健康可持续发展的保障。在茶叶基地建设上，主要通过突出抓根、抓本、抓标的“三抓”措施，推进基地不断提档升级。

（1）抓根主要是抓良种繁育推广。宣恩农业部门自主选育了鄂茶10号、宜茗65号等省级地方茶树良种，鄂茶10号还被列为湖北省4个主要推广品种之一。常年建有以鄂茶10号、鄂茶1号为主的茶叶苗圃基地53公顷以上，每年可出圃良种茶苗约1.1亿株，已成为武陵山区最大种苗供给集散地。茶叶基地良种率已达79%，以鄂茶10号、鄂茶1号为主的良种茶园达7 200公顷，占比达51.4%。

（2）抓本主要是抓茶叶基地建设。重点是把握好3个环节即规划环节、建设环节、验收环节，保障建设质量。在规划环节上，严格采取村、乡、县自下而上逐级上报，县、乡、村逐级把关的规划方式，落实基地建设任务；在建设环节上，宣恩县成立督查专班，加大督查督办力度，加强过程监督，强化纠正整改，确保建园进度、建园质量；在验收环节上，宣恩县制定验收标准，成立验收专班，逐一核实移栽面积、质量，严格考核兑现。

（3）抓标主要是抓茶叶质量管控。重点是落实三严即制标严谨、执标严格、处罚严厉。近年来，由宣恩县农业局牵头，会同质监部门和宣恩伍家台贡茶产业协会，抽调行家里手，组成制标专班，相继对《伍家台贡茶》系列标准、《有机茶生产技术规程》进行了完善修订。在执标过程中，以培训为平台、推广为手段、应用为目的，加大执标力度，转变执标方式，每年开展有机茶生产管理技术培训100场次以上，培训农民1.2万余人次，发放技术资料1.5万余份，标准普及率达100%。全面开展绿色防控技术，推广“猪—沼—茶”生态栽培模式，近3年累计安装太阳能杀虫灯2 700余盏，诱虫黄板120万张，发放生物有机肥2 300余吨，有机无机复混肥3 300余吨，石硫合剂矿物油农药120余吨，苦参碱、茶尺蠖核型多角体病毒等生物农药15余吨，针对性开展大规模病虫害统防统治，有效遏制了大规模的病虫害发生。为确保标准得到有效贯彻实施，成立了由农业、质监、工商、食药监等部门组成的标准贯彻工作专班，采取定期或不定期的方式对农资供应商、茶叶加工企业、基地进行巡回检查，实地查看标准落地、执行情况。每年开展巡回检查10余次，有效保障了标准宣贯效果。

2. 突出“三扶”，强化市场主体培植 企业是市场的主体，更是基地健康可持续发展的主体。在市场主体的培植上，主要是通过政策扶持、资金扶持、人才扶持的“三扶”方式，不断做大做强龙头企业。

（1）突出政策扶持。政策扶持主要是根据茶企当前的发展现状，结合现代企业发展的需求，做实企业调研，找准企业的所需、所求、所盼，科学制定适合宣恩县茶企发展的扶持政策；制定出台了《关于加快茶叶产业发展的决定》《伍家台贡茶清洁化加工生产线、专卖店及农业产业化龙头企业补助方案》《农产品加工企业奖励办法》《关于研究茶叶产业发展工作的纪要》《宣恩县茶叶产业链建设实施方案》等文件，为企业发展提供了政策保障。

（2）突出资金扶持。资金扶持主要是通过加大项目争取力度，解决企业资金困难，重点是研究项目资金投入方式，增强企业造血功能。每年为企业解决生产流动资金6 000余万元，2016年争取各类项目10余个，资金近2 000万元，新增标准化厂房近万平方米，茶叶清洁化生产达到国内一流加工水平，产品多元化开发态势良好，产业链条不断延伸。

（3）突出人才扶持。人才扶持主要是政府实行以奖代补政策，积极支持鼓励企业采取“走出去，引进来”的模式，为企业解决人才匮乏难题。全县共有近10家企业老总或企业高管人员参加了各种不同类型的高管班培训或出国考察学习，高薪聘请高学历高管人才5人。全县茶叶加工企业265余家，规模以上企业已达到22家，茶叶清洁化生产线19家共23条，自营出口权企业4家，QS认证企业19家，有机茶认证企业13家，省州级农业产业化重点龙头企业达到12家，通过国家质量体系认证的企业5家。

3. 突出“三挖”，加大品牌市场建设 品牌是企业的核心竞争力，市场是企业赖以生存的土壤。在品牌市场建设上，主要通过挖掘品牌历史内涵、挖掘品牌推介方式、挖掘市场发展空间的“三挖”举措，不断提升品牌知名度，扩大市场占有率。

（1）突出挖掘品牌历史内涵。挖掘品牌历史内涵主要是通过寻根的方式，深入挖掘伍家台贡茶品牌的历史文化底蕴。近年来，宣恩县组建工作专班，深入挖掘伍家台贡茶历史文化，拍摄制作了伍家台贡茶音乐电视《追寻》、微电影《回家的路有多远》《茶山里的舞者》、编制了伍家台贡茶宣传画册、整理出版了《伍家台贡茶史》。同时，投入近500万元，建成了1 000余米^{2}的伍家台贡茶展示厅。

（2）突出挖掘品牌推介方式。挖掘品牌推介方式主要是采取平面广告、媒体宣传、节会展会等形式，不断扩大品牌知晓率，提升品牌知名度。近年来，相继于2013、2015、2016年连续举办了3届伍家台贡茶文化节，在2015年第二届伍家台贡茶文化节上成功举办了鄂茶高峰论坛。先后开通以伍家台贡茶在“汉口—成都”“宜昌东—上海虹桥”动车冠名，启动运行京广高铁电视媒体伍家台贡茶15秒品牌宣传片。在中央电视台农业频道、湖北电视台多次投放伍家台贡茶广告，在209国道、椒石省道沿线和宣恩境内高速公路出口处树立了伍家台贡茶大型广告牌，在椒园—宣恩县城高速公路连接线制作投放了路灯广告牌，大力推介伍家台贡茶品牌，提升其知名度和美誉度。多次组织企业参加国家、省、州举办的各类茶事活动，收效良好。伍家台贡茶已获得国家地理标志保护产品、地理标志证明商标、中国驰名商标，品牌价值不断提升。

（3）突出挖掘市场发展空间。挖掘市场发展空间重点是采取开设伍家台贡茶销售实体店、网络店开拓国内市场；利用有机、低农药残留资源优势，积极申报外贸出口权，强化与外国公司的合作，开拓国际市场。伍家台贡茶专卖店已遍及成都、重庆、长沙、北京、上海、广州等国内20多个大中城市，已开设伍家台贡茶直销店43家、加盟店33家、电子商务30家；国际市场拓展迅速，订单逐年增加，市场逐年扩大，由原来出口市场仅为欧盟、日本，现已拓展至中东、非洲等地区。2016年，4家茶叶出口企业出口茶叶4 495吨，出口额达1 584万美元。

湖南省沅陵县

近年来，沅陵县茶产业在湖南省委、省政府及沅陵县委、县政府的坚持领导下，茶叶基地规模、加工能力、品牌建设、市场拓展、文化挖掘等方面有了快速的发展。

1. 沅陵发展茶产业优势得天独厚

(1) 生态条件优越。沅陵位于我国黄金产茶带，土质条件和气候条件极其适宜茶树生长，特别是境内修建了五强溪、高滩、凤滩3座大中型水电站后，形成了独特的库区小气候，十分适宜发展生态有机茶。

(2) 产茶历史悠久。沅陵自古有种茶传统，历史渊源长，两晋时期的《荆州土地记》《坤之录》就有关于沅陵种茶的记载。唐代时期，碣滩茶被列为朝廷贡茶，并传播到日本及东南亚等地，陆羽《茶经》中提及的“无射山”经茶叶专家考证就在沅陵境内。

(3) 茶叶品质独特。碣滩茶水浸出物高出国家标准12.8个百分点，茶多酚、氨基酸含量均高于同类茶平均水平。碣滩茶所含锌、锰、硒等微量元素，具有抗衰老、防癌、降“三高”的保健功效，被誉为中国高端绿茶的杰出代表之一。

(4) 开发潜力巨大。沅陵县域面积宽广，可供开发茶园面积约有6.7万公顷，已开发茶园面积仅有1万公顷，后续开发潜力巨大。

(5) 具有较高的知名度。碣滩茶多次获得国内、国际名茶评比金奖，已载入《中国名茶志》。1972年，日本首相田中角荣访华时曾向周恩来总理问及碣滩茶，在之后的中日友好交流中，碣滩茶被命名为“中日友好茶”。作为历史名茶，碣滩茶具有独特的品牌效应，拥有稳固的消费者基础。

2. 沅陵茶产业发展已初具规模 近年来，沅陵县委、县政府高度重视茶产业的发展，把茶产业作为农业1号产业，成立了茶叶开发指挥部，制定了《沅陵县茶产业发展十年规划》，做出了《关于突出发展“两茶一鱼”特色产业加快推进农业产业化的决定》，全县茶产业发展迅速，产业化水平不断提升，成为了沅陵县精准脱贫和库区移民群众的重要产业之一。

(1) 茶园面积快速增长。全县茶园面积达1万公顷，其中有机茶园0.7万公顷，良种比率在80%以上。

(2) 加工能力不断提升。全县现有茶叶加工企业120余家，其中省级龙头企业3家，现已开发“碣滩”绿茶、红茶、黑茶等系列产品，已建设辰州碣滩茶业产业园、凤娇碣滩茶业产业园，正在规划设计官庄干发碣滩茶产业园。2015年，全县茶叶产量达8 000吨，实现产值10亿元。

(3) 品牌建设初见成效。按照“大品牌、大产区”的思路，大力推动“碣滩茶”公用品牌建设。“碣滩茶”成功获得国家地理标志产品称号和国家地理标志证明商标，先后获得了上海世博会特别金奖、米兰百年世博中国名茶金奖等多个具有国际影响力的茶叶评比金奖。沅陵县也被授予“全国重点产茶县”“全国十大生态产茶县”“中国有机茶之乡”“全国十大魅力茶乡”“中国名茶之乡”等荣誉称号。

(4) 市场营销逐步拓展。在巩固绿茶市场的基础上，逐步开拓了黑茶、红茶及大众茶市场。沅陵县内正在筹建茶叶专业批发市场，县外市场拓展则与风华致远公司合作在全国各地开设沅陵碣滩茶大茶网体验店，依托大茶网电商平台开展线上到线下模式销售，已在北京、上海等10多个省份开设碣滩茶体验店600多家。

(5) 茶文化与旅游融合发展。通过深入挖掘传统碣滩茶文化精髓和整理沅陵地方文化，出版了《茶韵天香》《无射山在沅陵》等关于碣滩茶文化的书籍，创作了碣滩茶歌，重点规划和打造了一批茶文化旅游景点，如湖南辰龙关碣滩茶庄园、碣滩村观光茶园、中国（沅陵）无射山、辰州碣滩茶业产业观光园、茶叶一条街等。

（6）人才队伍日益壮大。与湖南农业大学合作开设沅陵茶学培训班，培养茶叶专业人才队伍；开展“万人培训工程”，通过湖南省科技特派员、湖南农业大学专家定期来现场指导培训，并与沅陵县职校共同培训茶叶人才的模式，提高茶叶从业人员专业技能。近年来，共培训茶叶技能人员1.5万人，全县掌握茶叶加工专业技术人才达100余人，其中拥有专业技术职称10人，茶艺师、评茶员60多人。

3. 未来发展茶产业信心百倍 “十三五”期间，沅陵县将继续坚定发展茶产业信心不动摇，紧紧围绕湖南省委、省政府提出的“建设茶业强省，打造千亿产业”的战略目标；按照“生态有机、转型升级、富民强县”的总体思路，坚持以市场为导向、以生态为基础、以富民为目标，转变发展方式，调整产品结构；按茶园精品化、产品系列化、加工清洁化、生产标准化的要求，提高茶叶综合加工能力，加大市场营销，完善利益机制，融合文化旅游发展，持续提升碣滩茶品牌影响力和竞争力；建设中国茶文化旅游强县，打造中国茶产业十强县，把茶产业发展成富民强县的主导产业，也让茶产业真正成为沅陵县精准扶贫的脱贫产业、致富产业。

江西省上犹县

一、上犹茶，天生丽质

上犹县地处江西省赣州市西部，罗霄山山脉南端，总面积1 543.8千米^2，总人口数31.4万；境内生态环境好，森林覆盖率高达81.4%，山地有机质含量丰富，茶叶内质好，山清水秀无污染，拥有2个国家级森林公园和1个省级自然保护区；境内生态资源丰富，自然风光秀丽，客家文化底蕴深厚，素有“水电之乡、茶叶之乡、旅游之乡”的美誉；境内有称为“一线串五珠”的五大水库，特殊的山区库区气候和得天独厚的自然条件，形成了上犹茶叶“香高、味浓、形美、汤绿”的高山茶独特风味，正所谓“好水好水出好茶，旅游胜地产香茗”。

二、上犹茶，根深叶繁

上犹是千里赣江源头，生态环境优越。上犹有神奇的山、有迷人的水，北宋文学家苏东坡游览上犹江留下了“长河流水碧潺潺，一百湾兮少一湾，造化自知太元巧，不留足数与人看”的感叹。如今，无论是云雾缥缈的五指峰下，还是江水悠悠的山河湖畔，犹江大地的山村小寨到处是绿意盎然的茶园，全县形成了“把山当作田来耕、把茶当作稻来种、把茶当作花来护”的茶产业发展局面。

1. 上犹茶历史悠久 上犹奇山秀水，造就了产茶的悠久历史。据《南安府志》记载，从明朝初期开始，上犹绿茶就作为地方土特产进贡朝廷。

2. 气候条件独特 全县有一半的乡镇是库区乡镇，是典型的山区库区小气候，非常适宜种植茶叶。

3. 政府倾力支持 上犹县制定了《茶叶产业发展十年规划》、出台了《关于进一步加快我县茶叶产业发展的实施意见》，在政策、资金、技术等方面全面保障。

4. 科学规划成势 上犹县委、县政府按照“三年搭框架，五年打基础，十年成体系”的发展思路，把茶叶作为上犹特色农业的一项中长期优先发展产业来抓。运用工业化理念谋划茶产业发展，坚持以市场为导向，以现有资源为依托，以拓展面积和提升品质为重点，以发展有机茶为主攻方向，以招商引资为突破口，逐步形成布局区域化、生产标准化、加工专业化、营销品牌化、经营产业化的格局。因地制宜，科学规划，合理构建茶园基地布局，重点打造“一带三圈五基地”，即重点建设由梅岭经园村至五指峰的茶产业带，梅岭有机茶产业圈、五指峰高山茶产业圈、梅水园村标准化产业圈等三大茶产业圈，重点打造成油石嶂、梅岭、园村、五指峰、营前五大茶叶基地。

5. 观念转变发展壮大 上犹茶产业坚持走规模化、基地化、市场化、品牌化、组织化的发展道路，带来了以下4个明显的变化：

（1）从家庭作坊到专业制茶的提升。2011年以来，上犹县的茶产业发展，从面积到品牌都发生了翻天覆地的变化，过去小作坊式的制茶方式已一去不复返，取而代之的是现代高效的清洁化、自动化、标准化的茶叶生产流水线，新增茶叶清洁化、标准化茶叶加工生产线5条，累计新增厂房3.6万米^2，从而夯实了梅岭、五指峰、梅水、油石、水岩等五大专业制茶基地。

（2）从小打小闹到抱团作业的壮大。坚持走“公司＋合作社＋大户带农户”的模式，重点培育一批规模型、科技型、示范型的龙头企业，实行公司化运作、一体化经营，依靠合作社结成利益联盟带动农户增收。

（3）营销模式拓展到线上线下。积极开展电子商务营销，培育上犹绿茶知名度，扩大上犹绿茶在全国茶叶市场中的占有份额；利用互联网平台，选择了一批高品质茶园，支持茶企在茶园内安装全程可视系统，建立溯源体系，推出“互联网＋私人订制茶园”营销模式，创新发展上犹绿茶。

（4）茶叶生产到旅游观光的转变。坚持用文化促进茶产业发展，在梅水乡园村建成了“高效经济园、优质生态园、旅游风景园”为一体的旅游观光示范茶园，园区汇集了茶叶制作、茶艺表演、园林绿化、旅游观光、休闲度假、餐饮美食等多功能于一体。清洁化、自动化的茶叶加工厂也已成为了上犹生态观光旅游的一个新亮点。

截至2015年，全县茶园面积突破0.7万公顷，产量达到1 887吨，产值达到3.1亿元；全县大小茶场达96个、加工厂30家，拥有加工机械设备150台（套），有10家企业获得了QS认证。上犹茶产业已具备茶叶种植、加工、销售、旅游为一体的产业特色，产业体系完备。

三、上犹茶，香飘天下

上犹茶产业科技含量不断提高，聘请中国农业科学院茶叶研究所陈宗懋院士为茶产业发展首席顾问，邀请国家茶叶产业技术体系南昌综合试验站杨普香研究员、国家茶叶产业技术体系林智研究员和茶树品种专家曾建明副研究员等专家来上犹进行指导。引进推广福鼎大白、黄金茶、乌牛早、龙井43、中茶108等茶树优良品种，实施了“上犹县茶树良种繁育项目”，选育的赣茶3号已申报进行全国良种区试。忠誉有机茶基地被授予“省级科技示范园”，营前雾毫茶场被授予“中国茶叶学会茶叶科技示范基地”，忠誉有机茶有限公司申报的“夏秋绿茶品质提升技术开发”获得赣州市科技进步三等奖。

品牌强，产业兴。上犹县注册了“上犹绿茶”地理标志证明商标，制定了《有机茶·上犹绿茶》系列地方标准，按照“母子品牌”双牌运行，统一品牌、统一包装、统一质量标准、统一监管、统一宣传推介。上犹茶形成了10多个品牌名茶，培植了12家茶叶龙头企业，其中1家中国茶叶行业百强企业、4家省级龙头企业、5家市级龙头企业、1个省级农业科技园、1个茶叶科技示范基地、7个省著名商标、2个省名牌产品。近年来，选送“中茶杯”“国饮杯”比赛或省级以上名茶评比累计获奖42个；举办“上犹绿茶”推介会6次，参加各级茶叶博览会、展示展销宣传推介活动20余场次，地级以上城市开办“上犹绿茶”专卖店28家；上犹县已成为赣州市的名茶县，被评为“江西省产茶十强县”“全国重点产茶县”“全国茶业发展示范县”“全国十大生态产茶县”，被列为“国家级有机茶标准示范县”“国家茶叶产业技术体系建设示范县”“国家标准茶园创建示范县”。“上犹绿茶”被认定为江西省著名商标，其品牌价值达到3.96亿元。

江西省浮梁县

一、浮梁茶历史概要和现状

浮梁，地处赣东北，隶属瓷都景德镇，辖 10 镇 7 乡；产茶始于汉晋，盛于唐。《元和郡县志》记载：唐元和八年（813 年），浮梁“每岁出茶七百万驮，税十五余万贯”。唐代著名诗人白居易在《琵琶行》中的“商人重利轻别离，前月浮梁买茶去”更是生动记叙了浮梁茶叶贸易盛况，成就了一个千年品名——浮梁茶。自唐以来，浮梁的“仙芝”“嫩蕊”“福合”“禄合”等茶，历宋、元、明、清数代不衰，成为经世品牌。1874 年，浮梁蟠村改绿甲为红丁，鼎盛期茶号 200 多家。1915 年，天祥茶号所产浮梁工夫红茶以其“形美、色艳、香郁、味醇”四绝，一战成名，获巴拿马万国博览会金奖。从此，浮梁茶香飘九州，享誉世界。

浮梁属茶届公认的茶叶生产的金三角区域，是世界三大高香产地之一，历来就被称为“瓷之源，茶之乡”。境内红壤肥厚，四季分明，雨水充沛，森林覆盖率高达 81%，大部分茶园就散落在终年流泉飞瀑、云雾缭绕间的绝佳自然生态环境中，成就了浮梁茶独特的品位。

近年来，浮梁县委、县政府始终将茶叶作为主导特色农业产业来抓，茶园面积、产量呈恢复性增长，质量和效益逐年提高。全县现有茶园总面积 0.97 万公顷，其中无公害茶园 90%以上、标准化机械作业茶园 0.3 万公顷、获有机认证茶园 586.7 公顷；开采茶园 7 886.7 公顷。现有茶企 61 家，其中省、市级农业产业化龙头企业 20 家；茶叶专业合作社 98 家，其中省级示范社 4 家。名优茶机械加工能力 1 500 吨/年，大宗茶初制加工能力 8 000吨/年，大宗茶精制加工能力 4 500 吨/年。茶农及从业人员达 5 万人，茶叶加工及营销人员 3 000余人。2015 年全县茶叶产量 6 520 吨，其中名优茶产量 1 240 吨、大宗茶产量 5 280 吨。茶叶一产产值 4.33 亿元，其中名优茶产值 3.23 亿元。

二、浮梁茶品牌创建主要成效

浮梁茶自 863 年前就已广为称谓，承传千年，2004 年在景德镇千年庆典时又被正式提出，2005 年浮梁县茶叶协会经县政府授权，向国家工商行政管理总局商标局申请注册，2006 年被正式核准，并由 6 家省、市级茶叶龙头企业联合倡议使用，授权按 DB36/438—2012 标准使用浮梁茶区域公用品牌茶企和合作社 35 家。10 年来，浮梁茶品牌通过宣传培育、授权使用、监督管理，核准使用范围日益扩大，带动茶农增收的作用不断显现。

1. 浮梁茶公用品牌不断提升 浮梁茶已获“江西省著名商标”“江西名牌农产品”“江西省品牌 100 强”；2010 年“浮梁茶”品牌入选浙江大学 CARD 农业品牌研究中心的全国茶叶区域公用品牌评估体系，品牌价值从 2010 年的 2.03 亿元提升到 2016 年的 14.56 亿元；2015 年浮梁茶成为首批入驻中国茶业品牌馆品牌，并成为江西“四绿一红”重点推介品牌；2016 年被推荐为第八届“中绿杯”中国名优茶评比十大绿茶推荐公用品牌。

浮梁茶区域公用品牌旗下产品注册商标 38 个，地理保护标志登记 2 个，其中江西省著名商标 10 个。同时，诸如浮瑶仙芝、浮红、崖玉、昌南雨针、西湖珍芝、瑶河、赣森、严台、可得、知云等浮梁茶区域公用品牌子品牌在成长。

2. 进一步融合旗下产品品牌 在品牌建设上，始终坚持“双牌双名·母子商标”运行模式，形成公用品牌与企业产品品牌互推共促，进一步融合了产品品牌。一方面运用政府资源，由浮梁县整合资金办牵头，协会落实，企业参与，着力打造浮梁茶区域公用品牌，不断提升知名度；另一方面政策引导、培训交流，树立正确的“母子品牌”关系，打浮梁茶团队牌，如浮梁茶入驻中国茶业品牌馆就有“九企十品”备案，并在此平台宣传推广。

三、浮梁茶品牌建设主要做法

1. 整合资金，夯实基础，强力宣传 浮梁县从2007年起通过整合各类财政资金1.5亿元，吸纳社会资金近3亿元，持续投入茶产业，在茶园提升、厂房改造、机械加工上夯实产业基础。从2010年起逐步重点转向浮梁茶品牌建设，主要采取了以下举措：一是持续在江西电视台、景德镇电视台、浮梁电视台三级联动配合江西“四绿一红”在中央电视台的浮梁茶形象宣传；二是持续在诸如《茶世界》《中国茶叶市场》等专业杂志上与企业品牌联动宣传；三是在省内高速、交通要道及景点进行户外广告宣传。

2. 双牌运行，企业联动，宣传推介 近年来，采取协会牵头、政府搭台、企业唱戏的方式持续在浮梁茶目标市场开展瓷茶结合的特色茶事推介活动。一是以江西南昌、江苏常熟为重点销区市场开展浮梁茶系列产品专题推介活动；二是以北京、上海、深圳等潜在目标市场融入专业茶博会进行宣传推介；三是浮梁茶与系列产品品牌联动，通过参与浙江大学CARD农业品牌研究中心跟踪评估、申报入选中国茶业品牌馆和中国名茶之乡等多种高端平台互动宣传提升浮梁茶。

3. 挖掘文化，瓷茶结合，差异特色 在浮梁茶品牌建设中开展了以下以茶文化为基础的活动：一是挖掘浮梁茶历史资源上突出特征、突出环境资源价值，开展了浮梁茶文化征文、金奖百年摄影大赛和浮梁茶包装大赛，出版系列浮梁茶文化类书籍；二是采取请进来、走出去的方式开展专家讲座和学习交流，请专家莅临浮梁进行指导，举办“景德镇·浮梁茶文化旅游节”、“千年荣耀·百年金奖”、2015浮梁茶文化论坛之类的专题活动，谋求文化带动产业发展；三是结合瓷文化、瓷博会强化宣传活动，谋求品牌文化差异化区分品牌特色，提升品牌认知，带动产业发展；四是引导企业在古县衙投资建设集游赏、品茗、茶艺、休闲、销售等为一体3 000多米^{2}综合性浮梁茶文化街，进行展示宣传。

四、下一步品牌建设努力方向

在浮梁茶品牌建设管理上，下一步总体来说要按照“双牌运行”思路，政府通过对浮梁茶母品牌深厚的历史文化、区域生态、人文情怀资源优势挖掘整合，着力打造提升知名度、扩大影响面，以此作为子品牌系列产品背书，带动产品销售。反过来，系列产品子品牌形成特色差异化，在自身的包装、广告、形象店、市场推广等方面深度使用浮梁茶母品牌，带动提升浮梁茶区域公用品牌力，形成共存互促的关系，努力打造区域公用品牌影响力，带动企业产品品牌差异化发展。在浮梁茶品牌和市场营销上要努力做好几个方面：一是按照浮梁茶区域公用品牌管理相关规定，用市场的规则做好品牌运行管理，形成制度化；二是继续做好浮梁茶区域公用品牌与企业联动的系统宣传、推介等茶事活动；三是加大扶持，优化基地，引导发展绿色有机茶，努力构建浮梁茶系列产品可追溯体系建设，建立市场销售信誉；四是加大对浮梁茶电子商务的扶持，动态运行好浮梁茶门户网站，链接推广好浮梁电子综合茶城，多平台发力，实现线上线下互动，促进浮梁茶形成特色差异化销售；五是结合浮梁深厚的瓷茶文化，打好“瓷韵茶香”特色牌，形成浮梁茶品牌差异化；六是出台政策，扶持企业创造条件谋求从浮梁茶文化街为出发地，打造东线、北线两条特色茶旅线，拓展茶产业链。

山东省青岛市黄岛区海青镇

海青镇位于山东省青岛市最西端，南接日照，北倚诸城，西邻五莲，处在“三地四区”交汇之地。全镇总面积102千米^2，辖64个行政村，拥有4.3万人口。被农业部认定为无公害农产品生产基地，先后荣获“全国环境优美镇”“全国农业旅游示范点”“全国一村一品示范镇”“全国休闲农业与乡村旅游示范点”“中国名茶之乡”“山东省旅游强镇”“山东省美丽宜居小镇”等称号，是20世纪50年代山东省委、省政府实施“南茶北引，南竹北移”战略最早地区之一，山东省第一家茶厂就在海青。

海青镇处于北纬35°35′～36°08′，是江北地区种植纬度最高、规模最大的大田茶叶种植乡镇。镇域地处暖温带季风气候区，四季分明，冬无严寒，夏无酷暑，春季多雾，年平均气温12.3℃，年平均降水量798.3毫米，年日照时数2 448小时，年平均地温15.2℃。由于地处高纬度，海青茶树越冬期较南方长1～2月，昼夜温差大，有利于内含物的积累，含有丰富的维生素、矿物质，特别是对人体有益的微量元素。

一、发展优势

1. 规模优势 海青茶自20世纪50年代从安徽引种以来，历经近60年的发展，海青镇已成为江北地区大田茶园面积最大的乡镇。青岛市约有0.67万公顷茶园，其中0.47万公顷在黄岛、0.2万公顷在海青，海青茶叶种植面积占据黄岛区的近半壁江山。

2. 品质优势 优越的沿海气候条件和良好的生态环境，孕育了海青绿茶“叶肉厚、墨绿色、黄绿汤、栗子香”的独特品质。2014年11月，琅琊海青茶通过国家农产品地理标志登记认定。在连续五届“中茶杯”全国名优茶评比活动中，琅琊海青茶获奖产品达82个，其中特等奖6个。全镇拥有国家级无公害茶园基地6处，有机茶园基地5处；研制开发12大系列30余个品种，申请注册40多个茶叶商标。

3. 基础优势 全镇43个村庄种植茶叶，近2万人从事茶产业。茶叶加工企业200多家、合作社20多家，年生产干茶100余万千克。后河西、河东、董家洼是最早发展茶园的3个村，特别是后河西村，20世纪70年代作为全省代表在全国茶叶会议上介绍“南茶北引”经验。

4. 资源优势 镇域水资源丰沛，有潮河、甜水河两大河流，另有小（Ⅰ）型水库1座，小（Ⅱ）型水库10座，塘坝55座。镇区植被茂盛，森林覆盖率达到50.2%。地理位置优越，交通十分便利。东距青岛国际机场100千米，距董家口港15千米，处于港口30千米半径的黄金圈。省级公路平日路、张李公路交叉贯穿镇驻地，204国道穿越该镇，同三高速公路出入口距镇驻地5千米。

二、建设内容

1. 规划建设北茶国家农业公园 依托青岛市农业委员会、财政连续2年专项资金扶持的海青茶业示范区，建设覆盖19个村庄、占地20千米^{2}的北茶国家农业公园，打造北茶产业联盟海青基地。

2. 采取“六新一塑”措施 创新采取引进新品种、建设新园区、改进新工艺、策划新包装、打造新品牌、拓展新市场、塑造茶文化的“六新一塑”综合措施，全产业链提升发展海青茶业。

3. 积极打造“国字号”招牌 2014年7月14日，海青镇荣获第四批“全国一村一品示范村镇”，成为黄岛区唯一、全国324个获此殊荣的镇街之一。

4. 申获地理标志认定 以成功获批“海青茶”国家地理标志保护农产品认定为切入点，邀请中国茶叶界泰斗张天福先生题字“海青茶”，全力打造“琅琊海青茶”区域公用品牌。

5. 引进龙头企业 成功引进茶叶龙头企业，

新引进青岛海青茶业投资有限公司，规划建设青岛西海岸一流的现代化、标准化、设施化精品茶园，连同双龙茶苑、凤翥祥旅游文化、杜鹃谷、大美海青等6个项目，总投资达到12.5亿元，借力发展海青茶产业。

6. 规划建设青岛海青茶文化博览园 与黄发集团达成全面深度战略合作，投资15亿元，规划建设133.3公顷的海青茶博园，打造北方最大的茶产品交易、茶工艺展示、茶文化交流、茶休闲体验基地。其中，北茶商街项目总投资3.2亿元，占地面积13.3公顷，规划建筑面积2.1万米^2。其中，国家茶叶质量安全工程技术研究中心为北茶产业中唯一一家。该项目引入国际最先进智能高端茶叶生产线，可年产干茶250吨，产值达1.8亿元。

7. 采取市场化运营 引入福建安溪铁观音集团，参与北茶商街运营管理。借助该集团在全国1 300余家连锁店面的市场优势，不断扩大琅琊海青茶的市场份额。

三、品牌战略

1. 联姻结亲"国字号" 与中国农业科学院茶叶研究所、中国茶叶博物馆合作，建设中国茶叶博物馆山东基地、国家茶叶质量检测中心青岛基地、北茶示范基地和陈宗懋院士工作站。

2. 借助高端媒体 促成与中央电视台、山东电视台等主流媒体的战略合作，"海青茶"作为中国农产品地理标志保护产品参与拍摄大型纪录片《源味中国》，在山东电视台黄金时段播放琅琊海青茶广告片，在山东长途汽车站LED显示屏上滚动播放海青茶宣传片。同时，与中国摄影协会合作，启动中国好风光"竹风茶韵·静雅海青"全国摄影大赛，第一次联谊会于6月25日在海青举办。

3. 承办各类节会 承办了山东省委、省政府确定的"南茶北引"60周年纪念活动和第二届青岛（海青）国际茶文化节等节会活动。借助东亚海洋合作平台黄岛论坛、青岛国际啤酒节等节会活动的举办，设立主题展馆，重点宣传推介。9月13～17日，成功举办"品牌黄岛·品味琅琊"2016琅琊海青茶文化节，琅琊海青茶的国际认知度和市场美誉度进一步提高。

4. 立体化宣传 在前期宣传的基础上，着重加大在国家、省、市主要报刊宣传报道琅琊海青茶的力度，建立琅琊海青茶官方微博、公众号，宣传琅琊海青茶。在全国高铁、动车投放宣传册，在北京、济南、青岛主要车站、港口、交通要道设置广告牌。借助中央电视台综合频道黄金时间段指定的《马向阳下乡记》续集电视剧拍摄，植入"琅琊海青茶"品牌，尽快在更大范围、更高层次宣传推介琅琊海青茶。

陕西省镇巴县

镇巴县地处大巴山腹地，位于陕西省南端，产茶历史悠久，制茶2 000多年，多朝代被列为贡茶，曾以“雌鸡岭上茶，白河井中水”流传至今。境内重峦叠嶂，秀水碧莲，植被繁茂，森林覆盖率达62%，有亚洲最大的原始木竹林，是国家级生态示范县和陕西省重点产茶县之一。与全国第二富硒区紫阳县同一富硒地区，属亚热带季风气候，年日均气温13.8℃以上，昼夜温差大，四季云雾缭绕，水热同季；高纬度、高海拔、多云雾、零污染的宜茶生长环境，茶氨酸含量高，富含锌、硒微量元素，独具香高、味浓、耐冲泡的品质特点，是陕西省名茶“秦巴雾毫”诞生地。

近年来，镇巴县委、县政府始终坚持创新、协调、绿色、开放、共赢的发展理念和“五个扎实”总要求共同推动茶产业发展，立足于生态资源优势，围绕“名茶创品牌，品牌带名茶，名茶促名牌”的发展战略，坚持以市场为导向，以科技为支撑，不断优化县域环境，大力发展无性系良种茶园，建设高产优质茶叶基地；实施名茶品牌带动战略，提升茶叶综合效益，聚力打造“镇巴高山富硒”特色茶品，强力推进茶产业转型升级，培育现代茶业经营主体，以茶为主的观光、休闲、旅游经济悄然兴起，逐步实现二三产业有机融合发展，镇巴茶产业取得了飞速发展，茶叶已成为当地群众脱贫致富奔小康的支柱产业。

一、产业格局分布合理，基地建设上规模

严格按照《镇巴县茶产业发展规划（2013—2020年）》，合理规划布局，全县已初步形成“一带二区”的产业化布局。“一带”即沿210国道为主线绿色观光产业带，在杨家河、泾洋、小洋、渔渡、盐场5镇建立生态、旅游观光茶园0.21万公顷。“二区”一是在楮河流域和腊溪河流域的兴隆、观音、巴庙、碾子、平安5镇优质富硒茶区建设茶园0.31万公顷；二是在嘉陵江流域的三元、黎坝、简池、永乐、长岭等镇重点建设生态型茶园0.19万公顷。截至2015年年底，全县茶园面积达0.19万公顷，投产茶园0.49万公顷，年产茶3 820吨，其中名优茶生产面积达0.34万公顷，占茶园总面积的50.4%；名优茶产量2 570吨，占茶叶总产量的67.3%；产值达到38 485万元，占到总产值45 870万元的83.9%，名优茶每亩产值可达7 529元。茶叶总产值占全县农业总产值257 200万元的17.8%。

二、经营主体实力增强，产业引领有效发挥

通过加大对汉中仙毫公用品牌整合力度，镇巴县政府出台了《关于加快镇巴县茶产业突破发展的决定》，集中项目、资金和技术，重点支持规模茶企、专业合作社和家庭茶场。一是扶持鼓励经营主体建设自有示范基地，继续推行“公司（专业合作社）+基地+农户”的模式，引领农户发展高优茶园，形成规模基地；二是加大基础设施投入，围绕茶产业发展配建水、电、路、讯和标准化清洁加工线；三是培育打造知名品牌，建设镇巴茶营销网络，形成良好的产业链。全县已拥有规模茶企16家（其中省级龙头企业2家、市级6家、县级8家），省级现代农业园区2家，市级园区6家，专业合作社15家，家庭农场12家。其中，龙头企业年销售额达24 033.68万元，占全县茶叶销售额的68.2%，税收占60.1%，有效地发挥了企业引领作用。

三、推行标准化生产，茶业发展成效显著

全县范围内推行《汉中茶叶生产技术规范》和实施“汉中仙毫”名茶地理标志保护，茶叶生产取得了较为显著的成效。主要表现在：

1. 基地建设步伐加快 在省、市各级政策驱动下，茶园不断向集中连片、高产优质、生态绿

色方向发展。全县15个主要产茶镇茶园面积5 440公顷，占茶园总面积的90.5%，其中兴隆、观音、巴庙等镇茶园面积均超过666.7公顷。新建茶园基地31个共2 187.1公顷，其中2 000亩以上连片基地2个，1 000～2 000亩连片基地4个，500～1 000亩连片基地4个，100～500亩连片基地达9个；累计改造低效茶园1 320公顷。建设无性系良种繁育基地4个，苗圃总面积14公顷，年出圃优质茶苗2 900万株；引进乌牛早、早白尖5号、龙井43、龙井长叶、名山131和陕茶1号等茶树良种，无性系良种茶园达4 120公顷，占茶园总面积的61.08%；创建了10个省级标准化示范茶园。

2. 机制技术推广应用 强化茶厂建设（优化改造）和机制技术普及，根据《镇巴县初制厂建设（优化改造）技术规范》，新建标准化茶厂16座，优化改造18座，建设厂房总面积1.68万米^2。名优茶加工注重引进新机械、新工艺，推广清洁化生产技术，汉中仙毫、秦巴毛尖和汉中炒青加工全部实现机械化。

3. 茶园单产稳步提高 大力推广低效茶园综合改造、丰产茶园培育等技术，茶叶单产由2011年的42.1千克增至51.9千克，增长率为23.28%。

4. 茶叶质量持续提升 在生产过程中严格执行《汉中茶叶生产技术规范》，强化茶园科学管理，严格技术规范，全面实施清洁化机械加工，名茶品质得到明显提高，产品在参加国际、国内及省市评选中屡次获得金奖。

5. 品牌培育成效显著 举办镇巴名优茶评比活动、镇巴茶叶民歌会、茶艺表演等常态专题活动，推动了全县名优茶市场的升温扩面。共组织企业参加省内外各类茶叶展销、名优茶评选等推介活动60余次，共获“中茶杯”和“国饮杯”全国名优茶评比一等奖3个、特等奖2个。连续8年参加中国（北京）国际茶业博览会，获金奖19个；连续3年参加陕西省茶叶节，获金奖14个；多次参加西安和山东茶博会、杨凌农业高新科技成果博览会，累计获金奖（后稷特别奖）8个。汉中仙毫（秦巴雾毫）荣获中国首届食品博览会银奖、“陕西省优质产品和地方名牌产品”称号；经过镇巴县政府多年的引导和宣传推介，企业商标意识、品牌意识不断增强，培育了“怡溪春”“定元春”“青鹤”“巴山君子”等知名品牌，品牌创建和保护力度不断加强。

6. 龙头企业日益壮大 通过政策引导和项目扶持，龙头企业日益壮大，全县已有茶叶经营厂（点）58家，注册公司23家，分别较5年前增加61%和175%。共有市级农业产业化重点龙头企业4家、县级农业产业化重点龙头企业16家，已培育出省级现代农业园区2个、市级园区5个。陕西怡溪春茶业科技有限公司、丰源农牧业公司等龙头企业不仅拥有自己的知名品牌，还拥有自主茶园基地，生产、加工、销售一条龙经营的实力较强，示范带动能力比较突出。拥有茶园面积400多公顷的陕西怡溪春茶业科技有限公司，连续3年被评为“汉中市十强茶叶企业”，兴隆镇定元春茶业公司被评为省级优秀企业。康联龙、何玉贵、付再旺先后被陕西省农业厅、陕西省茶业协会评为“陕西省十佳制茶能手”，丰源农牧业公司董事长刘绍州荣获“全国优秀农民工”称号。

四、不断创新管理机制，促进产业进档升级

1. 组织保障体系 成立了以县长为组长，分管副书记、副县长为副组长，农业、林业、水利、土管、发计、财政、科技及茶叶发展重点乡镇主要领导为成员的镇巴县茶产业突破发展领导小组，直接领导、指挥、协调、统筹和规划茶产业发展，确保了茶产业发展中政策保障、资源整合和环境优化。

2. 投入保障机制 从2014年起，每年财政至少预算500万元茶产业发展专项基金，同时整合县域项目资金，保证茶产业发展投入，2011年以来整合各类资金10 900万余元投资茶产业发展。

3. 业务保障机制 成立了镇巴县茶叶技术指导站，全方位服务于茶产业的发展。

4. 严格管理机制 在全面推广无公害、绿色和有机茶叶生产加工技术规范下，形成了茶叶生产标准化体系。

茶叶已逐渐成为县域经济发展和脱贫致富的支柱产业，继续坚持以农民增收为目标，强化科技服务，以自然资源为依托，以四化同步和城乡一体化

发展为契机，优化区域布局，加强基础设施建设；增加产量，提高品质，培育知名品牌，提升综合效益，逐步构建适应市场需求的茶产业体系；努力提高茶叶产业化经营水平；提高茶产业基础装备和技术水平，加快茶产业的转型升级，实现茶产业向现代农业发展。坚信镇巴名茶将成为一枝独秀，共同构建碧水蓝天，青山绿水下“茶韵镇巴，香飘四海，源远流长”。

四川省犍为县

犍为县有着近300年的茉莉花种植和花茶加工历史。近年来，犍为县抢抓四川省打造千亿茶产业强省和乐山市“五通桥区—犍为县—沐川县”50万亩茶叶产业带战略机遇，将茉莉茶作为全县农业特色主导产业培育，以“扩规模、建龙头、拓市场、创品牌”为重点，加快推进犍为茉莉花茶产业提档升级。2016年，犍为县茉莉花茶生产和加工量位居全国第二，并成功创建为“国家茶叶综合标准化示范区”“中国茉莉之乡”“中国名茶之乡”，犍为茉莉花茶已成为犍为县的重要名片。

1. 整合涉农项目资金，强化政策激励 2014年，自犍为县颁布实施《加快犍为茉莉花茶产业发展的意见》（犍委办〔2014〕2号）以来，全县建立涉农项目资金整合机制，并每年安排不低于1 000万元的茉莉花茶产业发展专项资金，对基地建设、加工园区、品牌打造等方面给予奖补扶持，有效激励产业加速壮大。一是扶持基地建设。从2016年，对新建茉莉花、茶苗圃基地每亩分别补助4 000元、2 000元；对新发展茉莉花、茶园每亩分别补助500元、200元，坡改梯建标准化茶园每亩补助600元；对流转土地规模种植的，分档次给予2万～10万元的额外补助。二是扶持加工企业。对新建或改建达到清洁化标准的茶叶加工企业，按建筑规模和投资额度给予业主10万～40万元的一次性补助；对入驻加工园区的企业，在用地、税收方面给予一定优惠，并提供信贷担保支持；对获得国家级、省级农业产业化重点龙头企业的加工企业，分别给予50万、10万元的一次性补助。三是扶持品牌创建。对新获得中国驰名商标、中国质量奖、四川省著名商标、四川名牌产品、乐山市知名商标的加工企业，分别给予30万、30万、10万、5万、2万元的一次性奖励。对获得绿色、有机认证的，分别给予3万、5万元的一次性补助。对在省会城市设立专卖店符合规定标准的企业，给予5万元的一次性补助。

2. 坚持扩面提质并重，强化示范带动 坚持花与茶结合、扩面与提质并重，推进茉莉花和茶叶深度融合，通过标准化建设基地、清洁化加工产品、品牌化拓展市场等环节，加快推进茉莉花茶全产业链建设。一是基地示范带动规模发展。坚持因地制宜、功能分区、集中连片的思路，在全县规划3.3万公顷覆盖26个乡镇的花茶集中连片发展区，依托两轮省级新农村示范片、国家现代农业示范区等项目，通过专业合作社引领、大户带动和企业建基地等方式，实现集中连片发展，全县茉莉花种植面积0.55万公顷、茶园面积1.68万公顷，成为全省最大的茉莉花产业基地。二是加工示范推动产品升级。基本建成投资3亿元、占地20公顷的茉莉花茶加工园，引导企业集中集约发展，培育加工龙头企业。全县建成茉莉花茶加工企业46户，年产优质茉莉花茶1.5万吨，占全省高档花茶市场份额的70%以上。紧跟市场需求，成功开发出国内独有的熟香、浓香、清香、兼香四种香型的茉莉花茶，以及茉莉红茶等新产品，引导其他行业企业开发出茉莉糕点、茉莉特色菜、茉莉花酒、茉莉盆景等关联产品，有效延伸了产业链条，提升了产业附加值。三是流通示范拓宽销售渠道。引进业主投资4.5亿元建设天御新农新城，加速打造区域性农产品商贸物流基地，一期已投入运营。与淘宝、京东、天虎云商等平台合作，培育本土电商农耕网，推进花茶系列产品线上销售。由财政补助150万元，支持县内5家花茶企业组团入驻成都天府优茶商城，有效拓宽了销售渠道。四是技术示范提升品质优势。引进专家10余名，建成国内品种最全、数量最多、规模最大的中华茉莉种质园，成功选育出国内首个通过省级审定的茉莉花地方品种“金犍茉莉”；推广茶叶新品种10余个，茉莉花新品种、珍稀品种20余个，有效提升鲜花鲜叶品质。建立犍为茉莉花茶地方标准7个，大力推广绿色防控技术，犍为茉莉花获得农业部无公害基地和无公害产品“双认证”。

3. 坚持多元全域拓展，强化品牌打造 紧盯区域市场，强化品牌创建和宣传营销，深化互动融合，着力提升犍为茉莉花茶的品牌知名度和对外影响力。一是强化品牌创建。实施犍为茉莉花茶区域公用品牌和企业品牌双创建战略，“犍为茉莉花茶”获得国家地理标志保护产品称号，并注册集体证明商标，“清茗香”“金犍香君”等14个企业品牌获得四川省名优茶称号和中国茶博会金奖。二是强化全域推介。在县域旅游景区、高速路出入口、城市公共设施等重点区域，深度融入茉莉花茶元素；利用犍为电视台、犍为新闻网等媒体广泛宣传，政府部门公务接待和商务活动均使用犍为茉莉花茶，引导县内宾馆、酒店等使用茉莉花茶，形成犍为茉莉花茶浓厚的宣传氛围。由政府搭台，每年定期举办茉莉花文化艺术节，邀请全国知名专家进行花茶产业研讨会，每年组织企业到成都、北京、济南等茉莉花茶集散城市，以及东北地区开展主题推介活动，与当地知名茶商建立长期合作关系，全面打开犍为茉莉花茶北方销售市场，成为国内茉莉花茶市场的新兴知名品牌，茉莉花茶品牌价值达8.3亿元。三是强化互动融合。将花乡茶海观光休闲纳入全县旅游发展总体规划，结合全域旅游发展和四个特色品牌创建工程，完善旅游步道、餐饮接待等基础设施，开发采摘、制茶等特色体验活动，推进花旅、茶旅融合发展。已建成以蜀南茉莉香都为代表的茉莉花观光休闲旅游度假区，正加快推进占地666.7公顷、投资5亿元的茉莉博览园田园综合体。

四川省万源市

万源市位于四川省东北部、大巴山腹心地带、川陕渝三省份结合部，是我国南北气候的分界线和嘉陵江、汉江的分水岭，也是出入川的主要通道，210国道、达陕高速、襄渝铁路纵贯全境。全市辖区面积4 065千米^2，辖52个乡镇，371个行政村，总人口60万，其中农业人口48万。茶叶是万源市传统特色优势产业，有着悠久的生产历史，早在北宋大观三年（1109年）就有关于茶树栽培的完整记载，石窝镇的“紫云坪植茗灵园记”是我国记录种茶历史最早的摩岩石刻，距今900多年。明清以来，青花溪、大竹河已成为西北茶商集散地，万源茶叶远销广东、甘肃、湖北等省。经过多年的发展，万源市茶产业取得了显著成效。

一、资源优势和特色

1. 生态环境优越 万源市属亚热带湿润季风气候区，境内重峦叠嶂，沟壑纵横，最高海拔2 412米，最低海拔335米，森林覆盖率66.8%，气候湿润多雾，立体气候明显，常年平均气温14.70℃，平均无霜期230余天，平均降水量1 169.3毫米。茶区远离城市和工业区，茶园多分布在海拔800～1 200米的山林中，空气、土壤、灌溉水清洁无污染，根据成都理工大学《四川省万源市硒的地球化学特征及开发价值研究》结果表明，万源土壤中重金属元素含量较低，大部分地区达到国家二级土壤标准，部分地区达到国家一级土壤标准，且茶园不施化肥、农药和植物生长素，产品经四川省农业质量检测中心抽样检测无农药残留、无重金属超标。2006年，全市茶叶基地整体通过全国无公害农产品基地认证。

2. 土壤独特且天然富硒 境内主要产茶区土壤多为海相层积硅质胶结岩发育的干鹅包地，肥力水平较高，呈微酸性，有机质丰富，属于茶圣陆羽《茶经》中记载出上品茶的烂石地。万源茶栗香浓郁、滋味醇厚、鲜爽回甘的品质与独特的土壤非常有关。万源地处秦巴地区腹心地带，是全国三大富硒地区之一，西南农业大学①、成都理工大学相继在1992、2006、2007年对万源的土壤及部分农产品进行系统取样和检测分析，科学论证了万源是四川省唯一的天然富硒区，硒在土壤中呈带状分布，水溶态、可交换态、有机态含量较大，其中硒的水溶态含量为3.93～12.35纳克/克，与我国生态景观土壤中硒的水溶态含量临界值比较，不高不低，非常适宜农作物富硒，土壤中还富含锌、铜等微量元素。万源地区的富硒茶产区与富硒土壤分布带具有一致性，茶叶硒含量在0.242～0.670微克/克，是人体营养、健康、安全需要的最佳范围。

二、近年来发展概况

1. 现代农业产业基地建设有力推进 近年来，为促进现代农业产业基地强县提升发展，全市共规划6个现代农业（茶叶）万亩示范区，已建成白羊、大竹、青花、草坝、固军、罗文等6个现代农业（茶叶）万亩示范区，其中白羊、大竹、青花3个示范区获四川省农业厅命名。全市茶叶种植总面积达到1.9万公顷，年产量1.2万吨，产值18亿元。

万源茶叶基地建设，一是整合“金土地工程”、小流域治理、退耕还林后续产业建设、扶贫开发等各种涉农项目配套建设茶园基础设施；二是重点推广适宜本地栽植的新品种“福选9号”“名山131”和本地选育品种“巴山早”；三是开展了新建茶园覆膜盖草、科学间套、机械化管理、微域生态建设等新技术试验示范，推行“茶＋林＋豆科绿肥”“茶＋花卉”等立体栽植模式，推广病虫害综合防治。

2. 茶树良种繁育基地有序推进 在各级政府

---

① 西南农业大学于2005年9月与西南师范大学合并组建西南大学。

的关心支持下，万源市茶树良种繁育工作取得了长足发展，同时也带动了各乡镇推广建设良种苗圃，每年可出圃良种茶苗5 000余万株，基本满足全市良种茶园建设和改植换种需要。

3. 品牌建设卓有成效 通过整合资源、发挥整体优势，加快推进品牌战略实施工作，形成了以"巴山雀舌"为区域公用品牌的发展战略。一是积极使用区域公用品牌"巴山雀舌"，鼓励茶企加入"巴山雀舌"品牌联盟，统一使用"巴山雀舌"品牌，发挥规模效应；二是利用品牌效应，促进市场拓展，极大地提高了万源"巴山雀舌"的知名度及市场份额；三是加强茶叶市场监管工作，对假冒区域公用品牌"巴山雀舌"进行全面整治。

4. 富硒有机茶叶基地建设成效显著 全市有机茶叶基地的建设从无到有，近两年更是提速发展，已有4家企业近万亩茶园取得了有机茶基地认证或转换认证。

5. 生产科技含量稳步提高 产品质量是产业发展的生命线，"巴山雀舌"系列产品以其独特的香高、味醇、回甘、耐泡的品质特征赢得了消费者的青睐。一是更新工艺、引进设备，通过生产工艺技术的改进和创新，进一步提高产品品质；二是加强质量标准体系建设及推广运用；三是实施茶叶质量安全市场准入制，树立清洁生产、质量安全意识，按要求规范行为，帮助茶企加快QS认证的步伐；四是大力开展新技术、新品种、新物质推广应用的大示范和大培训，深入指导低产茶园改造、良种茶园建设、幼龄茶园管护工作，有力地提升了茶树鲜叶质量；五是为充分利用茶树鲜叶原料，提高茶农收入，支持四川巴山雀舌名茶实业有限公司创新研制万源富硒砖茶，年产能已达到1 000吨，同时开展了富硒红茶、大众化名茶的研发工作。

6. 茶企和专业合作社发展壮大 全市通过创新机制，大力培育茶叶龙头企业、专业合作社及茶叶种植加工大户。一是通过技术指导、政策扶持等大力培育茶叶龙头企业，全市有规模龙头企业13家，其中国家级龙头企业1家（四川巴山雀舌名茶实业有限公司）。"巴山雀舌"茶叶在国家茶叶质量监督检验中心检测各项指标达到国际、国内先进水平，符合绿色食品AA级标准要求；通过了QS认证、ISO9000质量体系认证，2016年3月10日取得杭州中农质量认证中心有机产品认证证书，并先后获得"四川著名商标""中国驰名商标"。二是大力发展茶叶专业合作社，全市登记注册茶叶专业合作社共有20余家，其中国家级专业合作示范社1家（万源市白羊茶叶专业合作社），省级专业合作示范社2家，社员建设茶园、发展生产实行统一规划，茶园投入品实行统一采购、集中供应，病虫害实行统防统治，鲜叶实行统一销售，有效地提高了合作社原料产品质量安全和社员的产出效益。

7. 社会资本发展茶产业积极性增高 万源茶产业的发展也激活了社会资本向茶产业聚集，近年来有许多民营企业家、私营业主、个体工商户、基层干部采取"买、租、包"农户土地和茶园，积极从事茶产业开发。

8. 茶文化打造成效突出 万源市作为四川省最大的优质富硒绿茶生产基地，有着悠久的茶叶生产历史和厚重的茶文化。近年来，全市加强了茶文化发掘和打造，一是编纂《万源市茶业志》；二是搭建富硒茶文化展示平台，着手万源市富硒茶文化公园规划建设，扩大万源富硒茶产业的影响力和知名度，营造"中国富硒茶都"茶文化氛围。

三、未来发展前景广阔

万源市将加强茶叶品牌管理、拓展茶叶市场、创新发展机制、转变经营理念，实现茶产业快速发展。

1. 加快基地建设 按照"一带两核四区十园"的总体方案，进一步优化布局，以茶树规模化、良种化、标准化生产为目标，重点抓好良种茶园建设、低产茶园改植换种、茶树良种苗木繁育基地建设和有机茶基地建设。

2. 促进产业提升 积极培育新型经营主体，加强龙头企业、茶叶专业合作社、种植加工大户培养，实现集约化生产经营，坚持以改扩建为主，建设标准化茶叶生产线、精加工茶叶生产线和藏茶生产线；加大对现代加工生产基地的扶持力度，加快茶叶生产加工技改，支持鼓励企业争取技改项目，提升产品质量和生产档次，努力培育茶企实现产、供、销一条龙经营模式，实现三产融合、三产互动。

3. 强化宣传推广 加大品牌保护力度，组织综合执法队伍开展统一执法，不断规范茶叶销售市场；加大宣传推介，充分利用网络、电视、户外广告、茶事活动等形式，多渠道、多角度宣传推介“巴山雀舌”品牌，提高品牌知名度，扩大影响力，增强万源茶叶市场竞争能力，扩大市场占有份额；健全营销网络，组织茶企通过自建或联建方式，在市外或省外建设营销窗口，扩大市场覆盖面。

4. 创新发展模式 支持市域茶企通过完善自有基地、实行土地经营权流转，发展集“生态茶园、清洁化生产、茶文化展览、生态观光旅游”多功能为一体的体验式精品茶园，鼓励发展专业大户，兴办家庭茶场。不断挖掘茶文化，加快万源市富硒茶文化公园建设，组织收集民间茶歌、制茶工艺等，不断丰富万源茶叶文化。

5. 健全保障体系 强化人才队伍建设，着力引进茶产业发展复合型人才，加大茶叶管理和技术人员及茶农的培训力度，不断选拔和培养茶文化研究、茶艺表演、制茶能手、茶业企业家等特色人才。加大资金扶持力度，强力整合相关项目资金，进一步集中打造现代茶叶核心示范区，高标准推进茶产业发展。

四川省雅安市雨城区

雅安藏茶是四川省雅安市雨城区重要名片之一，也是建设“美丽雨城，生态强区”的主要产业，更是维系并强化汉藏关系的重要纽带。

1. 历史悠久，地位重要 雨城区种茶历史源远流长，上溯西汉甘露年代，至今已有2 000多年历史，是我国最古老的茶区之一，“仙茶故里”蒙顶山横跨雨城、名山两地，史料中有“蒙山在雅州，凡蜀茶尽出此”的记载。雨城区是雅安藏茶之乡，是传统南路边茶主要生产地，边茶产品作为一种特殊产品，在历史上以至当今，对国家统一、民族团结、边疆稳定起了十分重要的作用。

2. 气候独特，土壤肥沃 雨城区境内山峦起伏，河流纵横，森林覆盖率达到58.8%；冬无严寒，夏无酷暑，气候温和，雨量充沛；年平均气温16.2℃，年无霜期304天，年降水量1 700毫米以上，自然气候多雨多雾，漫射光多，特别适宜茶树生长。雨城区茶园多分布在海拔600～1 200米，土壤类型为茶沫土和紫色土，pH为5.5～6.5，土层深厚，土壤肥力较高；茶区空气清新，水源洁净，林竹葱郁繁茂，生物多样性水平高，生态环境好。雨城区于2002年被四川省农业厅确定为“四川省第一批优质茶叶基地”和“全省第一批无公害茶叶基地县”，2007年通过了国家级茶叶标准化示范基地验收，2008年被列入四川省川西名优绿茶核心区。2011年，雨城区被四川省政府列为“四川省现代农业产业基地强县”，同时被中国茶叶流通协会评为“2011年度全国重点产茶县”。2016年10月，被中国茶叶学会评为“中国名茶之乡”。

3. 基地面积已具规模，茶产业成为农业支柱产业 雨城区为雅安市政府所在地，全区18个乡镇、191个村、4个街道办事处，面积1 067千米^2，总人口35万，其中农业人口20.4万。雨城区18个乡镇均产茶，全区茶园面积万亩以上的乡镇有10个，1 000亩以上村54个，人均种茶1亩以上村53个，茶叶专业村40个，全区共有茶农3.5万余户。雨城区已有茶叶协会3个、茶叶专业合作社17个。2015年，雨城区茶园面积达2万公顷，茶叶产量1.84万吨，鲜叶收入达8.7亿元，其中藏茶产量0.9万吨、产值达3.97亿元。四川吉祥茶业有限公司“吉祥”获得国家驰名商标，四川吉祥茶业有限公司“吉祥”（藏茶）、雅安市友谊茶叶有限公司“兄弟”、雅安市山雅茶业有限公司“雨城”（藏茶）、雅安茶厂股份有限公司“金尖”（藏茶）、雅安茶厂股份有限公司“雅细”（藏茶）获得四川省著名商标。

4. 企业与专业合作社情况 雨城区有藏茶（边茶）加工企业8家，其中通过QS认证的藏茶企业有7家（全雅安市10家），分别是雅安茶厂、吉祥茶业、友谊茶叶、和龙茶厂、雅龙茶厂、周公山精制茶厂、蔡龙茶厂。雅安茶厂、吉祥茶业、友谊茶叶是国家7部委认定的民族用品边销茶定点生产企业，吉祥茶业和友谊茶叶是国家重点边销茶储备企业，吉祥茶业被国务院扶贫开发领导小组办公室认定为国家扶贫龙头企业。现有工商注册的种植业农业专业合作社21家，四川省农业厅命名的“省级示范社”1家。

5. 加工销售情况 雨城区边茶主导产品“康砖”“金尖”，主要销往西藏、青海玉树，以及四川甘孜、阿坝、凉山等地区。其中西藏占60.5%、青海占9.3%、甘孜占19.3%、阿坝占6.5%，其余内销。雨城区有全国边销茶定点企业3个，有两家企业是国家战略储备库企业，每年为国家战略储备成品茶1 500吨、原料茶3 250吨，雨城区藏茶在藏区销量占藏区茶叶总销量的80%以上，占全国边销茶总量的1/3以上，在全国民族茶行业占有重要地位。

6. 政府扶持

（1）由雨城区政府出台《雅安市雨城区藏茶产业发展三年计划》，提出品牌创建、基地提升、龙头培育、科技创新、市场拓展、文化促进等六大工程，集全区之力推进、扶持藏茶产业的发展。

（2）组建四川雅安西康藏茶集团有限责任公司，按照“政府引导、企业主体、市场运作”的思路，协调和整合现有藏茶企业，打造标准化生产线，规范藏茶生产工艺、统一藏茶质量标准，提高藏茶产品市场品牌价值，真正形成联手闯市场、抱团闯天下，引领产业发展。

（3）由雅安市政府牵头成立雅安藏茶地理标志产品保护工作领导小组，切实开展雅安藏茶地理标志保护工作，维护雅安藏茶品牌形象，促进雅安藏茶产业快速健康发展。

（4）高标准打造北郊乡到上里镇百里茶叶经济带，扶持藏茶企业建立和扩大自己的核心原料地，实施标准化、规范化建设。在“公司＋农户＋基地”“公司＋专业合作社＋基地”“专业合作社＋农户＋基地”等模式下，企业和茶农作为茶园的投资主体、管护主体和受益主体，对茶园基地实行股份联营制，统一栽培技术，统一投入品供应，统一采摘标准，严格控制农药品种、用量等，实施标准化茶园管理，达到互利双赢的目的。

（5）打造中国藏茶村作为雅安藏茶对外宣传的窗口。立足“国家藏茶文化创意产业园区”定位，致力培育“重温西康往事、品味千秋藏茶、感悟三雅文化”的文化创意产业集聚区。规划总投资8亿元，占地面积6千米^2，由西康藏茶集团控股经营，分三期进行建设。一期由世界茶种园、藏茶博物馆两部分组成，现已建成，并成为了综合观光游览区。二期项目将建设全国首条藏茶标准化、清洁化生产线等18个精品项目，已经基本建成即将对外开放，将成为艺术健康体验区。三期将打造高端居住度假区。中国藏茶村以展示传统藏茶生产工艺和藏茶历史文化为基地，以规范和引领藏茶产业为目标，筹建国内首条清洁化和标准化藏茶生产线、首个省级藏茶工程研究中心、首个藏茶交易中心，形成集展示、体验、生产、研发、产品销售于一体的非遗生产性保护示范产业链。将进一步推进藏茶文化、茶马文化和旅游文化，走茶旅融合互动的灾后重建新路，探索藏茶产业发展的新方向。

（6）雨城区政府与深圳东方高柏科技股份有限公司签订一味藏茶生产线项目投资协议。项目总投资5.8亿元，占地约9.7公顷，拟引进德国及日本高科技藏茶生产线1条、饮料浓缩液生产线2条、精华素生产线1条和罐装生产线4条。预计于2018年年初建成投产，建成后将实现藏茶年加工5万吨，藏茶罐装品和精华素年产量6 000万瓶，预计年产值20亿元，年创税收1.2亿元。该项目的引进对于全面推广藏茶、做大做强雅安藏茶品牌有着积极的促进作用。

7. 科技支撑 吉祥茶业先后承担了国家科技富民强县行动计划项目“雨城区低氟藏茶研发应用及产业化”、省级重大科技成果转化项目“低氟砖茶生产技术应用及产业化”；雅安茶厂先后实施了省级科技富民强县行动计划项目“无公害藏茶产业化技术集成与示范”、省级专利实施与促进专项项目“一种茶砖装饰墙及其制备方法专利”、省级重大科技成果转化及平台新立项目“天露藏茶精华液产业化示范”、产学研联盟及平台建设项目“用反渗透膜技术开发藏茶浓缩液的研究”等，累计项目资金400万元，项目龙头企业实现年产值1.1亿元，上缴利税500余万元，吸收农业劳动力200余人，辐射带动农民3 000余人，直接参与农户人均项目收入1 500元，人均纯收入450元。雅安茶厂、吉祥茶业还分别与四川农业大学组建了产业技术创新联盟，依托四川农业大学科研实力，助推藏茶产业发展。同时，还建立了雨城区藏茶专家大院，按照“聘请一位专家，建立一个大院，打造一个基地，带动一项产业”的总体思路，依托四川农业大学雄厚的科技资源优势，由四川农业大学教授齐桂年博士任首席专家，以雨城区茶产业为基础，以服务“三农”为宗旨，通过政、产、学、研协作，通过引进、推广、转化与应用先进技术成果，依靠科技创新、技术支撑、专家引领，助推全区藏茶产业发展。

云南省凤庆县

凤庆素有茶乡之称，是驰名中外滇红茶的故乡，是大叶种茶的发源地之一，是茶马古道重镇之一，是世界茶树和茶文化的重要起源中心，境内0.33万多公顷的古茶园便是最有力的证明。凤庆四季如春的宜茶环境和高山云雾的独特地形，孕育了丰富的茶资源。滇红茶是冯绍裘先生在抗日战争时期到凤庆采用凤庆优质大叶种创制定名的，凤庆成为了滇红茶的诞生地，被誉为“滇红之乡”“中国红茶之都”。

一、凤庆茶产业发展现状

2015年，全县茶园面积达2.04万公顷，其中采摘面积1.99万公顷，认证的有机茶园0.26万公顷；毛茶总产量3.3万吨，农业产值达7亿多元，茶农人均收入1 874元；精制茶产量2.6万吨，工业产值达15.2亿元，茶叶产业化效益日渐突显。现已建成以茶叶为主题的“云南凤庆滇红生态产业园”，园区现已入驻茶叶加工企业17个，逐步形成优势互补的茶叶集聚型产业集群。开发建设了中国凤庆红茶城，提升了茶叶交易市场管理水平，推进了茶叶市场向专业化、规范化方向发展。全县现有茶叶精制加工企业48个，茶叶初制所252个，茶叶精深加工能力达5万吨以上。其中，国家级龙头企业3个、省级龙头企业2个、市级龙头企业9个、规模以上茶企13个。茶企已形成了一批拥有自主知识产权、科技含量高、核心竞争力强的名优产品。“凤”牌、“凤发”、“三宁”、“王子冠”、“龙泉”等一批产品荣获云南省著名商标称号，“凤”牌、“三宁”荣获中国驰名商标称号；获准注册了“凤庆滇红茶”地理证明商标，并于2014年1月启用。凤庆成为了全国最大的红茶生产基地县和全国十大产茶县之一，先后被国家列为“全国优质茶叶基地县”“全国出口商品茶叶基地县”“全国无公害茶叶生产示范基地县”。

二、凤庆茶产业发展策略

（一）抓实四项工作

凤庆在新一轮的产业发展中，深入推进“优质基地建设、龙头企业培育、区域品牌打造、市场营销开拓”四项工作，举全县之力推进茶产业跨越发展。

1. 实施优质基地建设　充分利用好凤庆得天独厚的光照、水分、热量和土壤条件，把凤庆茶园基地建设战略目标定位为打造最优质的茶园基地，把凤庆茶园建设成为世界一流的大茶园。一是建设生态茶园、高香红茶基地和名山茶基地，推进基地建设规模化、组织化、标准化、机械化和水利化，打造生物多样性丰富，生态环境优美，优质、安全、高效的绿色生态景观茶园。二是加大老茶园改造力度，加强茶园修剪、施肥、除草等管理，提升茶园管理水平；开展有机茶园、良好农业规范、雨林联盟等认证；发展有机、绿色、无公害茶，把凤庆茶打造成世界公认的“放心茶”“生态茶”。三是充分发挥古茶树资源的价值，做好古茶树资源保护和开发利用工作，实行古茶树挂牌保护，禁止移栽百年以上古茶树。四是落实“洁净茶园”工作任务，采取“123”行动措施，一优化即优化茶园自然生态环境，二清洁即清洁茶园废弃物、清洁茶园水源，三推行即推行茶园综合防治技术措施、推行测土配方施肥技术措施、推行物理机械除草技术措施，实现茶园“清洁、优美、生态、和谐”的行动目标。

2. 实施龙头企业培育　以滇红生态产业园区，特别是建设中国凤庆红茶城为发展契机，建立健全完备的中国红茶交易平台、加工枢纽、物流中心，着力将红茶城建设成为集茶叶出口、物流、仓储、茶叶检测、评级、生产、加工为一体的大型集散中心，全面推动茶叶深加工、综合利用产品的规模化生产，把滇红生态产业园区打造成中国一流的红茶产业聚集区，生态滇红、品牌滇红、文化滇红集中展示区，把凤庆打造成全国重要的茶叶深加工基地，力争实现年销售额达10亿级的强势龙头企业。

3. 实施区域品牌打造 全县围绕“凤庆滇红茶”品牌，企业在全力配合做好区域公用品牌的基础上，通过多种渠道和方式打造自有品牌，形成区域公用品牌和企业品牌功能互补，企业品牌推动区域公用品牌发展，区域公用品牌引领企业品牌腾飞的良好局面。全面开展凤庆茶区域公用品牌策划营销，多种形式宣传“凤庆滇红茶”的产品品质和商标标识，扩大“凤庆滇红茶”的认知范围，将凤庆滇红茶变成富民扬县的品牌。

4. 抓实市场营销 一是走出去。积极组织茶企、专业合作社等参与全国各地茶文化节、茶博会、茶产业论坛等重大茶事节会，组织开展展示展销、品茶斗茶等活动，学习成功经验，加强合作交流，以茶为媒、以茶结缘、以茶会友，实现互利共赢。二是请进来。引进人才，培养人才，拥有自建或共建的研发机构和稳定的研发队伍，建立稳定的研发投入机制，加大新产品、新技术、新工艺的创新研发。加强与科研机构、高等院校的合作，引进新技术、新工艺，开展重大课题合作研究，促进科技创新、产品创新，提升核心科技竞争力。建立健全滇红生态产业园和红茶交易中心发展平台，加大招商引资力度，引进资金、引进企业，加强合作交流，推进茶叶市场向专业化、规模化方向发展，把凤庆打造成全国重要的茶叶深加工基地及中国红茶之都核心区。

（二）全面加快“四个转型”

转型升级是全球茶产业面临的战略选择，转型升级就是要创建现代茶产业。

1. 加快行业转型 凤庆县茶行业将由数量型向质量型转变，由粗放型生产向标准化生产转变，多管齐下严控农药残留和重金属超标问题，将质量意识与措施落实贯彻到种植、加工、流通3个环节中来提升茶叶质量安全和产品品质。鼓励茶企建立企业稳定的、可控的初制所，实行“企业＋初制所＋基地”的经营模式。全面推行《凤庆滇红茶生产加工技术规范》和执行参照凤庆滇红茶实物样为定级标准，做到一个标准生产、一个标准加工、一个标准定级，切实助推茶叶提质增效。

2. 加快企业转型 实施项目重点倾斜、资金捆绑使用，重点培育扶持规模型、带动型、外向型、科技型茶叶龙头企业，大力支持企业壮大规模；扶持有潜力、示范带动能力强的茶叶专业合作社发展，大力推进产业化经营，提高茶产业发展的现代化水平。鼓励支持茶企、茶叶专业合作社组团发展。

3. 加快产品转型 利用地域特点和高山资源优势，抓好地方特色茶开发，挖掘生态茶、有机茶、野生茶等的开发潜力，积极培植特色茶基地，做足特色茶文章。在开发好现有各类红茶的基础上，提升红茶档次，打造红茶品牌，不断丰富红茶系列产品。把茶产品开发与旅游紧密结合，研发制作适合旅游销售的茶叶产品及相关纪念品，带动茶食品、茶饮料、茶具生产、包装机械、包装材料等相关产业的发展，拓宽茶产业链条。

4. 加快营销转型 扶持乡镇茶叶市场、茶叶销售网点建设，加强市场监管，健全茶叶流通体系。设立凤庆茶叶网站，借助电视、报纸、网络等平台，及时发布权威、可靠的市场信息，引导茶企开展订单式生产。鼓励经营者在国内大中城市设立品牌形象店，在机场、车站等汇聚人气的场所设立直营店、专卖店，在超市、商场设立专柜，让凤庆茶走进超市、宾馆、茶馆等终端消费场所，提高市场占有率。打造电子商务和供应链战略，开启体验模式和物流配送，将“线下＋线上”结合、将“实体＋虚体”结合而形成互联网新营销渠道。

（三）创新提升“四个服务”

1. 提升职能综合服务 茶产业发展领导组发挥好综合管理、宏观调控，协调和指导生产、加工、销售、监管、执法等职能职责。成立茶产业品牌战略工程推进领导小组，全面负责品牌战略工程。理顺茶产业生产环节各种关系，关闭不达标企业，取缔不合格产品，逐步取缔家庭加工红茶的小作坊，全面、快速、有力地规范凤庆茶产业市场。指导企业逐步建立健全企业标准，对茶叶生产实行全过程监管，建立从茶园到茶杯的茶叶质量安全监管体系。建立联动机制，加强对茶叶市场的监管，营造公平、公正、公开的市场环境。要强化对已获生产许可证企业的监管，确保质量安全管理措施到位；强化农资流通市场监管，依法查处禁用、限用农药。要鼓励企业开展质量认证，建立并完善质量管理体系和食品安全控制体系，提高产品（服务）质量管理水平和食品安全控制水平。

2. 加强投融资服务 整合资源，加大政策扶持，进一步整合退耕还林、农业综合开发、以工代赈、扶贫、水利、交通、科技等相关政策，支持茶产业发展。加大投入，为茶产业发展提供资金保障，凤庆县财政将茶产业发展资金纳入年度预算。拓宽渠道，为企业提供融资保障。金融部门充分运用现代融资工具和手段，开发金融资源，拓展融资渠道，用足用好金融政策，建立互利共赢的银企合作机制，创新方式，简化手续，畅通库存产品质押、林权证质押担保等融资渠道，最大限度提供金融支持。组建茶企融资贷款担保公司，为中小茶企融资贷款提供担保。

3. 开展技术培训服务 开展茶叶技能培训，职能部门开展茶艺师、评茶员、营销员、农产品经纪人等职业技能培训，提升职业技能层次和水平，让广大茶行业从业人员持证上岗。开展茶农技术培训，定期组织有关专家，对茶农进行全方位、多层面培训，全面提高茶农素质能力和标准化生产意识。

4. 着力抓好文化服务 挖掘创新民族茶文化，打造内涵丰富、具有强大影响力的产业文化、产地文化、产品文化、企业文化和消费文化，不断提升产业文化的竞争力和渗透力，为产业发展提供强大动力支持。一是以政府搭台、企业唱戏的方式继续举办好红茶节，搭建相互交流合作平台，集中宣传攻势，提升凤庆和凤庆滇红茶的知名度、美誉度、影响力。二是利用好“锦绣茶王”胜地的地域特色茶文化、茶历史、茶资源，开展富有凤庆特色的茶王、茶歌、茶舞、茶诗歌、茶故事、茶艺、茶道等大赛和评奖活动展示形象，宣传凤庆。三是推进茶文化与旅游产业相结合，把香竹箐古茶树、野生古茶树群落、鲁史茶马古道等资源纳入凤庆旅游产品开发重要项目，确定为茶文化宣传教育的传播基地，促进产业相互推动，互利共赢。四是加大对茶文化、茶相关知识的宣传，开辟茶知识专栏，举办茶知识专题讲座、茶知识竞赛、茶文化教育等活动，举全县之力支持茶产业发展。

牟应书

牟应书，生于1928年11月，原贵州省农业厅农工商公司副经理、高级农艺师，退休后创办贵阳春秋实业有限公司，现为公司技术总顾问。1943年进入贵州省湄潭实用职业学校茶科专业学习，1946年毕业后进入湄潭桐茶实验场（即民国中央实验茶场）做茶叶技术工作，师从我国著名茶学专家李联标先生和林学专家朱源林先生。

中华人民共和国成立后，为恢复振兴贵州省茶叶生产，在贵州省湄潭茶场主持完成了旧茶园垦复改造和新茶园开辟的艰巨任务，为把湄潭茶场建设成为贵州省主要的出口茶生产基地做出了重要贡献。现在，被人们称为茶海的永兴万亩茶园，即是中华人民共和国成立初期由牟应书老先生亲率开荒队具体组织规划、征地、垦殖，逐年扩展而成。20世纪50～80年代，长期担任湄潭茶场永兴分场场长工作，是贵州现代茶产业的开拓者。

改革开放以后，牟应书从湄潭茶场调入贵州省农业厅工作，主管全省农垦系统的茶叶发展工作，工作涉及茶叶品种选育、种植、加工、销售、科研等诸多方面；参与省内外名茶评审，生产和科研项目评审及学术交流，特别对新产品、新技术的开发和推广有着独到的见解，为茶产业的发展做了大量卓有成效的工作。

1990年退休后，牟应书应聘到罗甸、印江、普安和凤冈4个国家级贫困县担任茶叶生产技术顾问，帮助其开发出多个国家级和省级名茶。1994年率子女开办贵阳春秋实业有限公司，仍致力于发展茶产业；公司形成了茶树栽培、茶叶加工、茶叶销售、茶饮及茶文化为一体的经营格局，开发了雀舌报春、春秋毛尖、春秋香叶、绿宝石、春秋红宝石等系列名优产品，创新名优绿茶“绿宝石”是牟应书老先生引领贵州茶产业发展方向的杰作。

近些年，牟应书根据一生学茶、事茶的实践和心路历程，著书《我的茶叶生涯——牟应书自述》，以影响晚辈热爱茶叶事业，努力发展贵州茶产业。2014年，获贵州茶产业发展终身成就奖，获中国茶叶学会颁发的“奉献奖”。

屠幼英

屠幼英，1984年7月毕业于华东理工大学生化专业，2005年获得日本崎阜联大天然产物化学方向农学博士学位。现为浙江大学茶学系主任和博士生导师、中国国际茶树花研发中心主任、浙江大学茶文化与健康研究会常务副会长、浙江省茶文化研究会副会长、中国国际茶文化与健康研究会常务副会长、中国茶叶学会女科技委员会副主任委员。主要研究方向为茶叶生物化学，茶活性成分与健康功能及机理，茶叶、茶花、茶果的功能成分和产品开发。屠幼英教授团队从2001年开启茶树花奥秘的研究之门至今，发表《科学引文索引》收录论文20余篇，投入了大量的科技力量，包括10名硕博生、5名本科生、6名教授及许多国际合作专家。10来年间，团队投入600多万元的科研资金，完成了茶树花作为新食品资源的答辩，成立了国际上

首个中国国际茶树花研究中心。

培养博士后、博士和硕士研究生40多名，指导浙江大学百篇优秀本科论文2篇，获得国家大学生创新项目和浙江省大学生挑战杯等省部级项目5项。主讲全校公选课“茶与健康”“天然植物提取物的分离与市场”，主讲博士生专业课“茶叶生物化学与综合利用研究进展”。主编国家教材《茶与健康》《茶的综合利用》，副主编国家教材《茶学概论》《品茶与养生》《中国名茶图谱》，主编《茶学入门》《茶多酚十大养生功效》等。

夏涛

夏涛，1962年8月生于安徽滁州，1983年毕业于安徽农学院茶业系，1994—1998年在浙江农业大学攻读博士学位，2004年赴日本东北大学研修。现任安徽省政协副主席、十三届全国政协常委、安徽省社会主义学院院长（兼）、安徽农业大学副校长及博士生导师等。同时，兼任中国茶叶学会理事、中国国际茶文化研究会副会长、安徽省茶业学会理事长、国家茶产业技术创新联盟副会长、安徽农业大学中华茶文化研究所所长、安徽农业大学茶学科综合实验室副主任委员、安徽农业大学茶与食品科技学院学位分委员会副主任委员、中国自然资源学会天然药物专业委员会委员等职务。

作为茶学国家教学团队的主要成员，主持省级精品课程“茶叶审评与检验”，参与国家级精品课程“茶叶生物化学”、省级精品课程“制茶学”“茶叶生物化学”建设，主讲国家级精品视频公开课“魅力中国茶”。组织策划“茶文化系列教材”的编写，并担任《中华茶史》的主编；参编全国高等农业院校重点统编教材《茶叶审评与检验》，并获全国高等农业院校优秀教材奖；编著出版《中国绿茶》《茶叶深加工》。在国内外学术期刊上发表论文70余篇。主持科技部、教育部、安徽省等多项科研课题，如国家科技部973项目、国家自然科学基金、教育部重点项目、安徽省科技攻关项目等课题20多项；获省级科技进步奖二等奖2项、三等奖1项，安徽省教育厅科技进步奖三等奖1项，国家发明专利1项。

王云

王云，1963年4月生于四川达川，1985年毕业于西南农业大学食品学院茶学专业。现为四川省农业科学院茶叶研究所所长、中国茶叶学会副理事长、中国国际茶文化研究会副秘书长、中国吴觉农茶学思想研究会常务理事、全国及四川省茶树良种审定委员会委员、西南大学食品科学院客座教授、四川农业大学硕士生导师。

30多年来，先后主持和主研了40余项省部级重大科研项目，已取得重要获奖科技成果10余项。其中，省部级科技进步一等奖2项、二等奖7项，独创国家级金奖名茶5个，国际金、银奖名茶20余个，全国名茶1个，省级获奖优质名茶20余个，选育国家级茶树良种2个，省级茶树良种14个，制定全国及四川省茶叶技术标准20余部。在全国重要性学术刊物或学术会议上公开发表论文180余篇，其中国家一级学报论文5篇、核心学术刊物论文80余篇，在大型国际学术会议上发表论文10余篇，并有90余篇先后被评为全国及省、市级优秀学术论文，并被国内外权威性文摘刊物或书籍摘录和收录。主编和参编专著及培训教材10余部。因科研、开发成绩突出和学术贡献显著，1996年享受国务院政府特殊津贴，1998年先后荣获第五届中国农学青年科技奖、四川省第五届青年科技奖和“四川省青年岗位能手”称号，2002年被四川省委、省政府授予“四川省第三届学术和技术带头人”称号，2004年获得了“全国优秀茶叶科技工作者”“四川省育种攻关先进个人”“四川省十大杰出青年科技创新带头人”“四川省农业科学院优秀共产党员”等称号，2016年获得了“全国优秀科技工作者”称号。

张正竹

张正竹，1969年8月出生于安徽含山，1992年毕业于安徽农业大学茶业系，2000年7月获湖南农业大学博士学位，2001年9月至2002年10月在日本京都大学留学，2005年8～11月在比利时新鲁汶大学合作研究。1997年起任安徽农业大学轻工业学院讲师；2003年8月任安徽农业大学轻工业学院副教授、农业部茶叶生物技术重点实验室副主任；2007年8月破格晋升教授，任安徽农业大学茶与食品科技学院副院长；2015年担任安徽农业大学茶与食品科技学院院长兼茶树生物学与资源利用国家重点实验室副主任。主要从事茶叶品质控制与加工利用技术研究，是教育部长江学者创新团队负责人、安徽省学术与技术带头人、中国茶叶流通协会专家委员会副主任委员、中国茶叶学会副理事长、安徽省茶产业创新技术体系首席专家。

先后为茶学和食品科学等专业硕博生和本科生开设了“天然产物化学”“酶工程”“研究生专题讨论”“食品风味化学”“现代食品分析技术”“食品酶学”等多门课程；指导了茶学和食品科学专业硕士研究生56名，指导博士研究生7人。主编了“十一五”规划教材《茶叶生物化学实验教程》，参编的《茶叶生物化学》（第三版）获全国高等农业院校优秀教材奖，参加了国家精品课程“茶叶生物化学”和省精品课程“制茶学”的建设。

主持有国家重点研发计划项目、安徽省科技重大专项、国家自然科学基金等重大项目20多项，在茶叶加工技术与装备、品质化学、数字化品控、茶资源综合利用等研究领域取得丰硕成果。近5年，发表《科学引文索引》《工程索引》收录论文30多篇，主编及参编国家规划教材和专著7部，获发明专利10项。先后获2016年全国农牧渔业丰收奖推广合作奖，安徽省科技进步奖一等奖、二等奖等6项成果奖励。

丁德恩

丁德恩，1968年1月出生于山东黄岛，1991年毕业于西南农业大学食品学院茶学专业。先后在临沂地区茶叶试验研究站、日照市农业科学研究所、日照市茶叶科学研究所和日照市茶叶技术推广中心工作，现任日照市茶叶技术推广中心副主任、农业技术推广研究员。毕业至今一直从事茶叶栽培、生产管理、茶叶加工及科研等方面的工作。先后获得山东省科技进步奖二等奖1项和三等奖4项、青岛市科技进步奖一等奖和二等奖各1项、山东省农牧渔业丰收奖三等奖1项，发表茶叶学术论文12篇，获国家实用新型专利8项、国家外观专利1项。2014年，被评为日照市第五届优秀科技工作者，被中国茶叶学会授予“全国优秀学会工作者”荣誉称号。2015年，被日照市政府授予“有突出贡献的中青年专家”称号。

唐先洪

唐先洪，1970年10月出生于四川峨眉山，获得了长江商学院工商管理硕士学位，现任四川省峨眉山竹叶青茶业有限公司董事长，并担任中国茶叶流通协会副会长、中国茶叶学会理事、全国茶叶标准化技术委员会委员等茶叶专业社团的重要职务，先后被国务院、农业部和四川省政府授予全国劳动模范、全国乡镇企业家、四川省优秀民营企业家等荣誉称号。

自1998年担任四川省峨眉山竹叶青茶业有限

公司董事长以来，率领竹叶青茶业积极实施品牌战略，在对茶文化的传承与发展中，坚持“以品质为基础，以品牌为导向”的发展思路，开创了传统茶叶市场品牌营销的先河，为茶企走出品类认知的藩篱做出了卓有成效的实践。

通过多年的努力和拼搏，四川省峨眉山竹叶青茶业有限公司已经成为国家农业产业化重点龙头企业，是我国最著名的名优茶生产企业之一。“竹叶青”已成为四川茶叶第一品牌，位居历届中国茶叶百强前列。四川省峨眉山竹叶青茶业有限公司也成为第一个拥有“论道”和“竹叶青”2个中国驰名商标的茶企。

中国茶叶博物馆

中国茶叶博物馆位于杭州，是我国唯一以茶和茶文化为主题的国家级专题博物馆。中国茶叶博物馆分为两个馆区，双峰馆区位于龙井路88号，占地4.7公顷，1991年4月对外开放；龙井馆区位于翁家山268号，占地7.7公顷，2015年5月对外开放。两馆建筑面积共约1.3万米^2，集文化展示、科普宣传、科学研究、学术交流、茶艺培训、互动体验，以及品茗、餐饮、会务、休闲等服务功能于一体，是中国与世界茶文化的展示交流中心，也是茶文化主题旅游综合体。

双峰馆区

中国茶文化源远流长，与人类发展密切相关。双峰馆区，就是以茶文化为主线，讲述了茶从苍莽丛林走入市井百姓的故事。

在这个北依吉庆山，面向五老峰，坐拥一片茶园的馆区里，可以信步游走在环境幽静的双峰馆区，茶在这里是绝对主角，每一个展馆都从一个角度，从古至今，用文字、图片、器物、场景等描绘了茶叶在人类生活中的重要角色。

茶史厅：茶源于中国，传向世界。在经历了生羹煮饮，从药用、食用到饮用的过程后，茶被融入一个个场景：汉代的原始瓷灶、唐代鎏金银宫廷茶具、宋代文人的斗茶方式、明清的饮茶演变、近现代的茶学发展……这个展厅通过展示茶饮用方式演变、茶文化历史遗迹、有关茶的诗词歌赋和茶学专著，将茶叶在各个时代生活中的细节一一勾勒。

茶萃厅：你见过360千克的紧压茶吗？这里就陈列着来自云南的普洱茶砖，还有直径超过1米的金瓜茶，都是茶萃厅里的大家伙。在这个展厅可以找到100多种茶叶，分为绿茶、红茶、乌龙茶、黄茶、白茶、黑茶六大茶类及再加工茶类，并且都有实样陈列，集中展现了中国茶人的智慧。

茶事厅：茶圣陆羽的《茶经》把普通茶事升级为美妙的文化技艺，并提出了茶道主张。无论是之前进行的茶叶种植、制作等劳动生产，还是之后进行的煮茶、品饮技法，都是有理可循的。这个展厅展示了历代茶人摸索和积累的有关茶树的种植、采制、保存、品鉴、应用等茶叶科学，以及因茶而创作的各类茶事艺文。

茶具厅：魏晋时期粗糙的陶盆、宋代的黑釉盏、明末的紫砂茶壶、清代的粉彩盖碗、近代象牙雕刻的茶匙……每一件茶器都有它自己的使用方式和使用场景。这个展厅可以看到茶壶、茶杯、茶托、储茶罐、茶碾、茶匙、茶则等各种与茶有关的器具。“器为茶之父”这句古话，在这里通过几百件展示品，得到了充分的印证。

茶俗厅：藏族人在帐篷里喝热腾腾的酥油茶，云南傣家竹楼里傣族人把茶叶投入土罐放到火上烤、烤香后再冲入开水饮用，四川人坐在竹椅子上喝盖碗茶摆龙门阵，徽商茶庄前店后坊的经营方式……这个展厅是一场跟着茶叶走遍全国的旅行。

紫砂厅：清代文人放在手中把玩的紫砂壶原来还没有一只鸡蛋大，狮球壶上那只“喜狮”原来可以这样憨态可掬，当年外销欧美的紫砂原来是这样带着西方审美元素的……这个展厅是由吴远明先生向中国茶叶博物馆无偿捐赠的100件紫砂茶具组成，几乎涵盖了中国紫砂发展的各个阶段，还包括近代一些名家作品。

龙井馆区

中国茶走向世界，给世界人民的生活带来了巨大的改变，茶成为世界上流行最广的饮料之一，衍生了丰富的饮用习惯和仪式习俗。依山而建的江南民居群里，“世界茶”成为一条完整的游览主线，可以用静态环游世界的方式，感受世界各国人民对茶叶的喜爱。中国茶业的发展品牌化、西湖龙井茶的前世今生，也是龙井馆区的展览主题之一。

馆区为江南丘陵地貌，有大量喀斯特地貌组织形成自然石林和岩洞，山顶的茶坛可以远眺四周茶山和西湖景致，是最具山地园林景观特色的博物馆。

世界茶展厅：这个展厅展示了茶叶如何从中国走向世界。全世界有60多个国家或地区产茶，每一个地方都有自己与茶相关的生活方式和生活道具，这是一场跟着茶叶走遍全世界的旅行。

中国茶业品牌馆：中国有21个省份产茶，有8 000多万茶农，茶产业是中国重要的经济产业之一。在这个展厅可以看到历朝历代中国最著名的茶叶产地和品牌，了解到中国茶叶品牌发展历程，展厅陈列展示的国内知名区域公用品牌及茶企品牌作为入馆品牌，展现了中国茶业品牌建设成就。同时，还提供了中国茶业品牌馆入馆品牌茶叶品鉴与体验。

西湖龙井茶专题展：龙井，是泉名、寺名、村名，又是茶名。陆羽、高濂、虞集等文人在诗文著作中多次提到龙井，乾隆皇帝六次下江南，四次到龙井。在这个展厅西湖龙井茶的前世今生被一一呈现，龙井的盛名与西湖山水名人轶事息息相关，每一个故事都带着龙井的诗情画意。这里更有西湖龙井茶精湛的制作技艺及品饮方式展现，让人感受到非物质文化遗产的魅力。

这是一座具山地园林景观特色的博物馆，山林覆盖率达到70%，在几个展馆之外，在喀斯特地貌主导的馆区山上，还可以看到更多郁郁葱葱的景色。

在茶树品种园，有各种茶树几十种。山上遍布裸露的石灰岩，油麻藤从岩石缝隙中生长出来。此外，龙井馆区突出春茶、秋叶、花香满园的绿化特色，遍布植被与花卉。

山上有真逸亭、问茶亭、迟桂亭等休憩处，最高处设置有观景平台茶坛，可俯瞰西湖山水、茶园风光，尽享修身养气之乐。

地　　址：浙江省杭州市龙井路88号（双峰馆区）、翁家山268号（龙井馆区）
电　　话：0571-87964221
开放时间：8:30～16:30(10月8日～4月30日)
9:00～17:00(5月1日～10月7日)
(周一闭馆，节假日除外)

天福茶博物院

天福茶博物院位于福建省漳州市漳浦324国道旁，占地5.3公顷，始建于2000年年初，2002年建成开院，2003年荣获国家AAAA级旅游景区，首批全国农业旅游示范点。天福茶博物院气势恢宏的大门两侧对联为："发乎神农、闻于鲁周、茶史溯源追亘古""经见陆羽、歌传卢仝、茗风愈盛看今朝"，把我国茶发展史描述得淋漓尽致。整个天福茶博物院布局精巧紧凑，立意独具匠心，环境舒心高雅，文化氛围浓厚，是一处善缔茶缘、感受茶情、传播茶文化、休闲购物的高品位旅游区。

天福茶博物院共设四大展馆：主展馆、中国茶道教室、日本茶道馆和书画馆，以及薪火相传、茗风石刻、明湖垂影、茂林修竹、唐山瀑布、武人茶苑、兰亭曲水、天宫赐福等八大景观。景区典雅别致，清新秀丽，是一座文化内涵丰富、高品位的茶专业博物院，福建省科普教育基地。

主展馆：是一座两层中式仿古建筑，展厅的风格传统中隐含现代感，面积达3 000多米^2。一楼展示茶叶科技、茶叶发现及利用演变、中国历代茶事、中国名泉、中国茶叶生产现况、各种茶类制造方法及样品展示。二楼主要介绍世界茶情、世界各国茶文化，如日本、韩国、东南亚、西亚、非洲及欧美等，除此之外还有现代茶艺及茶具的展示、茶与诗、茶与书画、茶与健康及茶叶多元化利用等单元，最后一部分是天福史馆，介绍天仁、天福的发展历程。

中国茶道教室：设有茶道表演厅，有各个朝代的茶道表演，如唐朝煮茶听诗、宋朝点茶、明朝文士茶、清朝宫廷茶礼、清朝末年民国初年茶道、云南少数民族茶礼、藏族酥油茶、古典美人茶艺、当季茶礼等9套茶道表演。溢香轩是表演闽南功夫茶艺的地方，游客也可在此学如何泡一壶好茶。

日本茶道馆：造型别致的“日本茶道馆”是中国现规模最大、设备最完整、最具代表性的日本茶道馆——福慧庵。设有精亭（四叠半）、俭亭（八叠）、敬亭（立礼席）分别代表3个不同时代风格的日本茶室。

书画馆：一楼有典藏书画厅展示所收藏的字画，活动展厅会不定期举办一些书画展览，奇石斋展示来自全国各地的奇石、雕刻等工艺品。二楼设有活动交谊厅，不定期举办笔会等活动。

天福茶博物院内还有汉亭、唐山、宋桥、元塘、明湖、清池、兰亭曲水、武人茶苑、茗风石刻、示苑茶园等造景设施。环境幽雅自然，是一个集学术研究、文化传承、教育娱乐为一体的茶文化大观园，参观者能在娱乐中获得茶学知识，认识茶叶，了解茶艺及传承茶文化。

地　　址：福建省漳州市漳浦324国道旁

电　　话：0596-3822198

开放时间：9:00～18:00

云南省茶文化博物馆

云南省茶文化博物馆是经云南省文化厅、民政厅批准注册的茶文化专业博物馆，主要职能是收藏、展示、研究、教育宣传推广茶文化的公益平台，是政府向社会公众普及茶文化知识的桥梁和窗口，是茶生活与健康的倡导者。

云南省茶文化博物馆自建馆以来，收藏的各类普洱茶样本、普洱茶老茶、茶马古道遗存物件、茶具、书画等近1 000种。最老的馆藏藏茶可以追溯到20世纪20年代，横跨了1个世纪的岁月，极具历史价值。展品陈列主要有几个方面：稀有种类普洱茶样本和各类古茶树衍生物；从中华民国中后期一直到近现代的普洱陈茶、老茶；代表云南省参展2008北京奥运会、2010上海世博会、2015米兰世博会等重大国际活动的展品和国礼；云南普洱茶传统加工技艺非物质文化遗产保护单位出品代表云南顶级古树茶的非物质文化遗产系列国礼茶；云南地区历代普洱茶用具、茶具和书画等。2016年，云南省茶文化博物馆受邀参展中国第二届广州国际文物博物馆版权交易博览会，荣获“最佳传承奖”。

云南省茶文化博物馆承担着为参观者宣传茶文化、普及茶知识，为到访的来宾提供云南普洱茶品鉴、茶艺表演、茶知识交流，以及列为国家非物质文化遗产名录的普洱茶传统制作技艺互动体验。博物馆年接待参观者近10万人次，是云南普洱茶的正规文化宣传窗口。

云南省茶文化博物馆2016年从云南省博物馆迁入昆明市五华区昆明老街，即清代第20任云贵总督鄂尔泰的故居，以全新的形象展示给观众。

地　　址：昆明市五华区昆明老街86号

电　　话：0871-63631103

开放时间：10:00～21:00

安徽祁红博物馆

安徽祁红博物馆位于祁门红茶原产地——安徽祁门县祥源祁红产业园内，由祥源控股集团斥巨资兴建，总建筑面积4 500米^2，是安徽省现规模最大的茶叶专业博物馆，亦是中国唯一祁门红茶博物馆，并由茶界泰斗、中国工程院院士陈宗懋题写“祁红博物馆”馆名。

1915年，祁门红茶在巴拿马万国博览会上一举扬名四海，震惊世界。2015年，融祁红知识、历史、文化与品饮体验于一体的祁红博物馆的建成、开馆，是祁门红茶产业发展的一座里程碑。它将成为展示和宣传祁门红茶品牌形象的新窗口、交流与分享祁红文化的新平台，成为祁门县乃至黄山市一张靓丽的文化名片，对徽州文化的传播及黄山旅游业的发展都将产生积极的促进作用。

安徽祁红博物馆重点展示了祁门红茶深厚的历史文化脉络、优异品质形成、名扬四海盛况和祁红科普知识，共分为千年一叶、神奇茶境、精工细作、风云际会、蜚声四海、红色梦想、品饮时尚七大展厅，全面展示了祁门红茶的传奇历史与无上荣耀。

第一展厅千年一叶：呈现了中华茶叶的源远流长、红茶简史和祁红创制，展示了古徽州及祁门的历史人文。

第二展厅神奇茶境：展现了祁门县的地理地貌和祁门红茶核心小产区的生态、茶树品种，从地理、气候、土壤等方面，勾勒了祁门红茶的产区风貌。

第三展厅精工细作：从手工、机械制茶历史的传承与创新，展示了祁红独特品质的工艺奥秘。

第四展厅风云际会：展示了以吴觉农为首的茶界先贤们，自20世纪之初立足祁门，为中国茶业复兴做出了卓越贡献，并详细梳理了祁红产业的发展脉络。

第五展厅蜚声四海：展示了祁红自创制以来所获得的诸多荣誉，而其畅销海内外的盛况更显百年传奇。

第六展厅红色梦想：呈现各级政府和龙头企业为振兴祁红产业所描绘的蓝图和所做的持续努力。

第七展厅品饮时尚：休闲的品饮时尚厅，布置舒适，在此可亲身体验“祁门香”，享受别样的味蕾旅程。

地　　址：安徽省黄山市祁门县华扬工业园区
电　　话：0559-2218000
开放时间：10：00～17：00

中国黑茶博物馆

中国黑茶博物馆是湖南省安化县实施绿色崛起，大力推进茶旅文一体化发展的重要文化旅游项目，坐落在县城东面、资江南岸的黄沙坪古茶市。

中国黑茶博物馆属全额事业单位，加挂安化县博物馆牌子，为安化县文化旅游广电新闻出版局二级机构。该博物馆占地面积约0.67公顷，总投资4 000多万元，主楼9层，高39米，裙楼两层；建筑面积6 250米^2，采用中国传统楼阁式建筑风格，设计合理，工艺精湛，造型宏伟，风景优美。中国黑茶博物馆是全国唯一的黑茶专题展示博物馆，融收藏展示和观光旅游于一体，是中国黑茶之乡的标志性建筑，由全国人民代表大会常务委员会原副委员长李铁映题写馆名，2012年9月破土动工，2015年10月向市民免费开放。

中国黑茶博物馆馆藏文物6 286件，其中国家一级文物6件、二级文物45件、三级文物407件，设有基本陈列展览厅、专题陈列厅、临时展览厅、多功能演播厅、文物库房、贵宾接待室、文物摄影室、安全监控室、观众服务部等设施。

主楼一至三楼为陈列展厅，面积约2 100米^2。一楼以“神韵安化”为主题，展示安化山水风光、古道廊桥、英杰人物。二楼以“黑茶飘香”为主题，分7个部分展示安化黑茶的发展历史和黑茶文化。三楼以“岁月留痕——安化匾额碑刻文物陈列展”为主题，展示安化的人文历史。四楼是集茶产品展示、茶艺表演为一体的休闲场所。裙楼一层有2个临时展厅举办各类展览。

中国黑茶博物馆是各地茶商考察黑茶的重要地点，参观人数每年超过40万人次。同时，还是了解黑茶、读懂安化，进行爱国主义教育的重要场所；品茗论道、登临遣兴，展示安化人文历史和整体形象的重要窗口。

地　　址：湖南省安化县黄沙坪新建街35号
　　　　　（黄沙坪古茶市入口）
电　　话：0737-7826968
开放时间：9：00～17：00（周一闭馆）

北京茶叶博物馆

北京茶叶博物馆位于“中国茶叶第一街”的茶文化特色街区——马连道茶叶一条街的京华茶叶大世界4层，面积近千平方米，由北京二商集团出资，北京二商京华茶业有限公司独立承建，是我国北方面积最大的茶叶博物馆。

北京茶叶博物馆是北京二商京华茶业有限公司积极投身于“四个中心”首都功能城市建设、履行国有企业社会责任的重要体现。自2016年8月18日正式开馆以来，北京茶叶博物馆组织了诸多品牌活动，接待了30多个国家或地区的国际友人，有力地促进了国际文化交流。先后被中国茶叶学会授予“中国茶叶学会茶叶科普教育基地”；被北京市旅游发展委员会选录进其官方网站“旅游开放日参观预约平台”项目，成为北京文化旅游线路之一；被北京市西城区政府授予“西城区市民终身学习服务基地”。北京市茶业协会还在此创建成立了“大师工作室”，成为京城广大市民学习中国传统文化的重要基地。

北京茶叶博物馆在展厅设计上，围绕茶及茶文化的传播，分设不同厅室，充分展示中国茶文化的起源、发展及传承，并运用高科技手段，通过实物、幻影成像、模拟场景等，充分调动观众视觉、味觉、嗅觉、触觉、听觉体验，全身心地感受到中华茶文化的博大精深，可谓是一个“五感”体验式博物馆。

茶博馆的镇馆之宝——普洱金瓜贡茶，俗称“人头茶”，是200多年前云南进贡给清朝宫廷的，1964年由北京故宫博物院转交给北京二商京华茶业有限公司（前身为北京市茶叶加工厂）收藏，有“普洱茶太上皇”之称，是现存陈年普洱茶中的绝品。

北京茶叶博物馆不仅是中华茶文化前世今生的展示平台，更是茶文化的“传承者”。相对于咖啡的浓郁，茶是一种以茶为美的生活艺术、一种以茶为媒的生活礼仪、一种以茶修身的生活方式。

地　　址：北京市西城区马连道路14号京华茶业大世界四楼

电　　话：010-63311811

开放时间：9:00～17:00（周一闭馆）

湖南省茶叶博物馆

秉持着一心为茶、专业制茶、只做茶业的经营理念，湖南省茶业集团股份有限公司历经29年岁月洗礼后，深刻体会到发展茶文化将成为公司永续的灵魂。发扬湖南湘茶文化，取之于社会用之于社会、取之于茶用之于茶的强烈使命感，故投资兴建湖南省茶叶博物馆。该馆是湖南省第一家经文物局备案，由茶企承办，面向全社会开放的茶叶专业博物馆，全馆由茶叶资源圃、湘茶品茗区、中茶馆、湘茶馆4部分组成。

茶叶资源圃：位于湘茶高科技园办公楼一楼西侧（外）的茶叶资源圃占地面积1 500米^2，集中了全国70个优良的茶叶品种资源。亲临体验区，可以感受不同茶叶品种的形态，同时也可以亲身体验和参与采茶、制茶。

湘茶品茗区：位于湘茶高科技园办公楼一楼，800米^{2}的体验中心，涵盖了茶艺欣赏、品茶论道、茶文化主题沙龙、茶艺培训等，体现了传统茶文化与现代生活的完美融合。

中茶馆：位于湘茶高科技园办公楼二楼，主要介绍茶叶的发展历史、中国茶及茶文化的世界传播、茶叶加工工艺、茶与健康、茶产业发展的状况等，引导各位爱茶人士全方位地初步了解认知中国茶及茶文化的发展历程。

湘茶馆：湖南产茶历史悠久，是中华茶文化的发祥地之一，有着深厚的茶文化底蕴。湖南茶具，闻名天下，唐代的铜官窑、岳州窑，明清的醴陵瓷器，都以茶具优质而闻名天下。

湖南是全国传统产茶大省，发展茶产业具有得天独厚的优越条件，在我国茶产业中一直占有重要位置。“敢为天下先”的湖南茶人秉持科学发展观，弘扬茶文化，努力打造湘茶品牌，加大茶叶科研力度，积极拓展市场，使得湖南茶产业取得长足发展。

地　　址：长沙市芙蓉区隆平高科技产业园隆园一路19号湘茶高科技产业园内

电　　话：0731-85181968

开放时间：9:00～16:00（周一闭馆）

Ⅰ.全国茶园面积和茶叶产量统计

1-1 全国茶叶生产情况

单位：千公顷、吨

指　标	2016 年	2015 年	2016 年比 2015 年增减	
			绝对数	%
年末实有茶园面积	2 902.1	2 791.4	110.7	3.97
本年采摘面积	2 204.1	2 115.8	88.3	4.17
茶叶总产量	2 404 947.1	2 248 998.8	155 948.2	6.93
绿　茶	1 588 005.4	1 494 643.7	93 361.7	6.25
乌龙茶	285 598.9	270 283.0	15 315.9	5.67
红　茶	218 361.9	203 220.5	15 141.3	7.45
黑　茶	147 741.1	126 322.7	21 418.4	16.96
黄　茶	665.2	580.0	85.2	14.69
白　茶	21 694.2	20 390.2	1 304.0	6.40
其他茶	142 879.3	133 557.6	9 321.7	6.98

数据来源：国家统计局。

1-2 全国茶园面积

单位：千公顷、%

地　区	年末实有茶园面积	比上年增减	本年采摘面积	比上年增减
全国总计	2 902.1	3.97	2 204.1	4.17
山　西	0.1		0.1	
江　苏	33.8		30.6	0.88
浙　江	197.0	1.26	179.4	0.81
安　徽	171.8	2.32	146.1	1.65
福　建	251.3	0.48	234.0	3.14
江　西	90.1	5.90	67.8	6.28
山　东	26.9	5.42	19.4	7.04
河　南	118.3	3.76	99.3	6.76

（续）

地　区	年末实有茶园面积		本年采摘面积	
		比上年增减		比上年增减
湖　北	339.4	4.72	243.3	5.21
湖　南	138.7	5.72	110.4	6.88
广　东	53.1	7.62	42.1	4.00
广　西	71.7	4.10	58.7	4.75
海　南	1.5	16.13	1.1	6.41
重　庆	42.3	6.05	31.2	9.15
四　川	342.2	6.38	238.6	3.87
贵　州	439.8	5.00	231.4	6.20
云　南	434.9	2.37	373.6	2.64
西　藏	0.5	−0.84	0.1	2.31
陕　西	136.1	6.74	90.3	8.44
甘　肃	12.5	2.47	6.7	6.06

数据来源：国家统计局。

1-3　全国茶叶产量

单位：吨

地　区	茶叶总产量							
		绿茶	乌龙茶	红茶	黑茶	黄茶	白茶	其他茶
总　计	2 404 947.1	1 588 005.4	285 598.9	218 361.9	147 741.1	665.2	21 694.2	142 879.3
山　西	8.3							8.3
江　苏	13 951.0	11 296.0		2 499.6	150.0		3.5	2.0
浙　江	172 185.0	166 169.0		1 349.3	3 111.5			1 555.2
安　徽	112 141.0	104 423.0	31.0	5 986.0			144.0	1 557.0
福　建	426 834.0	129 962.0	228 256.0	49 947.0			17 483.0	1 186.0
江　西	57 528.0	46 988.0	787.0	5 837.0	30.0	42.0	955.0	2 889.0
山　东	21 648.0	21 648.0						
河　南	68 571.0	63 567.0		5 004.0				
湖　北	296 097.0	212 117.0	1 533.0	31 177.0	43 454.0	410.0	1 315.0	6 091.0
湖　南	186 049.3	78 383.7	3 309.8	21 347.6	75 401.6	36.0	32.0	7 538.7
广　东	86 797.0	33 471.0	39 989.0	5 707.0				7 621.0
广　西	68 065.0	43 432.0	315.0	16 470.0	1 587.0		2.0	6 259.0
海　南	974.9	421.1		388.0				165.8
重　庆	37 036.2	31 939.8	49.0	3 718.5			15.5	1 313.4

（续）

地 区	茶叶总产量							
		绿茶	乌龙茶	红茶	黑茶	黄茶	白茶	其他茶
四 川	267 741.0	223 804.0	5 438.0	4 419.0	17 067.0	106.0	473.0	16 434.0
贵 州	141 285.0	116 237.0	769.0	7 146.0	6 090.0	62.0	1 268.0	9 713.0
云 南	384 480.0	244 613.0	5 122.1	54 283.9			3.2	80 457.6
西 藏	92.3	2.8						88.4
陕 西	62 136.0	58 204.0		3 082.0	850.0			
甘 肃	1 327.0	1 327.0						

数据来源：国家统计局。

Ⅱ.全国茶叶出口

2-1 全国茶叶出口

单位：吨、万美元

年份	出口数量	出口金额
1995	167 469.35	27 907.45
1996	171 254.78	28 749.92
1997	204 346.11	33 914.33
1998	219 649.32	37 823.91
1999	200 898.70	34 489.26
2000	231 961.81	35 696.73
2001	255 058.00	35 242.91
2002	256 023.45	33 998.53
2003	261 938.53	37 601.55
2004	284 293.22	45 186.43
2005	291 117.89	50 104.69
2006	304 329.27	57 445.72
2007	295 420.40	63 822.43
2008	303 879.32	71 591.81
2009	308 920.79	73 981.41
2010	308 848.49	82 523.39
2011	329 518.53	101 756.83
2012	323 262.85	112 100.35
2013	335 387.07	134 117.91
2014	312 832.19	137 864.72
2015	336 496.63	148 834.79
2016	340 850.85	160 207.21

数据来源：海关总署。

2-2 全国茶叶出口货源地

单位：吨、万美元

地区	2013		2014		2015		2016	
	出口数量	出口金额	出口数量	出口金额	出口数量	出口金额	出口数量	出口金额
合计	335 387.07	134 117.91	312 832.19	137 864.72	336 496.63	148 834.79	340 850.85	160 207.21
浙江	191 396.45	61 845.67	161 374.42	53 977.79	173 052.17	56 319.26	165 866.91	51 835.20
安徽	44 853.10	16 407.81	51 872.66	21 471.67	61 010.05	24 291.74	60 515.43	25 707.43
福建	20 272.21	14 937.39	20 193.69	17 006.10	20 754.75	19 684.18	24 776.49	25 696.92
湖北	6 961.59	7 005.40	8 481.92	8 360.69	11 877.59	8 723.89	13 399.07	11 871.88
湖南	24 880.41	7 660.35	26 292.50	7 856.27	27 732.00	7 808.35	29 364.40	8 106.29

（续）

地　区	2013		2014		2015		2016	
	出口数量	出口金额	出口数量	出口金额	出口数量	出口金额	出口数量	出口金额
广　东	10 712.88	7 438.38	8 876.10	6 198.69	7 924.25	4 757.25	8 377.99	7 476.34
云　南	7 313.45	4 766.01	6 684.00	6 176.51	7 779.72	7 207.27	9 564.61	6 590.00
上　海	6 074.45	5 557.94	5 992.56	6 007.57	7 153.64	7 796.24	5 859.69	6 475.41
江　西	10 592.22	4 281.32	11 605.10	5 678.35	9 772.64	6 010.92	9 394.81	6 304.15
河　南	3 067.26	1 036.67	4 420.26	1 269.95	3 901.35	1 101.87	5 311.24	3 738.91
贵　州	59.85	234.08	175.00	1 307.01	433.52	2 606.85	794.22	2 771.03
广　西	1 589.48	744.30	1 354.35	596.26	1 342.87	637.29	1 401.14	1 384.16
陕　西	0.10	0.09	0.26	0.21	37.28	63.35	266.87	825.07
江　苏	1 409.25	911.55	1 284.80	827.24	734.07	558.99	719.20	536.02
重　庆	5 385.35	498.85	3 174.14	283.02	1 819.81	176.83	4 314.41	369.61
四　川	360.40	457.21	429.06	522.28	427.58	480.87	429.32	229.08
山　东	237.61	85.42	524.01	204.51	528.72	218.28	300.53	156.48
天　津	3.74	110.15	4.77	46.23	4.50	23.94	14.11	65.98
黑龙江	123.39	87.75	72.44	50.90	63.83	42.69	63.46	44.42
北　京	62.31	46.17	16.56	18.12	39.46	21.74	39.16	8.49
河　北	1.30	1.11	0.27	0.39	89.86	293.64	6.49	3.47
辽　宁	0.09	0.51	0.13	0.39	1.60	4.00	0.33	2.67
新　疆	30.11	3.75	0.31	1.01	0.37	0.76	0.76	2.49
内蒙古			0.23	0.39	15.00	4.43	62.72	2.26
吉　林			2.64	3.09			5.98	1.77
甘　肃							1.50	1.45

数据来源：海关总署。

2-3　全国茶叶出口目的地国家或地区

单位：吨、万美元

国家或地区	2014		2015		2016	
	出口数量	出口金额	出口数量	出口金额	出口数量	出口金额
合　　计	312 832.19	137 864.72	336 496.63	148 834.79	340 850.85	160 207.21
摩　洛　哥	58 996.24	21 152.26	64 437.54	22 656.35	67 284.61	22 668.46
中国香港	13 400.27	13 816.06	13 871.79	14 349.06	15 744.95	19 222.55
越　　南	1 668.03	3 671.72	2 327.70	6 717.25	3 743.78	11 488.26
美　　国	16 476.89	9 513.56	17 651.23	10 465.79	18 867.02	11 048.72
塞内加尔	13 332.03	5 976.63	17 221.32	7 538.30	18 228.16	7 832.13

（续）

国家或地区	2014		2015		2016	
	出口数量	出口金额	出口数量	出口金额	出口数量	出口金额
加纳	4 267.57	1 840.19	8 633.56	3 869.56	16 939.92	7 455.82
日本	15 314.53	7 270.48	13 804.30	6 818.38	12 692.09	6 192.97
毛里塔尼亚	14 096.60	6 179.20	12 865.73	5 566.24	13 821.29	5 991.41
德国	13 171.32	5 427.30	13 109.28	5 601.99	11 638.04	4 979.62
马来西亚	2 434.13	3 289.71	2 848.48	3 279.08	2 571.78	4 912.85
阿尔及利亚	15 010.21	5 619.01	14 364.77	5 222.73	12 755.19	4 684.96
泰国	2 096.66	1 530.34	4 457.25	2 299.58	6 818.65	4 317.05
俄罗斯	13 940.29	4 902.56	12 801.44	3 729.30	14 313.23	4 106.82
多哥	16 892.53	7 543.43	13 311.53	6 000.81	8 919.37	3 909.85
缅甸	2 501.42	2 106.08	3 166.35	2 861.87	4 579.18	3 839.01
乌兹别克斯坦	16 388.18	3 801.35	26 795.11	5 040.51	19 184.35	3 166.20
马里	5 277.97	2 441.61	5 888.26	2 779.77	5 351.26	2 239.65
澳大利亚	1 801.74	2 129.58	2 186.71	2 565.23	1 982.84	2 003.08
法国	3 182.36	1 918.08	5 541.16	2 914.75	3 866.74	1 938.17
巴基斯坦	6 352.55	1 444.31	6 620.30	2 074.26	8 122.26	1 888.58
印度尼西亚	1 550.50	1 140.29	1 582.43	1 084.10	1 931.49	1 579.17
冈比亚	4 438.96	1 797.47	4 627.25	1 893.16	3 770.86	1 242.05
中国台湾	404.39	573.80	453.81	1 251.33	462.73	1 212.28
加拿大	1 236.76	1 274.66	1 359.19	1 204.32	1 241.11	1 144.75
韩国	152.14	208.91	109.55	89.59	371.28	1 074.64
利比亚	3 274.51	1 098.06	5 007.04	1 438.30	3 285.83	991.23
英国	2 401.46	908.10	2 519.50	1 008.51	2 632.04	961.92
西班牙	1 566.02	460.91	2 022.45	570.60	2 555.60	940.66
贝宁	5 062.94	951.52	4 564.26	781.74	5 925.41	929.70
荷兰	973.53	391.87	1 255.71	597.02	2 016.67	845.72
土库曼斯坦	2 690.61	567.97	2 290.35	474.35	2 626.62	831.77
几内亚	3 005.97	856.10	2 632.52	717.82	2 941.56	822.35
尼日尔	3 495.96	1 446.82	2 703.81	1 126.76	2 248.22	797.23
阿联酋	1 073.41	512.34	1 463.06	1 088.95	1 061.60	789.73
沙特阿拉伯	1 427.01	724.76	1 478.04	1 048.23	962.47	779.02
新加坡	1 718.06	929.71	1 225.34	717.53	1 220.15	757.37
阿富汗	4 130.98	1 003.23	2 904.44	757.84	2 532.28	609.23
伊朗	2 995.61	1 363.30	2 712.85	959.16	2 634.91	597.91

（续）

国家或地区	2014		2015		2016	
	出口数量	出口金额	出口数量	出口金额	出口数量	出口金额
波　　兰	1 437.68	596.23	2 107.28	595.80	1 958.96	573.44
喀 麦 隆	7 099.71	700.79	7 487.75	638.18	6 446.11	562.18
乌 克 兰	2 368.83	791.50	1 867.89	509.95	2 020.34	562.04
塔吉克斯坦	1 990.30	350.24	1 954.20	510.27	2 601.47	561.82
比 利 时	2 313.78	1 113.39	1 266.12	622.22	1 007.12	491.73
科特迪瓦	1 826.29	718.77	1 631.32	553.62	1 378.96	484.38
哥伦比亚	789.28	474.51	656.94	413.14	845.75	481.85
斯里兰卡	2 365.63	628.10	1 827.77	459.71	1 449.99	407.12
爱 尔 兰	554.54	445.92	210.88	197.73	394.39	343.86
埃　　及	1 170.37	283.84	1 130.76	366.21	1 141.92	315.18
墨 西 哥	230.23	191.25	394.38	257.04	518.27	304.11
突 尼 斯	2 830.22	475.68	2 995.33	451.72	2 678.62	281.94
布基纳法索	320.90	119.06	474.20	206.93	793.17	279.44
智　　利	402.31	301.79	400.26	381.86	322.34	262.08
新 西 兰	273.65	125.56	243.28	219.61	73.39	205.14
印　　度	669.12	216.15	680.75	239.10	558.47	184.80
菲 律 宾	191.35	116.32	116.63	107.49	160.95	184.80
意 大 利	79.44	35.95	53.07	29.36	268.86	175.39
土 耳 其	316.73	80.27	340.93	114.33	429.78	169.39
尼日利亚	104.25	35.37	145.10	49.85	665.53	165.53
蒙　　古	1 119.65	166.64	1 179.97	144.70	1 373.56	161.22
中国澳门	489.57	202.43	412.64	162.62	497.27	156.18
哈萨克斯坦	699.46	184.25	550.09	163.07	646.81	144.48
南　　非	184.75	131.73	224.98	197.21	283.74	144.19
保加利亚	11.55	2.10	100.67	52.13	267.38	136.04
加　　蓬	164.99	85.95	211.09	82.63	186.02	90.79
卡 塔 尔	1.98	1.88	23.08	46.56	48.99	80.54
葡 萄 牙					12.55	79.81
吉尔吉斯斯坦	748.90	145.39	615.88	105.74	439.59	72.53
巴　　西	173.79	117.66	235.76	141.90	139.87	72.03
阿　　曼	7.22	17.33	33.56	256.29	20.68	67.56
塞拉利昂	258.00	45.10	306.20	54.63	374.13	64.99
乍　　得	865.30	158.77	1 177.03	112.66	647.74	64.78

（续）

国家或地区	2014		2015		2016	
	出口数量	出口金额	出口数量	出口金额	出口数量	出口金额
刚果	97.38	53.58	153.76	84.21	136.08	64.78
哥斯达黎加	25.00	25.75	36.81	34.17	63.21	61.07
以色列	195.21	49.64	241.87	75.31	228.66	59.91
秘鲁	39.36	33.73	54.10	44.00	121.26	56.75
厄瓜多尔	18.71	7.69	46.72	19.37	107.20	49.76
立陶宛	99.58	36.06	85.95	32.69	66.02	47.78
科威特	10.10	6.56	14.61	49.48	32.99	44.80
朝鲜			12.21	89.13	6.20	44.02
阿根廷	183.45	50.38	316.41	80.20	205.48	43.80
黎巴嫩	36.16	19.86	40.05	54.96	29.03	40.93
毛里求斯	9.46	7.36	10.37	8.82	74.63	38.69
捷克	4.57	7.24	23.54	22.15	39.80	34.57
巴林			5.76	21.21	7.96	30.92
利比里亚	231.20	29.67	298.40	43.19	205.20	29.49
芬兰	122.05	53.24	28.93	22.70	38.26	28.76
巴拿马	67.09	46.01	36.97	37.56	38.74	23.48
乌拉圭	5.54	9.20	11.53	33.34	30.65	22.39
瑞典	33.27	16.28	15.95	9.07	50.45	22.23
约旦	89.37	26.96	103.66	52.92	59.75	22.14
瑞士	7.72	22.82	48.70	22.35	6.86	20.62
几内亚比绍	82.00	34.40	70.50	28.82	55.98	20.19
希腊	53.95	22.51	43.89	18.25	48.84	17.89
安哥拉	66.21	37.81	86.76	42.13	41.20	17.83
科摩罗					1.62	17.66
老挝					11.04	17.22
叙利亚	217.75	95.08	151.77	39.56	77.50	15.43
苏丹	18.00	4.57	18.20	3.79	55.52	15.04
塞尔维亚	57.10	9.42	94.93	11.75	81.44	14.22
罗马尼亚	59.88	23.19	10.08	5.80	20.68	12.73
危地马拉	13.18	11.53	9.43	4.73	13.55	12.71
格鲁吉亚	32.16	8.01	67.14	12.89	54.44	12.07
洪都拉斯	0.50	0.33	15.50	10.43	14.12	11.88
白俄罗斯	32.43	16.55	16.24	3.33	26.50	11.70
阿塞拜疆	16.83	4.94	17.03	5.24	44.22	10.01
也门	74.33	23.66	42.24	13.39	29.01	9.13

数据来源：海关总署。

2-4　全国绿茶出口

单位：吨、万美元

年　份	出口数量	出口金额
1995	66 882.05	11 052.02
1996	55 866.11	8 962.28
1997	78 773.93	12 441.73
1998	111 684.75	18 065.17
1999	121 631.95	18 942.95
2000	155 325.26	21 786.77
2001	163 163.00	19 952.55
2002	170 355.99	20 292.50
2003	181 728.58	24 112.26
2004	196 205.73	29 438.73
2005	206 170.37	33 078.68
2006	218 737.34	39 020.24
2007	223 665.05	43 139.90
2008	223 327.07	48 692.50
2009	229 316.04	52 453.18
2010	234 272.29	56 678.71
2011	257 441.96	70 638.43
2012	248 653.74	75 566.60
2013	264 490.87	93 249.31
2014	249 176.77	95 260.12
2015	272 145.62	100 535.23
2016	270 859.14	106 480.73

数据来源：海关总署。

2-5　全国绿茶出口货源地

单位：吨、万美元

地　区	2013		2014		2015		2016	
	出口数量	出口金额	出口数量	出口金额	出口数量	出口金额	出口数量	出口金额
合　计	264 490.87	93 249.31	249 176.77	95 260.12	272 145.62	100 535.23	270 859.14	106 480.73
浙　江	179 916.15	56 891.35	151 585.89	49 364.98	161 882.95	50 895.88	153 994.53	45 751.62
安　徽	42 913.20	15 628.26	49 877.33	20 571.89	58 978.03	23 310.08	57 247.79	23 192.40
湖　北	5 421.70	5 823.87	7 151.27	7 456.99	9 398.38	6 545.74	11 504.72	9 696.07
福　建	1 496.74	2 134.83	1 932.15	3 732.21	3 210.34	5 244.48	5 313.52	9 641.58
湖　南	18 506.12	5 539.28	21 087.75	5 925.63	22 149.49	5 772.15	23 761.79	6 204.76
江　西	8 839.47	3 475.19	9 471.10	4 159.35	7 825.48	3 403.62	7 776.19	3 427.36
河　南	3 048.84	1 012.45	4 374.77	1 205.13	3 897.21	1 081.07	5 146.55	3 200.57
上　海	1 142.35	1 198.57	968.68	1 232.67	1 294.97	2 057.43	1 047.30	1 503.45

（续）

地　区	2013		2014		2015		2016	
	出口数量	出口金额	出口数量	出口金额	出口数量	出口金额	出口数量	出口金额
云　南	1 651.34	619.28	1 400.43	610.84	2 348.62	956.29	3 401.20	1 296.16
广　东	656.89	418.07	654.64	471.11	504.38	443.31	594.56	1 084.14
贵　州	12.03	23.67	39.15	114.13	133.78	424.73	472.94	766.52
陕　西	0.10	0.09	0.26	0.21	24.73	14.99	117.70	271.79
广　西	142.79	146.99	105.52	102.63	103.61	113.37	144.11	179.19
四　川	157.76	118.20	215.19	151.20	284.70	179.32	206.09	126.41
江　苏	424.27	110.26	183.29	52.14	23.20	23.06	26.06	48.05
黑龙江	123.39	87.75	72.42	50.69	59.83	41.97	63.46	44.42
天　津	0.73	8.57	1.37	13.20	3.71	13.40	12.87	27.93
山　东	1.43	3.28	49.75	39.38	19.35	12.17	15.07	11.55
河　北	1.30	1.11					5.99	3.28
吉　林			1.20	1.57			5.98	1.77
北　京	4.27	4.73	4.61	4.17	2.86	2.01	0.71	1.44

数据来源：海关总署。

2-6　全国绿茶出口目的地国家或地区

单位：吨、万美元

国家或地区	2014		2015		2016	
	出口数量	出口金额	出口数量	出口金额	出口数量	出口金额
合　　计	249 176.77	95 260.12	272 145.62	100 535.23	270 859.14	106 480.73
摩　洛　哥	58 535.86	20 997.87	63 788.21	22 449.03	66 664.74	22 460.54
塞内加尔	13 188.61	5 875.29	17 107.60	7 453.58	18 096.79	7 700.78
加　　纳	4 248.41	1 833.30	8 628.46	3 867.21	16 937.11	7 437.60
中国香港	3 016.70	4 252.92	3 095.30	3 234.62	5 343.25	6 493.95
越　　南	698.28	2 589.15	1 094.24	3 121.82	1 878.43	6 000.37
毛里塔尼亚	14 096.60	6 179.20	12 865.73	5 566.24	13 821.29	5 991.41
阿尔及利亚	14 996.61	5 616.62	14 356.77	5 221.41	12 755.19	4 684.96
多　　哥	16 883.56	7 542.67	13 311.53	6 000.81	8 919.37	3 909.85
美　　国	6 148.33	3 112.02	6 762.14	3 378.73	6 559.05	3 510.11
俄　罗　斯	11 026.27	3 569.16	9 953.54	2 649.21	11 230.25	3 186.86
乌兹别克斯坦	16 328.50	3 783.71	26 602.66	5 004.22	18 732.30	3 082.38
德　　国	8 758.55	3 325.81	8 984.37	3 417.54	7 811.62	2 900.80
泰　　国	983.39	449.35	2 157.40	959.42	3 423.01	2 647.78
马　　里	5 277.75	2 441.39	5 888.26	2 779.77	5 346.72	2 235.99
马来西亚	642.64	868.30	1 096.72	1 593.08	892.04	2 156.94

（续）

国家或地区	2014		2015		2016	
	出口数量	出口金额	出口数量	出口金额	出口数量	出口金额
巴基斯坦	4 241.95	1 151.95	6 050.08	2 001.05	5 375.19	1 677.35
法国	2 672.72	1 526.50	4 918.91	2 505.53	3 271.48	1 530.63
冈比亚	4 438.96	1 797.47	4 627.25	1 893.16	3 770.86	1 242.05
利比亚	3 260.15	1 088.62	4 989.76	1 429.92	3 278.73	986.65
贝宁	5 062.94	951.52	4 564.25	781.65	5 925.38	928.94
西班牙	1 403.48	414.28	1 892.37	533.08	2 443.87	869.95
土库曼斯坦	2 651.81	558.26	2 288.79	473.32	2 626.62	831.77
几内亚	3 004.83	855.89	2 632.52	717.82	2 941.56	822.35
韩国	0.45	0.76	0.28	0.40	221.73	811.32
尼日尔	3 495.84	1 446.79	2 646.46	1 104.49	2 248.22	797.23
荷兰	841.92	291.22	1 016.09	379.77	1 731.81	610.60
阿富汗	4 130.98	1 003.23	2 904.44	757.84	2 529.70	584.72
英国	1 611.08	559.83	1 850.84	635.20	1 856.80	584.00
伊朗	2 991.83	1 358.99	2 708.21	956.86	2 583.61	567.72
沙特阿拉伯	1 182.27	581.42	1 242.54	773.40	873.01	564.23
喀麦隆	7 099.70	700.76	7 487.75	638.18	6 446.11	562.18
阿联酋	934.27	420.57	829.97	625.72	884.18	545.05
加拿大	752.02	620.40	736.42	521.11	679.56	529.11
乌克兰	2 206.79	695.80	1 720.61	468.07	1 840.15	506.96
塔吉克斯坦	1 990.30	350.24	1 953.70	509.77	2 503.70	505.71
科特迪瓦	1 826.29	718.77	1 628.09	551.33	1 365.97	476.98
澳大利亚	310.90	393.00	339.19	427.12	340.13	391.16
比利时	2 265.82	1 019.40	1 181.92	490.56	945.32	388.88
斯里兰卡	2 098.36	504.60	1 547.14	335.40	1 281.49	326.73
日本	1 922.74	477.38	1 388.27	328.00	1 301.79	304.64
波兰	829.26	272.81	1 429.64	318.25	1 307.91	304.37
布基纳法索	320.90	119.06	474.20	206.93	793.17	279.44
突尼斯	2 820.36	457.58	2 971.49	427.26	2 674.25	277.00
埃及	1 141.36	254.24	1 084.68	305.71	1 102.13	276.82
中国台湾	3.27	1.63	7.97	47.40	37.73	251.34
新西兰	56.90	21.32	55.81	97.40	65.62	184.68
新加坡	351.15	181.44	251.00	151.75	211.11	180.93
土耳其	310.63	73.62	332.13	104.73	419.52	159.07

数据来源：海关总署。

2-7 全国红茶出口

单位：吨、万美元

年 份	出口数量	出口金额
1995	68 004.23	8 933.42
1996	80 978.26	11 257.44
1997	87 144.71	12 314.89
1998	69 591.37	10 263.33
1999	33 594.01	4 657.81
2000	29 449.01	3 608.62
2001	40 926.85	4 127.53
2002	40 828.44	3 880.74
2003	37 771.54	3 631.24
2004	39 370.56	4 117.98
2005	35 847.17	3 994.41
2006	31 538.45	4 245.08
2007	30 266.55	4 319.54
2008	40 277.00	6 234.40
2009	40 105.55	6 437.58
2010	36 590.07	7 984.60
2011	35 576.62	10 872.38
2012	35 847.22	11 883.29
2013	32 876.56	12 836.52
2014	27 752.98	14 500.76
2015	28 115.48	20 634.22
2016	33 141.11	25 625.60

数据来源：海关总署。

2-8 全国红茶出口货源地

单位：吨、万美元

地 区	2013		2014		2015		2016	
	出口数量	出口金额	出口数量	出口金额	出口数量	出口金额	出口数量	出口金额
合 计	32 876.56	12 836.52	27 752.98	14 500.76	28 115.48	20 634.22	33 141.11	25 625.60
上 海	3 780.86	3 947.08	3 457.18	4 373.55	3 707.70	5 241.98	3 659.19	4 477.06
福 建	517.21	782.62	739.81	1 125.79	821.21	3 016.62	888.61	3 478.66

（续）

地区	2013		2014		2015		2016	
	出口数量	出口金额	出口数量	出口金额	出口数量	出口金额	出口数量	出口金额
广东	2 422.01	1 433.73	1 951.37	1 378.89	1 629.93	1 232.59	2 429.81	2 888.04
安徽	1 612.85	635.22	1 738.42	689.55	1 913.34	872.43	2 942.95	2 236.55
云南	4 325.07	1 427.24	3 938.34	1 480.67	4 005.28	1 764.16	5 072.15	2 042.98
贵州	19.42	115.46	111.70	928.00	244.67	1 647.28	321.10	2 003.94
湖北	1 000.46	559.47	1 008.08	537.55	2 011.49	1 725.83	1 490.28	1 718.55
江西	950.08	418.15	1 581.10	1 170.99	1 429.36	1 803.94	974.03	1 709.74
湖南	4 846.13	1 317.76	3 645.56	1 100.34	3 755.80	1 122.28	4 195.64	1 313.26
浙江	6 498.19	1 215.69	5 093.59	919.66	5 413.59	1 124.14	5 100.25	1 133.43
广西	1 127.13	336.22	953.71	292.53	952.19	324.90	989.15	1 027.19
河南	5.74	9.70	32.85	59.13	4.14	20.80	163.50	529.75
陕西					12.05	48.06	145.07	490.85
重庆	5 385.35	498.85	3 174.14	283.02	1 819.81	176.83	4 314.41	369.61
山东	156.45	44.37	186.77	60.03	274.41	146.00	257.93	111.33
四川	46.34	57.62	58.62	78.04	25.02	69.36	192.20	76.89
江苏	182.70	36.77	81.09	21.85	4.76	1.82	3.30	14.80
新疆	0.09	0.24	0.31	1.01	0.15	0.40	0.76	2.49

数据来源：海关总署。

2-9 全国红茶出口目的地国家或地区

单位：吨、万美元

国家或地区	2014		2015		2016	
	出口数量	出口金额	出口数量	出口金额	出口数量	出口金额
合计	27 752.98	14 500.76	28 115.48	20 634.22	33 141.11	25 625.60
中国香港	3 356.97	2 997.55	3 955.79	5 179.61	3 781.30	6 802.14
越南	46.05	185.32	365.57	1 994.23	905.48	3 866.58
美国	8 021.57	3 367.36	8 340.69	3 611.37	9 010.37	3 694.26
缅甸	1 910.70	1 149.34	2 487.70	1 964.05	3 702.39	2 577.09
澳大利亚	1 323.06	1 513.70	1 683.15	1 914.27	1 525.21	1 456.60
马来西亚	291.40	295.71	371.45	192.38	466.16	1 248.37
德国	3 040.79	1 019.00	2 490.73	939.99	2 404.82	871.05
俄罗斯	1 932.94	788.75	1 657.17	642.01	1 946.48	590.75
日本	641.51	443.09	748.56	642.58	682.86	545.78
中国台湾	10.57	11.78	97.48	557.20	100.94	510.08

（续）

国家或地区	2014		2015		2016	
	出口数量	出口金额	出口数量	出口金额	出口数量	出口金额
加拿大	291.28	462.96	417.29	488.20	370.65	427.98
泰国	660.17	545.39	528.42	337.89	527.32	382.94
英国	591.44	203.74	482.09	209.96	592.87	234.59
印度尼西亚	72.14	7.94	72.07	7.96	47.10	210.95
巴基斯坦	2 070.17	170.60	548.49	60.55	2 726.63	196.29
波兰	425.78	196.46	576.79	209.34	536.96	187.07
法国	313.88	126.28	385.00	164.95	385.14	183.16
新加坡	459.74	207.17	335.44	178.38	370.40	179.50
阿联酋	34.72	36.30	67.94	143.82	61.41	172.16
沙特阿拉伯	10.01	26.85	67.44	180.22	64.59	171.31
蒙古	1 050.45	126.08	1 167.28	129.63	1 288.63	131.18
智利	69.25	98.81	66.83	172.40	46.66	101.27
韩国	55.78	13.81	48.62	13.05	37.20	98.59
荷兰	63.00	39.00	86.39	58.37	161.80	83.93
乌兹别克斯坦	44.34	6.86	180.64	28.03	397.26	56.88
塔吉克斯坦			0.50	0.50	97.77	56.11
中国澳门	126.91	42.90	139.67	53.35	167.73	56.11
乌克兰	114.66	57.07	99.57	22.10	128.06	34.05
葡萄牙					4.79	34.01
巴西	22.18	36.81	15.99	27.30	22.50	33.98
西班牙	46.24	14.34	10.27	6.43	7.23	30.62
阿富汗					2.58	24.51
埃及	7.69	19.85	19.28	46.16	13.14	24.34
哥伦比亚	4.92	6.63	5.65	17.54	23.81	23.56
意大利	0.16	0.47	0.18	0.09	8.01	20.11
爱尔兰	4.82	8.93	2.54	5.60	6.35	18.98
墨西哥	14.70	8.21	68.84	14.52	64.91	18.37
加纳					2.81	18.22
科摩罗					1.62	17.66
老挝					11.04	17.22
乌拉圭	2.52	5.33	6.08	22.69	24.70	17.06
瑞典	20.32	6.90	7.40	4.35	41.06	16.94
卡塔尔			4.30	11.64	6.71	16.81

（续）

国家或地区	2014		2015		2016	
	出口数量	出口金额	出口数量	出口金额	出口数量	出口金额
斯里兰卡	8.14	4.98	13.44	10.87	13.87	14.67
黎巴嫩	2.91	7.24	9.22	20.99	6.15	12.62
科威特			4.39	13.17	5.96	12.61
摩洛哥	10.09	5.52	7.25	5.43	28.32	12.05
巴林			1.77	5.43	3.17	10.25
秘鲁	5.18	4.18	4.30	4.13	58.02	10.09
芬兰	48.58	15.95	3.88	8.47	8.67	9.90
丹麦	19.14	8.26	3.23	5.31	19.00	7.88
哈萨克斯坦	67.01	17.59	42.20	14.05	69.56	7.85
阿曼	1.70	4.53	3.51	54.84	3.22	7.83
巴拿马	49.69	12.84	15.00	4.59	28.31	6.76
所罗门群岛					30.00	6.45
印度	2.93	4.21	19.16	7.11	20.22	6.33
比利时	3.14	4.33	4.78	8.65	3.28	4.47
约旦	0.40	1.04	19.69	15.28	2.13	4.39
菲律宾	13.24	5.00	12.32	3.30	12.57	4.28
南非	0.01	0.04	1.10	1.10	0.68	3.43
立陶宛	12.40	4.92	10.53	4.54	7.89	3.24
白俄罗斯	6.24	3.13	0.01	0.02	2.79	2.42
突尼斯	7.88	11.73	12.42	12.52	1.77	2.39
阿根廷	10.50	7.01	20.00	6.19	10.00	2.19
挪威					0.20	1.98
瑞士	0.47	1.70	1.04	1.37	0.69	1.73
希腊	2.46	0.59	1.02	0.24	5.41	1.57
捷克	0.54	1.36	0.02	0.15	1.05	1.47
萨摩亚	18.40	2.91			8.40	1.33
厄瓜多尔	7.31	2.56			6.00	1.13
新西兰	212.40	100.93	174.16	90.27	1.36	1.05

数据来源：海关总署。

2-10 全国乌龙茶出口

单位：吨、万美元

年份	出口数量	出口金额
1995	18 724.18	4 740.14
1996	17 919.24	4 781.89
1997	18 156.31	4 707.60
1998	17 134.24	4 277.45

（续）

年　份	出口数量	出口金额
1999	20 130.40	4 744.13
2000	21 157.64	4 855.91
2001	21 671.10	5 041.12
2002	21 200.43	4 843.31
2003	18 971.83	4 338.42
2004	19 459.20	4 499.26
2005	18 814.03	4 516.37
2006	21 026.94	5 188.01
2007	21 683.66	5 609.84
2008	22 274.80	6 185.44
2009	24 132.57	6 686.49
2010	19 730.63	7 139.70
2011	17 946.78	7 412.25
2012	17 372.04	7 985.45
2013	17 037.80	8 748.79
2014	15 386.96	8 907.80
2015	15 365.48	8 448.04
2016	15 952.08	8 979.42

数据来源：海关总署。

2-11　全国乌龙茶出口货源地

单位：吨、万美元

地　区	2014		2015		2016	
	出口数量	出口金额	出口数量	出口金额	出口数量	出口金额
合　计	15 386.96	8 907.80	15 365.48	8 448.04	15 952.08	8 979.42
福　建	11 875.06	6 460.90	11 232.92	5 565.46	11 971.36	6 293.26
广　东	1 735.97	1 126.20	1 738.89	718.60	1 852.38	1 138.59
江　西	45.54	93.93	84.01	410.56	80.57	592.46
浙　江	929.63	363.41	1 331.41	543.45	1 406.31	487.64
湖　南	324.01	241.07	390.00	310.43	355.33	119.63
湖　北	106.42	116.93	200.30	142.06	134.20	116.15
上　海	74.32	66.74	105.47	86.49	93.19	108.84
陕　西					1.60	60.80

（续）

地　区	2014		2015		2016	
	出口数量	出口金额	出口数量	出口金额	出口数量	出口金额
广　西	23.90	23.21	34.51	27.55	33.60	29.62
安　徽	86.53	103.21	10.75	4.16	20.73	21.21
河　南					0.87	6.34
云　南	1.82	1.82	9.42	61.22	1.59	3.08
江　苏			0.03	0.49	0.10	1.18
贵　州	24.15	264.87	55.07	534.84	0.18	0.57
北　京	0.76	5.85			0.07	0.03
山　东	158.64	39.26	168.70	42.01		

数据来源：海关总署。

2-12　全国乌龙茶出口目的地国家或地区

单位：吨、万美元

国家或地区	2014		2015		2016	
	出口数量	出口金额	出口数量	出口金额	出口数量	出口金额
合　　计	15 386.96	8 907.80	15 365.48	8 448.04	15 952.08	8 979.42
日　　本	10 200.93	4 000.79	9 013.97	3 486.98	7 818.91	2 894.32
中国香港	2 324.89	1 550.14	1 984.60	1 287.59	2 567.24	1 969.08
越　　南	707.31	304.26	598.91	909.47	705.59	936.47
泰　　国	87.30	32.21	1 369.75	502.75	2 443.96	772.71
马来西亚	332.56	843.15	306.84	426.40	327.16	658.95
美　　国	423.96	943.44	475.53	797.43	370.32	596.58
缅　　甸	23.57	274.42	11.10	109.06	33.14	317.05
俄 罗 斯	253.97	201.17	575.92	212.56	747.90	182.22
新 加 坡	232.94	111.14	201.48	95.48	220.74	107.58
德　　国	112.80	94.63	81.96	101.59	124.29	94.56
菲 律 宾	12.68	13.08	7.25	11.23	30.16	64.50
加 拿 大	63.60	57.66	64.25	43.48	64.76	52.92
印　　度	256.00	80.71	235.15	61.23	202.88	46.75
澳大利亚	25.81	33.70	30.08	56.93	25.56	42.59
墨 西 哥	33.31	25.28	38.58	33.13	39.14	34.38
中国台湾			9.15	36.96	5.87	31.59
南　　非	7.80	20.43	14.94	32.11	14.80	27.90
斯里兰卡	114.67	59.66	137.74	59.30	60.51	20.79
印度尼西亚	16.20	17.09	13.25	14.62	16.39	17.35

（续）

国家或地区	2014		2015		2016	
	出口数量	出口金额	出口数量	出口金额	出口数量	出口金额
沙特阿拉伯					8.35	15.50
新西兰	0.33	0.48	2.32	5.34	4.29	13.93
法国	9.85	17.96	4.35	7.71	12.40	13.01
乌克兰	4.04	1.80	32.83	9.27	44.40	12.98
英国	14.75	22.43	23.93	36.73	8.10	9.92
韩国	6.57	8.28	5.26	4.85	10.07	7.07
智利	11.46	9.88	8.37	7.55	7.56	6.41
荷兰	2.13	2.56	9.23	8.05	3.44	5.16
秘鲁	2.47	3.75	4.65	8.36	3.23	4.47
中国澳门	41.94	21.36	30.21	14.10	9.08	4.31
西班牙	0.20	0.38	40.08	7.76	5.18	3.54
伊朗	0.12	0.10	3.80	1.78	7.76	3.26
阿联酋	2.31	2.62	5.97	4.20	1.26	1.98
蒙古	1.95	2.39	0.16	0.31	1.35	1.67
立陶宛	0.71	0.59	0.34	0.38	0.89	1.36
比利时	0.92	0.81	0.95	1.18	1.22	1.25
摩洛哥			0.12	0.28	0.48	1.05

数据来源：海关总署。

2-13 全国花茶出口

单位：吨、万美元

年份	出口数量	出口金额
1995	12 961.97	2 749.22
1996	14 905.99	3 248.43
1997	15 285.45	3 197.08
1998	15 645.35	3 712.00
1999	18 664.67	4 098.25
2000	17 414.20	3 587.88
2001	18 338.76	3 978.66
2002	14 697.27	3 182.41
2003	16 279.29	3 549.66
2004	19 850.29	4 488.91
2005	19 383.68	4 775.31

（续）

年　份	出口数量	出口金额
2006	8 133.35	2 946.80
2007	7 690.15	3 335.72
2008	6 719.98	3 439.37
2009	5 910.61	2 960.84
2010	7 355.66	3 988.07
2011	7 340.84	4 631.89
2012	7 322.78	5 155.21
2013	6 856.31	5 517.95
2014	5 782.12	4 714.51
2015	6 045.06	5 117.99
2016	5 803.90	4 773.62

数据来源：海关总署。

2-14　全国花茶出口货源地

单位：吨、万美元

地　区	2013		2014		2015		2016	
	出口数量	出口金额	出口数量	出口金额	出口数量	出口金额	出口数量	出口金额
合　计	6 856.31	5 517.95	5 782.12	4 714.51	6 045.06	5 117.99	5 803.90	4 773.62
福　建	2 053.36	2 460.19	1 667.44	1 860.07	1 696.47	2 076.10	1 840.11	2 113.38
浙　江	1 734.88	984.20	1 568.12	989.03	1 856.37	1 067.61	1 833.02	1 031.89
广　东	630.18	376.36	446.07	334.36	477.85	333.51	425.59	348.98
湖　南	893.03	373.58	895.66	420.09	889.31	406.08	683.52	321.41
上　海	123.15	198.67	108.12	194.28	137.55	222.27	121.46	216.46
湖　北	162.37	219.88	119.29	142.26	152.75	205.57	149.76	215.69
江　西	721.01	321.49	457.91	236.67	401.57	320.00	362.22	198.28
安　徽	84.52	62.37	98.47	75.10	64.80	68.16	138.48	143.54
广　西	268.46	215.52	250.77	159.83	240.99	158.17	208.15	136.64
云　南	6.32	12.39	0.90	2.92	8.49	26.84	12.01	25.64
四　川	154.35	277.97	155.25	293.04	117.86	232.19	29.05	21.21
江　苏	8.35	3.30			0.03	0.18		

数据来源：海关总署。

2-15 全国花茶出口目的地国家或地区

单位：吨、万美元

国家或地区	2014		2015		2016	
	出口数量	出口金额	出口数量	出口金额	出口数量	出口金额
合　　计	5 782.12	4 714.51	6 045.06	5 117.99	5 803.90	4 773.62
日　　本	1 368.26	972.24	1 394.72	1 011.98	1 743.20	1 185.10
美　　国	669.00	858.23	730.32	1 284.18	667.40	1 166.83
德　　国	346.29	298.71	373.00	290.73	349.52	335.80
中国香港	645.82	695.74	536.02	553.69	360.05	281.53
马来西亚	218.60	288.17	272.34	289.10	202.69	214.37
摩 洛 哥	450.30	148.88	641.96	201.61	590.77	194.20
塞内加尔	143.42	101.34	113.72	84.73	131.37	131.35
俄 罗 斯	642.99	261.26	556.89	195.26	353.91	126.04
新 加 坡	176.19	117.92	188.38	108.61	219.02	123.72
法　　国	117.41	98.56	179.31	129.50	137.56	108.24
澳大利亚	98.04	125.39	84.96	125.85	70.02	87.37
加 拿 大	90.36	94.94	108.91	113.10	82.31	86.52
英　　国	131.15	91.60	122.15	89.32	131.46	83.96
墨 西 哥	58.84	66.23	46.38	54.41	59.66	72.80
阿 联 酋	85.89	46.68	63.65	45.48	114.26	67.45
荷　　兰	52.68	43.98	56.46	58.53	64.98	65.80
南　　非	32.19	50.82	37.00	70.95	28.99	45.03
斯里兰卡	140.61	57.53	125.95	52.98	90.57	43.84
比 利 时	20.12	15.44	57.34	40.85	37.03	28.62
伊　　朗	1.66	2.49	0.84	0.52	43.47	26.86
越　　南			2.20	7.13	7.37	25.17
沙特阿拉伯	11.52	15.40	4.74	15.89	9.43	20.16
波　　兰	11.83	41.83	3.67	4.72	8.10	17.26
秘　　鲁	10.69	11.00	10.07	10.11	14.30	16.93
缅　　甸	9.49	13.44	19.90	27.31	13.70	16.78
巴基斯坦	8.74	3.42	21.73	12.66	20.32	14.69
印度尼西亚	15.69	7.11	27.28	15.46	24.21	14.31
韩　　国	13.97	12.71	22.76	22.13	18.65	14.30
埃　　及	21.32	9.75	26.70	14.25	26.44	13.86
泰　　国	12.08	6.22	27.83	14.23	23.13	12.24

（续）

国家或地区	2014		2015		2016	
	出口数量	出口金额	出口数量	出口金额	出口数量	出口金额
中国澳门	21.07	13.72	30.03	17.05	17.34	11.61
乌兹别克斯坦	14.84	10.29	11.18	7.75	29.73	11.18
智利	7.38	5.99	10.10	7.68	12.63	10.62
菲律宾	6.40	3.97	5.60	8.67	5.17	10.55
科特迪瓦					13.00	7.40
瑞士	1.30	5.90	1.20	5.04	2.11	6.64
西班牙	0.34	0.47	2.22	2.06	6.04	6.50
乌克兰	43.10	36.60	12.41	8.02	6.15	6.16
柬埔寨	4.21	4.79	4.78	5.60	4.32	5.16
利比亚	13.63	8.94	17.28	8.38	7.10	4.58
新西兰	1.93	1.24	8.98	20.31	0.66	3.89
马里					4.54	3.65
巴西	5.00	4.42	2.28	1.98	3.09	3.47
印度	6.67	3.24	15.82	5.66	2.65	3.44
吉尔吉斯斯坦	6.81	2.98	2.22	0.99	7.35	3.07
巴林			0.43	1.77	0.64	3.02
立陶宛	4.21	1.61	2.44	1.13	2.71	2.95
卡塔尔			0.73	2.03	0.94	2.71
哈萨克斯坦	1.60	1.04	11.64	5.28	7.11	2.51
阿塞拜疆	2.91	1.20	5.11	2.21	5.68	2.49
以色列	2.40	2.18	6.48	5.03	2.54	2.08
阿曼	0.28	0.87	1.04	2.95	0.52	2.03
突尼斯	0.85	3.60			1.90	1.98
约旦	0.04	0.16	2.30	1.69	2.00	1.74
拉脱维亚					2.32	1.67
科威特			0.35	1.39	0.54	1.44
黎巴嫩			0.78	2.33	0.63	1.37
捷克	0.11	0.08	0.07	0.09	0.65	1.31
中国台湾					2.33	1.12
土耳其	3.40	2.34	3.04	3.05	1.55	0.98

数据来源：海关总署。

2-16 全国普洱茶出口

单位：吨、万美元

年 份	出口数量	出口金额
1997	3 102.99	586.32
1998	3 381.15	709.63
1999	5 586.87	1 390.66
2000	4 315.50	874.96
2001	5 554.78	1 103.87
2002	5 190.31	990.40
2003	5 166.05	1 102.16
2004	5 307.07	1 139.59
2005	6 347.65	2 065.79
2006	7 158.09	3 291.33
2007	6 130.83	4 308.58
2008	4 341.23	3 677.19
2009	3 486.83	1 956.64
2010	4 576.43	2 620.74
2011	4 273.59	2 954.71
2012	4 287.95	3 622.56
2013	4 513.33	4 331.66
2014	3 385.25	3 914.69
2015	3 284.44	3 423.66
2016	2 937.50	2 628.72

数据来源：海关总署。

2-17 全国普洱茶出口货源地

单位：吨、万美元

地 区	2014		2015		2016	
	出口数量	出口金额	出口数量	出口金额	出口数量	出口金额
合 计	3 385.25	3 914.69	3 284.44	3 423.66	2 937.50	2 628.72
云 南	1 218.21	1 827.38	1 265.91	2 242.76	975.62	1 295.14
广 东	1 432.19	1 677.20	1 069.40	684.42	995.93	813.40
湖 南	329.30	156.22	545.71	194.56	367.43	145.28
湖 北	71.33	77.90	95.27	91.71	108.15	107.95

（续）

地区	2014		2015		2016	
	出口数量	出口金额	出口数量	出口金额	出口数量	出口金额
福　建	58.05	49.20	114.90	104.77	113.44	95.03
上　海	35.93	25.36	64.22	52.22	133.89	87.75
浙　江	123.97	49.89	109.45	31.62	150.81	49.90
山　东	5.87	7.56			2.20	17.28
广　西	20.44	18.05	11.58	13.31	26.13	11.51
四　川					0.53	2.38
内蒙古					62.72	2.26
安　徽	42.78	12.25	2.20	2.68	0.35	0.66
江　西	46.08	13.20	5.71	5.42	0.30	0.16

数据来源：海关总署。

2-18　全国普洱茶出口目的地国家或地区

单位：吨、万美元

国家或地区	2014		2015		2016	
	出口数量	出口金额	出口数量	出口金额	出口数量	出口金额
合　　计	3 385.25	3 914.69	3 284.44	3 423.66	2 937.50	2 628.72
中国香港	893.47	1 597.15	738.61	1 419.53	581.41	742.90
马来西亚	585.81	716.26	525.02	527.16	489.47	416.78
中国台湾	255.26	400.80	223.95	474.83	229.63	292.12
越　　南	14.75	4.10	4.85	1.22	23.45	205.79
德　　国	284.06	115.05	548.07	220.32	379.14	167.59
日　　本	416.57	170.36	527.29	196.82	451.92	163.76
韩　　国	61.07	162.70	20.56	41.42	65.60	113.28
法　　国	68.46	148.70	44.47	105.64	43.73	101.15
美　　国	39.98	43.37	51.65	60.27	95.66	94.08
新 加 坡	131.49	81.70	118.99	77.21	83.82	71.27
泰　　国	11.86	67.02	31.80	64.60	25.64	44.25
中国澳门	105.44	76.36	62.89	40.14	85.08	38.81
波　　兰	166.66	80.49	90.81	44.86	82.12	35.91
加 拿 大	15.47	17.08	14.45	23.79	29.37	32.62
西 班 牙	115.57	31.18	77.52	21.27	93.28	30.06
俄 罗 斯	77.09	76.85	27.18	20.60	17.26	19.70
澳大利亚	17.52	18.49	20.42	19.79	15.82	13.77

（续）

国家或地区	2014		2015		2016	
	出口数量	出口金额	出口数量	出口金额	出口数量	出口金额
智　　利	43.82	27.21	27.13	16.64	20.96	13.66
阿 根 廷	30.00	6.39	30.00	6.58	30.00	5.83
比 利 时	3.45	3.06	1.22	1.92	3.44	5.75
荷　　兰	12.11	6.89	57.23	20.77	7.85	4.60
立 陶 宛	4.13	1.98	3.46	1.50	7.65	4.54
乌 克 兰	0.24	0.23	2.48	2.49	1.59	1.88
意 大 利	0.01	0.07			0.48	1.74
墨 西 哥	1.11	0.49			4.95	1.26

数据来源：海关总署。

Ⅲ.全国茶叶进口

3-1 全国茶叶进口数量和金额

单位：吨、万美元

年　份	进口数量	进口金额
1995	2 317.01	191.97
1996	1 661.59	149.19
1997	957.72	135.17
1998	1 304.01	297.42
1999	1 984.06	413.98
2000	2 640.87	461.82
2001	1 849.17	359.29
2002	1 783.54	303.20
2003	2 965.69	477.48
2004	2 508.25	687.04
2005	3 090.23	920.61
2006	3 784.64	1 124.78
2007	5 984.26	1 878.17
2008	6 230.46	2 653.26
2009	4 713.75	2 442.77
2010	13 531.47	5 722.55
2011	14 871.97	6 648.12
2012	19 500.76	7 733.89
2013	20 729.90	8 267.75
2014	23 695.88	9 990.42
2015	24 290.69	12 006.50
2016	24 235.02	12 383.31

数据来源：海关总署。

3-2 全国茶叶进口来源地

单位：吨、万美元

国家或地区	2014		2015		2016	
	进口数量	进口金额	进口数量	进口金额	进口数量	进口金额
合　　计	23 695.88	9 990.42	24 290.69	12 006.50	24 235.02	12 383.31
斯里兰卡	6 115.65	3 207.65	7 812.43	3 915.73	8 529.54	4 239.01

（续）

国家或地区	2014		2015		2016	
	进口数量	进口金额	进口数量	进口金额	进口数量	进口金额
中国台湾	1 479.76	1 334.39	2 339.71	2 660.96	2 997.30	2 948.58
印度	4 449.78	1 836.27	4 887.13	1 884.54	5 587.55	1 980.24
中国（大陆）	128.42	509.29	235.63	215.51	349.97	382.11
印度尼西亚	4 328.76	780.34	3 300.11	577.33	1 686.71	334.57
波兰	191.98	235.87	182.81	223.55	218.58	248.18
德国	100.53	98.73	113.77	141.33	172.17	218.44
肯尼亚	857.26	229.44	852.83	243.33	769.39	211.24
马来西亚	310.20	158.81	371.80	172.51	485.58	208.05
中国香港	141.81	159.03	135.78	139.42	191.44	207.29
日本	9.44	31.73	63.51	140.15	83.07	186.45
韩国	34.08	20.03	140.69	459.86	95.72	152.15
美国	45.73	129.48	19.68	100.90	60.62	127.99
布隆迪	24.28	7.30	122.03	36.52	473.96	108.95
新加坡	61.72	188.40	27.66	131.39	19.88	92.77
阿根廷	584.34	109.35	552.71	116.49	615.89	85.80
英国	44.03	82.02	57.90	110.40	31.90	84.95
莫桑比克			446.98	53.43	513.49	77.76
马拉维	177.41	31.47	589.59	101.33	397.62	71.98
新西兰	0.77	14.86	2.83	21.26	3.87	50.59
越南	4 004.48	449.22	1 121.18	142.35	181.60	42.25
坦桑尼亚	0.05	0.03	36.40	7.46	208.90	40.85
南非	86.15	51.45	44.23	35.50	37.03	38.82
意大利	3.13	5.34	9.38	25.62	17.83	34.20
泰国	185.07	32.21	365.80	63.27	169.67	31.73
法国	6.31	9.18	16.21	24.54	21.00	28.20
乌干达	11.40	3.40	182.81	32.19	112.26	17.87
缅甸	31.00	65.51	65.02	76.13	10.20	16.41
比利时	1.43	4.24	0.66	2.95	3.80	14.97
老挝	98.71	98.09	62.34	56.46	16.00	14.26
西班牙	4.20	6.43	7.14	9.54	7.01	8.64
伊朗	99.46	12.63	33.01	3.05	64.52	8.33
阿联酋	19.65	19.04	32.32	21.03	13.38	8.15
土耳其	2.34	1.61	2.42	1.50	12.46	7.23

（续）

国家或地区	2014		2015		2016	
	进口数量	进口金额	进口数量	进口金额	进口数量	进口金额
澳大利亚	1.83	6.93	2.59	5.85	3.83	6.58
卢旺达					27.20	6.00
丹麦	0.08	0.23	0.87	2.81	0.47	5.36
克罗地亚	1.25	5.28	1.28	7.43	1.15	5.15
瑞士	0.63	1.25	3.70	3.42	3.00	5.15
哈萨克斯坦					9.83	3.74
埃及	6.31	3.50	0.74	1.14	6.37	3.22
巴西	0.11	0.08	2.98	1.37	2.94	2.80
加拿大	1.11	6.37	1.54	7.67	0.66	2.45
毛里求斯	24.71	18.01	1.00	0.59	2.40	2.06
尼泊尔	6.45	9.05	13.82	6.40	1.88	1.94
巴基斯坦	0.42	0.19	15.10	1.53	1.84	1.58
荷兰	0.42	0.40	1.81	3.06	1.42	1.56
苏丹	1.00	0.10	1.08	0.77	7.00	1.14
孟加拉国					1.00	1.00

数据来源：海关总署。

3-3　全国茶叶进口收货地

单位：吨、万美元

地区	2014		2015		2016	
	进口数量	进口金额	进口数量	进口金额	进口数量	进口金额
合计	23 695.88	9 990.42	24 290.69	12 006.50	24 235.02	12 383.31
上海	4 317.45	2 525.92	4 172.45	2 767.32	4 862.59	3 263.10
广东	4 153.49	2 724.88	4 376.27	2 639.43	4 829.78	3 043.98
福建	7 308.26	1 614.54	5 417.62	2 067.51	4 436.29	2 021.81
广西	2 183.63	622.56	1 486.74	453.84	1 857.07	789.13
安徽	1 457.93	593.35	1 712.97	643.68	2 156.10	780.16
江苏	1 662.43	377.53	2 453.47	743.68	1 948.40	681.53
浙江	926.42	249.49	2 011.25	552.23	2 284.43	639.28
江西	961.94	370.97	1 787.89	894.73	1 188.18	449.27
北京	221.00	245.66	340.24	288.31	235.21	153.66
天津	37.44	93.80	27.31	107.20	40.12	133.06
云南	138.06	325.18	140.25	169.55	32.96	114.79

（续）

地区	2014		2015		2016	
	进口数量	进口金额	进口数量	进口金额	进口数量	进口金额
新　疆	97.73	70.29	88.81	55.77	121.92	78.50
山　东	161.37	119.32	68.22	94.09	70.39	74.37
河　南	1.13	7.92	99.22	439.74	23.72	46.57
重　庆	3.39	2.66	2.79	10.12	14.16	39.46
辽　宁	21.20	13.81	21.53	32.32	26.19	38.74
湖　南	7.26	8.21	35.38	10.00	71.93	16.44
海　南	18.86	8.84	20.43	8.31	19.41	8.85
内蒙古	11.47	5.13	18.35	10.19	11.88	5.70
四　川	4.50	8.14	0.02	0.32	1.51	3.52
吉　林	0.27	0.56			1.91	0.74
宁　夏			0.03	0.04	0.79	0.41
湖　北	0.55	0.68	1.53	2.00	0.05	0.14
黑龙江		0.02	0.09	0.10	0.03	0.09
贵　州			0.45	1.64	0.01	0.04
河　北			7.40	14.38		
陕　西	0.03	0.01				
山　西	0.05	0.94				

数据来源：海关总署。

Ⅳ. 世界茶业生产

4-1 世界茶叶产量十强国家生产情况

单位：万吨

国家	2000	2005	2010	2015	2016
中国	70.37	95.37	146.75	226.34	241.48
印度	82.60	90.70	99.12	123.31	125.22
肯尼亚	23.63	32.85	39.90	39.91	47.30
斯里兰卡	30.58	31.72	33.14	34.17	34.93
土耳其	13.88	21.75	23.50	23.90	24.30
越南	6.99	13.25	19.85	23.60	24.00
印度尼西亚	16.26	16.73	15.03	13.26	14.40
缅甸	6.30	7.90	9.45	10.02	10.24
阿根廷	7.43	6.79	9.24	8.97	8.96
日本	8.50	10.00	8.50	7.95	8.02
伊朗	22.27	19.73	12.10	7.00	7.50

数据来源：FAO。

4-2 世界茶叶种植十强国家种植情况

单位：万公顷

国家	2000	2005	2010	2015	2016
中国	89.80	105.86	144.06	212.74	224.06
印度	49.00	52.10	57.90	56.67	58.59
斯里兰卡	18.90	21.27	22.20	22.54	23.16
肯尼亚	12.04	14.13	17.19	20.94	21.85
越南	7.03	9.77	11.32	11.78	11.88
缅甸	12.12	14.28	12.46	11.49	11.73
土耳其	6.72	7.41	7.93	8.38	8.62
印度尼西亚	7.68	7.66	7.59	7.62	7.64
刚果	0.27	0.42	0.75	4.23	6.05
孟加拉	4.86	5.32	5.22	6.04	6.01

数据来源：FAO。

4-3 世界各洲茶叶产量

单位：万吨

世界各洲	2012	2013	2014	2015	2016
全球	504.21	532.91	551.23	566.19	595.41
亚洲	430.76	452.19	467.01	485.33	506.69

（续）

世界各洲	2012	2013	2014	2015	2016
非　洲	63.69	71.19	74.24	70.42	78.35
美　洲	9.15	8.93	9.36	9.82	9.74
大洋洲	0.58	0.58	0.57	0.57	0.57
欧　洲	0.03	0.03	0.04	0.04	0.06

数据来源：FAO。

4-4　主要国家或地区茶叶产量

单位：万吨

国家或地区	2012	2013	2014	2015	2016
中　　国	180.47	193.92	211.08	226.34	241.48
印　　度	113.51	120.88	120.73	123.31	125.22
肯 尼 亚	36.94	43.24	44.51	39.91	47.30
斯里兰卡	33.00	34.02	33.80	34.17	34.93
土 耳 其	22.50	21.24	22.68	23.90	24.30
越　　南	21.15	21.77	22.84	23.60	24.00
印度尼西亚	14.34	14.59	15.44	13.26	14.40
缅　　甸	9.46	9.63	9.86	10.02	10.24
阿 根 廷	8.28	8.04	8.44	8.97	8.96
日　　本	8.59	8.48	8.36	7.95	8.02
伊　　朗	10.39	9.75	7.23	7.00	7.50
孟 加 拉	6.25	6.63	6.38	6.61	6.45
乌 干 达	5.79	6.10	6.14	6.10	6.33
布 隆 迪	4.21	4.18	5.39	5.38	5.27
泰　　国	6.82	6.80	4.03	4.91	5.26
马 拉 维	4.25	4.65	4.55	4.77	4.85
坦桑尼亚	3.28	3.37	3.35	3.57	3.66
莫桑比克	2.20	2.54	2.88	3.20	3.34
卢 旺 达	2.25	2.22	2.48	2.50	2.56
津巴布韦	2.41	2.44	2.47	2.50	2.53
尼 泊 尔	1.87	2.06	2.14	2.14	2.38
马来西亚	1.47	1.21	1.19	0.98	1.13
埃塞俄比亚	1.01	1.01	1.04	1.07	1.08

数据来源：FAO。

4-5　世界茶叶采摘面积

单位：万公顷

世界各洲	2012	2013	2014	2015	2016
全　球	350.85	362.75	380.49	392.13	409.92
亚　洲	313.95	321.94	337.76	346.99	362.31
非　洲	32.00	36.22	38.12	40.38	42.92
美　洲	4.46	4.15	4.16	4.32	4.24
大洋洲	0.39	0.38	0.38	0.38	0.38
欧　洲	0.04	0.06	0.06	0.07	0.07

数据来源：FAO。

4-6　主要国家或地区茶叶采摘面积

单位：万公顷

国家或地区	2012	2013	2014	2015	2016
中　　国	174.85	186.90	199.60	212.74	224.06
印　　度	60.50	56.40	60.40	56.67	58.59
斯里兰卡	22.20	22.20	22.20	22.54	23.16
肯 尼 亚	19.06	19.86	20.30	20.94	21.85
越　　南	11.44	11.48	11.54	11.78	11.88
印度尼西亚	12.16	12.25	11.89	11.49	11.73
缅　　甸	8.01	8.17	8.38	8.38	8.62
土 耳 其	7.59	7.64	7.60	7.62	7.64
刚　　果	1.75	2.07	2.97	4.23	6.05
孟 加 拉	5.79	5.83	5.99	6.04	6.01
日　　本	4.59	4.54	4.48	4.40	4.41
阿 根 廷	3.93	3.67	3.60	3.83	3.77
莫桑比克	1.25	2.70	3.16	3.35	3.18
乌 干 达	2.81	2.92	2.91	2.87	2.95
尼 泊 尔	1.81	1.90	1.93	1.93	2.07
伊　　朗	2.71	2.69	1.86	1.70	2.04
坦桑尼亚	0.88	2.14	2.13	2.25	1.89
马 拉 维	1.66	1.79	1.72	1.78	1.79
卢 旺 达	1.54	1.56	1.72	1.67	1.72
布 隆 迪	0.88	0.91	0.92	1.00	1.20

数据来源：FAO。

4-7 世界主要国家或地区茶叶单位面积产量

单位：千克/公顷

国家或地区	2012	2013	2014	2015	2016
泰国	5 246.00	8 564.80	4 849.50	7 375.40	6 412.00
布隆迪	4 793.80	4 610.50	5 870.70	5 380.20	4 381.20
马来西亚	6 181.10	5 260.50	5 174.90	5 962.20	3 888.50
伊朗	3 839.00	3 623.70	3 881.70	4 117.60	3 675.90
津巴布韦	3 501.00	3 524.50	3 547.90	3 571.40	3 594.80
土耳其	2 966.10	2 779.20	2 982.30	3 136.60	3 182.30
喀麦隆	2 698.10	2 711.70	2 725.30	2 738.90	2 752.60
马拉维	2 562.20	2 599.60	2 637.90	2 675.60	2 713.70
阿根廷	2 106.00	2 193.40	2 343.50	2 342.40	2 375.70
肯尼亚	1 938.10	2 177.20	2 192.60	1 905.90	2 164.80
乌干达	2 065.20	2 086.30	2 107.50	2 128.60	2 149.80
印度	1 876.10	2 143.30	1 998.90	2 176.20	2 137.20
越南	1 848.20	1 895.90	1 978.20	2 003.00	2 019.80
坦桑尼亚	3 742.20	1 574.30	1 570.00	1 588.20	1 938.40
日本	1 871.50	1 867.80	1 866.10	1 806.80	1 819.50
斯里兰卡	1 486.70	1 532.80	1 522.90	1 516.30	1 508.10
卢旺达	1 462.80	1 420.30	1 437.30	1 494.80	1 488.20
印度尼西亚	1 179.30	1 190.70	1 298.40	1 154.30	1 228.10
缅甸	1 180.60	1 178.00	1 177.00	1 195.80	1 187.70
尼泊尔	1 031.80	1 081.50	1 110.20	1 110.20	1 148.20
韩国	1 107.20	1 110.70	1 114.20	1 117.70	1 121.10
埃塞俄比亚	1 050.80	1 065.80	1 080.90	1 095.90	1 111.00
中国	1 032.10	1 037.50	1 057.50	1 063.90	1 077.80
孟加拉	1 079.90	1 136.50	1 064.30	1 094.00	1 073.90
刚果	200.80	144.70	104.20	74.40	52.90

数据来源：FAO。

V. 世界茶业贸易

5-1 世界主要国家或地区茶叶出口量

单位：万吨

国家或地区	2013	2014	2015	2016
中国	33.54	31.28	33.65	34.09
斯里兰卡	35.73	32.73	30.70	28.88
印度	26.17	21.84	24.04	23.68
西班牙	12.30	11.22	11.65	11.46
阿根廷	11.28	11.06	11.29	10.66
乌干达	6.20	5.97	5.33	5.63
加拿大	6.05	5.54	5.72	5.53
印度尼西亚	7.24	6.82		5.25
德国	3.98	4.05	3.93	3.86
巴西	3.89	3.52	3.64	3.58
阿拉伯联合酋长国	6.19	7.15		3.20
泰国	2.99	2.44	1.45	1.14
瑞士	4.14	2.56	0.54	0.56
肯尼亚	45.10			
越南	14.12	13.24	12.69	

数据来源：COMTRADE。

5-2 主要国家或地区茶叶出口量

单位：吨

国家或地区	2013	2014	2015	2016
中国	335 418.48	312 832.20	336 490.93	340 856.41
斯里兰卡	357 321.02	327 341.97	306 965.76	288 771.08
印度	261 723.14	218 399.65	240 443.02	236 808.93
西班牙	122 957.00	112 178.91	116 461.54	114 575.34
阿根廷	112 788.36	110 634.72	112 884.41	106 622.24
乌干达	62 018.68	59 709.02	53 323.31	56 291.47
加拿大	60 549.68	55 432.24	57 228.79	55 347.64
印度尼西亚	72 439.14	68 166.63		52 460.94
美国	39 999.38	43 356.85	41 054.13	40 059.94

（续）

国家或地区	2013	2014	2015	2016
德国	39 836.96	40 489.64	39 316.18	38 596.74
巴西	38 912.08	35 169.75	36 433.12	35 760.45
阿拉伯联合酋长国	61 866.21	71 526.86		32 030.22
波兰	21 732.96	24 053.24	26 423.58	29 243.56
坦桑尼亚	26 373.32	27 808.26	29 293.40	26 307.67
荷兰	21 681.25	21 717.68	22 119.81	23 056.53
英国	23 596.48	23 699.57	23 509.69	22 140.47
卢旺达	22 344.13	24 031.86	16 549.76	17 566.17
俄罗斯	13 709.05	12 345.66	12 559.23	14 832.04
比利时	12 550.90	14 463.31	14 625.08	14 537.13
泰国	29 934.62	24 428.24	14 536.73	11 417.18
津巴布韦	11 863.01	12 789.90	13 959.78	11 083.11
马来西亚	8 644.16	10 156.35	8 739.01	10 609.62
土耳其	5 356.65	4 884.67	5 681.56	6 149.25
爱尔兰	8 186.24	7 092.72	9 670.86	5 755.99
瑞士	41 407.84	25 587.40	5 431.66	5 595.08
南非	8 180.21	7 485.11	6 522.21	5 391.39
法国	5 017.53	5 335.63	6 184.14	5 308.56
日本	3 878.83	4 453.83	5 019.77	4 969.91
尼日尔	1 853.06	2 601.18	3 375.69	4 198.91
新加坡	8 147.46	7 092.88	4 629.85	4 057.55
智利	4 506.16	4 365.56	3 626.87	3 710.07
埃及	2 196.00	2 549.32	3 260.79	3 488.97
意大利	1 720.11	2 189.98	2 185.64	3 165.61
约旦	334.13	444.40	1 149.67	2 622.31
中国香港	3 811.17	2 433.67	2 172.75	2 594.81
菲律宾	1 753.91	1 725.54	1 894.15	2 564.27
阿富汗			9 333.75	2 204.97
埃塞俄比亚	400.46	1 388.81	1 025.88	2 195.79
墨西哥	5 455.84	2 527.76	2 211.60	2 138.65
捷克共和国	2 051.83	2 403.95	1 619.07	2 113.90
哈萨克斯坦	1 527.20	1 522.64	1 697.55	1 932.94
韩国	2 309.85	1 473.45	1 111.30	1 664.82
格鲁吉亚	1 949.52	1 913.23	1 708.36	1 567.24

（续）

国家或地区	2013	2014	2015	2016
澳大利亚	1 400.35	1 825.96	1 106.04	1 564.34
巴基斯坦	3 271.44	3 082.16	1 466.93	1 510.91
阿曼	2 127.84	466.90	1 944.67	1 418.63
巴拉圭	1 133.70	1 308.64	1 522.93	1 361.99
缅甸				1 361.87
马里				1 309.96
瑞典	697.18	703.75	1 034.43	1 186.64
摩洛哥	580.02	692.24	824.64	1 021.91
阿塞拜疆	7 585.84	5 440.61	235.93	977.26
丹麦	972.25	1 002.73	1 017.20	915.68
希腊	96.32	642.92	539.25	870.25
厄瓜多尔	772.28	819.30	931.80	777.81
拉脱维亚	262.54	422.70	592.51	555.02
保加利亚	89.17	131.47	233.95	544.67
危地马拉	510.15	484.35	477.09	539.41
科威特	1 168.69	983.42	551.92	471.96
塞尔维亚	54.53	49.09	147.45	459.26
立陶宛	468.31	552.73	1 154.26	454.41
塞内加尔	1 352.65	2 667.40	2 144.80	435.08
黎巴嫩	436.05	425.12		424.02
白俄罗斯	389.62	24.37	46.62	392.89
以色列	421.52	291.54	272.42	311.68
葡萄牙	185.48	242.28	279.05	301.85
斯洛伐克	603.26	41.57	203.52	250.51
沙特阿拉伯	1 245.00	1 946.00	1 716.92	242.96
匈牙利	1 311.71	1 240.44	273.60	230.72
伯利兹			18.24	214.01
罗马尼亚	111.32	249.36	151.67	195.36
牙买加	360.18	482.03	197.71	192.93
蒙古	5.57	17.80	74.36	169.77
吉尔吉斯斯坦	585.35		200.09	167.50
新西兰	226.83	221.31	214.11	155.83
哥伦比亚	116.47	133.42	158.81	147.00
乌拉圭	170.64	186.94	120.07	138.15

（续）

国家或地区	2013	2014	2015	2016
哥斯达黎加	478.58		3 743.88	117.40
摩尔多瓦	8.87	22.96	91.90	104.60
马达加斯加	141.80	80.52	51.46	94.74
斐济	59.81	85.41	56.11	76.96
芬兰	184.03	175.81	63.28	68.71
冈比亚	419.52	292.27		65.70
巴勒斯坦	34.00	38.89	37.14	60.09
老挝				57.16
秘鲁	26.10	72.91	33.82	56.72
巴林	3.31	21.39	11.09	51.16
爱沙尼亚	146.64	85.45	62.29	48.39
克罗地亚	50.76	314.03	51.52	47.76
毛里求斯	68.55	52.94	41.54	41.65
马耳他	11.83	0.29		37.44
多哥	141.34	82.57	66.31	33.12
萨尔瓦多	90.76	39.32	23.75	27.78
挪威	19.07	26.23	31.16	23.31
洪都拉斯		7.30		21.55
圭亚那	17.16	99.13	52.67	21.13
巴拿马				20.82
卢森堡	25.89	33.34	87.09	17.13
黑山	12.04	19.30	13.83	13.62
多米尼加共和国	3.37	3.72	5.43	12.02
亚美尼亚	24.31	10.46	56.19	11.26
巴巴多斯	2.84	2.39	3.08	9.92
纳米比亚	35.12	66.91		9.75
马其顿共和国	6.46	7.07	11.42	8.28
玻利维亚	6.00	7.41	10.44	6.77
布基纳法索	5.00	0.89		5.09
博茨瓦纳	1.23	5.75	1.33	3.68
加纳	28.94			3.35
突尼斯	28.04	21.52	4.17	2.76
阿尔巴尼亚	1.37			2.53
圣卢西亚		2.22		2.12

（续）

国家或地区	2013	2014	2015	2016
波黑	1.82	0.41	0.72	1.92
贝宁			22.10	1.11
冰岛	0.04	0.31	0.13	0.36
越南	141 168.01	132 414.03	126 940.86	
马拉维	43 245.12	47 509.57	38 785.33	
布隆迪	10 061.67	10 443.86	10 032.07	
尼泊尔	10 205.81	6 292.57	11 001.89	
也门	3 094.04	5 351.48	1 619.71	
莫桑比克	3 999.10	4 083.90	465.83	
奥地利	2 408.23	3 606.73	2 042.74	
科特迪瓦	414.97	418.34	286.46	
乌克兰	652.28	295.05	365.33	
中国澳门		86.82	220.60	
肯尼亚	451 028.05			
尼日利亚	1 103.51	0.06		
喀麦隆	105.82	15.15	3.27	
斯洛文尼亚	45.50	43.53	33.69	
赞比亚	22.99	28.50	0.33	
刚果	19.53	0.23		

数据来源：COMTRADE。

5-3 主要国家或地区茶叶出口额

单位：万美元

国家或地区	2013	2014	2015	2016
中国	134 064.46	137 833.16	148 984.20	160 221.28
斯里兰卡	154 402.73	162 791.58	133 791.43	126 851.61
印度	85 883.18	69 380.18	71 328.26	70 518.88
美国	33 583.65	33 996.62	30 191.00	31 755.26
德国	32 796.84	33 760.85	29 384.44	30 721.74
荷兰	29 921.93	30 869.00	27 340.33	29 164.95
波兰	21 479.82	24 397.78	19 694.63	21 798.37
英国	21 842.25	19 061.87	19 790.34	17 907.22
阿根廷	20 217.05	21 731.52	21 289.31	17 292.61

（续）

国家或地区	2013	2014	2015	2016
阿拉伯联合酋长国	30 958.11	31 318.87		11 805.60
日　本	7 762.92	8 320.09	9 372.16	11 736.38
印度尼西亚	16 078.23	14 149.53		11 683.51
加拿大	10 669.54	9 582.72	9 755.72	10 157.79
巴　西	10 911.68	12 020.86	10 540.63	8 557.97
比利时	9 847.44	9 332.37	8 336.42	8 446.36
爱尔兰	20 216.62	13 226.52	7 895.88	7 822.68
俄罗斯	9 877.20	8 586.00	6 994.03	7 682.23
卢旺达	6 160.48	5 781.47	6 742.88	7 352.78
乌干达	8 559.63	8 474.76	7 032.67	7 151.17
西班牙	8 220.03	8 268.11	6 870.83	6 857.35
法　国	7 092.54	7 390.53	6 703.05	6 454.97
坦桑尼亚	5 462.88	4 401.78	4 630.03	4 453.79
马来西亚	3 081.90	3 533.00	3 280.26	4 136.51
新加坡	5 159.32	5 087.67	3 693.87	4 099.57
瑞　士	6 859.43	4 866.02	3 304.65	3 425.04
中国香港	2 602.89	2 546.42	2 512.49	3 206.54
摩洛哥	2 025.41	2 396.23	2 219.63	2 889.50
土耳其	1 839.92	2 079.98	2 377.68	2 873.47
智　利	2 919.70	3 117.06	2 770.32	2 788.96
泰　国	3 991.54	4 001.17	2 908.16	2 773.31
南　非	3 226.14	3 320.23	2 906.27	2 615.20
约　旦	111.01	212.59	1 001.09	2 091.93
埃　及	2 336.46	2 350.51	1 921.50	1 985.46
津巴布韦	2 142.21	1 874.88	1 942.84	1 670.53
意大利	1 236.72	1 397.12	1 241.52	1 539.85
捷克共和国	1 291.30	1 743.80	1 268.63	1 491.90
韩　国	1 925.76	1 143.03	1 007.26	1 173.88
澳大利亚	961.44	1 111.82	793.56	981.86
哈萨克斯坦	719.71	738.78	858.76	948.79
丹　麦	1 624.68	1 314.17	1 053.18	930.12
瑞　典	809.62	875.08	803.86	901.22
拉脱维亚	380.94	629.81	615.56	834.14
巴基斯坦	1 433.35	1 202.39	685.24	738.84

（续）

国家或地区	2013	2014	2015	2016
阿塞拜疆	4 434.30	3 124.52	1 950.15	618.03
巴拉圭	455.59	531.83	558.24	559.88
立陶宛	663.42	854.29	1 106.11	541.94
墨西哥	825.62	709.03	585.27	482.28
阿曼	556.24	246.78	594.93	473.35
埃塞俄比亚	77.41	228.73	223.84	455.53
冈比亚	139.24	96.98		413.09
尼日尔	178.31	144.13	249.00	359.41
以色列	299.60	336.10	259.10	335.00
保加利亚	106.53	89.30	117.00	323.78
葡萄牙	312.19	380.72	289.92	313.32
牙买加	234.11	278.37	186.61	244.04
阿富汗			1 056.14	243.64
黎巴嫩	237.71	241.53		228.16
科威特	336.69	382.62	306.41	209.28
罗马尼亚	103.15	180.17	168.51	202.90
厄瓜多尔	225.34	229.33	260.87	191.98
菲律宾	155.33	172.91	138.15	160.98
希腊	125.16	159.73	136.71	157.39
格鲁吉亚	231.78	232.93	185.69	157.29
塞尔维亚	46.52	45.30	61.95	152.07
卢森堡	32.52	48.18	73.26	150.50
缅甸				149.37
哥伦比亚	123.01	141.04	155.66	143.40
新西兰	132.91	204.62	168.53	138.68
摩尔多瓦	8.96	36.47	103.59	134.14
匈牙利	1 778.81	1 823.90	135.35	116.37
斯洛伐克	432.74	218.28	338.45	116.16
危地马拉	91.25	86.94	94.58	107.59
哥斯达黎加	125.27		313.22	87.07
乌拉圭	60.64	98.95	67.68	64.38
塞内加尔	209.45	492.93	298.00	63.21
爱沙尼亚	95.06	62.54	58.72	61.21
老挝				60.27

（续）

国家或地区	2013	2014	2015	2016
挪威	27.76	43.72	74.31	58.26
巴勒斯坦	31.67	44.72	40.91	57.39
沙特阿拉伯	1 078.11	1 584.55	1 477.34	54.00
克罗地亚	65.28	121.46	61.63	51.16
芬兰	164.65	140.45	47.69	45.99
伯利兹			4.41	45.77
吉尔吉斯斯坦	147.69		52.85	40.67
洪都拉斯		10.75		35.44
毛里求斯	51.59	43.94	29.79	33.79
白俄罗斯	270.80	20.83	17.48	33.33
斐济	38.77	48.39	31.70	32.79
蒙古	3.23	7.73	11.05	24.79
马里				20.79
巴林	3.01	14.94	4.98	19.73
秘鲁	11.15	11.76	11.06	18.91
玻利维亚	12.67	13.77	14.48	13.90
马达加斯加	20.41	12.92	14.63	12.62
巴巴多斯	4.44	4.25	4.80	11.39
马其顿共和国	9.08	13.90	17.36	11.39
巴拿马				10.41
多哥	25.24	5.94	18.30	10.20
萨尔瓦多	22.66	13.89	9.34	8.82
马耳他	1.23	0.34		8.36
亚美尼亚	10.21	15.35	25.85	8.25
布基纳法索	0.61	0.68		4.44
圭亚那	4.72	28.24	17.83	4.26
突尼斯	15.76	10.49	3.69	4.18
纳米比亚	7.91	10.74		3.64
黑山	3.67	7.49	2.87	2.88
波黑	3.33	0.53	0.90	2.36
多米尼加共和国	3.82	1.56	2.76	1.66
加纳	29.51			1.45
阿尔巴尼亚	2.68			1.31
博茨瓦纳	1.63	0.89	0.71	1.07

（续）

国家或地区	2013	2014	2015	2016
越南	23 017.92	22 812.02	21 718.83	
马拉维	8 604.03	7 427.85	6 677.22	
尼泊尔	2 052.82	2 025.96	1 769.40	
奥地利	1 955.64	1 953.81	1 260.00	
也门	1 695.44	1 871.27	1 103.08	
布隆迪	1 448.82	1 347.17	1 405.90	
莫桑比克	536.19	547.96	52.17	
乌克兰	367.30	333.02	276.99	
科特迪瓦	125.85	101.48	36.26	
中国澳门		32.40	77.49	
尼日利亚	179.91	0.06		
斯洛文尼亚	31.65	36.66	21.47	
肯尼亚	122 144.28			

数据来源：COMTRADE。

5-4　世界国家或地区茶叶进口量前 15 位

单位：万吨

国家或地区	2013	2014	2015	2016
美国	20.63	19.97	20.21	20.07
巴基斯坦	12.19	15.10	16.47	18.50
俄罗斯	17.56	17.54	17.47	16.60
英国	13.99	13.06	13.85	13.21
埃及	10.48	10.33	8.80	8.85
阿拉伯联合酋长国	15.18	15.32		8.18
德国	9.83	8.40	6.68	6.74
摩洛哥	5.73	5.90	6.45	6.74
阿富汗	9.82	9.87	7.24	5.16
波兰	3.83	3.64	3.54	3.67
伊拉克		22.13		
沙特阿拉伯	3.58	3.86	3.76	0.18
日本	3.99	3.69	3.36	3.14
乌拉圭	3.31	3.19	3.19	3.15
哈萨克斯坦	3.43	3.26	2.96	3.16

资料来源：COMTRADE。

5-5 主要国家或地区茶叶进口量

单位：万吨

国家或地区	2013	2014	2015	2016
美国	206 335.69	199 690.80	202 126.80	200 662.03
巴基斯坦	121 930.55	150 986.71	164 694.91	184 995.29
俄罗斯	175 583.16	175 388.90	174 669.32	166 023.79
英国	139 949.22	130 638.39	138 497.11	132 053.41
埃及	104 808.98	103 300.35	88 019.50	88 517.08
阿拉伯联合酋长国	151 773.81	153 213.71		81 774.26
德国	98 255.74	83 951.61	66 844.15	67 429.72
摩洛哥	57 318.91	59 031.47	64 523.99	67 381.05
阿富汗	98 192.34	98 678.34	72 361.54	51 602.71
波兰	38 335.88	36 404.38	35 388.61	36 703.67
荷兰	70 356.89	32 765.48	31 571.18	32 629.70
哈萨克斯坦	34 311.10	32 583.24	29 629.03	31 583.82
乌拉圭	33 145.09	31 857.79	31 879.23	31 466.85
日本	39 874.09	36 886.53	33 596.35	31 359.10
南非	25 794.49	27 259.20	26 448.23	28 158.71
马来西亚	21 497.61	27 081.48	22 994.75	26 867.75
加拿大	26 647.94	31 082.61	26 212.91	26 002.63
印度尼西亚	22 434.78	16 556.41		25 187.35
中国	20 754.32	23 696.29	24 290.82	24 231.31
澳大利亚	25 394.37	24 475.80	23 277.63	22 599.44
法国	22 600.62	20 957.88	23 958.10	22 170.97
智利	28 544.74	27 403.21	27 910.04	20 920.17
土耳其	6 492.54	6 301.29	7 304.26	17 735.89
希腊	10 981.95	14 009.37	10 232.23	17 411.39
印度	19 855.41	23 317.65	20 555.63	17 090.34
比利时	18 670.36	19 055.60	19 550.59	16 985.52
毛里塔尼亚	13 851.17	15 524.93		16 164.46
中国香港	13 561.72	14 330.69	14 521.56	16 138.56
阿尔及利亚	12 993.57	14 835.40	15 197.49	15 083.71
马里				14 469.05
阿塞拜疆	8 975.82	8 244.51	1 509.22	13 135.63
西班牙	17 839.37	15 324.87	14 272.40	13 129.66

（续）

国家或地区	2013	2014	2015	2016
爱尔兰	11 616.06	12 878.23	12 472.44	12 975.55
泰国	5 856.00	5 569.22	8 209.35	11 204.17
意大利	10 054.42	9 595.95	9 342.95	9 853.01
尼日尔	9 900.09	9 879.39	11 338.83	9 842.37
尼日利亚	14 931.60	4 766.34		9 590.22
菲律宾	4 519.47	6 437.95	6 374.98	9 016.41
新加坡	8 848.02	8 786.11	7 620.86	8 130.91
约旦	5 896.25	6 852.15	7 444.52	7 729.92
塞内加尔	5 147.26	5 122.71	6 985.84	7 698.72
科威特	7 296.56	8 321.96	6 368.57	7 407.36
瑞士	8 320.01	8 760.73	7 403.19	7 123.42
丹麦	5 607.53	6 355.84	6 751.31	6 106.00
布基纳法索	5 989.63	5 301.15	6 383.66	5 956.41
突尼斯	6 836.70	7 022.32	6 373.07	5 925.17
阿曼	6 735.03	7 493.73	5 762.12	5 659.45
黎巴嫩	5 205.96	5 735.77		5 152.27
白俄罗斯	4 597.96	4 737.02	4 507.26	5 074.95
瑞典	4 604.12	4 370.58	4 676.71	5 041.61
墨西哥	5 421.58	8 034.42	5 193.17	4 506.75
葡萄牙	1 777.56	2 435.99	4 119.07	4 491.84
捷克共和国	3 873.54	4 310.31	4 075.39	4 250.81
斯里兰卡	3 785.86	6 048.91	7 030.41	4 188.66
吉尔吉斯斯坦	4 816.20		3 998.59	4 160.28
卡塔尔	3 330.36	3 686.50	3 651.73	4 105.95
冈比亚	4 378.11	4 062.73		3 750.60
新西兰	3 108.84	3 573.16	3 037.76	3 337.10
蒙古	3 511.62	552.80	2 822.75	2 897.20
罗马尼亚	2 405.48	2 290.45	2 652.48	2 840.17
加纳	1 755.00			2 358.41
匈牙利	1 972.68	1 716.89	2 166.73	2 310.63
巴林	1 666.36	1 898.96	2 018.27	2 040.83
格鲁吉亚	1 714.92	2 280.32	1 447.32	2 029.49
韩国	2 648.94	2 328.65	2 144.09	1 971.00
以色列	2 274.70	1 574.32	2 744.51	1 959.67

（续）

国家或地区	2013	2014	2015	2016
纳米比亚	1 298.54	1 168.55		1 830.46
沙特阿拉伯	35 769.07	38 570.02	37 607.80	1 779.20
哥伦比亚	1 724.21	1 893.71	1 382.07	1 627.16
巴西	3 780.83	1 774.99	1 799.55	1 609.22
博茨瓦纳	1 964.26	1 668.51	1 776.27	1 500.80
挪威	1 639.95	1 625.67	1 542.06	1 484.22
缅甸				1 414.48
芬兰	2 126.74	1 743.83	1 246.35	1 342.41
斯洛伐克	2 137.33	1 037.72	1 283.17	1 334.31
拉脱维亚	1 230.53	1 232.38	1 322.31	1 331.35
秘鲁	1 017.24	1 092.80	1 105.50	1 328.56
哥斯达黎加	1 038.33		1 124.42	1 284.33
立陶宛	1 428.63	1 683.68	2 328.55	1 259.44
巴拉圭	1 404.21	690.69	838.85	1 161.99
玻利维亚	1 074.29	1 092.03	1 024.24	1 146.38
保加利亚	773.81	1 546.97	769.23	960.10
巴勒斯坦	672.37	1 013.68	1 120.48	885.47
摩尔多瓦	834.32	879.88	788.50	882.38
中国澳门		1 091.51	1 176.29	856.69
马耳他	1 021.42	1 287.50	1 028.59	823.95
坦桑尼亚	174.45	348.84	239.85	817.09
贝宁	338.27	301.18	504.44	805.22
塞浦路斯	508.57	426.20	545.89	773.48
塞拉利昂		441.29	511.74	772.86
斐济	627.32	615.51	657.82	764.16
津巴布韦	549.62	607.58	693.06	628.52
马其顿共和国	522.74	606.97	626.35	551.10
帕劳	112.15	515.40	561.03	542.24
伯利兹	99.31	144.83	278.33	531.71
阿根廷	436.08	541.34	588.43	499.32
苏里南	413.97	645.74		480.59
柬埔寨	261.52	579.67	268.77	465.03
危地马拉	433.23	442.59	456.20	460.50
爱沙尼亚	690.68	618.22	593.50	453.96

（续）

国家或地区	2013	2014	2015	2016
亚美尼亚	387.30	364.86	478.45	437.97
克罗地亚	354.61	681.28	426.10	429.53
乌干达	414.09	529.85	770.47	414.97
卢森堡	386.89	380.94	560.37	393.15
马尔代夫	450.63	462.10	7 121.62	346.38
圭亚那	292.60	304.33	307.62	329.25
洪都拉斯		213.07		313.00
多哥	226.91	249.62	222.08	285.94
毛里求斯	77.73	69.28	145.23	269.62
牙买加	264.57	299.23	253.08	247.07
巴巴多斯	269.52	275.60	323.15	211.22
厄瓜多尔	252.04	170.07	193.37	200.28
萨摩亚	100.36	95.03	381.33	167.85
塞舌尔	597.42	67.75	149.76	167.01
所罗门群岛	11.03	3.01	62.28	161.25
多米尼加共和国	131.43	142.36	164.40	159.08
萨尔瓦多	281.26	196.48	206.15	155.29
冰岛	93.36	97.18	104.00	132.07
阿尔巴尼亚	267.91	43.84	238.14	129.47
阿鲁巴岛	140.99	133.33	122.07	119.85
老挝				113.70
百慕大群岛	499.54	118.15	389.08	109.94
塞尔维亚	100.82	101.63	144.01	108.60
波黑	88.17	104.19	94.34	105.83
卢旺达	225.59	277.28	62.51	94.72
圣卢西亚		132.80		69.72
安提瓜和巴布达	80.14	79.78	65.48	65.88
埃塞俄比亚	275.32	235.25	186.30	53.03
佛得角	36.61	41.02	28.21	39.81
圣多美和普林西比	15.16	15.49	35.97	35.76
黑山	38.03	38.37	30.93	35.31
马达加斯加	55.12	25.73	42.93	35.09
巴拿马	1 467.05	821.18	654.10	31.18
格陵兰岛	23.62	25.43	21.54	22.05

（续）

国家或地区	2013	2014	2015	2016
基里巴图	31.59			21.13
中非	49.08			9.04
苏丹			29 186.34	
乌克兰	26 501.54	21 105.26	18 482.90	
也门	16 495.66	24 174.39	12 944.52	
越南	4 388.57	1 958.47	4 856.50	
奥地利	6 268.89	9 141.96	4 547.01	
几内亚	2 857.01	3 737.12	3 348.88	
安哥拉	1 458.04	3 410.01	2 185.94	
科特迪瓦	2 571.73	2 486.60	1 845.53	
赞比亚	1 141.43	1 277.03	1 210.16	
莫桑比克	517.07	1 078.01	1 047.08	
巴哈马	315.33	317.60	573.63	
文莱	388.71	407.96	424.35	
尼泊尔	351.82	328.92	340.23	
喀麦隆	347.67	295.61	332.15	
斯洛文尼亚	314.86	336.95	304.26	
尼加拉瓜	320.93	218.14	208.60	
新喀里多尼亚	116.64	100.76	141.07	
马拉维	232.62	126.65	129.61	
法属波利尼西亚	38.67	39.26	39.92	
圣文森特和格林纳丁斯			24.09	
伊拉克		221 343.63		
刚果	276.30	252.54		
汤加	43.12	101.12		
安道尔	21.83	22.49		
布隆迪	5.03	3.51	6.74	
蒙特塞拉特	2.19	3.40		
肯尼亚	12 933.49			
委内瑞拉	974.66			

数据来源：COMTRADE。

5-6 主要国家或地区茶叶进口额

单位：万美元

国家或地区	2013	2014	2015	2016
美国	65 303.85	64 298.11	64 384.08	67 498.13
俄罗斯	68 552.22	67 612.69	65 818.47	56 693.66
阿拉伯联合酋长国	71 520.08	69 732.30		49 798.57
巴基斯坦	31 847.94	32 846.69	45 833.69	49 037.07
英国	43 731.92	39 049.88	42 144.28	38 777.09
埃及	30 755.52	34 513.15	29 051.22	28 288.32
德国	28 496.45	28 318.85	26 294.77	26 512.89
法国	24 006.11	23 308.76	22 046.86	22 469.28
摩洛哥	18 964.63	18 988.72	19 700.16	19 946.08
加拿大	22 276.32	20 260.41	18 713.08	19 409.85
日本	23 940.00	23 553.94	21 021.52	19 212.79
荷兰	25 095.84	19 871.70	17 458.38	18 945.22
中国	8 296.92	9 968.00	12 004.23	12 380.83
中国香港	7 947.87	8 791.57	8 485.07	11 925.92
澳大利亚	13 119.01	13 286.56	12 253.78	11 859.80
哈萨克斯坦	15 532.65	13 866.39	11 703.53	11 855.29
波兰	12 436.23	12 477.41	11 695.38	11 688.91
意大利	9 187.59	9 591.21	8 760.01	9 544.53
阿富汗	15 108.23	11 171.07	12 902.49	8 967.12
比利时	9 653.58	9 467.96	8 649.17	8 823.47
爱尔兰	7 224.88	7 573.53	7 306.76	7 696.97
马来西亚	6 049.19	7 010.74	6 416.53	7 386.13
乌拉圭	8 758.87	10 431.21	9 156.78	7 382.68
墨西哥	7 946.56	9 895.04	7 423.34	7 326.03
智利	7 336.62	8 158.68	7 750.43	6 810.87
西班牙	6 202.83	6 114.42	6 446.79	6 747.28
土耳其	2 165.03	2 117.10	2 281.16	6 714.11
科威特	6 419.10	7 368.25	5 595.43	6 152.33
新加坡	5 676.43	5 950.44	5 348.29	5 978.23
南非	6 322.93	5 853.84	5 184.66	5 875.03
印度尼西亚	4 181.66	3 817.68		4 865.73
约旦	3 565.37	4 422.87	5 091.39	4 828.63

（续）

国家或地区	2013	2014	2015	2016
阿塞拜疆	2 050.33	2 006.54	1 708.22	4 520.89
尼日利亚	2 591.54	2 312.62		4 440.10
瑞士	5 026.47	5 287.80	4 318.42	4 323.86
瑞典	4 435.50	3 980.19	3 722.35	4 145.96
印度	4 485.56	5 073.55	5 558.49	3 977.64
泰国	2 636.04	2 948.48	2 992.18	3 754.38
阿尔及利亚	2 601.35	3 161.25	3 354.32	3 565.92
白俄罗斯	5 122.09	4 784.03	3 537.79	3 427.85
卡塔尔	2 787.87	3 439.42	3 161.80	3 413.69
丹麦	2 972.76	2 808.13	2 833.46	3 134.45
阿曼	3 315.04	3 940.69	3 060.39	3 053.21
捷克共和国	3 151.49	3 409.97	2 845.19	2 951.30
黎巴嫩	2 817.73	3 324.35		2 827.20
韩国	3 842.15	3 417.47	2 856.92	2 682.87
新西兰	2 368.96	2 486.89	2 259.78	2 590.44
马里				2 528.31
菲律宾	1 700.81	1 773.96	1 803.90	2 487.98
挪威	2 343.79	2 533.30	2 179.27	1 991.12
希腊	2 123.68	2 127.59	1 487.74	1 915.50
毛里塔尼亚	1 601.88	1 805.87		1 884.13
葡萄牙	1 833.11	2 040.25	1 897.43	1 750.48
巴林	1 338.98	1 618.13	1 437.29	1 671.09
斯里兰卡	1 471.07	1 529.21	1 877.12	1 556.20
哥伦比亚	2 442.48	2 260.27	1 392.27	1 510.16
芬兰	2 054.34	1 952.32	1 470.22	1 442.68
立陶宛	1 775.31	2 207.72	2 406.38	1 398.59
匈牙利	1 610.06	1 597.77	1 284.69	1 256.43
拉脱维亚	1 232.03	1 378.49	1 284.08	1 203.41
巴西	1 159.77	1 132.20	1 662.97	1 199.01
罗马尼亚	1 624.62	1 290.39	1 201.18	1 185.95
吉尔吉斯斯坦	983.20		1 042.86	1 015.13
秘鲁	752.56	906.11	966.16	1 006.10
沙特阿拉伯	23 670.99	25 520.57	26 022.19	984.88
以色列	980.10	990.20	1 294.70	899.00

（续）

国家或地区	2013	2014	2015	2016
哥斯达黎加	704.46		810.51	871.85
危地马拉	573.04	704.04	769.55	862.12
尼日尔	907.76	748.67	683.73	798.06
塞内加尔	794.08	888.76	879.54	794.28
突尼斯	1 254.47	1 165.59	866.99	747.45
摩尔多瓦	762.34	750.27	707.51	738.08
蒙古	810.09	196.54	739.66	703.55
玻利维亚	599.74	612.87	625.73	702.63
格鲁吉亚	720.46	884.76	682.90	699.89
保加利亚	354.70	415.44	406.41	663.78
中国澳门		578.76	827.34	639.31
博茨瓦纳	665.38	668.25	649.24	615.40
斯洛伐克	761.70	684.93	619.09	599.87
爱沙尼亚	970.63	910.16	727.40	583.97
巴勒斯坦	409.47	645.14	565.80	554.59
阿根廷	375.85	343.15	503.45	511.28
卢森堡	403.37	422.73	414.66	469.61
纳米比亚	446.43	464.03		446.01
洪都拉斯		392.03		420.31
布基纳法索	393.31	305.69	243.29	348.69
加纳	660.78			348.13
斐济	296.94	279.80	322.84	327.12
马耳他	357.16	373.87	413.75	320.19
塞浦路斯	428.13	341.54	306.98	312.47
津巴布韦	244.56	292.29	292.75	294.83
缅甸				284.94
亚美尼亚	268.66	279.79	286.03	253.55
马尔代夫	239.79	240.80	223.29	246.10
萨尔瓦多	1 201.85	602.67	753.69	241.72
克罗地亚	255.31	313.37	234.09	240.77
厄瓜多尔	625.03	307.55	440.67	233.49
巴拉圭	268.26	170.60	189.47	223.36
冈比亚	222.69	218.63		183.50
冰岛	145.46	160.63	152.76	171.76

（续）

国家或地区	2013	2014	2015	2016
马其顿共和国	174.74	212.00	210.75	170.88
圭亚那	96.52	102.36	133.90	158.91
牙买加	206.95	218.32	195.64	144.42
柬埔寨	86.76	139.38	85.25	142.78
坦桑尼亚	28.61	63.03	73.21	136.91
苏里南	142.08	164.92		136.74
多米尼加共和国	116.69	136.08	137.79	119.48
塞尔维亚	93.82	87.63	103.14	117.11
伯利兹	40.07	60.13	53.70	113.80
老挝				113.31
毛里求斯	38.92	45.35	71.33	112.42
巴巴多斯	137.81	146.89	155.04	105.79
阿鲁巴岛	96.13	107.84	97.48	93.25
波黑	72.55	87.26	66.31	75.80
百慕大群岛	73.77	75.12	79.77	74.85
贝宁	37.46	35.70	48.19	72.58
所罗门群岛	3.72	0.94	26.18	64.37
帕劳	45.84	58.13	66.65	63.60
塞拉利昂		245.86	280.23	62.82
塞舌尔	43.05	33.62	54.26	61.64
乌干达	24.00	43.27	79.66	53.66
格陵兰岛	71.88	71.88	56.65	52.06
多哥	56.77	61.22	41.18	49.76
圣卢西亚		45.32		44.44
黑山	45.73	41.71	38.53	42.90
阿尔巴尼亚	174.53	23.03	180.11	39.97
卢旺达	20.74	48.37	44.84	39.80
萨摩亚	35.78	32.34	31.79	38.91
基里巴图	28.50			26.95
安提瓜和巴布达	28.95	27.38	25.57	23.04
埃塞俄比亚	71.87	148.88	97.35	18.44
马达加斯加	16.77	12.08	11.14	16.72
佛得角	17.63	22.94	16.73	16.19
巴拿马	560.47	526.37	437.67	11.99

（续）

国家或地区	2013	2014	2015	2016
圣多美和普林西比	6.52	11.09	5.54	6.55
乌克兰	16 630.65	12 792.79	7 952.24	
也门	3 426.13	5 066.22	3 192.24	
奥地利	3 368.47	3 854.98	2 902.33	
肯尼亚	2 022.04			
委内瑞拉	1 870.54			
越南	951.40	1 208.85	1 384.26	
科特迪瓦	751.47	724.96	512.60	
安哥拉	427.12	743.25	507.18	
斯洛文尼亚	373.97	395.34	303.44	
文莱	293.97	305.65	241.91	
赞比亚	274.64	382.82	305.17	
几内亚	224.17	319.02	294.33	
莫桑比克	204.67	519.32	485.00	
巴哈马	190.68	192.00	213.54	
喀麦隆	175.45	117.03	118.04	
新喀里多尼亚	166.15	151.13	168.68	
尼加拉瓜	159.13	127.16	149.42	
法属波利尼西亚	99.40	104.94	93.93	
尼泊尔	65.35	71.93	80.99	
马拉维	50.54	31.72	36.23	
刚果	38.51	36.76		
苏丹			5 089.66	
伊拉克		5 333.51		

数据来源：COMTRADE。

5-7　中国出口目标国家或地区茶叶量

单位：吨

国家或地区	2013	2014	2015	2016
合计	335 418.48	312 832.20	336 490.93	340 856.41
摩洛哥	61 190.98	58 996.24	64 437.54	67 284.61
乌兹别克斯坦	23 415.13	16 388.18	26 795.99	19 184.35
美国	23 285.73	16 476.90	17 651.23	18 867.02

（续）

国家或地区	2013	2014	2015	2016
日本	18 217.76	15 314.53	13 805.81	12 692.09
毛里塔尼亚	18 189.52	14 096.60	12 865.73	13 821.29
俄罗斯	13 539.10	13 940.29	12 801.44	14 318.63
阿尔及利亚	13 356.22	15 010.21	14 364.77	12 755.19
中国香港	12 271.60	13 400.27	13 871.79	15 745.12
塞内加尔	10 218.98	13 332.03	17 221.32	18 228.16
多哥	12 188.82	16 892.53	13 311.53	8 919.37
德国	10 704.73	13 171.32	13 109.28	11 638.04
加纳	6 033.34	4 267.57	8 633.56	16 939.92
喀麦隆	8 695.74	7 099.71	7 487.75	6 446.11
巴基斯坦	6 363.99	6 352.55	6 620.30	8 122.26
马里	7 571.50	5 277.97	5 888.26	5 351.26
冈比亚	7 149.62	4 438.96	4 627.25	3 770.86
贝宁	5 329.27	5 062.94	4 564.26	5 925.41
利比亚	4 486.26	3 274.51	5 007.04	3 285.83
法国	3 906.57	3 206.36	5 533.06	3 866.74
伊朗	4 508.66	2 995.61	2 712.85	2 634.91
泰国	2 637.88	2 096.66	4 457.25	6 818.65
尼日尔	3 812.27	3 495.96	2 703.81	2 248.22
几内亚	2 696.87	3 028.97	2 632.52	2 941.56
缅甸	2 526.17	2 501.42	3 166.35	4 579.18
突尼斯	2 481.90	2 830.22	2 995.33	2 678.62
土库曼斯坦	2 262.20	2 690.61	2 290.35	2 626.62
阿富汗	2 079.65	4 130.98	2 904.44	2 532.28
乌克兰	3 224.63	2 368.83	1 867.89	2 020.34
马来西亚	2 225.84	2 434.13	2 848.48	2 571.78
英国	2 096.59	2 401.46	2 519.50	2 632.04
斯里兰卡	2 561.41	2 365.63	1 827.77	1 449.99
塔吉克斯坦	1 818.99	1 990.30	1 954.20	2 601.47
比利时	3 269.92	2 313.78	1 266.12	1 007.12
澳大利亚	1 428.82	1 801.74	2 186.71	1 982.84
西班牙	1 764.88	1 566.02	2 022.45	2 555.60
越南	900.29	1 668.03	2 327.70	3 743.78
波兰	1 440.62	1 437.68	2 107.28	1 958.96

（续）

国家或地区	2013	2014	2015	2016
科特迪瓦	2 230.72	1 826.29	1 631.32	1 378.96
新加坡	2 405.67	1 718.06	1 225.34	1 220.15
印度尼西亚	1 476.19	1 550.50	1 582.43	1 931.49
荷兰	1 625.19	973.53	1 255.71	2 016.67
蒙古	1 698.56	1 119.65	1 179.97	1 373.56
加拿大	1 408.62	1 236.76	1 359.19	1 241.11
埃及	1 504.27	1 170.37	1 130.76	1 141.92
沙特阿拉伯	981.79	1 427.01	1 478.04	962.47
阿拉伯联合酋长国	1 240.19	1 073.41	1 463.06	1 061.60
乍得	1 139.33	865.30	1 177.03	647.74
哈萨克斯坦	631.45	699.46	550.09	646.81
吉尔吉斯斯坦	747.80	748.90	615.88	439.59
哥伦比亚	620.30	789.28	656.94	845.75
其他亚洲地区，不另详述	1 123.37	404.39	453.81	462.73
印度	532.60	669.12	680.75	558.47
布基纳法索	328.00	320.90	474.20	793.17
中国澳门	479.44	489.57	412.64	497.27
爱尔兰	301.59	554.54	210.88	394.39
墨西哥	416.39	230.23	394.38	518.27
土耳其	210.97	316.73	340.93	429.78
利比里亚	414.72	231.20	298.40	205.20
智利	215.18	402.31	400.26	322.34
塞拉利昂	188.80	258.00	306.20	374.13
尼日利亚	125.74	104.25	145.10	665.53
韩国	298.45	152.14	109.55	371.28
新西兰	258.46	273.65	243.28	73.39
以色列	166.29	195.21	241.87	228.66
阿根廷	153.36	183.45	316.41	205.48

资料来源：COMTRADE。

5-8　斯里兰卡出口目标国家或地区茶叶量

单位：吨

国家或地区	2013	2014	2015	2016
合计	357 321.02	327 341.97	306 965.76	288 771.08
俄罗斯	61 534.45	44 100.81	36 743.78	34 432.74

（续）

国家或地区	2013	2014	2015	2016
伊朗	64 029.30	30 076.64	30 065.56	33 928.61
土耳其	26 061.42	44 746.31	33 705.65	27 068.97
伊拉克	12 201.96	24 749.41	31 364.83	32 557.22
阿拉伯联合酋长国	20 248.82	19 813.56	23 438.17	18 381.41
叙利亚	22 646.98	12 917.42	11 091.07	12 107.28
阿塞拜疆	16 508.03	11 154.55	11 176.82	10 556.90
利比亚	2 259.58	12 650.30	9 983.88	12 645.06
日本	13 943.37	9 108.29	8 462.17	7 763.61
科威特	14 528.83	12 222.65	8 729.56	3 527.06
乌克兰	12 024.14	6 700.94	4 208.35	4 930.38
智利	7 945.24	7 029.21	6 963.47	6 671.54
德国	8 687.48	6 701.35	6 998.47	6 853.83
约旦	6 428.10	6 711.89	5 650.06	3 996.22
中国	6 080.41	5 304.68	7 455.40	7 603.87
中国香港	5 722.35	5 073.69	4 846.57	4 620.05
沙特阿拉伯	3 974.81	5 091.03	4 906.65	4 513.58
美国	3 761.78	5 005.90	4 332.81	5 217.96
埃及	1 773.41	2 828.71	4 180.44	3 053.18
澳大利亚	3 558.76	3 039.98	2 490.06	2 480.96
其他亚洲地区，不另详述	2 561.57	2 970.71	3 609.30	3 077.05
波兰	3 310.26	2 825.19	2 573.61	2 455.12
黎巴嫩	1 844.60	3 491.44	2 473.19	3 467.82
荷兰	1 832.43	3 240.68	1 865.65	3 043.88
比利时	1 548.18	2 607.92	2 452.36	2 908.62
南非	3 165.34	1 765.32	2 038.82	2 042.87
巴基斯坦	780.41	123.40	3 315.44	971.47
爱尔兰	2 013.45	2 058.96	1 988.18	1 819.37
以色列	1 311.14	2 314.00	1 689.39	1 747.92
阿尔巴尼亚	1 029.09	1 941.51	2 389.25	1 634.77
意大利	2 104.90	1 525.25	1 516.84	959.78

（续）

国家或地区	2013	2014	2015	2016
印度	946.74	1 887.70	3 458.35	1 083.20
英国	1 544.20	1 276.78	1 414.39	1 240.60
芬兰	1 626.83	2 253.95	1 141.54	1 214.80
乌兹别克斯坦	829.51	1 660.99	1 026.72	1 127.34
吉尔吉斯斯坦	1 535.48	1 020.44	841.08	918.01
新西兰	928.40	1 053.19	1 057.23	917.46
哈萨克斯坦	1 235.56	892.56	754.48	492.69
法国	706.61	1 135.67	806.45	683.70
加拿大	1 001.61	745.46	630.69	496.70
马来西亚	831.52	609.20	742.41	643.28
希腊	591.64	674.98	599.24	523.97
科特迪瓦	596.42	988.58	542.79	671.66
加纳	601.13	760.98	537.12	791.37
新加坡	782.42	625.92	526.88	618.49
安哥拉	217.09	990.60	258.31	613.74
尼日利亚	388.20	712.76	527.30	513.92
白俄罗斯	538.51	584.31	365.95	316.03
刚果	243.56	543.06	490.05	391.72
塞内加尔	15.65	537.92	605.83	765.95
印度尼西亚	213.10	431.33	412.76	442.54
斐济	221.68	369.61	382.05	462.96
格鲁吉亚	383.58	645.15	252.96	330.95
瑞典	222.06	382.08	367.51	456.28
冈比亚	146.04	225.96	482.93	414.71
立陶宛	364.23	390.68	227.65	192.55
几内亚	187.14	344.60	332.76	415.58
摩尔多瓦	219.51	373.50	217.95	143.85
越南	120.66	221.57	332.12	514.98
拉脱维亚	470.14	214.75	168.37	109.52
马尔代夫	237.93	199.43	185.66	206.74

（续）

国家或地区	2013	2014	2015	2016
多哥	178.95	231.42	355.00	192.37
马其顿共和国	203.46	203.79	241.46	155.96
塞拉利昂	71.82	487.73	178.42	160.87
奥地利	23.09	121.25	592.89	57.03
丹麦	234.34	160.59	201.58	146.07
布基纳法索	188.25	186.97	184.47	112.63
中国澳门	158.03	165.98	158.54	92.31
瑞士	80.63	153.61	170.62	130.17
捷克共和国	162.20	87.81	91.51	123.11
卡塔尔	105.54	136.29	167.73	123.75
蒙古	100.72	144.17	109.40	122.83
泰国	178.21	92.26	77.53	75.14
保加利亚	55.62	150.91	124.86	131.75
韩国	159.07	119.40	104.42	120.06
爱沙尼亚	92.08	104.85	87.35	120.80
乌拉圭	153.49	94.09	99.51	91.66
也门	60.08	175.57	54.60	72.81
毛里塔尼亚	68.24	101.04	92.33	125.83
阿尔及利亚	62.87	78.02	42.80	63.25
尼日尔	69.10	132.31	53.92	62.65
亚美尼亚	67.39	38.93	64.07	23.25
巴林	51.38	69.85	106.65	95.35
孟加拉国	303.31	0.49	0.57	
塞浦路斯	85.26	120.19	53.36	43.39
挪威	46.67	52.09	79.19	66.21
土库曼斯坦	34.66	59.71	58.89	77.37
塞舌尔	76.91	76.37	52.83	79.42
菲律宾	64.89	58.20	82.54	76.72
马里	51.17	148.04	39.87	48.80
利比里亚	40.06	65.98	87.88	90.25

（续）

国家或地区	2013	2014	2015	2016
圭亚那	35.55	65.47	53.81	81.06
委内瑞拉	31.47	59.45	36.15	44.79
摩洛哥	16.25	35.11	20.70	81.14
突尼斯	1.31	21.75	3.44	197.04
肯尼亚	41.34	43.29	49.44	67.35
贝宁	37.83	54.50	52.63	41.20
塔吉克斯坦	22.63	49.70	30.93	82.72
西班牙	79.16	27.06	44.64	59.35

资料来源：COMTRADE。

5-9　印度出口目标国家或地区茶叶量

单位：吨

国家或地区	2013	2014	2015	2016
合计	261 723.14	218 399.65	240 443.02	236 808.93
俄罗斯	43 059.55	39 529.59	47 511.53	48 507.65
伊朗	26 187.72	19 518.70	25 425.27	25 545.14
阿拉伯联合酋长国	27 563.68	17 508.46	15 873.72	16 825.21
英国	18 414.61	18 982.30	20 395.51	17 027.31
巴基斯坦	22 129.55	15 726.52	19 657.35	13 096.49
美国	17 966.66	15 900.49	16 714.22	16 586.67
哈萨克斯坦	11 763.77	12 477.96	11 531.22	11 526.68
德国	9 094.83	7 882.31	10 653.51	11 463.09
孟加拉国	13 318.62	5 964.80	8 991.99	8 369.34
埃及	7 753.41	8 172.81	3 296.51	3 778.44
波兰	4 981.87	4 240.75	5 388.12	5 988.69
中国	4 620.22	3 792.04	4 870.26	5 657.33
突尼斯	4 643.00	4 551.24	3 994.56	3 118.09
澳大利亚	4 197.89	3 255.60	3 472.52	3 078.44
日本	3 882.26	3 496.81	3 237.99	3 485.41
荷兰	3 926.24	3 490.62	2 977.00	3 820.02
沙特阿拉伯	2 894.88	3 336.85	3 366.77	3 791.98

（续）

国家或地区	2013	2014	2015	2016
乌克兰	2 480.37	2 488.34	3 254.27	3 419.53
肯尼亚	2 640.07	2 824.64	2 966.22	1 702.12
马来西亚	1 949.03	2 311.52	2 843.35	3 556.76
斯里兰卡	1 694.72	2 686.34	2 235.12	2 333.14
意大利	2 684.19	2 205.09	1 519.26	1 344.82
阿富汗	3 633.16	2 748.38	1 038.29	999.09
加拿大	1 644.10	1 607.74	1 858.02	2 449.78
爱尔兰	1 605.98	1 328.40	1 361.69	1 561.32
其他亚洲地区，不另详述	398.03	811.14	2 822.20	3 060.06
印度尼西亚	1 462.07	1 371.29	1 429.05	1 678.19
尼泊尔	3 488.78	266.59	222.53	190.77
科威特	795.88	852.67	768.62	862.66
新加坡	839.49	600.89	561.69	548.99
以色列	548.11	402.71	605.46	211.48
卡塔尔	557.91	584.35	480.52	672.47
比利时	447.91	442.30	543.02	649.02
芬兰	321.96	398.12	653.36	717.87
阿曼	425.57	415.45	380.64	390.39
中国香港	486.13	361.19	306.81	331.68
格鲁吉亚	941.93	168.26	347.24	44.19
加纳	208.54	199.94	530.69	772.89
瑞典	436.78	403.79	330.21	292.92
巴林	304.89	374.97	418.51	418.06
西班牙	77.54	178.08	651.91	840.71
吉尔吉斯斯坦	676.13	225.49	248.23	210.89
土耳其	218.02	192.95	414.67	563.73
菲律宾	177.63	214.94	325.12	364.20
塞内加尔	117.45	213.12	289.10	476.55
尼日利亚	136.39	242.48	285.44	440.68
也门	182.01	424.01	106.00	40.00
法国	244.58	218.95	255.89	206.13
塔吉克斯坦	271.45	135.52	187.81	322.72
贝宁	211.10	150.76	302.39	42.75
阿塞拜疆	375.06	42.14	181.80	40.14

（续）

国家或地区	2013	2014	2015	2016
叙利亚	218.15	393.28	13.20	
越南	253.61	64.58	251.67	274.15
多哥	254.41	291.68	33.81	74.00
伊拉克	14.51	141.39	199.91	276.74
泰国	92.39	79.50	122.45	140.00
新西兰	95.71	99.18	164.39	180.29
布基纳法索		10.76	153.19	362.57
土库曼斯坦	54.20	50.99	65.59	294.60
韩国	108.84	70.09	76.14	98.10
拉脱维亚	144.15	84.66	58.06	54.93
刚果	183.06	62.01	71.66	52.81
利比亚	0.04	94.63	151.28	28.00
阿尔及利亚	72.00	110.72	110.86	110.88
约旦	37.59	146.07	91.47	34.42
苏里南	69.31	74.32	45.56	36.39
摩洛哥	10.01	25.24	31.87	200.64

资料来源：COMTRADE。

5-10 美国进口来源国家或地区茶叶量

单位：吨

国家或地区	2013	2014	2015	2016
合计	206 335.69	199 690.80	202 126.80	200 662.03
加拿大	59 647.14	54 601.28	56 308.71	54 374.89
阿根廷	51 118.51	51 345.89	55 981.63	54 026.68
中国	26 814.52	18 741.61	20 786.94	22 463.19
印度	15 456.95	15 820.33	16 786.26	17 004.94
越南	9 490.08	10 369.35	8 030.74	6 039.83
马拉维	4 473.78	8 261.13	4 540.49	9 223.73
斯里兰卡	4 507.90	5 126.46	4 995.39	5 509.19
德国	5 223.08	4 482.89	4 748.53	3 544.10
肯尼亚	3 500.43	5 121.39	4 407.73	5 628.82
印度尼西亚	4 451.03	4 142.60	3 735.65	4 083.84

（续）

国家或地区	2013	2014	2015	2016
墨西哥	5 386.01	2 639.43	2 312.10	2 425.22
哥斯达黎加	0.53	3 600.93	3 632.98	0.44
日本	1 767.08	1 961.67	2 018.10	1 961.71
智利	1 182.03	1 677.13	1 783.28	2 146.08
津巴布韦	910.58	1 190.96	1 231.88	1 497.94
英国	1 217.02	1 209.05	1 468.04	1 148.95
泰国	2 649.40	823.00	888.12	910.85
其他亚洲地区，不另详述	1 069.36	1 165.89	1 192.36	1 530.25
巴西	980.41	953.46	986.27	1 203.75
荷兰	909.93	1 793.27	1 123.64	18.33
厄瓜多尔	517.65	568.63	642.27	524.50
波兰	532.11	319.60	445.68	450.56
巴基斯坦	378.85	445.40	521.16	523.21
巴布亚新几内亚	461.66	168.21	417.50	355.21
爱尔兰	222.20	289.97	333.12	336.27
土耳其	278.96	336.79	136.69	304.98
韩国	250.80	229.09	224.51	217.23
危地马拉	208.99	251.88	221.95	242.53
摩洛哥	185.98	171.45	238.32	289.11
南非	417.15	135.66	189.22	165.49
莫桑比克	394.98			179.34
巴拉圭	114.92	77.89	154.91	277.10
阿拉伯联合酋长国	153.91	149.67	205.53	238.96
新加坡	134.52	193.06	103.38	125.80
中国香港	169.71	91.08	105.35	195.72
马来西亚	113.46	142.29	113.91	114.65
卢旺达	93.19	121.44	186.82	184.61
孟加拉国	96.59	123.09	114.63	97.58
牙买加	72.59	115.89	160.74	88.54
坦桑尼亚	124.24	111.92	18.51	88.96
法国	68.07	81.46	82.53	81.53
意大利	54.99	41.08	58.47	69.72
以色列	83.37	68.76	44.21	76.18
埃及	30.11	72.43	66.35	63.42
乌拉圭	50.23	30.67	23.54	59.42

资料来源：COMTRADE。

5-11　巴基斯坦进口来源国家或地区茶叶量

单位：吨

国家或地区	2013	2014	2015	2016
合　　计	121 930.55	150 986.71	164 694.91	184 995.29
肯 尼 亚	75 384.88	96 199.35	107 994.78	141 577.81
印　　度	15 893.39	18 526.94	17 733.74	9 569.19
卢 旺 达	5 823.49	8 566.94	12 212.77	12 892.78
越　　南	7 635.65	5 180.20	3 843.29	4 564.26
布 隆 迪	3 543.78	4 802.06	5 714.46	5 193.20
美　　国	8.54	4.57	48.96	9.19
印度尼西亚	4 150.91	4 035.06	2 065.75	1 319.01
乌 干 达	2 573.74	3 137.85	3 872.64	2 547.29
坦桑尼亚	1 269.09	3 019.57	4 805.66	3 547.82
斯里兰卡	546.00	131.46	3 278.91	672.02
中　　国	2 567.60	2 307.00	963.89	1 109.21
马 拉 维	1 397.08	1 494.31	59.60	46.40
埃塞俄比亚	164.20	1 257.67	752.96	1 329.85
孟加拉国	400.52	1 943.85	554.84	194.62
津巴布韦	50.96	131.84		24.40
阿 根 廷	282.80			
刚　　果	66.73	47.66	206.79	69.32
伊　　朗	53.17	40.15	98.81	
阿拉伯联合酋长国	39.89	56.00	58.49	19.73

数据来源：COMTRADE。

5-12　俄罗斯进口来源国家或地区茶叶量

单位：吨

国家或地区	2013	2014	2015	2016
合　　计	175 583.16	175 388.90	174 669.32	166 023.79
斯里兰卡	54 561.27	51 630.54	42 319.59	37 286.53
印　　度	40 014.80	40 599.63	46 261.35	50 457.51
肯 尼 亚	20 874.82	26 878.29	26 024.43	21 482.00
中　　国	14 632.57	14 327.36	13 179.66	13 789.06
越　　南	11 931.90	11 466.95	15 190.96	16 581.76

（续）

国家或地区	2013	2014	2015	2016
印度尼西亚	9 913.93	9 261.02	11 411.64	9 512.28
阿拉伯联合酋长国	8 158.85	7 358.90	7 292.28	5 404.99
坦桑尼亚	2 031.32	1 857.87	3 687.92	3 128.03
阿塞拜疆	2 912.67	1 230.93	808.09	642.60
德国	2 148.95	1 799.43	1 045.15	851.77
伊朗	1 334.56	1 092.33	1 367.73	357.03
巴布亚新几内亚	1 451.52	1 113.53	491.02	86.40
阿根廷	820.01	835.93	953.54	1 150.53
哈萨克斯坦	825.26	1 027.91	1 083.06	1 364.98
新加坡	866.51	1 191.64	486.63	242.68
爱尔兰	590.41	612.96	511.89	451.75
马拉维	149.60	628.11	263.09	143.54
格鲁吉亚	139.90	476.62	443.55	484.54
波兰	269.21	350.08	299.59	174.82
津巴布韦	10.80	97.84	335.32	811.20
白俄罗斯	334.09	36.83	2.78	313.37
乌克兰	459.05	392.11	48.74	66.14
卢旺达	154.49	189.81	195.77	224.08
美国	111.91	153.26	156.64	161.39

数据来源：COMTRADE。

5-13　英国进口来源国家或地区茶叶量

单位：吨

国家或地区	2013	2014	2015	2016
合计	139 949.22	130 638.39	138 497.11	132 053.41
肯尼亚	52 190.07	46 909.19	57 817.50	70 919.54
印度	19 015.75	17 998.02	19 168.31	17 016.44
印度尼西亚	21 703.37	2 126.52	2 476.32	969.06
新加坡	9 817.41	21 543.84	8 909.74	138.92
马拉维	7 782.41	8 345.01	9 270.53	5 877.15
坦桑尼亚	2 871.12	4 087.77	5 190.60	3 754.20
波兰	3 372.98	2 940.55	3 322.52	4 061.93
荷兰	1 186.82	4 250.62	5 461.81	5 037.65

（续）

国家或地区	2013	2014	2015	2016
中国	3 358.13	3 251.61	2 979.03	2 626.14
瑞士	3 070.58	3 086.17	3 207.41	3 325.47
德国	1 677.82	2 601.59	3 409.09	3 624.30
津巴布韦	1 586.75	2 628.28	4 858.42	1 661.98
斯里兰卡	1 438.99	1 529.52	1 642.68	1 395.70
南非	2 866.92	1 479.08	1 019.67	1 205.37
阿根廷	1 567.33	1 163.78	1 104.01	1 171.69
卢旺达	439.46	995.85	2 113.22	2 085.74
爱尔兰	730.35	1 018.31	1 106.52	1 335.58
乌干达	767.77	698.06	362.78	893.59
美国	649.65	702.46	739.37	530.70
阿拉伯联合酋长国	552.16	279.49	618.94	101.70
西班牙	49.24	136.79	415.65	1 083.76
越南	152.86	285.03	375.19	494.43
法国	925.81	134.49	112.51	63.63
莫桑比克	123.04	429.86	348.02	564.38
捷克共和国	328.19	293.98	359.59	341.99
伊朗	205.78	244.05	210.54	0.19
比利时	127.35	232.65	335.04	158.36
罗马尼亚	64.19	244.56	291.45	194.08
布隆迪	200.60	22.08	239.32	38.73
日本	48.89	72.02	128.65	187.95
加拿大	215.64	19.91	23.86	72.46
土耳其	140.93	56.42	50.63	71.61
巴基斯坦	55.29	124.40	25.07	71.89
其他亚洲地区，不另详述	54.53	65.00	114.34	55.14
意大利	32.12	41.58	13.08	123.15
菲律宾	79.65	57.04	41.55	49.86
中国香港	32.09	48.37	11.93	33.77
巴西	46.42	45.78	14.37	113.87
韩国	23.88	85.15	76.04	24.68
泰国	36.69	38.35	40.15	69.38

数据来源：COMTRADE。

5-14 埃及进口来源国家或地区茶叶量

单位：吨

国家或地区	2013	2014	2015	2016
合计	104 808.98	103 300.35	88 019.50	88 517.08
肯尼亚	87 398.05	91 203.93	80 866.28	81 338.89
印度	8 129.63	5 828.66	1 509.98	2 222.70
斯里兰卡	2 132.56	2 673.17	2 721.17	2 566.07
中国	1 504.74	1 150.66	642.86	359.18
印度尼西亚	1 348.47	219.74	260.20	163.11
阿拉伯联合酋长国	657.78	573.36	840.57	498.94
乌干达	1 048.47	430.59	175.46	162.49
越南	711.64	338.52	456.75	662.41
坦桑尼亚	395.79	160.04	18.84	61.87
马拉维	459.34	27.18		111.18
津巴布韦	562.30	122.30		
卢旺达	141.18	139.40	15.90	23.18
沙特阿拉伯	13.62	155.32	157.16	261.32

资料来源：COMTRADE。

附录Ⅰ　2016年农产品（茶叶类）地理标志登记产品公告信息

农业部农产品质量安全监管局　发布

序号	所在地域	产品名称	申请人全称	划定的产地保护范围	质量控制技术规范编号
1	江西	麻姑茶	南城县农业技术推广中心	德兴市所辖新岗山镇、皈大乡、龙头山乡、李宅乡、张村乡、花桥镇、绕二镇等7个乡镇。地理坐标为东经117°31′29″～118°06′15″，北纬28°38′20″～29°17′43″	AGI2016-01-1816
2	山东	诸城绿茶	诸城市茶叶协会	诸城市所辖桃林镇、皇华镇共2个镇82个行政村。地理坐标为东经119°36′52″～119°37′12″，北纬35°36′52″～35°37′12″	AGI2016-01-1819
3	河南	桐柏玉叶茶	桐柏县农产品质量检测站	桐柏县境内，以程湾、吴城、月河、大河、城郊、淮源、朱庄、安棚为主，涉及15个乡镇210个行政村。地理坐标为东经113°00′～113°49′，北纬32°17′～32°42′	AGI2016-01-1833
4	湖南	桃源红茶	桃源县经济作物站	桃源县所辖西安镇、太平铺乡、牯牛山乡、茶庵铺镇、杨溪桥乡、沙坪镇、寺坪乡、芦花潭乡、郑家驿乡、兴隆街乡、凌津滩镇、桃花源镇、漳江镇共13个乡镇。地理坐标为东经110°51′14.8″～111°31′44.1″，北纬28°24′29.7″～28°56′18.7″	AGI2016-01-1845
5	广西	百色红茶	百色市茶叶开发中心	百色市所辖右江、平果、德保、靖西、那坡、凌云、乐业、田林、隆林、西林共10个县（区）39个乡镇118个行政村。地理坐标为东经104°42′～107°48′，北纬22°53′～25°02′	AGI2016-01-1855
6	四川	都江堰茶叶	都江堰市农业技术推广服务中心	都江堰市所辖向峨乡、大观镇、青城山镇、中兴镇、玉堂镇、蒲阳镇、灌口镇、紫坪铺镇、虹口乡、龙池镇、天马镇、胥家镇共12个乡镇。地理坐标为东经103°25′42″～103°47′00″，北纬31°02′09″～31°44′54″	AGI2016-01-1869

（续）

序号	所在地域	产品名称	申请人全称	划定的产地保护范围	质量控制技术规范编号
7	云南	云龙茶	云龙县园艺工作站	云龙县所辖诺邓镇、功果桥镇、漕涧镇、白石镇、宝丰乡、苗尾乡、检槽乡、长新乡、关坪乡、团结乡、民建乡共11个乡镇。地理坐标为东经98°52′～99°46′，北纬25°28′～26°23′	AGI2016-01-1870
8	云南	底圩茶	广南县茶叶技术指导站	广南县所辖底圩乡、坝美镇、莲城镇、者兔乡、者太乡、珠琳镇、旧莫乡、杨柳井乡、董堡乡、八宝镇、板蚌乡、南屏镇、黑支果乡、曙光乡、珠街镇、篆角乡、那洒镇、五珠乡18个乡镇和石山、堂上2个农场。地理坐标为东经104°25′～105°39′，北纬23°23′～24°33′	AGI2016-01-1871
9	新疆	沙雅罗布麻茶	沙雅县优质农产品开发服务协会	沙雅县所辖一牧场、二牧场、央塔协海尔乡、托依堡勒迪镇、英买力镇、海楼乡、塔里木乡、盖孜库木乡共8个乡镇（场）64个行政村。地理坐标为东经81°45′～84°47′，北纬39°31′～41°25′	AGI2016-01-1894
10	重庆	秀山茶叶	秀山土家族苗族自治县农业技术服务中心	秀山土家族苗族自治县所辖钟灵镇、隘口镇、洪安镇、峨溶镇、清溪场镇、雅江镇、溪口镇、孝溪乡、中平乡、涌洞乡、海洋乡共11个乡镇109个行政村。地理坐标为东经108°43′06″～109°18′58″，北纬28°09′43″～28°53′05″	AGI2016-02-1924
11	安徽	旌德天山真香茶	旌德县农业技术推广中心	旌德县所辖庙首镇、兴隆镇、孙村镇、白地镇、三溪镇、蔡家桥镇、云乐乡、俞村镇和旌阳镇共9个乡镇海拔400—700米的高山茶园。地理坐标为东经118°15′38.86″～118°44′15.43″，北纬30°07′19.28″～30°29′13.76″	AGI2016-03-1957
12	广东	大埔乌龙茶	大埔县茶叶行业协会	大埔县所辖湖寮、百侯、枫朗、大东、光德、桃源、高陂、大麻、三河、洲瑞、银江、茶阳、西河、青溪、丰溪林场等15个镇场。地理坐标为东经116°18′～116°56′，北纬24°01′～24°41′	AGI2016-03-1969
13	贵州	梵净山茶	铜仁市茶叶行业协会	铜仁市所辖印江县、石阡县、思南县、德江县、沿河县、江口县、松桃县共7个县122个乡镇。地理坐标为东经107°44′～109°30′，北纬27°07′～29°05′	AGI2016-03-1979

（续）

序号	所在地域	产品名称	申请人全称	划定的产地保护范围	质量控制技术规范编号
14	甘肃	陇南绿茶	陇南市经济作物技术推广总站	陇南市文县的碧口镇、中庙乡、范坝乡、刘家坪乡；武都区的洛塘镇、裕河乡、枫相乡、五马乡；康县的阳坝镇、两河镇、铜钱乡、白杨乡、三河乡，共计3个县（区）13个乡镇148个行政村。地理坐标为东经104°41′～106°08′，北纬32°42′～33°48′	AGI2016-03-1999

附录Ⅱ 中国食品农产品认证机构①

序号	批准号	认证机构名称	机构代码	机构地址	电话	状态	联系人
1	CNCA-R-2017-352	黑龙江斯坦得认证有限公司	91230103MA198A0R9A	黑龙江省哈尔滨市南岗区哈西大街948号	0451-86607845	有效	程建波
2	CNCA-R-2018-389	黑龙江省信和认证有限责任公司	91230104MA19AAUE4N	黑龙江省哈尔滨市道外区先锋路218号13栋1-2层02号	0451-51054392	有效	刘适
3	CNCA-R-2016-275	中健安检测认证中心有限公司	91110105MA005Q9G30	北京市朝阳区朝外大街26号B0806	010-57036161	有效	王先生
4	CNCA-R-2017-359	南京农大认证服务有限公司	91320102MA1NQKUD37	江苏省南京市玄武区童卫路20号	15295595306	有效	李明阳
5	CNCA-R-2015-198	北京新纪源认证有限公司	911101053067088450	北京市朝阳区南湖东园122楼6层北区715	010-84721921	有效	
6	CNCA-R-2017-330	西南商检国际认证有限公司	91510100MA61TT5R9G	四川省成都市锦江区永兴巷15号四川省政府综合楼1幢508号	028-86522800	有效	陈晓林
7	CNCA-R-2016-229	华余国际标准检验认证（北京）有限公司	91110105MA00128F15	北京市朝阳区北苑东路19号院4号楼17层1701		有效	
8	CNCA-R-2017-361	北京中农绿安有机农业科技有限公司	911101087461128777	北京市海淀区天秀路10号中国农大国际创业园3号楼6层6027	010-82791585	有效	巩丽娟
9	CNCA-R-2015-189	华信创（北京）认证中心有限公司	330410117	北京市昌平区城北街道鼓楼南街6号7层2单元707		有效	
10	CNCA-RF-2002-08	南德认证检测（中国）有限公司	60790468X	江苏省无锡市锡山区东亭镇华夏中路10号		有效	李丽
11	CNCA-R-2016-219	青岛欧检认证检验有限公司	91370202794037146W	山东省青岛市市南区香港中路18号福泰广场B座702A	0532-85970178	有效	纪凯
12	CNCA-R-2016-246	深圳华凯检验认证有限公司	91440300342862954B	广东省深圳市罗湖区笋岗街道笋岗东路3019号百汇大厦南座21E		有效	
13	CNCA-R-2016-226	深圳中大国际认证有限公司	914403006990811220	广东省深圳市宝安区新安街道建安一路鸿泰富大厦D座512室		有效	
14	CNCA-RF-2008-17	英标管理体系认证（北京）有限公司	600097045	北京市朝阳区建国门外大街甲24号东海中心2008室	010-85073000	有效	

① 资料来源：国家认证认可监督管理委员会的中国食品农产品认证信息系统。

（续）

序号	批准号	认证机构名称	机构代码	机构地址	电话	状态	联系人
15	CNCA-R-2016-258	中正国际认证（深圳）有限公司	91440300349864303T	广东省深圳市南山区粤海街道科苑路6号科技大厦西503		有效	
16	CNCA-R-2015-187	深圳市深大国际认证有限公司	326310025	广东省深圳市南山区前海深港合作区前湾一路1号A栋201室（入驻深圳市前海商务秘书有限公司）		有效	
17	CNCA-R-2004-122	辽宁方园有机食品认证有限公司	742791665	辽宁省沈阳市皇姑区黄河北大街56-39号1609、1610、1611、1612、1613、1614室	024-86806565	有效	
18	CNCA-R-2016-290	中泰联合认证有限公司	91510100MA61WAG37X	四川省成都市成华区东三环路二段宝耳路2号第1号办公楼	13699079001	有效	王永昌
19	CNCA-R-2016-241	山东海峡质量技术服务有限公司	91370700MA3C7H9M5N	山东省潍坊市坊子区峡山区怡峡街197号6号楼213室		有效	
20	CNCA-R-2017-351	浙江中航认证有限公司	91330108MA28L7LK9F	浙江省杭州市滨江区长河街道江南星座1幢1单元2005室	15168353160	有效	陈杏芬
21	CNCA-R-2016-270	深圳汇鑫达国际认证有限公司	91440300MA5D9R0N9Y	广东省深圳市宝安区龙华新区观澜街道环观南路72-1创客大厦1511室		有效	
22	CNCA-R-2002-016	北京新世纪检验认证股份有限公司	101514705	北京市西城区国英园1号楼11层1101室	010-58561802	有效	
23	CNCA-RF-2017-77	美安康质量检测技术（上海）有限公司	913101153246072394	上海市浦东新区中国（上海）自由贸易试验区川桥路1295号2幢302室	有效	俞灵芳	
24	CNCA-R-2017-336	辽宁通正检测有限公司	91210106335696396M	辽宁省沈阳市铁西区北一西路52甲3号	18842358287	有效	彭晓丽
25	CNCA-R-2016-247	山东诚标认证技术有限公司	91370102MA3C1NXP61	山东省济南市历城区花园路154号嘉馨商务大厦407室		有效	
26	CNCA-R-2016-243	福建亿盛认证有限公司	91350121MA344EPR62	福建省福州市闽侯县甘蔗街道滨城大道99号西海岸7♯3011单元	13067289917	有效	徐国涛
27	CNCA-R-2013-162	重庆金质质量认证有限公司	91500000077295804P	重庆市渝北区杨柳北路1号	023-63216107	有效	邱军

（续）

序号	批准号	认证机构名称	机构代码	机构地址	电话	状态	联系人
28	CNCA-R-2016-283	中欧联合检验认证有限公司	91510100395917509U	四川省成都市武侯区成都高新区天府四街66号2栋11层2号	028-69000558	有效	
29	CNCA-R-2016-254	杭州格律认证有限公司	91330106MA27W24P7W	浙江省杭州市西湖区西溪路525号A楼东区622-623室	0571-86657116	有效	
30	CNCA-R-2002-005	中国船级社质量认证公司	101296381	北京市东城区东黄城根南街40号楼	010-56313423	有效	李潇娜
31	CNCA-R-2016-284	四川华鉴认证有限公司	91510100MA61WAUE6L	四川省成都市武侯区成都高新区天府大道中段1388号1栋7层740号	18008011808	有效	魏侥
32	CNCA-R-2007-150	北京华测食农认证服务有限公司	783966230	北京市朝阳区东三环北路30号(住宅)楼2-11A	010-85967093	有效	王洋
33	CNCA-R-2003-114	北京东方纵横认证中心有限公司	700318634	北京市朝阳区慈云寺1号院东区国际3号楼2117室	010-56495881	有效	
34	CNCA-R-2002-051	上海挪亚检测认证集团有限公司	631629112	上海市浦东新区锦绣东路2777弄26号3层	021-50430897	有效	陈瑗元
35	CNCA-R-2016-281	贵州奥博特认证有限公司	91520115MA6DLF5B7Q	贵州省贵阳市观山湖区国家高新区长岭南路31号国家数字内容产业园1楼		有效	
36	CNCA-R-2016-260	新疆中信中联认证有限公司	91650100MA77610Q41	新疆维吾尔自治区乌鲁木齐市新市区昆明路158号野马大厦B座1401室	0991-3846397	有效	
37	CNCA-R-2014-174	山东国鉴认证有限公司	306932329	山东省济南市市中区舜耕路217号九城尚都办公楼801室	0531-67618299	有效	
38	CNCA-R-2016-233	潍坊海润华辰检测技术有限公司	77994840	山东省潍坊市奎文区生物医药科技园加速区园区一路以北、园区三路以东（山东华辰生物科技有限公司院内东侧二楼）		有效	
39	CNCA-RF-2006-45	北京爱科赛尔认证中心有限公司	717712750	北京市海淀区天秀路10号中国农业大学创业园3号楼2051室	010-62827070	有效	耿云霞
40	CNCA-R-2016-249	辽宁欧希蒂认证有限公司	91210105MA0P48PH11	辽宁省沈阳市皇姑区崇山中路47号501	024-66689002	有效	

（续）

序号	批准号	认证机构名称	机构代码	机构地址	电话	状态	联系人
41	CNCA-RF-2008-18	德世爱普认证（上海）有限公司	91310000717869459L	上海市长宁区娄山关路533号金虹桥国际中心第2座11楼02.03单元		有效	张伟
42	CNCA-R-2016-236	谱尼测试集团股份有限公司	911101087400053589U	北京市海淀区苏州街49-3盈智大厦11层		有效	
43	CNCA-R-2014-164	华中国际认证检验集团有限公司	91360100091086697Q	江西省南昌市西湖区站前路96号天集大厦2206室	0791-86121595	有效	
44	CNCA-R-2002-089	黑龙江省农产品质量认证中心	731369346	黑龙江省哈尔滨市香坊区司徒街99号	0451-82306807	有效	王晓燕
45	CNCA-R-2002-069	凯新认证（北京）有限公司	74159271X	北京市东城区新中西街2号新中大厦7层706室	010-65535910	有效	
46	CNCA-R-2016-242	中标合信(北京)认证有限公司	91110108551445647R	北京市海淀区增光路33号	010-68718905	有效	
47	CNCA-R-2007-151	北京中合金诺认证中心有限公司	663734769	北京市丰台区南四环西路188号十六区3号楼1至11层101内11层1101室（园区）	010-88850617	有效	张祥茂
48	CNCA-R-2004-128	辽宁辽环认证中心	117911692	辽宁省沈阳市皇姑区崇山东路34号405、406室	024-66761352	有效	
49	CNCA-R-2016-227	黑龙江省国安产品质量安全认证中心有限公司	91230103MA18WY185T	黑龙江省哈尔滨市南岗区赣水路15号1栋2层7号	0451-82330176	有效	
50	CNCA-R-2003-104	山东世通质量认证有限公司	747822520	青岛市竹园路2号	0532-85730069	有效	
51	CNCA-R-2002-105	中环联合（北京）认证中心有限公司	739396429	北京市朝阳区育慧南路1号	010-59205880	有效	陈燕平
52	CNCA-R-2003-117	上海英格尔认证有限公司	63165166X	上海市徐汇区中山西路2368号华鼎大厦801室	021-51114700	有效	
53	CNCA-RF-2008-52	华赛天成管理技术（北京）有限公司	795103045	北京市朝阳区东三环中路乙10号艾维克大厦21层2102-03A号	010-65676366	有效	
54	CNCA-R-2015-185	杨凌食品农产品质量安全认证中心	07453905X	陕西省咸阳市杨凌区杨凌现代农业示范园创新园内		有效	陈峰涛
55	CNCA-R-2002-100	北京中绿华夏有机食品认证中心	744740589	北京市海淀区学院南路59号	010-62131243	有效	王华飞

（续）

序号	批准号	认证机构名称	机构代码	机构地址	电话	状态	联系人
56	CNCA-R-2002-041	深圳华测国际认证有限公司	764953311	广东省深圳市福田区福强路4001号深圳市世纪工艺品文化广场311栋5楼F5-1	0755-82721691	有效	陈海玲
57	CNCA-RF-2013-47	湖南欧格有机认证有限公司	79238171X	湖南省长沙市芙蓉区隆平路湖南生物机电职院东湖校区	0731-84637041	有效	
58	CNCA-RF-2002-01	通标标准技术服务有限公司	625907462	北京市海淀区阜成路73号世纪裕惠大厦16层	010-68456699	有效	
59	CNCA-RF-2003-23	必维认证（北京）有限公司	753300809	北京市东城区北三环东路36号环球贸易中心B座22层	010-59683888	有效	纪新新
60	CNCA-R-2013-142	吉林省农产品认证中心	412755733	吉林省长春市市辖区东南湖大路1088号	0431-85237221	有效	徐学才
61	CNCA-R-2004-134	南京国环有机产品认证中心	738877458	江苏省南京市玄武区蒋王庙8号	025-85287271	有效	
62	CNCA-RF-2002-05	莱茵检测认证服务（中国）有限公司	71788225-8	北京市朝阳区东三环中路乙10号	13901313115	有效	李磊
63	CNCA-R-2003-116	北京华思联认证中心	752611533	北京市朝阳区农展北路55号中欧中心B段408室	010-59195182	有效	董晓玲
64	CNCA-RF-2002-11	劳氏质量认证（上海）有限公司	724465815	上海市黄浦区延安东路550号海洋大厦2017-18、2001-02室	010-58256801	有效	王会荣
65	CNCA-R-2002-010	东北认证有限公司	117580889	辽宁省沈阳市沈河区文艺路21-1号	024-83961668	有效	
66	CNCA-R-2004-129	北京五岳华夏管理技术中心	747543345	北京市宣武区广安门南滨河路23号立恒大厦1号楼502室	010-57269682	有效	寇淑君
67	CNCA-R-2003-115	北京五洲恒通认证有限公司	721497504	北京市丰台区角门18号枫竹苑二区1号楼3层303室	010-63180681	有效	刘益君
68	CNCA-R-2002-015	杭州万泰认证有限公司	721067969	浙江省杭州市滨江区江南大道588号恒鑫大厦主楼17层～18层	0571-87902303	有效	里斯
69	CNCA-R-2002-084	中食恒信（北京）质量认证中心有限公司	742612786	北京市东城区东华门大街82号	010-52227546	有效	王贵际
70	CNCA-R-2002-001	中国质量认证中心	717802035	北京市丰台区南四环西路188号9区	010-83886666	有效	

（续）

序号	批准号	认证机构名称	机构代码	机构地址	电话	状态	联系人
71	CNCA-R-2002-013	浙江公信认证有限公司	142918087	浙江省杭州市市辖区密渡桥路15号新世纪大厦25楼（杭州市1250信箱）	0571-85067764	有效	
72	CNCA-R-2004-131	新疆生产建设兵团环境保护科学研究所	751654769	新疆维吾尔自治区乌鲁木齐市水磨沟区红山路159号	0991-2325271	有效	
73	CNCA-R-2004-133	西北农林科技大学认证中心	770031356	陕西省西安市市辖区杨凌西农路28号西北农林大学测试中心（植物所校区）	029-87091495	有效	
74	CNCA-R-2003-096	杭州中农质量认证中心	751704885	浙江省杭州市市辖区云栖路1号	0571-86653153	有效	
75	CNCA-R-2002-007	广东中鉴认证有限责任公司	190379487	广东省广州市越秀区广州大道中路227号4楼	020-87369001	有效	
76	CNCA-R-2002-002	方圆标志认证集团有限公司	718701228	北京市海淀区增光路33号	010-68477287	有效	
77	CNCA-R-2002-028	北京中安质环认证中心	802107782	北京市朝阳区东三环南路58号富顿中心1号楼22层	010-58673510	有效	任庆才
78	CNCA-R-2010-145	北京东方嘉禾认证责任有限公司	771970793	北京市海淀区农大南路1号硅谷亮城2B-316	010-62827900	有效	张友廷
79	CNCA-RF-2003-27	上海挪华威认证有限公司	717850547	上海市虹口区虹桥路1591号9号楼	021-32084518	有效	徐蓓
80	CNCA-R-2004-123	黑龙江绿环有机食品认证有限公司	756300812	黑龙江省哈尔滨市南岗区教化街98号	0451-86484801	撤销	
81	CNCA-RF-2002-07	上海天祥质量技术服务有限公司	60727776-X	上海市徐汇区宜山路889号齐来工业城2号楼6楼	021-61194005	有效	邢明明
82	CNCA-R-2002-024	深圳市环通认证中心有限公司	726191176	广东省深圳市福田区侨香路裕和大厦六层全层	0755-83355888	有效	
83	CNCA-R-2002-035	兴原认证中心有限公司	100019905	北京市海淀区上地三街9号金隅嘉华大厦C座711室	010-62981683	有效	
84	CNCA-R-2002-039	北京埃尔维质量认证中心	718703127	北京市西城区车公庄大街甲4号物华大厦A1007室	010-68001010	有效	
85	CNCA-R-2002-083	福建东南标准认证中心	741692251	福建省福州市鼓楼区西门外山头角121号	0591-83762036	有效	

（续）

序号	批准号	认证机构名称	机构代码	机构地址	电话	状态	联系人
86	CNCA-R-2002-106	中国绿色食品发展中心	400007172	北京市朝阳区西坝河光熙门北里 15 号	010-62191404	有效	
87	CNCA-RF-2003-20	摩迪英联认证有限公司	717869117	上海市浦东新区碧波路 912 弄 5 号 2 层	021-50273066	有效	
88	CNCA-R-2002-045	北京大陆航星质量认证中心有限公司	723960276	北京市海淀区玉泉路甲 12 号	010-88260999	有效	何小梅
89	CNCA-R-2003-055	农业部农产品质量安全中心	666666666	北京市海淀区学院南路 59 号	010-62191443	有效	
90	CNCA-RF-2005-40	上海禾邦认证有限公司	717856279	上海市长宁区武夷路 258 号	021-52377700	有效	
91	CNCA-RF-2007-50	上海色瑞斯认证有限公司	717881415	上海市杨浦区控江路 1023 号 5 楼 505 室	021-61483660	有效	
92	CNCA-R-2006-147	农业部优质农产品开发服务中心	400013548	北京市朝阳区朝外大街 223 号		有效	
93	CNCA-R-2002-009	长城（天津）质量保证中心	401210543	天津市南开区水上公园北路津龙公寓 4 号	022-23525348	有效	
94	CNCA-R-2002-006	中质协质量保证中心	101366431	北京市西城区中京儿道 12 号	010-68710377	有效	
95	CNCA-R-2002-003	上海质量体系审核中心	132902364	上海市长宁区武夷路 258 号	021-52387700	有效	
96	CNCA-R-2004-136	中食联盟（北京）认证中心	765047644	北京市崇文区外大街 9 号正仁大厦八层	010-67091549	有效	赵尔萍
97	CNCA-R-2002-021	华夏认证中心有限公司	726360101	北京市海淀区北四环中路 211 号太极大厦七层	010-51615822	有效	王靖
98	CNCA-R-2002-038	北京世标认证中心有限公司	633723014	北京市海淀区德胜门外西大街 15 号，远洋风景 8-2-6 层	010-82295677	有效	高岚
99	CNCA-R-2002-053	北京恩格威认证中心	802077755	北京市朝阳区望京阜通东大街方恒国际 C 座 18 层	010-64802311	有效	曾见
100	CNCA-R-2002-020	北京中大华远认证中心	741571142	北京市东城区阜外大街乙 22 号 415 室	010-68396415	有效	杜同和

China Tea